国家出版基金项目
NATIONAL PLBLICATION FOUNDATION

国家出版基金项目
“十四五”时期国家重点出版物出版专项规划项目

高速铁路基础研究与技术创新丛书

工程施工与组织系列

高速铁路工程勘察技术创新与实践

本丛书编委会　总主编
陈则连　著
许再良　主　审

中国铁道出版社有限公司

2023年·北　京

内容简介

本书为“高速铁路基础研究与技术创新丛书”之分册。本书依托中国铁路设计集团有限公司近十年来完成的数十个高速铁路工程勘察设计项目及150余项科研课题，结合作者十几年技术管理及科研创新经验，从地质勘察新技术体系构建、地质遥感技术开发与应用、物探技术开发与应用、原位测试技术开发与应用、特殊地质勘察评价技术研究、特殊岩土工程特性研究等方面对创新成果及生产应用情况作了重点总结论述，充分展示了我国高速铁路建设发展过程中地质勘察技术持续创新成果及工程化应用效果。

本书可供工程勘察技术人员和铁路工程建设管理人员参考。

图书在版编目(CIP)数据

高速铁路工程勘察技术创新与实践/陈则连著．—北京：中国铁道出版社有限公司，2023.4

(高速铁路基础研究与技术创新丛书．工程施工与组织系列)

“十四五”时期国家重点出版物出版专项规划项目

ISBN 978-7-113-30189-7

Ⅰ.①高…　Ⅱ.①陈…　Ⅲ.①高速铁路-铁路工程-工程地质勘察　Ⅳ.①U212.22

中国国家版本馆CIP数据核字(2023)第068893号

书　　名：高速铁路工程勘察技术创新与实践

作　　者：陈则连

策　　划：陈小刚

责任编辑：陈小刚　　**编辑部电话：**(010)51870265

封面设计：高博越　刘　莎　　**封面摄影：**韩会勋　　**丛书标识设计：**崔丽芳

责任校对：苗　丹

责任印制：樊启鹏

出版发行：中国铁道出版社有限公司(100054，北京市西城区右安门西街8号)

网　　址：http://www.tdpress.com

印　　刷：北京联兴盛业印刷股份有限公司

版　　次：2023年4月第1版　2023年4月第1次印刷

开　　本：787 mm×1 092 mm　1/16　**印张：**20　**字数：**405千

书　　号：ISBN 978-7-113-30189-7

定　　价：136.00元

高速铁路基础研究与技术创新丛书

编　辑　组

序

我国高速铁路起步晚、发展快、后劲足，经过几代人的不懈努力，通过原始创新、集成创新、引进消化吸收再创新，成功地走出了一条符合中国国情路情、具有中国特色的自主创新之路。我国已系统掌握各种复杂地质和气候条件下高速铁路建造成套技术；在工务工程、列车运行控制、牵引供电、动车组等高速铁路核心技术方面实现自主化；形成了复杂路网条件下处理跨线运行的运营管理成套技术，构建了人防、物防、技防三位一体的主动安全保障机制。我国已成为全球高速铁路运营里程最长、在建规模最大、运营速度最快、技术体系最全、运营和管理经验最丰富的国家。我国高速铁路技术已走在世界前列，成为推动世界高速铁路发展的重要力量。

为贯彻落实中共中央、国务院《交通强国建设纲要》，推进国铁集团《新时代交通强国铁路先行规划纲要》的落地，系统总结、梳理我国高速铁路各领域前沿理论和技术，向我国乃至世界高速铁路科研工作者和工程技术人员提供一套前沿性的参考书，中国国家铁路集团有限公司铁道出版社公司特组织编著出版“高速铁路基础研究与技术创新丛书”。

丛书以习近平新时代中国特色社会主义思想为指导，以国家自然科学基金课题、国家基金委-国铁集团高铁联合基金课题、国家“973”课题、国家重点研发计划课题等科研成果为支撑，从高速铁路前沿研究、补短板技术、核心技术、技术发展趋势等方向组织选题，涵盖动车组、供电、通信与信号、列控与检测、工程勘察与设计、智能建造、运营与管理、现代信息技术、安全和维护等领域，规模为100册，是全面系统论述我国高速铁路基础研究与技术创新成就的大型系列原创性科技著作。

丛书力求突出制高点、原创性、权威性、全覆盖特色。丛书各册内容以作者团队长期从事高速铁路科学研究的成果为依托，多数成果居于国内领先水平甚至世界先进水平，多种成果荣获国家科学技术奖一等奖、二等奖，国家技术发明奖一等奖、二等奖，茅以升科学技术奖，詹天佑铁道科学技术奖，铁道科技进步奖等奖项，丛书内容体现了我国当今最新、最前沿以及展现未来发展趋势的高速铁路相关研究成果和应用技术。丛书包括动车组、供电、工程施工与组织等十个系列，基本实现高速铁路各领域全覆盖。

丛书由编委会总负责。编委会阵容强大，认真负责。编委会各成员都是长期从事我国高速铁路科研、技术、生产和管理的一流专家学者，是所从事领域的翘楚，其中包括高速铁路及其相关领域的四位院士。编委会多次开会商讨丛书的体系、内容特色、作者条件及质量保障机制；分工负责，精心审订和修改各册编写提纲；多次遴选选题，先从 150 多个选题意向中遴选出 100 个选题，后又剔除了内容特色不太鲜明的 8 个选题，还对 10 多个选题提出了较大的改进意见，补充了 8 个关键技术和弥补技术空白的选题；最后邀请专人对各册内容进行审定，从而保证了各册内容的正确性和先进性。

2021 年年底，国家新闻出版署经过严格评审，“高速铁路基础研究与技术创新丛书”(100 册)成功入选“‘十四五’时期国家重点出版物出版专项规划——重大出版工程”。这是对本丛书项目的认可，也是对编委会、作者和编辑等人员前期工作的认可，更是一种鞭策。我们相信，本丛书的出版，将助力于《交通强国建设纲要》的贯彻落实，推动我国乃至世界高速铁路事业的发展，也将为铁路领域的科研工作者、工程技术人员、管理人员，以及高校相关专业师生提供一套高水平、原创性、权威性、全覆盖的大型高铁科技精品著作。

中国工程院院士
“高速铁路基础研究与技术创新丛书”编委会主任
2022 年 2 月

助力我国铁路高质量发展

——为《高速铁路工程勘察技术创新与实践》序

地质勘察是铁路工程建设的基础性技术工作,也是规划和管理的重要决策依据。勘察技术进步不仅影响着铁路工程的质量、安全和建设速度,也影响着项目的投资和建设成效。

近十年来,为适应我国高速铁路建设规模扩大和不断提高的铁路技术标准要求,铁路勘察工作者经历了艰苦卓绝的努力,在几十条高速铁路建设实践中,积累了十分宝贵的经验和教训,铁路工程地质勘察技术水平也得到了迅速提高。

陈则连同志为中国铁路设计集团有限公司副总工程师,曾任地勘院(原地路院)总工程师,曾带领300多人的地质路基专业技术团队,完成了京津城际、京沪、石太、长昆等几十个高速铁路项目的勘察设计工作,期间立足自主创新,完成了包括国铁集团在内的150余项重大重点科研课题。他们所取得的研究成果和实践经验弥足珍贵,能把这些成果总结、提炼、编辑成书,让业内同行及时了解勘察技术发展现状,给广大技术人员和读者提供交流学习和参考借鉴的信息,是一件非常有意义的事。

书中,作者以较高的站位和眼光,构建出一套铁路工程地质"空天地"勘察技术体系,把我国铁路行业综合勘察技术整体推到了国际先进水平,部分技术达到了国际领先水平。书中包含了作者及其团队多年来在工程实践和科学研究中积累的工程勘察方法、工程地质和水文地质评价、特殊岩土性质与工程问题等内容,比较全面地展示了目前我国高速铁路勘察技术的创新成果及其工程化应用效果。

该书不仅涵盖了中国铁路设计集团有限公司近十年来高速铁路勘察设计的实践经验和150余项科研课题的研究成果,也体现了作者多年来对勘察设计实践经验的认识和思考,是一本具有很强工程实践性的科技专著,非常值得业内同行学习借鉴。我期待此书早日出版并以此推动行业发展。

全国工程勘察设计大师 张再良

2023年3月

前　言

本书为“高速铁路基础研究与技术创新丛书”之分册。按丛书规划要求，力图体现高速铁路工程勘察技术创新与实践前沿性、原创性等特色。

自2008年8月1日第一条时速350公里的高速铁路——京津城际开通以来，我国高速铁路建设拉开了快速发展的序幕，短短十多年时间就取得了举世瞩目成就。截至2022年底，我国高速铁路运营里程已达4.2万公里，中国铁路设计集团有限公司(简称“中国铁设”)承担了其中的京津城际、京沪、石太、哈大、京郑、长昆、大西、津秦、哈齐、哈牡、哈佳、沈丹、盘营、济青、青荣、京雄、郑阜、商合杭、大张、京沈、太焦、墩白、潍莱、赤喀、牡佳等几十个高速铁路项目的勘察设计，所涉及的高速铁路项目约占我国高速铁路项目总数的三分之一。

大规模、快节奏、高标准的高速铁路建设，给工程地质勘察工作带来巨大挑战，也为地质勘察手段和方法创新带来发展机遇。我国地域广阔，自然地质条件复杂多样，高速铁路设计施工与安全平稳运行离不开工程地质勘察的基础保障，需要地质专业采用先进的技术手段快速识别评价沿线地质条件，提出地质选线意见、提供设计所需资料、提出工程对策建议等。为满足高速铁路勘察设计需求，中国铁设在2008年建成了轨道交通勘察设计工程实验室，设立了国家工程研究中心综合勘察实验室、地质遥感技术研究中心，地勘院设立了勘察技术研究所等。十余年来，中国铁设立足自主创新，完成了包括科技部、天津市、国铁集团、国家铁路局在内的150余项重大重点科研课题，为铁路行业综合勘察技术整体达到国际先进水平、部分达到国际领先水平作出了突出贡献。本人作为课题负责人主持完成了国铁集团重大课题“艰险复杂山区铁路空天地立体勘察新技术及数据平台应用技术研究”等，依托课题成果主导构建了铁路“空天地”一体化综合勘察新技术体系，并主编了《艰险复杂山区铁路天空地一体化勘察新技术应用指南》《铁路工程地质勘察数据存储交付标准》等。

作为铁路专业技术人员，我们有幸亲历了大规模高速铁路建设，见证了高速铁路技术发展；参与了高速铁路勘察设计标准体系建立与完善，成功解决了工程建设中的无数复杂地质难题；亲自参与了中国高速铁路成功“走出去”，我们倍感荣幸和自豪。

一条条高速铁路顺利开通、一列列“复兴号”平稳安全运行的背后，无不体现着铁路人的聪明才智和地质工作的成效，科研与实践形成的大量成果和经验弥足珍贵，把这些成果总结、提炼、编辑成册，让同行们了解铁路勘察技术发展过程及现状，给勘察设计技术人员和读者提供参考借鉴的信息，是出版此书的宗旨。

本书既是150余项科研课题研究成果的精华，也是本人在技术与科研管理岗位多年来的总结与思考，更是中国铁设地质勘察专业团队集体智慧的结晶。展示高速铁路勘察技术创新成果及其工程化应用效果，是本书的显著特色，也是我们的社会责任。

书中内容涉及中国铁设地勘院及地质遥感技术研究中心、国家工程研究中心综合勘察实验室等创新平台的大量成果和高速铁路勘察设计项目，相关部门的领导、专业副总工程师、室所负责人及课题研究人员等均为创新成果付出了智慧与汗水，因人数太多，恕我不能一一列举，在此一并向他们表示真诚的感谢！

地质勘察技术的创新与应用，离不开集团公司领导的高度重视和大力支持，在此向他们表示衷心的感谢！此外，特别感谢许再良勘察大师的长期悉心指导和帮助，感谢乔平、李国和、周正礼、陈新军、薄会申、孙元春、尚海敏、刘桂卫、李鹏、赵广茂、牛永效、黄大中等同事在书稿形成中所作的贡献！

由于著者水平有限，书中疏漏和不足之处在所难免，恳请专家和读者批评指正。

著　者

2023年2月

目　　录

第1章 绪　论

随着我国铁路建设事业发展，铁路工程地质勘察逐步构建了完整的技术体系和标准。进入21世纪，大规模、快节奏、高标准的高速铁路建设，给工程地质勘察工作带来巨大挑战，也为地质勘察手段和方法创新带来发展机遇。高速铁路对工程地质勘察工作提出了“先进、精确、快捷”的要求，为满足高速铁路建设要求，工程地质勘察技术也进入快速发展阶段。目前，地质勘察工作已从单一技术手段发展到了“空天地”一体化综合勘察新模式，多模态遥感地质、综合物理新技术、深层原位测试新技术等在高速铁路工程勘察中广泛应用，为高速铁路大规模勘察设计及众多复杂地质难题的解决提供了重要支撑。

1.1 高速铁路勘察技术特点

高速铁路工程由于其高标准的变形控制要求以及耐久性和长期动力稳定性要求，地质勘察除满足普速铁路勘察设计要求外，还具有其自身的特点。笔者认为，主要表现在以下几个方面：

1. 前期地质选线更显重要

高速铁路需要遵循地质选线的原则，通过地质选线绕避重大不良地质，规避工程风险，保证线路安全运营。由于高速铁路的线路曲线半径远大于普速铁路，线路走向范围调整的余地较小，这就增加了地质选线的难度。因此，在预可行性研究、可行性研究阶段应广泛收集区域内的不良地质资料和工程建设经验，结合遥感地质判释及开展大面积地质调绘，适当布置物探及钻探验证等工作，确保线路绕避大型不良地质体。对于地质地形条件特别复杂的地区，初测前可安排加深地质工作子阶段，为确定线路走向提供依据。

在高速铁路选线阶段，地质勘察人员应从区域稳定性角度提出方案比选意见，避免线路方案走行于活动断裂带、不稳定地块及高烈度地震区，同时也要避免线路方案位于人为坑洞密集，时间久远、不宜查清的古老采空区，地表明显形成移动盆地且处于移动活跃的大型煤矿采空区或活跃移动盆地边缘地带，以及地表移动和变形可能引起边坡失稳、崩塌地带；此外，线路方案还要避免走行于易发生岩溶地面塌陷的溶蚀谷洼地区、易产生大面积湿陷的黄土塬区，以及明显存在危及铁路工程安全的其他重大不良地质、特殊岩土、不稳定斜坡地段等。

2. 变形控制标准严格

高速铁路沉降变形控制标准极高,《高速铁路设计规范》(TB 10621—2014)规定,高速铁路无砟轨道路基工后沉降控制标准为 15 mm,路基与桥梁、隧道或横向结构物交界处的工后差异沉降差不应大于 5 mm,不均匀沉降造成的折角不应大于 1/1 000;高速铁路无砟轨道桥梁墩台基础工后沉降限值为 20 mm,相邻墩台沉降差为 5 mm。因此,在高速铁路勘察中,必须对地基岩土适宜性作出准确评价,地质勘察成果资料需满足路桥工程沉降检算要求,确保各类工程基础置于满足工后沉降要求的岩土层中。

高速铁路对岩土变形敏感,因此需要关注特殊岩土微变形问题。比如,岩土含亲水矿物较多,但未达到规范规定的膨胀岩(土)标准,具有微膨胀,也应按膨胀岩(土)勘察,设计采取相应措施,避免引起轨道上拱等微变形。遇到压缩性较高、抗剪强度和承载力较低,呈软塑或饱和状态以及结构松散的黏性土、粉土、粉细砂、新黄土等地层时,需参照软土进行勘察,为变形控制设计提供地质资料。遇到易溶盐含量高的岩土层和路基填料,还需注意盐胀引起的微变形问题。严寒、寒冷地区冻结深度影响范围内的 A、B 组填料需要满足细颗粒含量小于 5%,以防路基冻胀变形问题。

3. 勘探密度和深度要求更大

高速铁路在精度和深度上对地质勘察提出了更高的要求:一是,路基工程技术标准高,严格控制路基变形和工后沉降,地基处理深度大;二是,在路基、桥涵、隧道不同构筑物之间需要设置过渡段,需进行必要的勘探;三是,基础工后沉降检算深度大,为了满足设计检算要求,需加大勘探深度。对一定深度地基土的性质、指标均需分层查清,特别是黏性土层、全风化层等,均需要压缩试验指标,且压缩试验终止试验压力需根据不同工程及地基加固深度等来确定。

高速铁路路基设计不仅要考虑横断面沉降控制的要求,还需考虑路基纵向和横向刚度的平顺过渡。传统的排水固结、柔性桩复合地基处理措施一般不能满足要求,地基处理一般以半刚性桩、刚性桩为主,例如 CFG 桩、管桩等,设计时还应保证地基的刚度横向基本一致、纵向均匀过渡。复杂的地基处理设计,对地基地质条件的勘探精度要求也大大增加,一般地段勘探点的间距密度不应大于 50～100 m。软土地段一般控制在 50 m 左右,同时要加强横断面勘察;在丘间谷地地带,地层厚度变化大、分布不均匀,更要合理控制勘探点间距,并注重地质横断面勘察,地质横断面的间距一般不应大于 100 m,必要时还应加密。高速铁路对基床(路堑、低路堤)和填料勘察也有更高的要求。高速铁路路基工后沉降控制,除软土地基外,中等、低压缩性土也要进行沉降检算,根据检算结果进行相应处理。因此,勘探点的深度大大加深,土质地基的勘探深度一般都在 30～40 m,深厚软土及松软地基勘探深度需达 40 m 以上。

平原地区高速铁路工程以桥梁为主,由于沉降控制的需要,桩基础深度大,勘探点深度一般应钻至桩底以下 5～15 m，并满足沉降检算需求。

4. 岩土参数需要综合分析

高速铁路沉降控制计算需要可靠的岩土设计参数，这就要求地质勘察按照不同的地质单元、不同的工程类别、不同的岩土层、不同的固结试验压力等，有针对性地提取岩土试样进行试验，经综合分析提出岩土设计参数值。桥梁设计需要检算相邻墩台沉降差，勘察取样还需满足设计需求。

土工试验是取得地基土物理力学指标的重要手段。由于勘探取样、试验过程中一些因素的影响，岩土参数指标有时出现与地层实际不匹配的情况，需要对试验指标认真分析，剔除不合理的异常值。

基于高速铁路勘察设计需求，中国铁设相继开发了深层静力触探和旋转触探技术成套技术，触探深度满足了高速铁路桥梁设计要求，在平原地区高速铁路桥梁工程勘探中采用钻触 1∶1 比例布置，路基工程采用钻触 1∶2 布置，在钻触对比基础上提供的设计参数更加精准可靠。

5. 地震动参数小区划

一般铁路工程可直接采用现行标准《中国地震动参数区划图》(GB 18306)进行分区。而高速铁路工程需要专门对沿线地震动参数分区细化，并评价场地稳定性。一般是结合沿线地质勘察资料、工程设置等详细划分地震动峰值加速度及地震动反映谱特征周期，而对重大、特殊桥梁工程还需要专门进行桥址场地地震安全性评价。

6. 建筑材料需专门勘察

高速铁路对路基填料要求高，对级配碎石和 A、B 组填料需求大，路基填料要求按建筑材料场地进行地质勘察。在工程地质勘察中，应做好取土场、采石场的调查和详细勘察，查明岩土性质及储量，选取代表性样品进行试验，为设计提供详细资料。对隧道弃渣、路堑挖方等应进行路基填料、混凝土骨料的可行性分析，代表性取样试验，并对质量作出评价，以便充分利用。

在建筑材料场地选取和勘察中，要了解料场的开采条件和环境地质问题，料场的设置与开采应符合国家有关政策法规和环保要求。

7. 采用综合勘察方法

铁道部“关于进一步做好客运专线工程地质勘察工作的通知”(铁建设函〔2006〕624 号)指出，客运专线，特别是采用无砟轨道的客运专线，勘察工作量大，勘察质量要求高，必须根据地形地质复杂程度、工程类型、建筑物规模和特点、地层结构、岩土特性、场地条件，结合客运专线的勘测阶段，在地质调绘的基础上，以最佳的组合方式，应用遥感、物探、钻探、原位测试、土工试验等多种地质勘探方法，通过综合分析和相互验证，取得真实、准确的工程地质资料，满足客运专线设计及建设需要。近年来，遥感地质、综合物探、原位测试等技术不断发展,勘察新技术在高速铁路勘察中广泛应用,改变了以钻探为主的模式。例如,沈白高速铁路等有效实施了以遥感、物探为主,钻探辅助验证的综合勘察模式;京雄、雄商、石衡沧港等项目实施了以深层触探为主的综合勘察模式。

8. 隧道需开展超前地质预报

高速铁路运行速度快,为了满足安全、舒适的要求,需要线路顺直,如时速 350 km 的高速铁路曲线半径一般不小于 7 000 m。因此,山区高速铁路的深埋、长大隧道工程增多。勘察设计阶段一般采用物探贯通、钻探重点验证的勘察模式,施工阶段则需要通过隧道内的超前地质预报结果,开展动态设计。

超前地质预报一般采用掌子面素描、物探、超前炮孔、水平钻等方法,判断掌子面前方一定距离的围岩分级、不良地质、构造、地下水等,指导设计施工调整支护参数,预防施工安全风险等。

1.2 高速铁路勘察技术发展

我国铁路工程地质勘察技术经历了由单一到多元化的发展过程,特别是大规模、高标准铁路建设,给工程勘察工作提出了"先进、精确、快捷"的要求,也为铁路工程地质勘察技术创新提供了平台。地质勘察工作已从单一的钻探、取样、试验模式发展为多种测试手段、综合评价的模式。近十年来,中国铁设依托高速铁路建设形成了一支稳定的勘察新技术研发团队,完成了 150 余项课题研究,在遥感地质、深层原位测试、综合物探技术、勘察信息化、工程地质与水文地质评价等方面取得了很多创新成果,为高速铁路大规模勘察设计及众多复杂地质难题的解决提供了重要支撑。

1. 综合勘察模式

铁路行业在 20 世纪 90 年代就大力推进铁路地质综合勘探,中国铁路工程总公司还颁布了《铁路地质综合勘探暂行规定》,其重点是解决物探、遥感及原位测试在地质勘察中的有效应用,促进现代化手段与传统工作方法的结合,并在计划、计费、质量管理、人才培训和设备配置等方面采取相应配套措施,有力推进了勘察质量、水平和效益的提升。

近十年来,随着勘察技术手段不断进步,铁路综合勘察技术快速发展、广泛应用,尤其是综合物探和遥感技术在山区铁路勘察中发挥了巨大作用,真正形成了山区及丘陵地区以遥感、综合物探及钻探组合的综合勘探模式;随着深层触探技术发展,平原区高速铁路也实现了触探与钻探相结合的综合勘察模式;特别是近几年,随着航空航天技术发展,多源遥感技术不断深化应用,航空物探技术在地面物探无法进场的艰险山区、林区等项目中得到了发展应用,逐步形成了艰险复杂山区铁路的"空天地"一体化综合勘察新技术、应用模式及标准,铁路综合勘察技术进入新的发展阶段。

2. 野外地质调绘

地质调查测绘是最基本的全局性工作，是工程地质各勘测阶段的先导，是各种勘探方法选择和布置勘探点的依据，也是各种地质信息综合分析的纽带和基础。随着遥感技术发展，一些人迹罕至的地区已经可以用高精度遥感和无人机摄影技术替代传统的现场调查。另外，野外地质调绘工作中，除沿用传统的工作方法外，还开发了基于 Mobile GIS 的野外地质数据采集系统，实现了野外地质数据采集的数字化、信息化。

3. 遥感地质技术

近十年来，中国铁设依托“陆路交通工程地质遥感关键技术与应用研究”“基于高光谱、高分辨率遥感信息的三维可视化地质判释技术及应用研究”“遥感图像处理技术及地质遥感判释软件平台构建研究”“基于高分辨率三维遥感信息的铁路工程地质判释、预测评价技术研究”“铁路工程地质遥感判释流程及标准研究”“铁路工程地质遥感解译技术应用研究”等一系列课题，在高分辨率遥感图像处理、面向对象自动提取、三维地质遥感判释、高光谱遥感岩性提取、雷达遥感浅埋地质信息提取、GIS 空间分析及数值模拟、不良地质灾害发育演变与预测评价等方面取得了技术突破，构建了铁路地质遥感判释软件平台，编制了行业和企业标准，为遥感技术在铁路勘察中的推广应用，提供了强有力的理论、技术、软件平台和标准规范支撑，在雄忻、太焦、牡佳高速铁路及蒙华铁路、浦梅铁路、包银铁路、泰国铁路、菲律宾铁路等勘察设计中发挥了重要作用，大大提高了艰险山区工程地质选线及勘察效率，节约了大量外业调绘工作量。

4. 原位测试技术

原有静力触探勘探深度不能满足高速铁路勘察设计深度要求。为此，中国铁设开展了“旋转触探新技术开发研究”“深层静力触探方法研究”“触探多参数数据采集系统的研制”“深层触探关键技术及其在城市轨道交通工程勘察中的应用研究”等无缆触探技术、深层静力触探技术、旋转触探技术等一系列课题。至 2010 年，深层静力触探和旋转触探设备及工艺基本定型，并在勘探深度上取得了较大突破。

2010 年之后，以铁道部重点课题“深层触探土力学及其应用技术研究”为依托，在触探机理、设备及工艺改进、工程应用等方面开展了深入系统的研究，并在京津城际铁路、京沪高速铁路、邯黄铁路等项目中进行了旋转触探、钻探、静力触探对比试验，测试深度达到 86 m。2015 年至今，为了进一步完善深层触探技术，拓宽其应用范围，提高智能化水平，研发团队又在测斜技术、波速静力触探测试、判别土类标准、人工智能自动分层等方面开展了广泛研究。例如，为准确评估触探探头倾斜以及修正触探深度，在触探探头上加设测斜模块，准确测量触探过程中探头与竖直向的偏斜角度，进而得到触探实际轨迹曲线，最终解决了深层触探深度偏差问题；为实现“一孔多用”，提高现场波速测试的质量和效率，将波速测试与触探试验进行联合，形成了一次成孔、多参数快速获取的联合测试技术；针对深层静力技术测试深度大（超过 70 m）、锥尖阻力高（超过 70 MPa）等新特征，重新建立了适用于深层触探技术的土类判别标准，为国家、行业相关标准的修订提供了支持，2018 年旋转触探技术作为新型测试技术，并作为独立章节纳入《铁路工程地质原位测试规程》（TB 10018—2018）中；为解决人工分层工作量大和依靠经验分层结果因人而异的缺点，研究了基于人工智能算法的双桥静力触探土层自动划分方法，提高了划分地层准确性。目前，深层触探已形成了成套装备、工艺、应用技术和相关标准，解决了高速铁路桥梁等基础岩土物理力学参数大深度、高阻力条件下的连续精确测试、多参数实时获取等技术难题，在平原地区工程项目中得到广泛推广应用，并取得显著的应用示范效应，结束了平原区高速铁路桥梁工程单一依靠钻探方法的历史，推动了勘察技术进步。

2020 年以来，依托天津市科技支撑重点课题“城市轨道交通工程深层岩土原位测试新技术及应用研究”等，发明了轻便型深层原位旋压触探仪、深层载荷试验仪、标准贯入能量测试仪等；发明了螺旋板载荷试验孔内变形和载荷测量装置，解决了传统螺旋板载荷试验在孔外测量探头位移精度低的难题，并大幅提升螺旋板载荷试验测试深度；研制出螺旋板载荷试验孔内无缆测试系统，实现了孔内测试参数实时采集、传输与压力自动补偿，提升了螺旋板载荷试验数字化和自动化水平，为解决深部地层承载力原位测定提供了创新方法。

5. 综合物探技术

中国铁设的物探专业已有 60 多年的发展历史，尤其近十年来，在重、磁、电、震各方向都得到了快速发展，攻克了大深度天然源大地电磁、瞬变电磁、三维地震、高密度电法、激发极化、跨孔地震 CT、全波列多参数综合测井、微震、航空物探等系列关键技术，自主构建了综合物探新技术软硬件平台；将重磁、测氡、天然源面波、共中心点雷达、核磁共振等方法创新应用到铁路工程勘察中，拓展了物探解决工程地质问题的广度和深度，填补了行业多项技术空白。目前，从原始数据的有效性、场地环境的适应性、解决地质问题的可靠性等各方面均有了质的飞跃，服务范围也涵盖了工程勘察、超前地质预报、施工质量检测、病害检测、应急抢险、管线探测等诸多领域。其中，大深度隧道地井-电震联合勘探技术，在长昆、大西、太焦等项目几千公里山岭隧道应用，井间地震 CT 技术在岩溶区减少了大量钻探；针对沈白高速铁路以森林区为主的特殊环境，实施了全线以综合物探为主的方法，解决了林区钻机进场难、火灾隐患大、用物探方法提供设计所需地质参数等难题，开创了铁路综合勘察新模式。

物探方法可以克服地形等因素的不利影响，提供地质多性状信息，在铁路工程地质勘察中的地位越来越重要，特别是在艰险复杂山区勘察中起着主导作用，目前我们物探技术的开发正在向精细化、定量化、直接岩土参数化方向发展。

6. 勘察技术发展方向展望

近年来，随着信息技术快速发展，地质勘察数字化、智能化技术成为了重点研究方向。

开展铁路工程智能勘察关键技术研究，实现勘察数据采集、勘察作业监管、勘察数据挖掘分析、勘察成果综合应用全过程的数字化、智能化，全面提升勘察作业效率和质量，高效服务智能铁路建设和安全运营是地质勘察转型升级的目标。为此，我们需要重点从以下几个方面突破：

第一，铁路工程地质勘探信息智能采集技术研究。研究基于智能移动终端的地质数字化调绘技术、勘探信息数字化录入技术，研究基于物联网的原位测试、工程物探自动化采集技术。

第二，基于人工智能的铁路勘探现场智慧监管技术研究。研究基于视频监控的勘探作业关键信息智能识别技术、基于视频监控和多传感器的勘探作业安全风险智能预警技术。

第三，铁路工程地质多源信息融合表达关键技术研究。研究复杂场地多数据源三维建模技术，研究基于移动 GIS 和 AR 的地质全息模型构建及辅助分析技术。

第四，铁路工程地质多源数据智能挖掘与综合分析技术研究。构建基于多源数据的铁路工程地质知识图谱，研究承载力等区域地质关键特征智能挖掘技术，研究山区地质灾害风险综合分析技术。

第五，面向地质勘察全过程的智能勘察服务平台技术研究。研究勘察数据采集、监管、智能挖掘分析等后台功能模块，构建面向铁路工程地质勘察全过程的智能勘察服务平台。

1.3 重点项目勘察成果简介

近年来，中国铁设先后承担了京津城际、京沪、石太、哈大、京郑、长昆、大西、津秦、哈齐、哈牡、哈佳、沈丹、盘营、济青、青荣、京雄、郑阜、商合杭、大张、京沈、太焦、敦白、牡佳等几十个高速铁路项目的勘察设计工作，结合项目中的疑难技术问题，完成 150 余项重大重点科研课题研究，解决生产中的疑难杂症的同时，形成了一套比较成熟的综合勘察技术体系。以下列举一些比较典型的重点项目勘察成果，各项目所涉及的工程数据均为勘察设计阶段的数据。

1. 京津城际铁路地质勘察

京津城际铁路是我国第一条时速 350 km 的高速铁路，全长 120 km，2008 年 8 月 1 日通车以来，有 100 多个国家元首、政要和代表团参观考察，赢得广泛赞誉。京津城际铁路是时速 350 km 高速铁路示范工程，在深厚软土、松软地基上铺设无砟轨道，须满足路基工后沉降不超过 15 mm、桥梁相邻墩台沉降差不超过 5 mm 的要求，勘察原则、方法及勘察精度是工程的关键；沿线区域地面沉降问题突出，是影响高速铁路方案选择和高速铁路安全平稳运行面临的重大难题。该项目勘察中首次确定了无砟轨道高速铁路桥梁、路基工程的勘察原则、勘探深度、原位测试项目、水土试验项目、固结试验最大压力等要求，为高速铁路勘察标准制定奠定了实践基础。开展了区域地面沉降对京津城际铁路工程影响及对策研究，首次将 InSAR 技术应用到线状工程勘察评价，采用数值分析方法建立三维流地下水-地面沉降耦合模型预测沉降，掌握了沿线地面沉降发生发育的时空分布特征，揭示了影响工程稳定性和安全运营的主要地面沉降漏斗，提出了桥梁采用可调高支座、轨道采用可调高扣件等工程措施，提出了禁采、限采、控采地下水范围。开展了数值分析计算参数测试技术研究，研制出应力应变式三轴仪，实现应力、应变方式自由转换，两种试验在同一台仪器完成，为数值分析沉降计算所需岩土参数的确定提供了科学试验方法。

2. 石太高速铁路地质勘察

石家庄至太原高速铁路是我国首条山区高速铁路，正线长 189.9 km，设计速度为 250 km/h，其中太行山越岭隧道长 27.8 km，是当时亚洲最长铁路山岭隧道，最大埋深为 445 m，于 2009 年 4 月开通运营。沿线有采空区、断层破碎带、岩溶、高地应力等不良地质，太行山隧道穿过长度 6 800 m 膏溶角砾岩。该项目针对越岭地区开展了特长隧道重大工程地质问题及对策研究课题，科学指导了设计施工；开展大地电磁应用技术课题研究，解决了深埋长大隧道勘察难题，首次采用人工源、天然源大地电磁探查低阻异常，建立了深部隐伏断层、不良地质体、富水区等判释标准；首次系统研究膏溶角砾岩工程特性，提出了膏溶角砾岩分类标准及相应围岩级别划分，指导针对性支护设计；采用综合测井等新技术，获取多种水文地质参数，建立隧道围岩水文地质概念模型，准确判断隧道富水性分区段落、涌水段的位置及涌水量；将分形几何方法应用于隧道区断裂分布及特殊结构区的分形测算，首次将概率分析原理引入到铁路隧道围岩分级中，定性与定量结合，创新了隧道围岩分级方法；开展了湿陷性黄土地基变形特征及加固处理技术研究，揭示了湿陷性黄土工程特性，提出了经济合理的加固处理措施。

3. 京沪高速铁路地质勘察

北京至上海高速铁路是世界上一次建成里程最长、标准最高的高速铁路，线路长 1 318 km，设计速度为 350 km/h，于 2011 年 6 月开通运营。中国铁设承担了北京至徐州段的勘察设计工作，该项目地处华北平原、鲁中南低山丘陵区，区域地面沉降、地震液化、岩溶、采空区、滑坡、崩塌等不良地质发育，软土、湿陷性黄土、膨胀土等特殊土均有分布。京沪高速铁路勘察设计历时十余年，在勘察技术领域的创新主要表现在几个方面：一是，建立了首个高速铁路勘察技术标准《京沪高速铁路工程地质勘察暂行规定》（铁建设〔2003〕13 号），在相当长的时间内作为我国高速铁路勘察工作的重要依据；二是，开展了“区域地面沉降对高速铁路工程的影响及对策研究”，系统提出了高速铁路地面沉降评价方法、控制措施、工程适应性措施及地面沉降监测措施；三是，首次提出高速铁路穿越采空区安全距离计算方法和参数选取标准，进而确定了高速铁路保护煤柱留设标准，并纳入相关规范；四是，采用综合勘察手段，查明了滑坡、崩塌的重力不良地质的分布特征，使线路绕避了重大不良地质，从根本上消除了建设和运营隐患；五是，针对玉符河、大汶河、荆河、辽河等岩溶发育地段采用综合物探技术，选用弹性波、地质雷达、声波CT和钻孔成像等多种技术方法，结合钻探验证，解决了土石界面土洞、岩溶分布状态、充填情况、连通性等难以查明和可视性差的问题，为该技术在铁路行业推广应用起到示范作用。

4. 石郑高速铁路地质勘察

石家庄至郑州高速铁路全长353.9 km，设计速度为350 km/h，于2012年9月开通。该项目处于华北平原区，跨越山前冲洪积平原、洪积扇、黄河冲积以及剥蚀缓丘等多个地貌单元，发育活动断裂、区域地面沉降及地裂缝、采空区、地震液化等不良地质及软土、膨胀土等特殊土。勘察设计阶段开展了不良地质专项评价工作，绕避了开采面积大、塌陷变形严重、地基处理风险高的邢东煤矿，在元北煤矿区选择西侧的贫矿地带通过，临城一带矿区则选择在矿区间的无矿带通过，规避了地质灾害风险。开展了区域地面沉降、地裂缝对高速铁路的影响和工程对策专题研究，为线路选线和工程设计提供了依据；详细评价了区域内上第三系地层的工程性质，为设计提供了准确岩土参数。

5. 哈大高速铁路地质勘察

哈尔滨至大连高速铁路是世界上严寒地区第一条设计速度350 km/h的高速铁路，线路长921 km，于2012年12月开通。中国铁设承担了沈阳至大连段勘察设计工作。路基冻胀是严寒地区高速铁路面临的重大技术难题，国内外没有经验可借鉴；沿线深厚松软土和软土广泛分布，有多矿种采空区分布，集中水源地沉降问题突出，有长度150 km分布可溶岩。该项目针对路基冻胀难题开展了冻胀机理、影响因素及控制技术系统研究，从地基土、填料、地下水、负温场等因素系统提出解决方案，指导了寒区高速铁路路基防冻胀设计，解决了路基冻胀控制重大技术难题，研究确定的防冻胀填料的细颗粒含量控制标准等纳入《高速铁路设计规范》(TB 10621—2014)；针对路基冻胀监测难题，开发了冻胀监测系统填补行业空白，并形成了铁路行业标准，为后续建设的哈齐、哈佳、哈牡、沈丹、大西、京沈等几千公里寒区高速铁路铺轨决策及达速开通提供了评价依据；针对防冻胀的地下水因素控制，突出了施工地质勘察作用，根据施工开挖地形地貌变化，分析地表水、地下水径流变化，指导路基渗水盲沟设计，消除了冻胀风险；针对岩溶区工点采用跨孔弹性波、管波和孔中摄像方法，直观得到溶洞分布状态和填充情况，解决了众多桥梁桩基础对岩溶针对性处理难题，提出先探后灌、探灌结合、动态设计的岩溶路基处理措施；针对大面积采空区、岩溶强烈发育区、集中水源地沉降区、活动断裂分布区等开展了地质选线，推荐了线路走向方案，规避了地质灾害，节省了工程处理费用。

6. 京石高速铁路地质勘察

北京至石家庄高速铁路全长283.672 km，设计速度为350 km/h，于2012年12月开通。该项目主要有地面沉降、地裂缝、地震液化层、填土、软土、新黄土等不良地质作用。工程地质勘察阶段中,合理确定勘察方法和勘探工作量,采用综合勘察手段,查明了不良地质及特殊岩土特征,提出了工程措施建议。该项目石家庄六线隧道全长 4 980 m,是国内第一条六线铁路隧道,以明挖法施工为主、盖挖和暗挖法施工为辅的长大基坑施工为国内首例。勘察中全面分析了石家庄市地下水资源环境,预测远期地下水水位变化,提出了针对该地区的抗浮设计水位,地质勘察方案与设计结合紧密,勘探测试手段运用合理,区域地质环境掌握全面,隧道工程地质条件分析细致,为基坑设计提供的地质参数可靠。

7. 津秦高速铁路地质勘察

天津至秦皇岛高速铁路全长 261.5 km,设计速度为 350 km/h,于 2013 年 12 月开通。该项目地处燕山山脉东段南麓和华北平原衔接处,地形地质条件复杂,全新世活动断裂、采空区、地面沉降、岩溶等不良地质发育,平原段软土分布广泛。针对全新世活动断裂开展了专题研究,确定了活动断裂的分布位置、特征,评价了断裂的活动性等,指导工程绕避了唐山断裂、昌黎-宁河断裂东段,对无法绕避的蓟运河活动断裂带、滦县-乐亭断裂带查明了与线路交叉位置并以路基工程、有砟轨道通过;针对煤矿、铁矿采空区开展了专题评价工作,提出了地质选线方案,绕避采空区及其影响范围;开展了地面沉降对工程影响专题研究工作,确定了沉降漏斗的分布范围,评价分析了沉降速率,为线路绕避沉降严重地段提供了依据;采用综合勘察方法查明沿线软土的分布特征、物理力学参数等,为设计提供准确依据。

8. 大西高速铁路地质勘察

大同至西安高速铁路全长 859 km,设计速度为 250 km/h,于 2014 年 7 月开通。该项目是我国第一条穿越地裂缝发育区的高速铁路工程,地裂缝勘察评价及工程对策是亟待突破的重大技术难题,沿线煤矿采空区、断裂、危岩落石、滑坡、错落、黄土陷穴、岩溶、湿陷性黄土、膨胀性岩(土)、软土、松软土、盐渍土等地质问题突出,岩溶泉域与工程相互影响评价是难点问题,上第三系地层隧道开挖易出现涌砂突水和塌方风险。该项目开展了地裂缝和地面沉降工程对策研究课题,首次采用大型模拟试验模拟地裂缝活动对铁路设施的变形及破坏特征,揭示其致灾机理,首次提出地裂缝危险性铁路分级标准,提出地裂缝上下盘变形影响范围判定方法及合理避让范围,提出的工程对策科学指导了设计施工。开展了富水砂土复合地层大断面隧道变形控制关键技术研究,结合地层天然含水率、孔隙率、颗粒级配、粒径等指标,评价水文地质条件对围岩的软化作用,评估预测施工风险,有效指导了设计施工。开展了黄土特性及工程对策研究课题,通过现场降雨模拟试验、大型基坑浸水试验及振动试验等,掌握了黄土冲刷、表水入渗、动力特征等关键技术,指导了边坡治理与加固、地基处理、黄土改良、排水系统设计,为湿陷性黄土地区铁路勘察设计与施工提供了宝贵经验。针对岩溶泉域影响评价,采用天然同位素试验法,准确判定了岩溶地下水连通关系,对测区汇水单元分区,为地质选线、环境影响评价及工程设计提供了科学依据。

9. 长昆高速铁路地质勘察

长沙至昆明高速铁路湖南段全长 413.9 km,设计速度为 350 km/h,于 2014 年 12 月开通。该项目地处西南艰险山区，地形地质条件极其复杂，沿线分布170余条断裂，煤矿采空区、滑坡、崩塌落石、岩溶空洞及地下暗河等不良地质灾害众多。该项目隧道累计长192.58 km，最大埋深840 m，查明洞身工程地质和水文地质条件难度大。该项目针对全线普遍分布的岩溶问题，开展了井间岩溶探测技术研究，采用地震CT技术，直观显示岩溶发育形态，提高了岩溶探查精度和工程措施的针对性，并节省钻探13万m；高陡边坡稳定性评价方法及信息化施工等研究成果指导了设计优化，节约了工程投资。脆性岩石工程特性及其对隧道围岩影响和对策研究，揭示了碳质板岩的特殊成因、结构特点、力学性质及物质成分等，科学指导了隧道支护参数优化和施工。通过精细化的地质选线和勘察评价，成功绕避了岩溶极发育和地下暗河分布带，绕避了大面积采空区，避免了压矿和塌陷风险，节省了工程处理费用，最大限度地规避了施工和运营风险，为艰险复杂山区高速铁路工程勘察提供了示范。

10. 青荣城际铁路地质勘察

青岛至荣城城际铁路全长298.9 km，设计速度为250 km/h，于2014年12月开通。项目位于胶东半岛东部，低山丘陵段地质条件复杂，地质历史上火山活动频繁，火成岩种类繁多、互相穿插，工程特性差异明显，对工程影响大。线路多次与桃村断裂带相交，长度约70 km，断裂带内地层岩性更为复杂。该项目采用物探、钻探、挖探相结合的综合勘察方法，查明断裂带的分布及工程地质特性，查清了断裂破碎带软弱强度差异，指导设计采取差异化措施。铁路工程地质勘察中首次确认了破火山地层，对其鉴别方法和工程地质特性开展了研究，揭示了破火山地层形成过程及特性，并在开挖中得到验证，指导设计施工采取针对性措施。

11. 沈丹高速铁路地质勘察

沈阳至丹东高速铁路全长205.74 km，设计速度为350 km/h，于2015年8月开通。该项目穿越长白山脉西南延伸部分，地形地质条件复杂，断裂、褶皱构造发育，煤矿采空区、崩坍、泥石流、危岩落石、岩溶及不稳定斜坡等不良地质问题突出。该项目采用InSAR技术分析评价深部老采空区地段不同时段的地表变形，形成了地表变形演化序列专题图，采用RUGPAS系统准确预测了采空区残余变形量，并对不同矿区提出解决方案，据此高速铁路顺利穿越本溪老采空区地段，创新了深部大面积采空区和浅部小型采空区综合勘察及评价技术；开展了铁路客运专线大断面隧道围岩分级指标体系和方法研究，在项目中推广应用取得良好效果；采用综合勘察方法查明了岩溶分布规律、发育特征及岩溶地下水的动态变化等，最大限度规避了施工和运营地质风险；开展了岩质边坡稳定性评价及防护技术研究，解决了高边坡安全防护难题。

12. 哈齐高速铁路地质勘察

哈尔滨至齐齐哈尔高速铁路全长291.8 km，设计速度为250 km/h，于2015年8月开通。该项目地处松花江嫩江冲、洪积平原区，穿过扎龙湿地、龙凤湿地，地下水位高，沿线软土、季节性冻土等特殊土发育。该项目针对大庆油田及其周边地面变形上拱问题开展了专题研究，分析了地面变形的原因、特征和发展规律，预测了地面变形的趋势等，确定了线路通过的合理位置，为类似地区高速铁路勘察设计提供了借鉴。采用综合勘察方法查明沿线软土的分布特征，确保了工程措施的有效性；针对季节性冻胀对无砟轨道的影响，开展了低矮路基冻胀控制技术研究课题，从路基基底土层冻胀性评价、地下水变幅影响及路基填料冻胀性能等因素研究，提出防冻胀措施，解决了严寒地区路基冻胀关键技术难题。

13. 石济高速铁路地质勘察

石家庄至济南高速铁路全长 323.095 km，设计速度为 250 km/h，于 2017 年 12 月建成通车。该项目地处华北平原，区域地面沉降问题严重，淤泥及淤泥质软土分布不规律，地下水位埋藏较浅，部分地段分布地震液化层。该项目针对地面沉降问题开展了水井调查、沉降预测，分析评价了区域地面沉降对高速铁路工程的影响，提出了沉降控制措施、工程适应性措施及地面沉降监测措施。针对全线广泛分布的深厚松软地基，开展了地层时代分析、沉积环境识别、标志层对比研究等区域研究，通过钻探、原位测试及室内试验相结合，详细查明地基土的分布规律和工程性质。针对济南黄河桥梁长大、公铁两用、四线铁路桥、载荷大的特点，通过物探、钻探、原位测试及水文地质试验相结合的综合勘探，室内常规土工试验和三轴、固结、无侧限抗压强度、有机质含量等特殊试验，根据各项勘探、测试及试验成果，对地基基础设计方案比选分析与评价，提出了主墩采用沉井或大直径钻孔桩基础、中更新统地层作为桩基持力层，边墩采用钻孔桩基础、上更新统地层作为桩基持力层的方案建议。勘察中广泛采用钻探、触探相结合的方法，通过静力触探与钻探对比分析，准确查明了软土、地震液化层、填土等特殊土的分布范围、厚度、工程地质特征，提出了合理有效的处理措施建议，为路桥工程设置比选、地基处理方案选择及地基沉降控制检算提供了全面可靠的物理力学指标。

14. 哈佳高速铁路地质勘察

哈尔滨至佳木斯高速铁路全长 343.088 km，设计速度为 250 km/h，于 2018 年 9 月开通。沿线主要为冲洪积平原及丘陵区，地层岩性复杂多变，全线位于严寒地区，季节性冻结深度大，路基防冻胀要求高。该项目针对沿线广泛分布的非典型膨胀土，开展了膨胀土工程特性及对策课题研究，通过大量室内试验、现场试验段填筑工艺试验及监测等，系统研究了膨胀土的分类、工程特性及路基变形和稳定性，为非典型膨胀土路堤和路堑的设计及挖方利用提供了充分的依据。针对高速铁路两侧 413 口水井抽水对铁路影响开展了专项评价，分析抽水对铁路的影响，提出禁采范围，最大限度降低对环境和地方用水的影响。勘察中结合工点类型、微地貌和季节风向等因素，预测可能存在风吹雪灾害的段落，为雪害预防及治理提供了可靠的基础资料。针对严寒地区路基冻胀问题，勘察期间对深季节性冻土、路基填料开展冻胀性评价，施工勘察阶段进一步核查了地下水位季节变幅及其对冻胀的影响，并对填筑碾压完成的路基本体填料取样分析和冻胀性评价，为路基防冻胀措施优化提供了依据。

15. 通辽至京沈高速铁路新民北站铁路地质勘察

通辽至京沈高速铁路新民北站铁路长 197.1 km，设计速度为 250 km/h，于 2018 年 9 月开通。沿线广泛分布固定、半固定沙地，线位穿越巴胡塔湿地，分布有填土、软土、季节性冻土、风积沙等地层。该项目结合寒区路基防冻胀要求，对季节性冻土、路基填料开展了冻胀评价，为采取防冻胀措施提供了设计依据。针对沿线地下水位高、对路基冻胀影响大的问题，在填料选取勘察中严格控制细粒含量，施工过程中对地下水位核查，进一步查明了地下水位季节变幅及其对路基冻胀的影响，对填筑碾压完成的路基填料核查分析和冻胀性评价，为防冻胀补强措施优化提供了依据。针对广泛分布的风积沙，开展物理力学特性、填料改良、地基沉降特性等研究，提出了风积沙地基加固措施和风积沙用作路基填料的改良方案，满足了地基沉降控制、填料压实标准要求，节省了大量工程投资，为风沙地区高速铁路建设提供了借鉴。

16. 哈牡高速铁路地质勘察

哈尔滨至牡丹江高速铁路全长 292.994 km，设计速度为 250 km/h，于 2018 年 12 月开通。该项目位于东北地区重要山脉张广才岭地段，地质条件复杂，断裂构造发育，危岩、崩塌、滑坡、泥石流等重力不良地质极为发育，局部分布软土、膨胀岩(土)等。该项目采用大地电磁法、地震折射法、高密度电法、综合测井技术及钻探法验证等的综合勘察方案，揭示了虎峰岭隧道等复杂的地质结构、断裂构造发育、花岗岩差异风化等问题，爱民隧道等膨胀性软弱围岩分布、接触带位置、断裂构造及玄武岩富水段落等，并提出支护及防排水设计措施，有效预测预防了隧道施工风险，特别是对地下水的分析评价成果指导了隧道 V 形坡排水设计，解决了高寒地区隧道冻害难题。针对沿线 80 km 森林地区钻机无法进场的难题，采用了以综合物探为主的方法，提供了工程设计所需的勘察资料，保障了工期，并结合超前地质预报和施工开挖验证保障工程质量。

17. 济青高速铁路地质勘察

济南至青岛高速铁路全长 308 km，设计速度为 350 km/h，于 2018 年 12 月开通。该项目位于胶东半岛南部低山丘陵区，跨越胶州湾，地形地质条件复杂，采空区、地面沉降、全新世活动断裂、地面塌陷、危岩崩塌等不良地质发育，特殊岩土主要有湿陷性黄土、膨胀岩(土)、软土、松软土、盐渍土等。该项目针对沂沭断裂带开展专题研究，采用遥感地质判释、综合物探、钻探与原位测试手段相互验证，查明线路与安丘-莒县主干断层相交位置以及断层性质，预测了安丘-莒县断裂三条主干断裂未来的地震地表断错量，提出了穿越断裂的安全位置及路桥工程设计方案。针对青阳特长隧道采用综合物探为主的方法，提出 28 处断裂及异常位置，指导了风险控制设计，采用地震层析成像及全息岩土成像技术等超前预报技术手段，成功预报化解了多次施工风险，为隧道施工安全提供了有力保障。针对南闫水源地引起的地面沉降开展专项研究，设置长期水文观测井，采用自动监测技术，根据监测结果构建数值模拟计算模型，分析评价南闫水源地开采导致的地面沉降发生发展过程，预测了正常开采工况、超采工况和极限超采工况条件下的地面沉降发展趋势，对桥梁设计提出了针对性工程措施建议。通过综合勘察，查明了潍坊段落强膨胀性岩(土)的工程地质特征，为桥梁桩长设置提供了指导；针对白垩系青山组火山岩多为膨润土化凝灰岩及火山角砾岩、空间分布极不均匀、遇水后膨胀特性表现强烈的特点，提出了施工成桩采取干钻工艺的建议，有效地指导了桩基设计和施工；针对机场隧道泥岩膨胀性特征开展了专题试验研究，为地下工程设计提供了膨胀性等级、膨胀力、侧向约束膨胀率、干燥饱和吸水率等重要结构设计参数。

18. 郑阜高速铁路地质勘察

郑州至周口至阜阳高速铁路全长 266.43 km，设计速度为 350 km/h，于 2019 年 12 月开通。线路位于黄淮冲积平原中西部，由于黄河多次泛滥、决口和改道，加之降雨、风力作用及人类生产活动的影响，该区域形成了许多沙丘、滩地、湖洼地、槽形地和蝶形洼地，相互交替分布，构成较复杂的平原微地貌。沿线主要为粉质黏土、粉土及砂类土层，长葛以北表层分布有新近堆积黄土，既有路基和城镇附近及古文化区分布有人工堆积层，黄河冲积平原及黄淮冲积平原表层普遍发育软土，地下水埋深较浅。线路两端高烈度区存在地震可液化土层。沿线不同程度地存在地面沉降问题。地质勘察中采用了深层静力触探技术和旋转触探技术，通过双管单动钻探取样工艺与深层触探对比提出的地层指标参数，满足了路桥工程沉降控制设计精度要求。针对区域地面沉降、断裂带开展专题评价，提出地面沉降段路基工程采用“钻孔桩＋筏板”形式加固地基、穿越断裂带地段采用有砟轨道，路基设计采取分层加筋、加宽路基及桩筏结构等措施。

19. 商合杭高速铁路商阜段地质勘察

商丘—合肥—杭州高速铁路商阜段正线长 268.04 km，设计速度为 350 km/h，于 2019 年 12 月开通。线路经过地区均为黄泛区和淮河泄洪区，地表多为新近沉积层，承载力较低。沿线分布深厚第四系地层，存在区域地面沉降、地震液化等不良地质现象，以及软土、填土等特殊土。该项目地质勘察采用深孔静力触探技术，提高了地质勘察质量和效率，节约了勘探成本；采用双管单动取样勘探技术，提高了取样质量。开展了区域地面沉降对高速铁路影响专题研究，指导线路绕避了沉降严重地段和漏斗核心区，并提出了有效的深部地层沉降观测方案、多层地下水位监测方案、区域地面沉降分析方法及工程适应性措施，对高速铁路沿线区域地面沉降监测评价具有示范作用。

20. 大张高速铁路地质勘察

大同至张家口高速铁路长 141.34 km，设计速度为 250 km/h，于 2019 年 12 月开通。该项目沿线分布黄土、填土、软土、盐渍土、膨胀岩等特殊岩土，发育有泥石流、活动断裂、崩塌落石、地面沉降、地震液化等不良地质。该项目采用了遥感判释、大面积地质调绘、钻探、物探、简易勘探、静力触探、综合测井、地应力测试及室内试验等综合勘察技术，查明了沿线工程地质及水文地质条件，综合勘察评价了第三系泥岩、湿陷性黄土、人工填土、盐渍土、软土以及太古界片麻岩、花岗岩、变质花岗岩、元古界辉绿岩、变质辉绿岩等变质岩和侵入岩的分布特点及工程性质，评价了断裂构造、节理裂隙及岩脉侵入对隧道围岩体完整性及工程施工安全的影响，为地质选线及工程设计提供了可靠依据。针对天镇-阳高盆地北缘全新活动断裂，开展了铁路工程建设适宜性研究，分析评价了断裂活动特点，确定了断裂位置、影响范围，综合评估了活动断裂安全岛，确定了线路穿越活动断裂的原则，提出了合适的穿越地段和工程类型，解决了大张高速铁路穿越活动断裂的技术难题。采用大面积地质调绘、不同时期遥感数据对比、钻探验证等综合方法对 60 km^2 尾矿弃渣填土区进行综合评价，结合数值模拟分析方法对填土高边坡稳定性进行评价，提出了线路走向、工程设置方案及工程处理措施。基于太沙基经典固结理论，通过建立地下水-地面沉降数值模型开展了马圈庠温泉井及中高庄集中水源井的沉降分析研究，开展了 InSAR 地面变形监测，综合评价了集中抽采水的影响，提出了地面沉降控制措施、工程适应性措施及监测措施，为稳定线路方案起到极其重要的作用。

21. 京沈高速铁路地质勘察

北京至沈阳高速铁路起自北京朝阳站（原名星火站），经过北京市顺义区、怀柔区及密云区，河北省承德市，辽宁省朝阳市、阜新市，终至沈阳站，全长 697.145 km，设计速度为 350 km/h，承德南至沈阳段于 2018 年 12 月开通，承德南至北京朝阳段于 2020 年 12 月开通。沿线地形地质条件复杂，北京段有地面沉降、地裂缝及活动断裂等不良地质问题，河北省和辽宁省段有采空区、岩溶、危岩、崩塌落石、不稳定边坡、地震液化、季节性冻害等不良地质，分布膨胀岩、湿陷性黄土、人工填土等特殊岩土。该项目采用物探、钻探、原位测试、波速测试等多种勘探测试方法，通过综合勘察查明了沿线工程地质及水文地质条件，为工程设计及不良地质问题的处理提供了翔实的地质资料。开展了地裂缝和地面沉降专项评价，采用浅层地震反射波、氡气测量及天然源面波组合方法，精准确定了地裂缝分布及位置，指导设计采取针对性措施。采用地震反射波法、直流电法等物探方法，结合深孔钻探验证，准确判断了采空区位置、规模、塌陷区影响范围，确定了高速铁路穿越采空区的安全维护边界。开展了侏罗系基岩风化层膨胀特性及其用于路基填料适用性研究，并填筑于路基非核心区域，节省了投资。采用地质调查、加深炮孔、地震反射波、超前水平钻等方法，在施工期间成功预报了隧道断层破碎带、岩性接触带、富水地段、物探异常区等段落，指导设计施工及时调整支护措施，有效预防了塌方、变形和突涌水等风险。开展了承德南站高边坡评价研究，有效指导了高边坡防护设计。

22. 潍莱城际铁路地质勘察

潍坊至莱西城际铁路位于山东省胶东半岛腹地，正线长 120.375 km，设计速度为

350 km/h，于 2019 年 12 月开通。沿线地貌为鲁西北平原区、胶莱平原区及丘陵区，分布沂沭活动断裂带、大理岩岩溶、变质岩、尾矿库、膨胀岩等复杂地质。该项目主要采用钻探、物探、简易勘探、原位测试、水文地质试验等综合勘探方法，查明沿线各类工程场地的工程地质及水文地质条件。针对沂沭活动断裂带，在浅层地震反射波、电测深物探成果基础上，布置代表性钻孔验证，查明了断裂与线路的交叉关系及活动特征，为线路选线、工程结构及轨道类型确定提供支撑。针对岩溶路基，以物探为主、钻探为辅的方法，查明了岩溶桥梁墩台及路基工程地基条件，为设计施工提供了详细依据。针对尾矿填土地基，在工程地质调绘基础上以物探电测深为主，结合钻探、挖探和室内试验，查明了尾矿坑边界及填土厚度变化、成分特征等，为设计施工提供了准确依据。

23. 赤峰至京沈高速铁路喀左站铁路地质勘察

赤峰至京沈高速铁路喀左站铁路位于内蒙古自治区东部和辽宁省西部地区，正线全长 157.4 km，设计速度为 250 km/h，于 2020 年 7 月开通。沿线沟谷发育，地势陡峻，广泛分布的白垩系、侏罗系泥岩、砂岩、凝灰岩、凝灰质砂岩等，大部分具有膨胀性。沿线煤矿开采历史悠久，开采方式多样，采空区直接控制线路走向方案。该项目针对采空区采用浅层地震反射波、天然源大地电磁、深孔钻探等综合勘察手段和 InSAR 监测分析、地下洞采影响计算分析和露天煤矿开采边坡稳定性分析等多种监测和数值模拟方法，查清采空区影响范围，采用概率积分法计算地下开采可能引起地面总变形量为 10 mm 的等值范围线，提出了采空区安全边界，为线路最终确定采用经平庄走向方案提供了依据。通过收集既有建筑物勘察设计资料、地质调绘、勘探、取样测试等多种方法，查清了沿线膨胀岩(土)分布范围、分类特征，提供了工程设计需要的地质参数及工程处理措施建议。

24. 京雄城际铁路地质勘察

京雄城际铁路自既有京九线李营站引出，终到雄安站，线路全长 92.78 km，黄村站至新机场站设计速度为 250 km/h，新机场站至雄安站设计速度为 350 km/h，于 2020 年 12 月开通。线路位于华北平原北缘，地形平坦开阔，均为厚层第四系松散堆积层所覆盖，线路穿越两处地面沉降漏斗影响区。该项目采用钻触结合的手段，深层静力触探大量应用于桥梁桩基勘察，钻触比达 1∶1，大大提高了勘探工效。针对线路经过华北油田集中开采区，开展了铁路邻近华北油田油井采油的影响评估，评价了采油对铁路的影响。应用 InSAR 技术分析和评价区域地面沉降，准确判释地面沉降范围、沉降速率、累计沉降量等，为轨道选型和施工运营提供了依据。

25. 太焦城际铁路地质勘察

太原至焦作城际铁路全长 358.769 km，设计速度为 250 km/h，于 2020 年 12 月开通。该项目经过多个山间盆地，穿越太岳山、太行山两大山脉，地质构造发育，工程地质及水文地质条件复杂，发育有采空区、活动断裂、危岩落石、滑坡、地面沉降、岩溶、膨胀岩(土)、湿陷黄土等不良地质和特殊岩土。该项目采用地质、构造、成矿、采矿分析等手段及关键位置综合勘察判释的方法，在长 135 km、宽 47 km 的采空区范围找到一条高速铁路安全通道，在铁路地质选线理念和方法上具有重要示范意义。首次采用 428XL 地震数据采集系统，准确圈定了小型采空区的平面位置、深度以及影响范围，为地质选线提供了定量化物探成果。开展了上第三系地层工程地质特性及对策研究课题，研究成果科学指导了隧道和路堑边坡的设计和施工。

26. 朝凌高速铁路地质勘察

朝阳北至凌海南高速铁路位于辽宁省朝阳市和锦州市境内，起点在京沈高速铁路朝阳北站，终点到秦沈高速铁路凌海南站，正线长 105.603 km，设计速度为 350 km/h，于 2021 年 8 月建成通车。沿线为辽河平原、山间盆地、低山及剥蚀丘陵地貌，广泛出露中生界侏罗系及新生界第四系地层，局部出露二叠系、奥陶系、寒武系、震旦系及太古界地层，存在采空区、岩溶、崩塌落石、新黄土、膨胀岩(土)等地质问题。该项目采用综合勘探方法查明了煤矿及其他矿产采空区的分布情况，指导线路绕避了采空区风险。针对全线不同的工程类型，采用物探、钻探、简易勘探等手段，查明了工程地质条件和水文地质条件，评价了地层岩性、地质构造、不良地质和特殊土、地下水及其对各类工程建筑物的影响，为设计提供了翔实的基础资料。对于长大隧道或地质条件复杂的路堑工程，在地质调绘的基础上，结合不同段落的地层特点，采用以综合物探测试为主、钻探辅助验证的手段进行勘察，提高了勘察效率。

27. 敦白高速铁路地质勘察

敦化至白河高速铁路位于吉林省东部的延边朝鲜族自治州境内，起自长白山站，终至既有吉图珲高速铁路敦化站，线路全长 113.467 km，设计速度为 250 km/h，于 2021 年 12 月建成通车。该项目位于长白山脉东北部低山丘陵区，主要出露花岗岩、玄武岩、砂砾岩、泥页岩和第四系松散堆积层，局部出露石灰岩、安山岩、凝灰岩等。分布有崩塌落石、岩溶、雪害、冻害、顺层、玄武岩土夹层、熔岩空腔及花岗岩不均匀风化等不良地质。该项目采用遥感判释、地质调查测绘、综合物探、钻探等综合勘察手段查明全线的工程地质与水文地质条件。针对高边坡工点开展稳定性分析与评价，指导工点设置及工程措施确定。针对沿线黏性土、泥页岩及其风化物和玄武岩风化层等开展膨胀性勘察评价，详细查明了膨胀岩(土)的分布段落和性质，提出了工程措施建议。针对差异风化明显的花岗岩地段、下伏有软弱夹层及熔岩空腔的玄武岩地段，加大桥梁基础勘探深度，指导设计动态调整。通过沿线地下水分布及水位变化等详细勘察评价，确定了地下水路堑段落，提出了可能发生路基冻胀的地段，指导设计采取防冻胀措施。针对岩溶路基用物探方法圈定异常范围，采用钻探验证，查明了基底岩溶洞穴、溶蚀破碎带和土洞等，为地基处理提供充分依据。针对隧道工程采用遥感判释、地质调绘、物探、钻探、综合测井、地应力测试等手段，查明了隧道洞身的地质构造、岩性特征、围岩状态、岩体完整程度、地下水富集情况等。

28. 牡佳高速铁路地质勘察

牡丹江至佳木斯高速铁路长 371.622 km，设计速度为 250 km/h，于 2021 年 12 月建成通车。线路经过区属华夏系张广才岭、老爷岭第二隆起带南部及中部，受多期地质构造运动影响，地质构造发育，地质条件复杂。沿线为低山丘陵区及冲洪积平原地貌，主要有采空区、崩塌、危岩、落石、滑坡、错落、泥石流、顺层、岩溶、有害气体、地震液化等不良地质问题，采空区问题尤为突出。该项目针对沿线广泛分布的采空区开展了地质选线专项勘察工作，采用地面物探、InSAR 监测分析等手段圈定异常范围，结合矿区开采及异常区位置进行深孔钻探验证，对穿越麻山煤矿区、鸡西滴道矿区、七台河勃利县万宝煤矿、孟家岗铁矿等区段，提出了高速铁路穿越采空区的安全位置和线路通道，规避了地质灾害风险。在综合分析区域地质资料、既有勘察成果和沿线地质调绘的基础上，合理布置勘探量，结合不同段落的地层特点及各类工程的特点，采用遥感地质解译、物探、InSAR 技术、钻探、挖探、综合测井、原位测试及室内试验等综合勘察手段，为工程设计提供了可靠地质资料。针对隧道及断裂构造等采用大地电磁、电测深、地震折射波等方法，准确划分风险段落，指导设计采取针对性措施。针对沿线低山丘陵区普遍发育的崩塌、危岩、落石等开展评价，给出了适宜清除、嵌补、防护等措施的段落。针对隧道工程广泛分布的混合岩地层，开展了围岩松动圈变化特征课题研究，科学指导了围岩支护参数设计，在七星峰隧道等工点应用自主开发的隧道超前地质预报信息化系统，有效预测、高效管理了隧道地质风险。

29. 天津站综合交通枢纽工程勘察

天津站综合交通枢纽是集高速铁路、普速铁路、城市轨道交通、公交中心等于一体的大型综合交通枢纽项目，是当时天津地区工程建设规模最大的综合枢纽项目，工程规模大，工程类型复杂，多条线路工程交叉，主体地下三层，局部地下四层，基坑长 500，最宽 160 m，最深达 32 m，基坑工程超深超大规模和复杂程度在当时天津地区居于首位，工程设计对岩土参数要求高，场地古沉积环境和地层类型复杂多样，赋存多层地下水，且有 3～4 层承压水层，工程地处天津站繁华区域，地面建筑物密集，南侧紧邻海河，勘察方案设计复杂。该项目根据场地条件科学合理地确定勘察方案，采用钻探、原位测试、土工试验、地下水分层监测、大型水文地质试验、地下水控制设计及数值模拟相结合的综合方法，分析了基坑开挖对结构底板的影响，提出了不同类型基坑坑底回弹量的估算方法，评价了深基坑开挖对坑底抗拔桩竖向承载力的影响，提出了合理可行的工程措施。开展了浅层地下水特征研究和大型水文地质试验，采用多层地下水试验、观测评价方法，查明了地下水特征，提出了抽、渗结合的复合降水井、减压井建议和基坑降水方案。针对基坑维护结构、抗拔桩等设计方案，论证基坑工程与环境的相互影响，评价潜在地质灾害，提出合理的工程措施，保证了工程顺利实施。

30. 上海虹桥站综合交通枢纽岩土勘察

上海虹桥站是一座高度现代化的铁路客运特等站，集高速铁路、普速铁路、航空、磁浮、轨道交通、公交、出租、社会车辆等多种交通方式于一体，为亚洲最大铁路枢纽之一，也是华东地区最重要的铁路客运枢纽与规模最大的铁路客运站，占地 26.26 km^2，铁路场规模 16 台 30 线，站房面积约 20 万 m^2，工程体量宏大，工程类型多，空间结构体系十分复杂，工程场地土性变化大，持力层层面起伏大，有古河道分布，场区分布多层地下水。该项目针对大型桩基集中载荷高的特征，分析了不同桩长方案的可行性，将差异沉降控制、不同类型基础变形的协调、基础抗浮和深基坑安全作为勘察技术分析和评价的重点，制订了综合技术分析路线。采用专家系统对地基基础设计和施工方案进行了分析和预测，同时对影响工程地基方案的直接持力层、桩端持力层、软弱下卧层等进行了分析和研判。根据场区勘察资料，分析了不同建筑区域可能的地基基础方案及持力层，建议优先采用 PHC 管桩方案，此外结合工程周边复杂环境，提出了确保基坑和周边环境安全的支护技术建议。采用地基与基础协同作用分析方法，对工程基础结构的设计方案进行了差异性沉降分析和评价，利用三维地质可视化技术深入分析桩端持力层的空间分布规律，对桩基持力层承载力与变形进行论证分析，提出了桩基选型和实施方案建议。采用常规和特殊原位测试方法，准确查明了工程持力层及其下卧层的空间分布及厚度变化规律、土层物理力学性质，通过现场水位监测和室内分析相结合的方法，给出了合理的防渗设计水位和抗浮设计水位，保证了设计和施工安全。

第2章 地质勘察新技术体系构建

铁路工程建设的大发展,加速了工程地质勘察从单一钻探为主向多种手段并用的综合模式转变。实践证明,充分利用遥感新技术,合理应用钻探、物探、触探、挖探等勘探方法,多种技术方法以最佳组合形式密切配合、互相补充、互相验证,可大大提高地质勘察质量、效率和效益。

近年来,随着空间遥感技术的快速发展,为提升遥感地质判释精度和效率带来了新的契机,大地电磁、多维地震、航空电磁等物探技术的推广,以及深孔钻探、综合测井和深孔原位测试等技术的综合应用,为"空天地"一体化勘察技术体系的建立奠定了基础。特别是以中国铁设承担的国铁集团重大课题"艰险复杂山区铁路空天地立体勘察新技术及数据平台应用技术研究"(K2018G015)及成果应用为标志,铁路工程地质"空天地"一体化勘察技术体系及标准正式构建。

2.1 "空天地"一体化勘察技术体系概述

"空天地"一体化勘察技术体系是一套适应铁路勘察特点,综合利用卫星遥感、航空遥感、无人机倾斜摄影、航空物探、地面物探、钻探、原位测试等手段和方法,形成的具有全域覆盖、空间立体、动态监控特点的综合勘察成套技术,可以满足各种地形地质条件下的铁路工程地质勘察需求。

2.1.1 "空天地"一体化勘察关键技术组成

"空天地"一体化勘察技术体系由航天卫星遥感平台、航空与低空摄影平台及地面勘探设备,以及三类平台的数据获取技术手段和多源数据管理平台共同构成,如图 2-1 所示。

1."天"——卫星遥感、监测与定位

"天"类勘察技术主要指基于太空中运行的卫星平台获取各类影像信息进行特征提取、分类识别、地质判释,包括高分卫星遥感、雷达卫星遥感、卫星热红外遥感、北斗卫星定位、InSAR 形变监测、多(高)光谱岩性识别等。

在地质勘察过程中,首先应用高精度航天遥感技术,获取丰富全面的地面信息,对铁路沿线地形地物特征、断裂分布、岩性分区、崩滑流灾害分布等宏观区域地质分布特征进行判释,全面、有效地掌握铁路沿线地质环境特征,通过遥感地质判释来指导地质调绘;采用

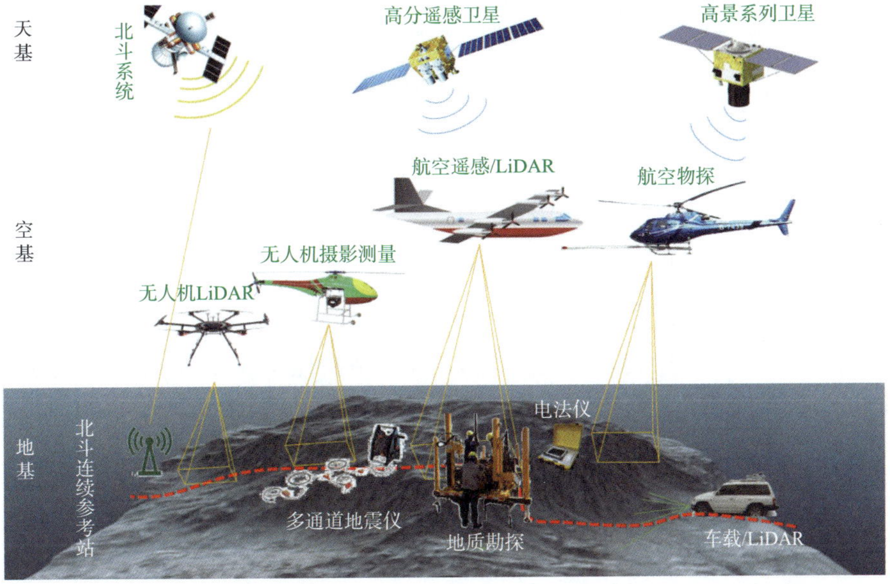

图 2-1　"空天地"一体化勘察技术示意

InSAR 技术对大范围区域进行地质灾害隐患点识别，圈定形变较大的风险区域。

通过航天卫星遥感技术可实现大范围工程地质勘察，还可做到对地质环境变化趋势的监测。"天"类勘察技术主要应用于踏勘及初测阶段，指导方案比选，稳定宏观线路方案。

2. "空"——航空遥感、机载雷达、无人机低空摄影与航空物探

"空"类勘察技术包括航空高分摄影、航空热红外扫描、机载激光雷达、无人机倾斜摄影、航空电磁、航磁、半航空瞬变电磁等在大气层内低空域开展的基于航空平台和低空直升机、无人机类勘察技术。对于局部需要详查的复杂地形地质地段，可充分利用无人机携带高分摄影和高光谱相机，通过无人机倾斜摄影三维建模和光谱成像的方式，获取地物目标的三维空间几何图像，同时获取地物目标的光谱信息，完成地质体的属性探测及定量化分析，以及坡体三维测绘、崩塌落石勘察、泥石流监测等。

航空物探是通过搭载在固定翼飞机、直升机及无人机等航空平台上的专用物探仪器，采用航行过程中探测到的各种物理场的变化数据，研究地下结构和不良地质体分布的一种物探方法。目前，铁路勘察中已逐渐推广航空电磁、航空磁测等航空物探方法。

"空"类勘察技术主要应用于初测及定测阶段，进一步查明测区地质特征，指导选线和工程设置。

3. "地"——地面勘探与孔内原位测试

"地"类勘察技术指地质调绘、地面物探、钻探及原位测试等在地面和钻孔中实施的勘探及测试。

地质调绘包括地质调查和测绘，在“空天地”一体化勘察技术体系中，主要以采用新的调查和测绘手段为主，包括智能终端调绘系统、定点摄像、三维激光扫描等。

地面物探手段比较丰富，山区铁路主要采用大地电磁、瞬变电磁、微动、共振成像等，在地形复杂的艰险地段推荐采用航空电磁法联合地面物探开展工作，可大大提高勘察效率和解译质量。

钻探手段适用于各种地形和各类工点勘察。艰险复杂山区铁路勘察中，要充分发挥深孔钻探的作用，按一孔多用的原则，在钻孔中进行综合测井、水文地质测试、地应力测试、孔内旁压及剪切等，还包括钻孔岩心强度、结构参数量测等。

“地”类勘察技术主要应用于定测及补定测阶段（初测阶段复杂区域和重要工点可选用地质调绘和代表性物探、钻探相结合的方法）。根据不同地质条件，合理采用先进的物探手段，结合钻探验证及综合测试，能够精准、高效地开展工程地质测绘、地层划分、重大不良地质探测、岩土参数获取等各种任务，为设计提供真实可靠的勘察成果。

2.1.2 “空天地”一体化勘察技术体系构建

“空天地”一体化勘察技术体系采用“技术手段与装备、组合模式与融合应用、数据管理与拓展应用”三层结构。

艰险复杂山区铁路“空天地”一体化勘察技术体系架构如图 2-2 所示。

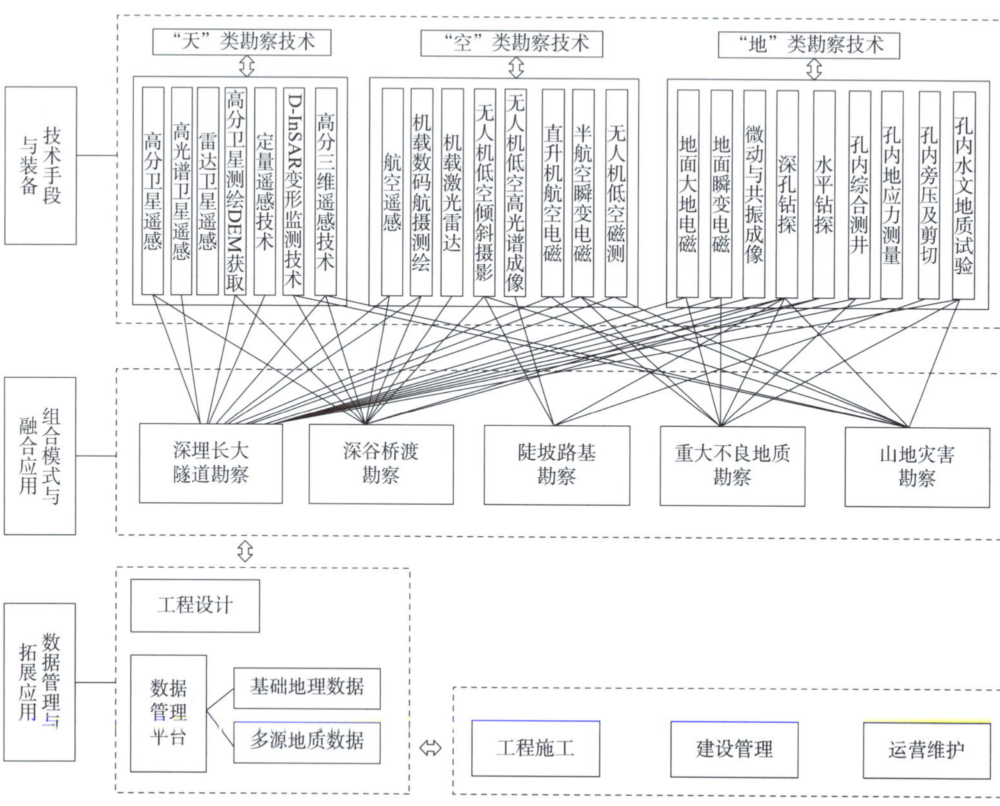

图 2-2 艰险复杂山区铁路“空天地”一体化勘察技术体系架构

1. 技术手段与装备

技术手段和装备作为技术支撑层，是打造“空天地”一体化勘察技术体系的基础。围绕艰险复杂山区铁路勘察重大需求，针对区域地形地质特征和工程要求，采用适宜的卫星遥感、航空遥感、航空物探、地面物探、井中测试等多类勘察技术手段，从多维度、多层次、多参量进行工程地质勘察，获取工程地质、水文地质、不良地质、地质灾害等多方面勘察成果，为规划选线、工程设计、施工治理等提供设计依据和安全保障，真正实现了“空天地”一体化解决方案。“空天地”一体化勘察技术手段构成见表 2-1。

表 2-1　“空天地”一体化勘察技术手段构成

技术分类	技术手段及搭载平台			备　注
航天卫星遥感	卫星遥感	雷达卫星监测	卫星导航定位	卫星遥感包括中低分辨率和高分辨率遥感卫星系列
航空遥感及航空物探	有人机航空遥感	固定翼无人机遥感	无人机倾斜摄影	航空遥感分高空和低空，低空以无人机为主
	直升机航空电磁	地空电磁探测	多旋翼无人机磁测	目前在铁路勘察中应用直升机搭载 VTM 和 ZTM 系统，无人机主要用于磁测
地面勘探及井中测试	大地电磁	多道数字地震勘探	天然源微动	电磁类和地震类勘察手段在铁路勘察中均有应用，大地电磁在山区隧道勘察中应用较为普遍
	深孔钻探	水平钻探	便携式液压钻机	艰险山区深埋长大隧道重点部位需进行深孔钻探，要求一孔多用；进出口位于深谷区，推荐水平钻探
	综合测井系统	孔内剪切系统	孔内旁压系统	孔内测试还包括水压致裂地应力测试、水文地质试验等

2. 组合模式与融合应用

在艰险复杂山区铁路地质勘察过程中，应根据区域地质特征、铁路勘察深度和精度要求及工程设计所需地质参数的不同，选择相应的技术手段及组合模式，从面到点、从宏观到微观、从定性到定量逐步深入，科学、合理、高效地开展地质综合勘察工作。

深埋长大隧道勘察可采用卫星遥感、航空物探、地面物探、代表性深孔钻探、水平钻探及孔内测试等“空天地”组合，隧道进出口陡坡地段根据需要可采用无人机倾斜摄影及 InSAR 形变监测。深谷桥渡及陡坡路基勘察可采用卫星遥感、无人机摄影测绘、深孔钻探及孔内测试组合模式。断裂、岩溶、采空区等不良地质及崩塌、滑坡、泥石流等山地灾害勘察，根据各类手段的适用性、勘察阶段、深度及范围要求选择相应的组合模式。

在勘察评价过程中，针对具体的勘察对象和勘察要求，技术协同及勘察数据融合分析是艰险复杂山区铁路“空天地”一体化勘察中十分重要的环节。

3. 数据管理与拓展应用

基于铁路全生命周期的现实需求，利用“大、智、移、云”等新一代 ICT 技术，将基础地理信息数据、地质勘察数据及勘察设计过程中产生的过程状态数据等多源、多维度的海量勘察数据按统一数据标准和规范整合好，为铁路工程提供全生命期的数据服务。

将不同来源的数据分别存入各自对应的数据库，通过数据整理和分析，形成勘察、设计、施工及运营各阶段应用的数据模型，并在数据模型之上形成各种应用主题视图，以铁路工程地质勘察多源数据管理平台为基础，建立时空大数据体系，联合测绘、工程设计、检测等各个专业来实现数据、服务等方面的资源共享。

2.2 “空天地”一体化勘察技术适用范围

2.2.1 遥感技术

遥感工作可采用多种遥感平台，包括卫星、航空飞机、无人机、三维激光扫描仪等，拍摄多片种、多相时、不同分辨率的全色、多光谱、热红外、高光谱、雷达等遥感数据，所选遥感数据宜以高分辨率的立体卫星影像数据(分辨率不低于 3 m)和立体航空影像数据为主，遥感解译图底图可采用相应比例尺的正射影像图或地形图。

1. 遥感地质判释技术特点

铁路工程遥感地质判释技术充分利用遥感图像视域宽阔、信息快捷丰富的特点，改变了以往点-线-面的常规地面调查方法，可以从宏观上和广大区域上直接进行地质判断，并以判释成果指导地面调绘，为线路方案比选提供较为广阔的视域。在一些特殊困难地段，如地形、地质条件复杂的长大干线、越岭隧道、特大桥及交通困难、既有资料缺乏、研究程度低的地区，具有十分明显的优越性。工作中，应从宏观上了解和评价线路通过地区的区域工程地质条件和重大不良地质，初步判断地质条件对线路的影响程度，并由宏观至细观，层层深入，有效指导地质调绘和勘探工作。

随着国内外遥感技术的快速发展，三维遥感技术、高分辨率遥感技术以及遥感与其他信息的融合技术在生产实践中的应用越来越广泛。例如遥感与地形融合的三维技术不仅可以从影像色斑、形状和地形变化等判释标志中划分出不良地质的分布和范围，还可以配合其他勘探方法，量测出不良地质体厚度、表面积、体积及滑动距离等参数，为工程计算提供依据。此外，将地质遥感分析结果与地震、人类活动及特征地物进行融合分析，还可以实现区域地质背景分析评价、工程地质分区和最佳线路的选择等。

2. 卫星遥感判释适用范围

(1)线路通过地区宏观地质背景调查与分析评价

在地质背景资料匮乏地区，通过高时空分辨率的遥感勘察可以核实已有断裂构造的位置、长度、规模、性质，不仅可以查明断裂和线路方案的确切关系，发现新的断裂，还可以结合铁路工程地质勘察的要求，对较大规模的断裂就其破碎带宽度、构造岩特征、富水性及活动性等工程地质特征进行分析评价。

(2)铁路工程地质分区及线路方案工程地质条件评价

在已有的地质资料基础上，以多时相的 TM/ETM＋、SPOT-5 及国产高分系列卫星等遥感影像为信息源，提取地形地貌、地层岩性、地表水体、植被发育及地形坡向等专题信息，对各出露地层、岩性进行界线修正，结合其工程地质特征划分工程地质岩组，分析其风化特征，利用 GIS 软件的空间分析功能进行遥感工程地质分区。

(3)铁路沿线不良地质现象的解译和分析

不良地质现象是铁路工程地质勘察的核心内容之一，高分辨率遥感技术的应用在发现各种不良地质现象方面是最为有效的。利用 2.5 m/5.0 m 分辨率 SPOT-5 或 QuickBird 等高精度遥感影像，对铁路沿线重大地质灾害进行解译，确定其位置、类型、形状、规模等参数，利用 GIS 软件的空间分析功能分析重大地质灾害的空间分布特征，进行易发性、危险性、风险性分析。

(4)铁路沿线热异常的热红外遥感解译和分析

构造不同的地块地温特征也不同，断层滑动摩擦应力和壳幔热结构产生的红外辐射能量变化可由热红外遥感所探测。以 TM/ETM＋6 等热红外遥感影像为信息源，在专业遥感影像处理平台下，根据热红外影像 DN 值提取热异常信息，并进行地表温度反演研究分析，便可由已知构造与地表温度异常的关系，类推预测未知构造信息。

(5)遥感三维可视化信息提取与选线支持

近年来，在地形困难、地质复杂的山区越岭地段和深山峡谷地区，广泛应用了不同比例尺、不同片种的航片、卫片进行解释和实地核查，从宏观到微观上指导了地质调查和选线。实践证明，选用多层次、多片种的遥感图像进行解释和信息提取，可大大提高地质填图调绘和方案比选的质量。

“天”类勘察技术见表 2-2。

表 2-2　“天”类勘察技术

技 术 手 段	关键技术实现	主要卫星/传感器	应 用 范 围
中、低分辨率光学遥感	中、低分辨率(米级及以上)数字化解译，中小比例尺测图	Landsat、SPOT、资源系列、高分卫星系列	中小比例尺、大范围地质背景、地质构造、地质条件分析及解译

续上表

技 术 手 段	关键技术实现	主要卫星/传感器	应 用 范 围
高分辨率光学遥感	高分辨率(亚米级)数字化解译、大比例尺(包括立体)测图	WorldView、GeoEye、IKONOS、Pleiades、高景一号	区域地质背景、构造格架分析及解译、大比例尺地形图绘制、区域工程地质评价
热红外遥感	反演建立地温、地热模型,图像结果表现地物热辐射的差异	Landsat、MODIS	隧道及周边地温、地热异常识别和监测,水文地质调绘
多、高光谱地层岩性识别	根据岩性光谱特征,反演建立岩性识别模型	ASTER、Hyperion(EO-1)、HJ-1A/B	艰险复杂地段及无人区地层岩性识别
合成孔径雷达干涉测量(InSAR)	利用 D-InSAR、PSInSAR 等形变监测方法开展大范围高精度地表监测	ALOS、Sentinel、TerraSAR-X、高分三号、HJ-1C	铁路路基及边坡等高精度(毫米级)三维地表形变监测、三维地表模型建立
卫星定位测量	获取高分辨率勘测图件、静态控制测量、动态 RTK 测量	GPS、GLONASS、BDS	勘测控制网测量、勘测地形图测量、地质点及勘探点定位测量

3. 航空遥感判释适应范围

航空遥感以高空、中空、低空有人机,低空无人机,飞艇等作为航空飞行平台,采用航空摄影光学相机、数字航空摄影系统、机载雷达(激光 LiDAR、SAR、InSAR)、航空多光谱、机载高光谱(航空成像光谱仪)、机载 POS(IMU/DGPS)系统等技术手段开展航空遥感(摄影)测量,可为区域地形测绘、地质调查、地质灾害与环境调查、铁路规划选线等提供高精度的航空遥感(摄影)影像信息和地理定位信息。

航空遥感的优点:航空遥感技术成熟、成像比例尺大、地面分辨率高,适于大面积地形测绘和小面积详查,不需要复杂的地面处理设备,利用航空像片,可以取得较精确的位置、方位、距离、面积、高度、体积和坡度等数据;航空遥感灵活,适用于一些专题遥感研究,可以根据用户的需求,灵活选择具有特定空间分辨率、波谱分辨率、时间分辨率的传感器,设计航空测量飞行的方案和路线等。缺点:受天气等条件限制大,观测范围受到限制,数据的周期性和连续性不如航天遥感。

无人机航空遥感与测绘作为一种新型的高分辨率对地观测技术,由于具有灵活机动、反应迅速等特点,已成为高分对地观测体系的重要组成部分,在艰险复杂山区铁路勘察中具有广阔的应用前景。

无人机航空遥感与测绘主要优点:具有机动性、灵活性和安全性,可全天时待命,执行航空遥感任务时灵活机动,且可在恶劣环境下直接获取影像,受空中管制和气候的影响较小,在执行航空遥感任务时操作人员具有很高的安全性;无人机飞行高度在 50～1 000 m,避免云层遮挡,可获取高分辨率影像,影像的分辨率通常达到亚米级,影像定位精度较高,可满足局部勘察测绘的要求；高性价比，操作简单；效率高，周期短。

无人航测遥感技术可以快速获取高分辨率数字影像，可以快速获取并处理得到地形数据和遥感数据，用于斜坡地形测绘、坡体结构分析及崩塌落石评价等。

“空”类（航空遥感与测绘）勘察技术见表 2-3。

表 2-3　“空”类（航空遥感与测绘）勘察技术

技术手段	关键技术实现	技术特征	应用范围
中低分辨率航空摄影测量与遥感	全色航空黑白像片	制图比例尺小，分辨率低，成本低	中小比例尺地形测图，大范围地质构造、地层岩性、地表覆盖类型等解译、判释
	天然彩色航空像片	制图比例尺小，分辨率低，真彩色，色彩鲜艳，地物对比性强	裸露良好、色彩鲜艳的岩石分布地区或植被作为间接判释标志的地层的解译、判释
	全色红外航空像片	制图比例尺小，分辨率低，相较黑白航空像片更清晰，具有立体感	与水体、植被有关的地质现象解译、判释
	彩色红外航空像片	制图比例尺小，分辨率低，色彩鲜艳，视觉分辨率高，光谱信息丰富	地貌、地层岩性、地质构造、不良地质、水体、植被等解译、判释，植被与其他地方之间的界线尤为明显
	热红外航空扫描图像	制图比例尺小，分辨率低，图像结果表现地物热辐射的差异	地温、地热异常识别，对地下水、充水断层、岩溶等识别有一定的效果，干旱、半干旱地区进行水文地质调绘效果较好
	多光谱（多波段）航空图像	制图比例尺小，分辨率低，波段丰富，可不同波段组合	可见光波段划分地层岩组，红外波段对地下水及隐伏构造判释效果较好
高分辨率航空数字化摄影测量	全色、彩色、红外等的数字化航空影像	制图比例尺较大，分辨率较高，波段多，生成成果丰富	较大比例尺地形测图，地质构造、地层岩性等解译、判释，地温、地热异常识别
高分辨率低空无人机航测	固定翼及多旋翼无人机搭载高清相机，获取彩色数字航空影像	制图比例尺大，分辨率高，可达厘米级，可生成三维立体模型、正射影像、三维点云等成果	大比例尺地形测图（包括三维立体测图），适用于铁路局部地段大比例尺地形图图件制作
高分辨率低空无人机勘察	固定翼及多旋翼无人机搭载高清相机及传感器，获取彩色、热红外等数字航空影像	三维立体模型、正射影像、三维点云等成果分辨率高，多旋翼无人机可实现变高飞行，成果更加精细	铁路等线性工程勘察、地质调绘，特别适用于地质灾害点、工点精细化勘察以及人员无法到达的地区勘察
机载激光雷达	有人机或无人机搭载雷达传感器，获取数字航空影像	主动式测量，受天气、植被影响小，数据获取有“快速、全天候、高精度”的特点，可生成真实地表三维模型	区域地质构造分析、岩性单元识别、地面沉降等地表变形的监测

4. 遥感判释技术在各勘察阶段应用范围

遥感判释技术应用,可根据新建铁路工程地质勘察不同阶段的需求,采用不同的数据和处理方法,如图 2-3 所示。

图 2-3 遥感判释技术在工程地质勘察各阶段应用

踏勘阶段,主要采用中低分辨率多光谱数据进行常规地质判释和信息提取。

加深地质工作阶段,宜采用高光谱数据及高分辨率卫星数据(ALOS、IKONOS 等),结合 ASTER 数据,进行高光谱信息提取和三维地质判释工作。

初定测阶段,宜采用机载激光雷达数据、DMC 数据和高光谱数据,进行不良地质体的精细划分和性质研究,并提取地层信息和水文地质信息等。

2.2.2　航空物探技术

航空电磁法的主要任务是探测沿线长大深埋隧道的地层岩性分布、地质构造、破碎带宽度以及富水带的埋深和规模等，为方案比选、设计提供地质地球物理资料。航空物探成果主要包括三维反演数据及隧道解译工程地质断面图。

工作方法是采用航空电磁法、航磁、航空放射性等多种方法，获取各地层的物性特征，通过反演、解译初步查明隧道深部的岩性接触带、断裂构造带、隧道富水性、放射性等。

航空电磁法野外测量效率高，通过性好，地形适应性好，不受地表条件影响，可以采用多条测线。但是当工程勘察设计为动态过程，线路局部优化调整时，对局部路由的变化，航空电磁法灵活性较差。小区域勘察，可用无人机磁测方法进行补充。“空类”（航空电磁）勘察技术见表 2-4。

表 2-4　“空”类(航空电磁)勘察技术

技术手段	关键技术实现	技术特征	应用范围
航空瞬变电磁（VTEM）	直升机搭载瞬变电磁系统	航空瞬变电磁系统具有信噪比高、分辨能力强、探测深度大等优点，对低阻体十分敏感，对于勘察与低阻体有关的地质体及断裂破碎带、充水带等不良工程地质体有十分显著的效果	复杂地形条件下深埋长大隧道勘察，勘察深度可达 500～800 m
航空大地电磁（ZTEM）	直升机搭载大地电磁系统	航空大地电磁系统探测深度大，对低阻体敏感，对与低阻体有关的地质体及断裂破碎带、充水带等有明显效果	复杂地形条件下深埋长大隧道勘察，勘察深度可达 2 000 m 以上，勘察精度较航空瞬变电磁低，可作为超深埋隧道勘察的补充方法
无人机磁测	将航空磁力仪及其配套的辅助设备装载在固定翼及多旋翼无人机上	对地磁场强度或梯度进行测量，与地面磁测相比具有较高的测量效率，且不受水域、森林、沼泽、沙漠和高山的限制。减弱了地表磁性不均匀体的影响，能够更加清楚地反映出深部地质体的磁场特征	适用于隧道、岩溶区勘察，一般作为补充方法，具有效率高、快捷灵活等优点

2.2.3　地面勘探及孔内原位测试

“地”类勘察技术主要包括地质调绘、物探、钻探、综合测井、原位测试等，也包括三维激光扫描、地面合成孔径雷达等测绘与监测技术手段。“地”类勘察技术是铁路工程综合地质勘察的重要组成部分，是直接获取地面及地下实物资料的主要技术手段，是验证“天”类、“空”类勘察技术成果的主要依据。在艰险复杂山区铁路勘察中，随着“天”类、“空”类技术比重的增加，“地”类勘察部分工作量被替代，但典型地质段落、重要工程部位、关键异常点，以及需要获取相关设计参数的地段和工点，必须通过“地”类勘察技术才能达到最终勘察效果。

“地”类勘察技术具体见表 2-5。

表 2-5 “地”类勘察技术

技术手段	关键技术实现	技术特征	应用范围
地质调绘	运用地质、工程地质及水文地质理论，对各种地质现象进行观察、量测和描述	个人经验对调绘结果影响较大，需加入其他勘探手段辅助调绘结果。耗费大量人力及时间，效率低	隧道、桥梁、路基工程等地质条件的初步确定
物探	根据岩石物理性质，利用重力、电法、地震、磁法对岩层、岩性进行物理性勘察和分析	成果具有多解性，不同的地质体、相似的物性条件可形成相似物探异常。地形对结果有一定的干扰	断裂破碎带、覆盖层下地质体划分，深部不良地质体的探测、铁路路基监测
取芯钻探	利用钻探技术，获取地层岩石样本，研究分析地质情况	钻探点位的分布位置、密度以及钻探深度对勘探效果有不同影响，钻探成本较高	隧道、桥梁、路基工程等地质条件的详细勘察
综合测井	通过孔内专门仪器和传感器，沿钻孔测量岩土体的导电性、声学特性、放射性、电化学等地球物理参数，监测地下水及地温情况等	在钻孔内测试岩土体地球物理参数，多种测试方法结合可形成点、线结合的测试剖面；需在孔内进行，对成孔质量和孔径有较高要求	根据实际需求选择井中测试方法，可对航空物探和地面物探进行参数约束，也可作为钻探成果的有效补充，综合用于评价岩土体地球物理属性及工程地质特征
孔内原位测试	采用孔内旁压、孔内剪切、深层螺旋板载荷等仪器，测试岩土体强度及变形特性	通过孔内原位测试可在钻孔内直接测取预定层位岩土体强度和变形参数，测试效果受仪器性能影响较大，测试深度有限	主要用于测试土体及部分软弱破碎岩体承载力、变形模量、黏聚力、内摩擦角等，可满足工程勘察中的部分特殊测试需求
三维激光扫描	利用激光测距原理，获取对象三维点云信息(坐标、色彩、强度)	主动式、非接触式测量，数据获取速率高、质量精度高、信息多元化	铁路沿线陡峭地形测绘、工点图绘制，结构面产状三维立体可视化分析、形变监测、隧道等三维测绘
地面合成孔径雷达	基于差分干涉测量原理，获得勘察对象的微小形变	主动式、全天时、全天候、连续监测，波长短、监测精度高	铁路沿线边坡、地质灾害监测，路基沉降监测

1. 地面综合物探

物探是十分重要的勘察手段，具有方法多、探测深度大、易于大面积施测等特点，可进行点、线、面相结合的勘探。综合物探新技术可广泛应用在不同地质条件下，包括深埋长大隧道、采空区、岩溶、断裂构造，也可应用于地下水、重要岩性分界线和接触带、第四系地区精细勘察以及特殊困难地区、特殊问题的勘探等。

大地电磁法、瞬变电磁法、高密度电法、激发极化法、综合测井法等物探方法在山区铁路勘察中具有不可替代的作用。

大地电磁法分辨能力强，探测深度较大，主要用于隧道、不良地质体的勘探。瞬变电磁法主要用于超前地质预报，开展地下水预测预报。微动勘探法主要用于地质分层、采空区勘察等。高密度电法广泛应用于岩溶探测、土石分界等方面。激发极化法应用于寻找地下水、探查断层、裂隙等含水构造等工程地质问题。综合测井法主要应用于隧道勘察钻孔的测试，能够在钻探的基础上提供更多的地质信息，为地质隧道围岩的分级、地下水的活动提供有力的数据支持。

(1)大地电磁法

大地电磁法通过探测地下介质电阻率分布信息，应用于隧道勘察、采空区勘察，断裂构造探测，电阻率填图，电性分层，适用于山区和平原。天然源大地电磁法在艰险山区、黄土强烈切割地区隧道、岩溶、断层、地下水等勘察优势明显。

(2)瞬变电磁法

瞬变电磁法是利用敷设在地面的不接地回线通以脉冲电流发射一次脉冲磁场，使地下低阻介质在此脉冲磁场激励下产生感应涡流，感应涡流产生二次磁场。当一次磁场切断后，感应二次场将持续一段时间，用灵敏度极高的接收机及接收线圈可接收随断电时间而衰减的二次磁场。通过研究二次磁场的特征、分布及对其数据处理提取来获得地下地质情况。

瞬变电磁仪用于地下水位、断层、破碎带、溶洞、地热勘探、给水水源探测。解决第四系岩性分层时，必须掌握测区内 2～3 个钻孔的资料。瞬变电磁法在地形条件差的地方布线框十分困难，反演获得的电阻率受影响因素多。

2. 取芯钻探

取芯钻探是铁路勘察中一种直接获取地质体样本信息的勘探手段，是验证地质认识及验证物探成果的关键依据。通过钻探取样、孔内原位测试、岩样测试可查明影响工程区域内的地质情况，准确划分地层，判断地质构造，获取岩体结构、强度等参数，为工程设计提供依据。

由于各种钻探方法和设备都有一定的适用条件，不同建筑场地的工程地质条件，不同钻探目的，决定了工程地质钻探方法和设备的选择。在铁路勘察中，一般地段采用常规回转钻探即可满足要求。而在地形艰险复杂地段、超大埋深地段、深谷陡坡地段，一般钻探设备很难适应且很难取得满意效果，可选择使用超深孔绳索取芯钻探、超长水平钻探、定向钻探等特殊钻探手段。艰险复杂且埋深不超过 500 m 的地段，推荐使用便携式全液压钻探设备进行勘探。

绳索取芯钻探由于不提出钻具或钻头将岩芯从孔底取出，避免了传统钻探因取芯及更换钻头频繁起钻而延长非钻进时间，大幅提高了深孔钻探的效率。因此，绳索取芯钻探成为深孔钻探的首要技术手段。绳索取芯钻可钻进破碎地层、松软地层、完整地层，分为钻进干孔、水平孔、垂直孔用的绳索取芯钻具。增强型绳索取芯钻具适合在特别深的钻孔情况采用。

目前，通过改良绳索取芯钻杆的性能，包括钻杆螺纹、钻杆结构及材质，提高了绳索取芯的钻探深度，可实现 1 000 m 深度以上的钻探。近年来，我国钻探技术研究部门已相继研制出了绳索取芯液动潜孔锤、螺旋杆+液动锤+绳索取芯三合一钻具，明显提高了钻进效率，减少了岩芯堵塞，使绳索取芯钻探技术达到一个新的高度。随着艰险复杂山区高标准铁路建设项目增多，隧道勘察深度在逐步加大，经常需要钻探深度达 500 m 以上的深孔。因此，绳索取芯超深孔钻探技术可在深埋长大隧道勘察中发挥重要作用。

近水平定向钻进技术是利用钻孔自然弯曲规律或采用专用工具使水平钻孔轨迹按设计要求延伸钻进至预定目标的一种钻探方法。

水平钻探以往多用于坑探工程中，如矿山平硐、石门延伸勘探，隧道及坑道超前地质预报钻探等。在艰险复杂山区铁路勘察中，隧道进出口地段往往处于河谷两侧陡坡地段，常规钻探很难取得满意勘察效果，而水平钻探可以在河谷斜坡地段用以探查隧道进出口段地质情况及岸坡地质结构，可以获取更丰富实用的地质信息，得到事半功倍的勘察效果。水平钻探可沿隧道轴线方向平行钻进，揭露的地质情况更符合隧道围岩的真实特征，对隧道设计及施工更具指导意义。

水平钻探的优点：隧道洞身地质情况吻合度高，可以真实全面反映隧道穿越段的地层岩性、岩体完整程度、裂隙率、岩溶及地下水情况等；可在孔内进行岩体强度和结构参数测定；避免了垂直钻孔之间地质信息缺失的不足；具有直观性、客观性，得到的资料可信度高。缺点：在破碎岩体中会卡钻，钻进困难，效率不高；同样存在一孔之见的缺点，对于隧道轴线平行的地层或结构面勘探效果较差；施工作业时间较长，费用较高。

目前，我国制造的液压式大功率水平定向钻机具备深度 1 000 m 以上钻孔施工能力，适于孔底马达定向钻进、孔口回转钻进和复合定向钻进等工艺，既可用于隧道进出口水平孔施工，也可用于隧道施工超前地质预报。国产化的有线随钻测量系统经过近十年的开发和改进完善，已经在现场大量使用。井下具有防爆功能的泥浆脉冲无线随钻测量系统和电磁波无线随钻测量系统也已开发成功并投入实际试验应用，无线随钻测量系统降低了对钻具的要求，可有效提高定向钻孔的精度和深度。

定向钻探技术利用地层自然弯曲规律和采用人工强制手段可改变钻孔轨迹，钻探由过去的被动防斜转变为主动人为控制，有效保证钻探质量。造斜方式分为偏心楔造斜、无楔体连续导斜器造斜、孔底动力机造斜三类。其中，采用孔底动力机造斜钻具控制钻进方向是目前较为常用的深孔定向钻探造斜方式。孔底动力机分为涡轮钻、螺杆钻、电钻三类。螺杆钻结构简单、易损件少、工作可靠、维修方便；转速与流量成正比，扭矩与泵压成正比，可获得小转速大扭矩；长度短，可做成弯外管型，有利于定向钻进。

3. 孔内原位测试

综合测井技术是采用专门仪器，测试隧道钻孔围岩天然或人工的物理场的分布和变化，以探测其地质构造和井中技术条件，并测定自然状态下地下岩体的物理力学参数和水文地质参数，预测不良地质问题。其优点是直观、准确；缺点是测试孔数少，难以全面反映隧道情况。综合测井系统原理及应用范围见表 2-6。

表 2-6 综合测井系统原理及应用范围

方 法	技术原理及实现	应 用 范 围	适用条件	备 注
电测井	以测定岩石的电学性质为物理基础的一系列测井方法	划分地层,区分岩性,确定软弱夹层、裂隙破碎带的位置和厚度,确定含水层的位置、厚度,划分咸、淡水分界面,确定地层电阻率	需在无钢质套管、有井液的孔段进行	包括视电阻率测井、自然电位测井、激发极化测井等
声波测井	利用声波在空气和其他介质中以不同速度传播、具有声能损耗的物理现象来探测地下岩石性质的一种测井方法	区分岩性,确定裂隙和破碎带的位置和厚度,研究岩土体的力学性质(岩体完整系数、风化系数等参数),桩基质量监测	需在有井液的孔段进行	包括声波速测井、孔间的声波透视等
超声成像	井下换能器对孔壁旋转并发送声脉冲,通过分析井壁反射波信号判断岩石完整性	主要用于划分地层,区分岩性,确定岩层节理、裂隙、破碎带、软弱夹层的位置和产状,观察钻孔揭露的岩溶洞穴的情况,观察地下水活动状况	需在有井液的孔段进行	—
井中电视	全景式井中电视获得井周 360°全方位的图像,判断岩石完整性	划分地层,区分岩性,确定岩层节理、裂隙、破碎带、软弱夹层的位置和产状,观察钻孔揭露的岩溶洞穴发育的情况,观察地下水活动状况	钻孔需用清水循环冲洗,使井壁孔隙畅通	—
井温	井温测量用井温仪测量钻孔稳定状态下的井温曲线	主要用于研究地温场的变化,划分含水层,尤其是热水孔的出水层位,以及确定含水层的补给关系	测量井温时,井液须停止循环 24 h 后方能进行	—

传统的原位测试技术包括动力触探、静力触探、标准贯入试验等,主要适用于土体,与土体强度变形特征无直接的机理联系,与土体物理力学性质的关系多建立在统计分析基础之上。随着传感器和控制技术的发展,多种新型孔内原位测试技术包括深层螺旋板载荷、旁压试验、孔内剪切试验等测试技术得以实现并推广,可在孔内直接测定岩土体应力与应变关系,测算地基承载力、变形模量、黏聚力、内摩擦角等多种参数,测试机理明晰,测试成果可用于提供地基基础设计、桩基设计及支挡设计所需设计参数。

2.3 "空天地"一体化勘察技术应用流程及原则

2.3.1 "空天地"一体化勘察技术应用流程

铁路工程勘察需针对不同地形地质条件和不同工程类型、勘察阶段的技术要求,以最佳的勘探方法组合,查明工点地质情况,提供设计所需参数,并达到提高质量、效率和降低成本的目的。因此，应大力采用“空天地”一体化勘察技术，在收集、分析区域地质资料的基础上，运用遥感解译技术，查明工作区宏观地质背景，结合已有的工程地质、水文地质资料，经过综合分析研究，开展无人机勘察和地质调绘。在遥感解译和地质调绘工作的基础上，开展航空物探、地面物探、钻探验证及测试等。“空天地”一体化勘察技术应用流程如图 2-4 所示。

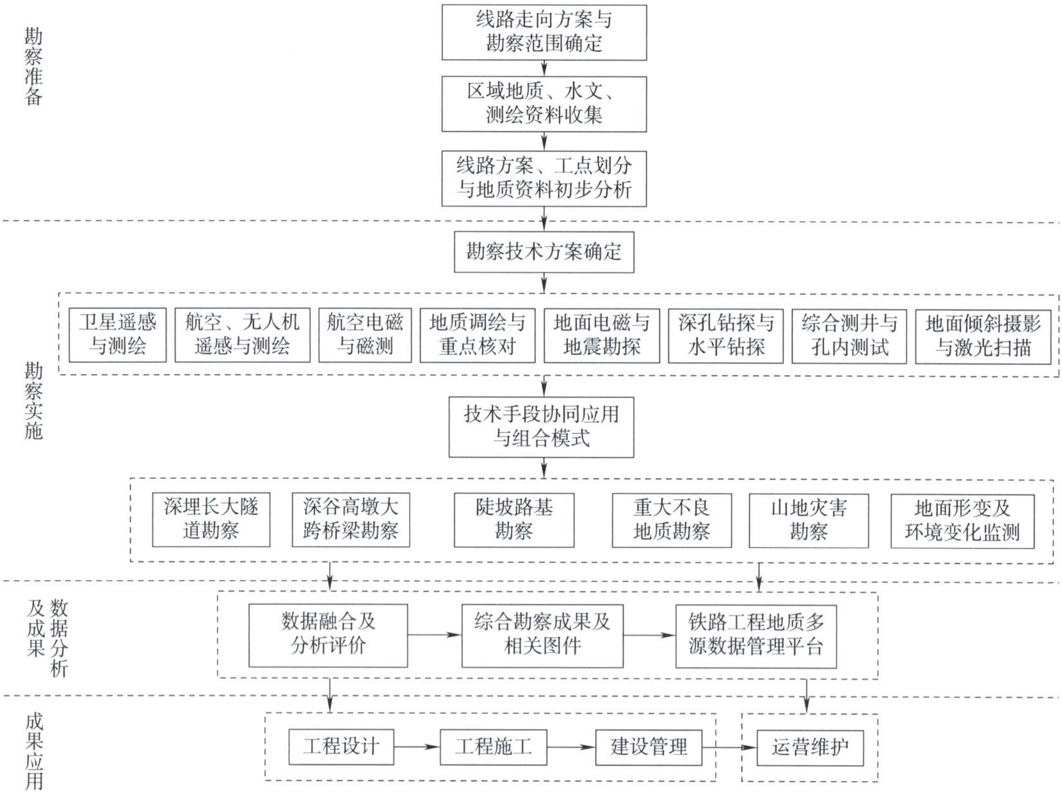

图 2-4 “空天地”一体化勘察技术应用流程

2.3.2 “空天地”一体化勘察技术应用原则

铁路工程地质勘察工作应根据勘察阶段、项目技术标准及工程特性、区域及工程场地地质条件、勘察方法的适宜性，在充分收集、分析、利用既有地质勘察资料的基础上，统筹考虑各种勘察手段，包括遥感地质解译、地质调绘、物探、钻探、原位测试、简易勘探等的选配，做好地质综合勘察工作。勘察工作遵循遥感解译指导地质调绘、地质调绘指导勘探，不同手段相互补充、相互验证的原则。

艰险山区铁路勘测过程中，应尽早查明影响线路方案的重大不良地质问题，稳定线位边界条件和线站方案，绕避重大不良地质。

地质勘察应按踏勘、初测、定测、补充定测开展工作，合理选用适宜的综合勘察技术手段进行相应深度要求的勘察工作，逐步认识工程区域及工程场地地质条件，为不同设计阶段及施工、运营维护管理提供所需的地质资料。

加强地质综合勘察新技术的研发应用，重视遥感地质判释、工程地质调绘、综合物探、钻探及原位测试、资料综合分析和文件编制过程中的每一个环节，保证地质资料准确、可靠。

地质条件特殊或有特殊要求的工程，应根据其特殊性，制定专门的工程勘探、地质测试方案，获取所需的地质参数，满足工程设计要求。

2.3.3 “空天地”一体化勘察技术应用模式

1. 深埋长大隧道工程勘察

艰险山区高速铁路隧道比例较大，尤其深埋长大隧道较多，是地质勘察中的重难点。深埋长大隧道勘察以遥感解译、物探为主，以无人机测绘、地面测绘、深孔钻探、深孔测试进行验证补充。

艰险复杂山区一般具有高海拔、大高差、气候条件恶劣、人口稀少、交通条件差等特点，在场地条件具备的情况下，可对隧道工程选用音频大地电磁法（地面物探）和航空电磁法相结合的物探手段。深埋长大隧道群可用航空物探[航空瞬变电磁法（VTEM）或航空大地电磁法（ZTEM）]贯通，在人员能到达的地段采用地面物探验证。

隧道深孔必须在遥感判释、地质调绘及综合物探基础上布置，重点解决地层界线、构造位置、洞身附近岩体结构、重大物探异常等，并根据一孔多用原则，兼做综合测井、水文地质参数测定、地温测试、放射性测试等。

隧道进出口勘察：以遥感解译、地面调绘、无人机测绘、钻探、原位测试并重的手段开展勘察，必要时采用平硐勘探；地形条件特别困难、钻探无法实施的地段，采用无人机、坑探、槽探等手段开展勘察。

2. 桥梁工程勘察

桥址应以地面调绘、钻探、物探、原位测试并重的手段开展勘察。

地形条件特别困难、钻探无法实施的地段，可采用无人机、坑探、槽探、物探等手段开展勘察，必要时采用平硐勘探。通过遥感解译、地质调绘等手段初步查明桥区应力场特征，确定桥基平面位置后，以钻探为主，辅以坑探、原位测试和物探，视需要开展孔内声波测试、井中摄像以及卸荷带专题研究、应力场专题研究等工作，确定桩基持力层及工程防护措施。

3. 路基工程勘察

路基工程一般以地面调绘、物探、钻探、原位测试并重的手段开展勘察。地形条件特别困难、钻探无法实施的地段，采用遥感解译、无人机、坑探、槽探、物探等手段开展勘察，必要时采用平硐勘探。

4. 重大不良地质勘察

重大不良地质应以遥感解译为主(利用各种精度的卫片、航片、无人机飞行影像),地面地质调绘进行验证补充。在遥感解译的基础上,重点地段采用无人机勘察技术进一步判别影响明线工程安全的重大不良地质(如高位远程滑坡、高位崩塌、危岩落石、大型泥石流等),对影响工程的重大不良地质体,需采用其他勘察手段进一步查明。

(1)活动断层及深大断裂

在充分搜集和利用既有区域地质、地震资料的基础上,开展遥感地质判释工作,采用高精度、多期次、多尺度遥感解译断层迹线;对影响方案的跨越活动断裂的重点桥隧工程和不良地质、特殊地质地段,需采用综合物探、地面地质调绘、槽探、钻探手段进行验证,明确与线路相关的活动断裂位置。

(2)滑坡

根据高精度卫片对全线高位滑坡进行解译工作,对影响线路的滑坡开展无人机倾斜摄影测量工作。植被茂盛区域采用无人机机载激光雷达勘察技术,查明滑坡范围、地表形态、后缘裂缝发育情况,地表补充岩性、构造、水文条件的地质调查工作。对影响工程的不稳定坡体,采用详细遥感地质、无人机三维摄影、地面调绘、物探、钻探等多种勘察手段进一步查明。

(3)危岩落石、岩屑坡等坡面地质灾害

在遥感地质的基础上,采用无人机三维摄影和地质调绘,确定其分布范围、特征及稳定性。

(4)泥石流

对泥石流群或特大型泥石流,首先应用航(卫)片解译查明泥石流沟全流域水系组合特征,地质构造格架,崩塌、滑坡分布情况、发育规模和松散固体物质所处部位。同时应采用不同时期的航片或无人机倾斜摄影图像作对比解译,了解泥石流的动态变化,作出发育阶段的评价。然后在航(卫)片解译的基础上进行地面地质调绘。对影响工程的泥石流,通过收集气象、水文资料,结合现场调查,判识泥石流类型、基本特征,计算相关设计参数(涌高、流量、一次最大淤积量等)。为查明泥石流堆积层厚度和历次泥石流体性质,应结合工程进行钻探和挖探。在条件适宜时,可用电测深法或瑞利波法配合钻探。

(5)岩溶

岩溶勘察需采用综合勘探方法,以遥感解译和地质调绘为先导,充分利用物探方法,与钻探、挖探、取样、测试验证相结合并进行综合分析评价。首先开展大范围的遥感地质判释和地质测绘,初步查明可溶岩的类型、分布特征,在此基础上进行勘探验证工作。勘探应以物探(电阻率法、地质雷达、频率测深法、可控音频大地电磁法)为主,可在钻探之前先进行重点地段勘察,对岩溶发育带、溶洞群、地下暗河、单个大型洞室的异常位置进行钻探,查明岩溶地层的物理力学性质,重点查明岩溶发育程度。对可溶岩特别发育段应开展专项研究,合理确定线路走向和纵坡，必要时在初测前开展加深地质工作。

(6)高地温和高温热水

收集沿线温泉资料，以热红外遥感判识结合地面调查，辅以物探、钻探的综合勘探方法。采用同位素测试、水质分析等试验手段，综合判识热水的补、径、排特征，评价隧道高温热害。

(7)冰害、雪害、冻害

收集区域内气象、水文等资料，通过遥感、无人机三维摄影、室内试验等相结合的综合勘探方法，查明冰害、雪害、冻害发育特征，评价对工程的影响程度。

2.4 “空天地”一体化勘察技术各阶段应用要求

“空天地”一体化勘察技术体系是围绕铁路工程踏勘、初测、定测、补定测、施工及运营各阶段的主要任务建立的，同时，结合了各种勘察技术的优势、特点，从而形成了有一定通用性和指导性的组合模式。各阶段在勘察技术的选择上，要体现从大范围到小区域、从宏观到微观、从面到点、从定性到定量的层层推进，各勘察阶段应根据不同工程类型分别组合勘察技术，形成最佳应用方案。

2.4.1 踏勘阶段

广泛收集已有地质、水文、测绘资料，结合“天空”类勘察技术获取的中低分辨率、中小比例尺地质解译图、地形图、水文地质图、地质灾害解译图、植被覆盖图等，宏观了解工程区域地质构造、地质特征和不良地质特征的分布范围、规律，获得地形、地势、地貌、地质灾害情况，并对以上资料进行综合分析，为方案选择及编制预可行性研究报告提供工程地质资料。

在预可行性研究阶段编制的遥感解译资料(1∶20 万或 1∶50 万)及其他前期地质工作的基础上，充分利用各种遥感数据，开展地质构造、地层岩性、不良地质、特殊岩土及水文地质等方面的遥感解译工作。

(1)采用航空、航天遥感数据对全线区域地质构造、活动断裂、地层岩性、地热、特殊岩土、不良地质和水文地质条件等进行详细解译。

(2)针对艰险复杂山区铁路隧道勘察难题，采用高(多)光谱岩性、构造识别技术，对全线隧道开展卫星、机载高(多)光谱岩性识别勘察。

(3)对于活动构造区地热带和地热异常发育区域，研究采用热红外遥感开展热红外遥感解译工作，分析区域温度异常情况，找出相对低温走廊。

遥感解译工作应充分发挥遥感技术的优势，在宏观上指导野外地质勘察工作，并与野外工程地质调绘密切配合、互相印证，为设计提供可靠的地质资料。一般按“室内解译标志，野外验证，复判，补充解译，最后验证”程序开展。

2.4.2 初测前地质加深阶段

在预可行性研究线路方案基础上，对控制线路方案的重大不良地质[采空区、大型滑坡、崩塌、岩溶强烈发育(暗河)区、重大活动断裂及地裂缝高发区等]、地质复杂的长大越岭地段，适时开展地质加深工作。

初测前地质加深阶段应充分发挥遥感及地质调绘的作用，在遥感地质解译和地质大面积测绘(一般比例尺为1∶50 000，采空区、滑坡可采用1∶10 000比例尺)的基础上，重点地段采用综合物探方法，配合必要的钻探和测试工作，重点查明不良地质问题，提出地质选线建议。

2.4.3 初测阶段

在初测阶段，对控制线路方案的越岭地区、不良地质及特殊岩土、复杂的长大隧道和大河桥渡等重点工程地段，应充分发挥"天空"类勘察技术中的高分卫星遥感技术和高分无人机测绘及勘察技术的优势，开展详细的地质调绘，合理选用综合物探和原位测试等有效方法，针对性地开展钻探，查明地形地质条件、水文地质特征、重大不良地质发育规律，评价其对线路方案及工程的影响。对勘察资料、结果进行综合分析，为选线设计提供较为详细的数据支撑。

结合现场重点调查，对控制线路方案的越岭、河谷、不良地质、特殊岩土、长大隧道、大河桥渡等重大工程地段，应充分发挥遥感和物探作用，采用以遥感和综合物探为主，辅以必要钻探、测试的综合勘探技术，查明重大地质问题。

2.4.4 定测(补定测)阶段

在定测阶段，以取得岩土的定量指标、满足初步设计和施工设计要求为目的，结合工程类型，应以"空地"类勘察方法为主，采用无人机勘察、地质调绘、详细钻探、代表性物探、代表性观测与测试等多种手段开展综合勘察工作。桥梁、路基地段仍以钻探、挖探以及相应的原位测试和试验等为主要手段进行勘察。隧道则以地质调绘和物探为主、钻探为辅的方式进行勘察。对于岩溶地区、人为坑洞及采空区、给水水源以及需要判明断裂构造、破碎带、滑动面、软弱层、基岩界面、岩层界面、隧道围岩分级、风化层厚度等，应采用物探与钻探相配合的方法。对于地质条件复杂的长大隧道，必须在综合勘探基础上，按照规范有关规定，对洞身进行必要的钻探，包括深孔钻探，确定地质条件和施工方法，保证隧道质量和施工安全。

补定测阶段是对定测阶段工作的补充完善，主要采用"地"类勘察技术，进一步补充地质调绘、钻探、原位测试、试验等数据，查明隧道、桥梁、路基等重要工点的场地工程地质条件和工程地质问题，获取施工图设计需要的物理力学参数。

对于隧道进出口及桥基高陡斜坡地段，可利用三维激光扫描技术和BIM技术，通过测绘陡峭地形并建立三维模型，结合隧道、桥梁等设计尺寸、位置等信息，直观呈现局部精细化三维场景，叠加地层岩性、钻孔勘探、区域三维地形等数据，真正达到三维立体可视化勘察设计目的。

2.4.5　施工阶段

施工阶段以“地”类勘察技术主，“天空”类勘察技术为辅开展工作。铁路建设工作持续时间较长，针对隧道开挖过程中遇到的复杂地质条件，物探技术可应用于施工掌子面前方不良地质体分布的探测，预测不良地质体可能引发的隧道地质灾害，而三维激光扫描技术可用于隧道的超欠挖、周边收敛、拱顶下沉的监测。

遥感技术和合成孔径雷达干涉测量技术结合使用可进行铁路路线及周边区域周期性的地质灾害、斜坡变形的筛查、监测，保障施工安全。

2.4.6　运营阶段

在铁路运行阶段，地面、工程结构、斜坡变形和环境变化情况是关注重点。为满足自动化、实时性、长期性、高精度的监测要求，可在铁路沿线有潜在灾害风险地段布设“空天地”一体化监测系统。

基于干涉测量原理形成的 PS-InSAR、SBAS 等多种星载合成孔径雷达形变监测技术方法可监测连续、微小、缓慢变形量，为铁路形变监测提供了“天”类监测手段。目前，我国北斗导航卫星系统已经完成全球组网，可提供毫米级精度的在线监测服务，在铁路工程定位测量及变形监测领域，必将拥有广阔的应用前景。

基于卫星遥感图像智能识别、星载雷达形变动态监测、无人机三维航拍、地面高清摄像、高灵敏度传感器实时监控等组网运行，可实现铁路沿线灾害发生及环境变化的立体监控、动态感知和及时预警。

2.5　“空天地”一体化勘察信息综合分析

“空天地”一体化勘察技术应用极大丰富了地质勘察数据量，为提高铁路综合勘察的深广度和精细度奠定了数据基础。在勘察资料综合分析过程中，要按现行规范、规程，将地质、调绘、遥感、物探、钻探、原位测试、土工试验等各种手段取得的数据、图件资料进行综合分析、互相补充验证，综合编制地质报告和图件，在文字报告和地质图件中应充分反映遥感、物探和原位测试等资料信息。

2.5.1　地质体特征综合分析

艰险复杂山区铁路工程地质勘察中，充分掌握沿线地质特征及工程特性是勘察的根本和基础，要充分利用各类信息资料对地质体的工程性质作出分析与评价，这个过程就是综合分析的过程。对地质体的工程性质评价，是基于对区域地质和场地地区测绘成果的分析研究。因此，只有充分发挥综合分析的指导与纽带作用，研究各类数据间的地质联系，才能综合分析判断地质体特征及工程属性。工作途径包括以下几种：

1. 岩层分层对比分析

在搜集和利用区域地质资料过程中，首要掌握地区性标准地层，并在研究区域标准地层的基础上，建立工点附近小范围内场地详细、具体的地层层序及组合关系，即建立“工点地层表”。充分利用遥感、物探、调查及原位测试资料，进行地质综合分析。

首先要注意对地层岩性和工程地质岩组的分层、分类及标志层的确定。与各种勘探方法获取的分层信息进行对比，找出分层界面位置、标志层位置及其组合特征相同和差异之处，从而确定遥感解译标志、物性解释参数和触探曲线变化的地质含义。对于遥感图像的解译标志，主要是确定抵抗风化能力不同的，在地貌形态上和色调有差异的软、硬地层所处的地层层序位置和断层位置。对关键性的标志层进行图像解译是搞清地质构造平面特征十分有效的方法。在遥感图像上有突出微地貌或色调反映的某一硬层或软层，在区域地层表上不一定是明确划分出的岩层层位，但对于遥感解译非常有用。可以有意识地在工点地层表中确定一些遥感解译标志层，这是进行综合地质分析的重要方法。

对于物探而言，在研究地层岩性、工程特征和标志层的同时，要综合分析研究各层岩性的电性、磁性、弹性波传播速度、放射性等物性特征。依据地层层序的变化研究物性的层序变化，正确确定物探解释参数，从而充分合理地利用物探资料进行地质解释。

2. 岩层组合分析

由于一种地质现象可以有不同的物性或图像特征，不同的地质现象又可能有相似的物性和图像特征，因此就产生了物探资料解释和遥感解译的多解性。解决这个问题的办法之一，就是用多种物探方法或多波段遥感方法组合分析。利用多种参数的组合特征，与地质调绘和钻探资料相比照进行综合分析，常常可以取得良好效果。

3. 物性和图像异常分析

综合地质勘察中对物探、遥感资料的应用，很重要的方法是寻找异常部位，并对产生异常的原因进行分析，这是地质综合分析的一项重要内容。

物探资料的异常主要是指电性、磁性、弹性波速的突然变化。造成这种异常的原因通常由岩性变化或岩层完整破碎程度、地下水富集程度以及其他“干扰”的变化所造成。遥感图像的异常主要是指明显的色调变化、线性延伸及圆圈状线条状影像，以及植被情况的突变等，往往也是岩性完整情况、地下水情况变化或有断层、弧形构造等原因造成。

物探和遥感资料的异常，一般是数值、曲线或影像的变化，并不能做出唯一性的地质解释。造成异常的原因是多方面的，因此，必须通过地质综合分析，结合区域资料、地面地质资料以及钻探等资料进行对比，从多种可能性中找出原因。

4. 地层或构造反演分析

地层和构造反演是地质分析中的常用方法。在厚层第四系覆盖区，为测定地层的层序和某一层的位置，可先根据区域地质中的标准地层层序、层厚、岩性资料，通过计算大体圈定出此层范围。然后以物探资料校对，定出此层的空间位置，再以钻探确定。

5. 地貌和第四系地层分析

铁路工程地质勘察，特别是桥梁、路基工程勘察，与现代地貌和第四系地层关系甚密。尤其是判断断层的活动性时，要求在地质综合分析中充分利用地貌学和第四纪地质学的原理与遥感、物探资料综合进行分析。

2.5.2　遥感与其他手段综合分析

遥感地质判释具有宏观全覆盖、周期短、成本低的优势，是艰险山区地质勘察工作不可缺少的手段。在艰险山区高速铁路前期地质勘察中，首先要充分发挥遥感地质解译的作用，在了解沿线地层岩性、地质构造、不良地质特征及水文地质条件后，选用多层次的遥感数据对沿线地层界线、构造形态及各种不良地质现象进行遥感图像判释，遵循原则是从宏观到微观、从格架到细部、从定性到定量、从图像到地面层层落实。其次要充分发挥高分三维遥感地质判释技术的突出优势，通过遥感图像结合地形数据建立三维遥感地形，从地质与地形两个方面充分再现真实的场景，提高判释准确度和效率。

遥感地质判释成果具有一定的经验性、多解性特点，它既能指导地质调绘，也需要现场调查核实。通过遥感判释的断裂构造、不良地质、水文地质信息等也需通过物探、钻探等手段详细勘察验证与综合分析。

2.5.3　物探与钻探资料综合分析

为充分发挥地质综合勘探的效果，勘察及数据处理过程中物探和钻探、综合测井等多种方法要相辅相成，加强物探与钻探资料的的融合与对比分析，即物探指导钻探布孔，钻探验证物探，又为物探提供解释参数，可有效提高物探解释精度。

1. 钻探为物探提供参数

由于地质因素的复杂性，地质体的物性参数是因地区而异的。因此，在新地区开展工作的初期，甚至在整个综合勘探过程中，应有意识地安排一些钻孔为已知点，进行物探参数测试。通过对比分析，找出物性参数所代表的确切地质含义，从而指导和扩大全区的物探资料解释。这是提高物探准确性、克服其多解性的重要措施，反过来又可节省钻探工作量。

2. 钻孔旁物探扩大延伸探测

对于断层和重要岩性界面，除确定其在铁路勘测中线的位置外，对于双线铁路较宽的桥梁墩台和隧道、深路堑等工程，还要查明其走向。单凭钻探确定走向，往往要布置较多钻孔，甚至要网格状布孔。如果所探测的断层或其他界面两侧物性相差较大，可以充分利用物探配合钻探追踪其走向。即在钻孔旁进行物探，通过物探资料与钻探资料逐一对比，取得较准确参数后，可利用较为轻便快速的物探方法追索、查明其走向。

3. 钻孔地球物理测井综合分析

钻孔中进行测井是综合勘探的重要内容之一，对探测工程地质、水文地质参数有很好效果。一方面可以提供更丰富的测试内容，如采用投盐扩散法测定钻孔中出水点，采用放射性测井法测定岩石密度，采用地震测井法测定岩层完整程度，采用水文地质测井法测定地下水流向、流速等。另一方面对钻探地质分层鉴定的准确性和有无漏层，也能起到对比检验作用。特别是煤层一类极软岩和断层破碎带取芯很困难，容易漏判，采用测井可以起到弥补和检查的作用。因此，对于有测井资料的钻孔，应对地质鉴定成果和物探各类测试曲线进行对比，对地质鉴定做必要修正和补充，确保钻探记录质量和获取更多的地质信息。

第3章 地质遥感技术开发与应用

随着遥感技术的不断进步，新型遥感传感器平台得到了飞速发展。目前，高分辨率卫星影像，如 WorldView-2、QuickBird、GeoEye-1 等能够满足 1∶2 000 成图要求，IKONOS、ALOS、IRS-P5、SPOT-5 等能够满足 1∶5 000 成图要求，EROS-A、ASTER、ALI 等能够满足 1∶10 000 至 1∶100 000 成图要求。同时，卫星多光谱和高光谱数据也得到了长足发展，空间分辨率逐渐提高。因此，遥感无论作为一种信息源，还是作为一种技术手段在各行各业的利用率正在不断提高。

近十年，我们结合高速铁路勘察需求完成了“铁路工程地质遥感解译技术应用研究”“遥感图像处理技术及地质遥感判释软件平台构建研究”“基于高分辨率三维遥感信息的铁路工程地质判释、预测评价技术研究”等一系列科研课题，在高分辨率遥感图像处理、三维地质遥感判释、雷达遥感浅埋地质信息提取、GIS 空间分析及数值模拟、不良地质灾害发育演变与预测评价等方面取得了技术突破，成功构建了铁路地质遥感判释软件平台，为遥感新技术在铁路行业推广应用提供了强有力的理论、技术和软件平台支撑。

3.1 遥感数据源及优选

遥感数据源发展，从初期的黑白、彩色摄影，到近些年的多光谱、高光谱扫描成像，遥感数据的应用领域和范围不断拓宽。近年来，随着航天技术的不断进步，许多高分辨率卫星逐渐发射升空。与航空摄影相比，航天卫星遥感具有成本低、空间分辨率相当、重返周期短（一般在一周以内）等优势，使得其快速走进民用商业化领域。目前，高分辨率遥感数据、多光谱遥感数据和高光谱遥感数据已在民用领域得到大量应用。

遥感图像是各种传感器获取信息的产物，是遥感探测目标的信息载体。其基本属性分为波谱特性、空间特性、时间特性。

（1）波谱特性：各种遥感图像上的灰度和色彩都是其响应波段内电磁辐射能量的反映，其中色彩取决于记录的波段，灰度取决于记录的辐射强度。以上特性为遥感影像的波谱特性，可量化表示为波谱分辨率和辐射分辨率。

（2）空间特性：遥感图像是空间地物在二维平面上的投影，具有空间特性。空间特性是从形态学方面识别地物，进行几何纠正，是空间分析的重要依据。遥感影像的空间特性具体表现为空间分辨率(包括影像分辨率和地面分辨率)、比例尺(影像上目标物尺寸与目标物实际尺寸之比)、投影类型(主要分为主心投影、多中心投影、旋转斜距投影)。

(3)时间特性：遥感影像是成像瞬间地物电磁辐射能量的记录。地物都具有时相变化，即存在发生、发展和演化的过程，该发展演化过程在时间序列上存在某种周期性重复，即地物波谱特性随时间的变化而变化。具体表现为时间分辨率(指同一地区遥感影像重复覆盖的频率)。

遥感数据源种类可按遥感平台、成像方式、传感器工作方式、成像波谱特性等进行划分。按遥感平台与目标物间距离可划分为航天平台(>150 km)、航空平台(100 m至十余公里)、地面平台(0～50 m)。在遥感平台中，航天遥感平台目前发展最快，应用最广。航天遥感平台获取的数据源为航天遥感数据，通常称之为卫星影像(按搭载传感器类型可分为光学影像和雷达影像)；航空平台获取的数据源为航空遥感数据，通常称之为航空像片；地面平台获取的遥感数据主要是地面数码影像。

高分辨率遥感数据方面，目前国内外常用的商业高分辨率卫星主要有IRS-P5、WorldView-2、IKONOS、QuickBird、SPOT-5、ALOS、GeoEye-1等，分辨率一般在5 m以内，最高可达0.41 m(GeoEye-1全色)。SPOT-5卫星由于其图像采集面积大，数据传输能力强，运行稳定，已成为数据使用频率最高的卫星之一，广泛应用于农林、地矿等领域。高分辨率遥感数据因其具有分辨率高、性能好、价格低等优点，已被广泛应用到城市规划、土地覆被/利用分类、水文参数监测等领域。近年来，铁路行业在加深地质工作阶段、初测阶段地质勘察工作中，SPOT-5与ALOS数据应用较多；对于局部长大隧道、桥梁等重点工程的地质勘察，IKONOS和QuickBird也有应用。

多光谱卫星遥感数据与高分辨率卫星影像相比，由于其在光谱分辨率、宏观视角及价格方面的优势，目前应用较为广泛，如EROS-A、ASTER、ALI、Landsat 5～7、NOAA、风云系列卫星及中巴资源卫星等。其中Landsat系列卫星应用最为广泛，在土地利用和覆被变化，农业及森林区分，水体、岩石等地表特征识别方面应用较多。Landsat-7号卫星上搭载多光谱扫描仪(MSS)和增强型专题制图仪(ETM+)两种传感器，多光谱数据共7个波段，波段范围从可见光到短波红外。其中，TM6为热红外波段，用于探测常温的热辐射差异，可进行植物胁迫分析，土壤湿度研究，水体、岩石等地表特征识别以及监测与人类活动有关的热特征。

高光谱遥感数据方面，20世纪80年代初期成像光谱概念出现，使光学遥感进入了一个崭新的阶段——高光谱遥感阶段。高光谱遥感出现是遥感界的一场革命，它使本来在宽波段遥感中不可探测的物质，在高光谱遥感中能被探测。我国先后研制出推扫型成像光谱仪(PHI)和实用型模块成像光谱仪(OMIS)等，代表着亚洲高光谱传感器的研究水平。发展至今，已产生了诸多航空高光谱传感器，并在矿产勘察、精细农业、植被胁迫、军事等领域展开应用。2010—2020年我国建设的环境与减灾小卫星星座中，也包括有128个波段的高光谱传感器。

高分辨率航空遥感数据，主要包括传统胶片相机拍摄的影像和数码航摄影像。按摄影范围划分可分为：

①单线摄影像片：针对特定小面积或目标。

②航线摄影像片：沿一定路线，按照一定的曝光间隔连续拍摄，用于铁路、公路、河流等线状目标。

③面积摄影像片：由多条平等的直线航线摄影组成且具有一定重叠、覆盖整个区域的摄影。像片除有60%以上的航向重叠外，相邻航线间还应有15%以上的重叠，称旁向重叠。该方式应用较广。

工程地质遥感判释工作中，多以卫星遥感数据的应用为主。在线路方案确定后，局部地质复杂地区可借助航空遥感数据进行判释。在工程地质勘察的不同阶段要选取不同的遥感数据源。踏勘阶段应选择中等分辨率遥感数据，如Landsat卫星数据，以弄清线路方案区域工程地质背景、重大不良地质分布等信息。加深地质工作和初测阶段应选择高分辨率影像，如ALOS和SPOT-5等，对影响线路方案的重大不良地质分布特征进行详细判释。对于长大隧道、大河桥渡等重点工程，可利用IKONOS影像进行详细地质判释。定测阶段可选用航空影像进行局部重点判释。

工程地质勘察的加深地质工作及初测阶段，一般选取SPOT和ALOS遥感图像作为数据源。二者全色波段分辨率都为2.5 m，能够满足1∶50 000成图要求。但二者价格相差较大，一幅SPOT影像较ALOS影像贵约10倍。对收集的两种影像数据进行对比分析，以确定工程选用较优数据。通过两种数据的细节对比分析，SPOT数据较ALOS数据反映细节能力强。SPOT数据地物在大比例尺下边界清晰，纹理可辨。ALOS数据则表现为整体的模糊性，仅大型公路能够辨别。究其原因，ALOS传感器对地物光谱反射差异敏感性较SPOT差，微小细节反映能力不足。通过分析，在工程地质复杂和不良地质发育地区，选择SPOT数据较为合适，而一般工程区也可选择ALOS数据作为遥感源。

关于成图比例尺与影像分辨率的关系，不同的成图比例尺对遥感数据分辨率有不同要求。航空摄影测量中没有直接给出对影像分辨率的要求，但可以通过对摄影仪物镜分辨率的要求和摄影比例尺来推断。航摄中航摄仪镜头分辨率表示通过航空摄影后在影像上能够分辨的线条的最小宽度。《1∶5 000　1∶10 000　1∶25 000　1∶50 000　1∶100 000地形图航空摄影规范》(GB/T 15661—2008)中规定，航摄仪有效使用面积内镜头分辨率“每毫米内不少于25线对”。根据物镜分辨率和摄影比例尺可以估算出航摄影像上相应的地面分辨率，即

$$D=M/R$$

式中　D——地面分辨率；

M——摄影比例尺分母；

R——镜头分辨率。

根据现行规范 GB/T 15661 中“航摄比例尺的选择”的规定和以上公式，可得出不同比例尺成图对遥感图像分辨率的要求。

3.2 遥感图像处理技术

地质遥感判释技术是遥感图像处理与解译技术的综合应用。其中，遥感图像处理技术是地质遥感判释工作的基础和关键，其数据处理结果的好坏直接影响不良地质判释的准确性和效果。

常用遥感图像处理技术，包括图像辐射校正、图像几何校正、图像最佳波段组合、图像融合、图像镶嵌、图像裁剪和图像增强等，其中几何校正、图像融合、图像镶嵌和图像增强是遥感数据处理的重点和难点内容，直接影响处理结果在空间、纹理和光谱等方面的判释效果。通过研究，我们在图像融合定量评价技术、图像无缝镶嵌技术、面向对象特征增强等关键技术取得突破，为提高地质判释的准确率奠定了基础。

3.2.1 图像辐射校正

由于大气散射、太阳高度角、地形以及传感器本身的影响，传感器所接收的地物光谱反射值，不能全部真实地反映地物光谱的特征，这种畸变影响了分类的精度，因此必须首先进行辐射校正。校正方法有对整个图像进行补偿的，也有根据图像点的位置逐点校正的。辐射校正主要包括由遥感器的灵敏度特性引起的畸变校正、太阳高度及地形等引起的畸变校正、大气校正。多光谱影像均做过辐射校正，可以满足信息提取的需要，不再作进一步的校正；而高光谱遥感、定量遥感和基于多波段多传感器融合的分类和变化监测等，必须进行辐射校正，消除大气散射、地形及传感器本身的影响，得到地表真实反射率。

3.2.2 图像几何校正

在遥感成像时，由于成像投影方式、传感器外方位元素变化、传感介质不均匀、地球曲率、地形起伏、地球旋转等因素的影响，遥感图像存在一定的几何畸变，同时图像上的像元在图像坐标系中的坐标与其在地图坐标系等参考系统中的坐标之间存在差异。而仅仅经过系统粗校正的遥感图像不能消除所有畸变，无法满足实际应用和研究的需求，必须经过几何校正。

几何校正包括消除遥感图像的倾斜误差和因地形起伏引起的投影误差两方面。一般采用数学方法进行几何校正，建立校正变换函数的方法有多种，可分成两类：

一类是控制点法，即：利用控制点数据建立影像坐标和大地坐标之间的数字模型，如多项式拟合、共线方程、有限元法和随机场中的最小二乘法等，将图像空间的原始影像映射到校正空间。此类方法的优点是原理直观，计算较为简便，特别是对地面相对平坦的情况，具有较好的校正精度。因为方法本身回避了成像的具体过程，而直接对影像的几何失真进行数学模拟，所以这种方法原则上对各种类型的几何畸变的校正都是有效的。但是，地面控制点的测量需要专门的仪器设备和专业操作人员，所花费的时间也很长，特别是在没有或缺少明显标志点的情况下，控制点参数无法获取，这是此类方法的缺陷。

另一类是模型法，即：利用卫星的轨道、姿态参数、相机参数等直接推导卫星图像成像的解析关系，通过解析公式计算对应卫星图像点的大地坐标。此类方法的优点是不需要地面控测点参数，因此节省了时间，并便于推广，但由于参数本身测量误差较大，校正精度不高。

地面控制点的选取是几何校正的关键，地面控制点把原始图像空间与校正空间（给定的标准空间）联系起来，建立线性或非线性的转换关系。

地面控制点选取应遵循以下原则：一般应选在参考图像与纠正图像都易识别的点，即具有明显的标志性地物，如河流交叉部位、山脊线交叉部位、永久标志性建筑物等；选取的控制点应均匀分布在图幅范围内；进行二次多项式校正时，图幅内控制点至少应有 6 个，但为了提高遥感图像的几何校正精度，每图幅一般应有 15～25 个控制点为宜。

高分辨影像的正射校正，是通过解求像素的位置，然后进行灰度内插与赋值运算，实现像素与相应地面元素的几何变换。正射校正可分为间接法数字校正和直接法数字校正（常本义等，1983）。间接法数字校正是从空白的校正影像出发，按行列对每个像素点位反求其在原始影像中的位置，同时把所得的原始影像点位上灰度值赋给校正影像上的像元。

数字影像的正射校正主要是在空中三角测量成果的基础上进行，即：在数字摄影测量工作站上利用空中三角测量成果自动生成高精度 DEM 数据，再配合内、外方位元素依据共线方程对原始影像逐像元进行数字微分校正，得到正射影像图。

正射校正结果的评价标准主要有影像绝对精度、影像的局部变形（例如高架桥梁）、镶嵌精度、镶嵌色差、完整性、时效性等。

常用的坐标系转换可分为同一坐标系大地坐标与投影坐标之间的转换、不同坐标系间大地坐标的转换、不同坐标系间投影坐标的转换三种。

转换方法按采用的参数数量及方法的不同可分为三参数法、四参数法、七参数法。三参数是一种坐标平移的方法，不考虑坐标轴间的旋转和尺度参数。四参数法加了尺度参数。三参数法和四参数法适用于小范围且精度要求不高的坐标转换。七参数考虑了坐标平移、坐标轴间的旋转以及尺度变化。

常用坐标转换的方法有两种：

（1）高斯正反算

因为我国基本比例尺地形图投影采用高斯-克吕格投影，所以同一坐标系下大地坐标与投影坐标间的转换最常见的是高斯正反算。

(2)不同坐标系间投影坐标的转换

不同坐标系的转换本质上是不同基准间的转换,不同基准间的转换方法有很多,其中最为常用的有布尔莎模型(七参数转换法)。在实际生产过程中,不同坐标系坐标转换流程如图 3-1 所示。

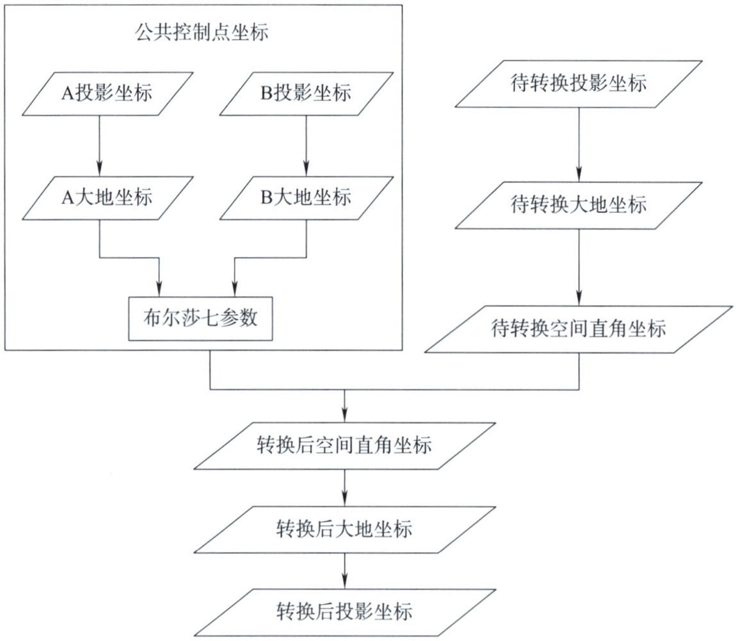

图 3-1 不同坐标系坐标转换流程

3.2.3 图像最佳波段组合

为快速、准确地从影像中提取工程地质信息,识别不同的岩性,揭示地质信息,往往需要对传感器波段、遥感影像特征、地物光谱特性等有较深入的了解和分析,针对需突出的专题信息进行彩色合成。因此,选择最佳遥感波段合成彩色图像,是很重要的遥感图像处理方法。在实际生产当中,往往需要结合研究区的光谱特点和不同的研究目的选择不同的波段进行组合,以达到最佳判释效果。

由于不同波段所反映的地质现象不同,而多光谱遥感数据波段相对较多,因此,如何选择三个波段进行最佳波段组合,进而合成彩色图像显得尤为关键。一般来说,波段选择要遵循的原则有:所选波段反映的信息量要大,包括丰富的地物信息;所选波段间的相关性尽可能小,数据冗余少;目标地物类型在所选波段组合中能被很好地区分,利于特征地物的识别。

遥感图像最佳波段选择一般采用统计分析方法。在对遥感数据进行统计分析中,基本的统计特征包括波段的最小值、最大值、亮度值、均值、标准差、直方图及两个波段之间的方差、协方差等。这些统计特征参数可以作为波段选择的依据。

此外，近些年发展起来的用于确定多光谱遥感图像最佳波段组合的方法有很多，如基于熵、联合熵、协方差矩阵以及最佳指数的方法等。针对上述波段组合原则，研究采用信息熵法、相关系数法、最佳指数法等选择最佳波段组合。

(1)信息熵法。影像信息量主要取决于两个因素：一是图像的灰度级；二是瞬时视场或像元的大小。前者影响波谱信息量，后者影响空间信息量。一般用熵和联合熵来表征信息量。

(2)相关系数法。相关系数描述了波段图像间的相关程度，反映了波段图像所包含信息的重叠程度，由协方差矩阵进一步计算波段间的相关系数矩阵。若波段间相关系数较大，说明波段间的信息重叠度高。

(3)最佳指数法。最佳指数法是美国查维斯(Chavez)等提出的，主要考虑两个方面：一是组合波段的信息量最大，一般影像组合的标准差越大，信息量则越大；二是波段间的相关性最小，波段间的相关系数越小，波段的独立性越高，信息冗余度越小。

(4)雪氏熵值法。雪氏熵值法是谢菲尔德(Sheffield)在1985年提出的，它利用香农信息论的原理，计算 N 维数熵值，进行最佳波段的选择。

获取一幅好的TM彩色合成图像的关键在于波段的组合，常见的波段组合方式及用途总结见表3-1。由于不同区域不同时间影像波段之间的冗余、相关性及信息量有很大差异，在实际应用中往往需要通过一些统计计算分析，才能得到最佳的波段组合(图3-2)。

表3-1 ETM+不同波段组合的特点及其主要用途

ETM+波段组合	特 点	主要用途
741	图面色彩丰富，层次感好，构造形迹清晰，岩石及地层单元边界清晰	地质判释
743	对温度变化敏感	火灾监控及灾后恢复
543	信息量丰富，符合视觉习惯，能充分显示地物差别	计算机自动分类
754	构造形迹清晰	构造地质研究
453	色彩反差大，层次丰富	目视判读
321	真彩色，能够真实反映地物颜色，便于辨别地物	人工判释

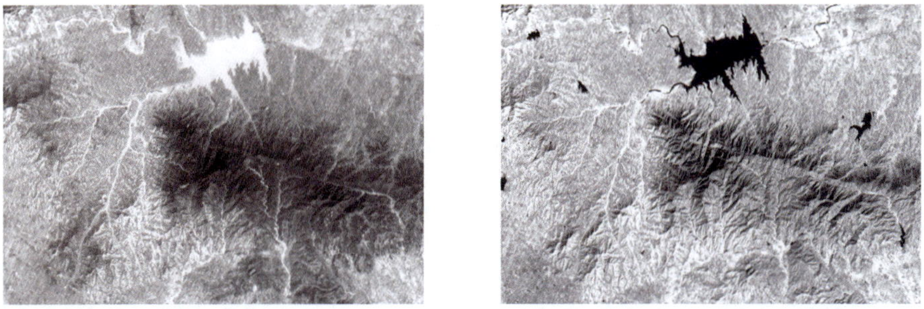

(a)第一波段原始影像　(b)第四波段原始影像

图 3-2

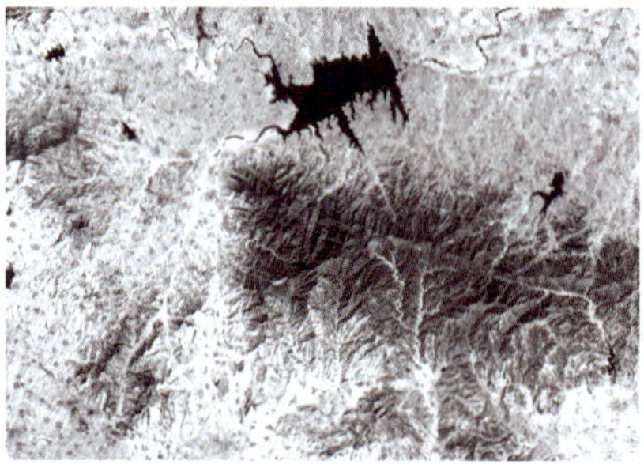

(c)第七波段原始影像

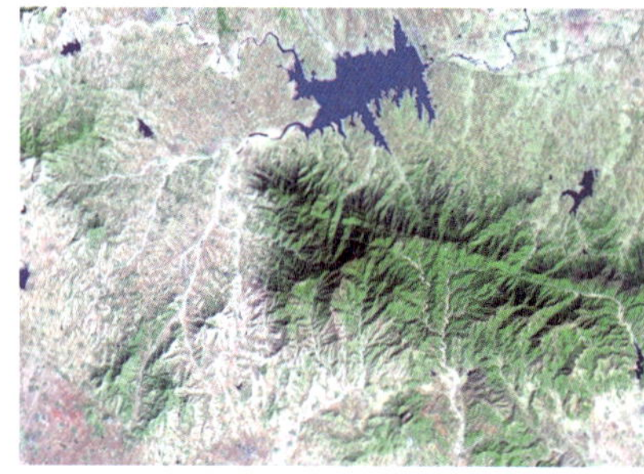

(d)ETM+741 波段假彩色合成效果图

图 3-2　最佳波段组合效果对比

在地质遥感判释工作中,遥感系统提供了高分辨率影像、多光谱影像、高光谱影像及雷达图像等,如何将这些数据有效组合作为一个整体来应用,克服单一信息源的不足,采用遥感数据融合技术,已成为当前遥感研究的热点问题之一。多光谱数据空间分辨率往往不高,而全色数据在光谱分辨率上有很大局限,需要借助图像融合技术提高影像信息的可视化水平。

3.2.4　图像融合

遥感图像数据融合是一种通过高级图像处理来复合多源遥感图像数据的技术,其目的是将单一传感器的多波段信息或不同类传感器所提供的信息加以综合,消除多传感器信息之间可能存在的冗余和矛盾,加以互补,降低其不确定性,减少模糊度,以增强图像中信息透明度,改善判释精度、可靠性以及解像力,以形成对目标完整一致的信息描述。不同类型遥感图像之间的融合处理,必须具备四个条件:融合图像数据应包括不同空间和光谱分辨率;融合图像数据应是同一区域;图像应精确配准;在不同时间获取的图像中,其内容没有大的变化。

数字融合图像的主要优点包括:融合图像的地物细节和影纹结构丰富;与原来的多光谱图像(ETM+、ALOS 图像)相比,复合图像有更强的立体感和更高的空间分辨力;与原来的全色图像相比,复合图像有更强的光谱分辨力,图像的层次感越强;融合处理后的图像,各分量间的空间信息冗余度降低,同时在原来图像上增加了全色图像的空间信息;融合处理使图像上的阴影区、植被覆盖区、水体部分质量得到改善;融合后的图像提供更宽的地物反射波谱特征;经几何校正、镶嵌,正射校正,再经融合处理后的图像,便于与原有的地形图、地质图等图件相匹配,并使其配准精度更高,从而满足大、中比例尺工程地质调查的要求。

图像融合算法对图像融合结果有很大影响,不适宜的算法会产生斑块效应、扭曲光谱特征及地物边缘模糊等问题。融合结果的优劣直接影响着不良地质判释结果的准确性,因此在工程应用中要使用最优图像融合算法。近些年发展起来的经典像素级分辨率融合算法,主要有 PCA 变换、Brovey 变换、HSV 变换、IHS 变换、HPF 变换、Gram-Schmidt 变换、乘积变换和小波变换融合等。

目前,图像融合效果定量评价多采用统计分析方法,一般可分为基于光谱逼真度的评价和基于纹理清晰度的评价。光谱逼真度评价可采用相关系数和偏离系数等指标。纹理清晰度评价可采用信息熵和平均梯度等指标。

遥感图像融合处理流程如图 3-3 所示。遥感数据预处理,主要包括辐射校正和影像配准等。影像配准以同一传感器的全色数据为基准,采用选取控制点的二次多项式方法,使多光谱数据与全色数据严格配准。主要选取桥梁、水库、道路边界等特征点,每幅图像 15～30 个控制点,精度控制在 1 个像元以内。

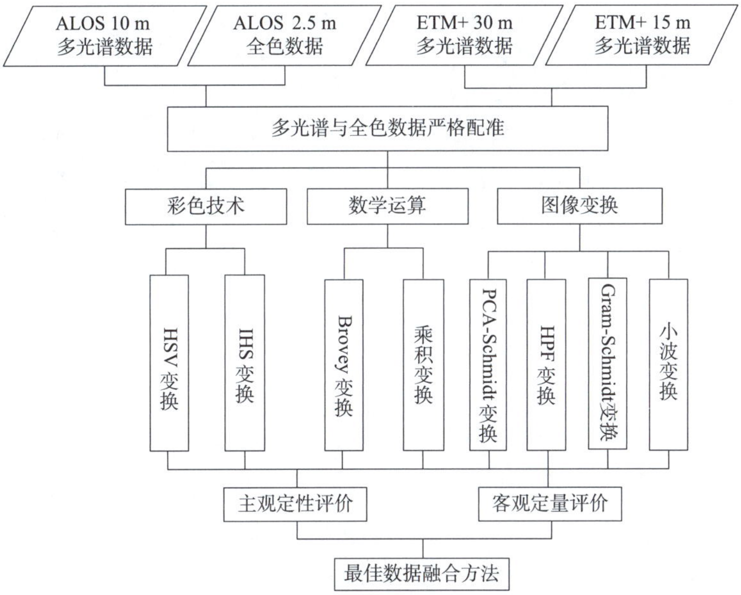

图 3-3　遥感图像融合处理流程

3.2.5　图像镶嵌

遥感图像镶嵌是对若干幅互为邻接的遥感图像通过批次间的几何镶嵌、色调调整、去重叠等数字处理,镶合拼接成一幅统一的新图像。在实际工作中,工作区往往覆盖很多幅遥感图像,因此要对不同的图像进行镶嵌处理。

进行镶嵌的遥感图像一般应具备信息丰富、色调和谐、镶嵌的几何精度高三个基本条件。

为满足这些条件,最理想的做法是选择几何畸变小、图像质量高(无噪声,无云覆盖)、获取时间相同或相近的图像进行镶嵌。

在通常条件下,这种理想的选择是难以办到的。第一,遥感图像数据价格昂贵,在经费有限的情况下,一般没有能力去选购时相相同或相近的高质量图像,多采取现有存档数据的办法，因而在时相和质量上基本没有选择余地；第二，因某些图像云量过大或噪声太多，很难找到相同时相的图像。

传统镶嵌技术经常由于两幅图像的几何差异与辐射度差异，使得镶嵌结果图像出现模糊或假边界。常用方法是利用数字图像处理方法先对相邻图像进行直方图拉伸，再进行直方图匹配使两图像重叠区域的灰度分布大致相同。遥感图像镶嵌的理论主要包括色彩匹配、图像接边匹配、接边纠正与图像镶嵌等。色彩匹配是图像镶嵌质量的重要保证，其主要方法包括直方图匹配、匀光处理、色彩平衡等。色彩匹配的好坏直接影响图像镶嵌效果(图 3-4)。

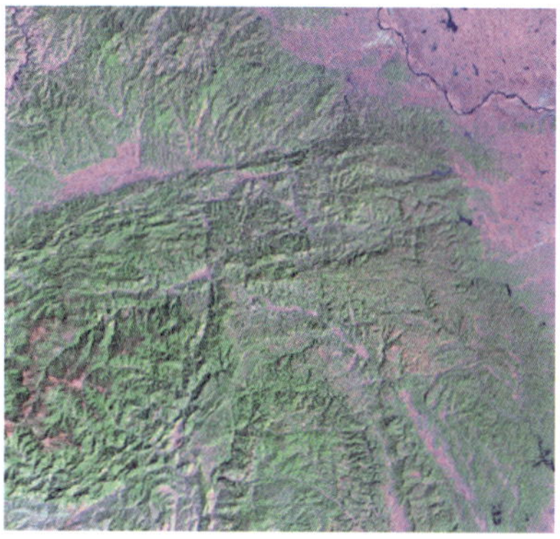

(a)原始图像

(b)匀光处理后图像

图 3-4　匀光处理效果对比

铁路线路较长，一般涉及多景卫星图像，只有将其镶嵌起来才能满足研究区范围。由于成像时间不尽相同，各影像数据间色调有明显的差异。以新建蒙西至华中地区煤运通道预可行性研究阶段地质遥感制图为例，对无缝镶嵌处理过程进行说明。该线长约1 814 km，共收集覆盖全线 TM、ETM+数据四十多幅，获取时间从 1988—2007 年不等，四个季节数据均有。

采用相关系数法和最佳指数法相结合的波段组合优选方法，确定 TM 741(RGB)组合为最佳组合。在未经直方图匹配、匀光及接边线等处理情况下[图 3-5(a)]，镶嵌结果较差。各幅影像间色彩差异较大，有明显接边线。经过色彩调整等处理后[图 3-5(b)]，镶嵌影像总体色调统一，层次分明，地貌分界线清晰，无明显接边线痕迹，镶嵌结果较好。

(a)未经处理镶嵌结果

图　3-5

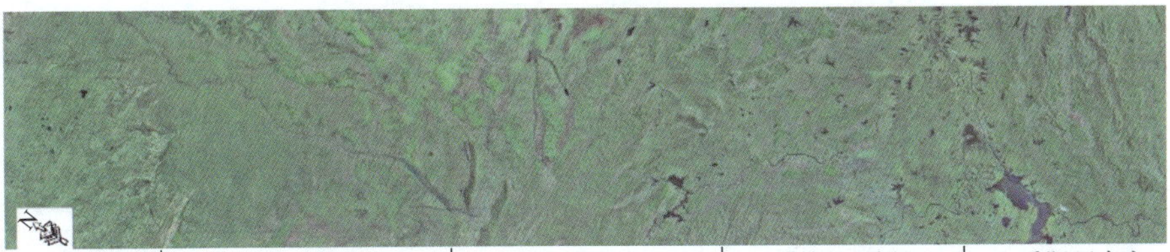

(b)色彩调整后镶嵌结果

图 3-5　蒙西至华中地区煤运通道遥感图像镶嵌处理结果对比图

3.2.6　图像裁剪

图像裁剪是根据工程需要,将区域外无用数据进行去除,可分为规则裁剪和不规则裁剪。

规则裁剪是对图像按矩形进行裁剪,通过矩形四个顶点坐标,确定图像的裁剪位置。也可两个顶角坐标确定裁剪区域,如左上和右下角坐标。规则裁剪较为简单,首先在原始图像中确定裁剪范围,然后按所确定范围进行裁剪。图 3-6 为遥感图像规则裁剪的结果图,由图可见,区域外的影像已被裁剪掉。

(a)原始影像

(b)裁剪后影像

图 3-6　遥感图像规则裁剪结果

不规则裁剪是指裁剪图像的边界范围是任意多边形。不规则裁剪无法通过顶点坐标确定裁剪的位置,而必须先生成一个闭合的多边形。可以是一个手绘的感兴趣区,也可以是一个多边形文件,如电子地形图、CAD、ArcGIS 中的矢量文件等,按照这些已知文件边界对图像进行裁剪。首先按照工程需要划定感兴趣区[图 3-7(a)],而后按其边界进行图像裁剪,结果如图 3-7(b)所示。

图像裁剪技术相对简单,但我们进行工程应用裁剪时,要注意选择正确的坐标系统和参数设置。在利用 CAD 文件进行裁剪时,要先将 CAD 文件转化成 GIS 文件格式,然后转化成栅格文件进行剪裁处理。裁剪是比较实用的图像处理技术,可实现线路缓冲区范围的裁剪,减少后续数据处理工作量,并能提高运算速度。

(a)原始影像划定感兴趣区　　(b)按感兴趣区裁剪结果

图 3-7　遥感图像不规则裁剪

3.2.7　图像增强

遥感图像在采集过程中不可避免地会受到传感器灵敏度、噪声干扰以及模数转化时量化问题等因素影响而导致图像无法达到人眼的视觉效果，与原始图像之间产生某种差异。在实际生产中，为了突出相关的专题信息，提高图像的视觉效果，使分析者能更容易地识别图像内容，从图像中提取更有用的定量化信息，往往需要图像增强处理。图像增强一般分为空间域增强和光谱域增强两类。常见的空间域增强包括高通滤波、低通滤波、锐化、方向滤波、中值滤波、Sobel 滤波等；光谱域增强包括对比度增强、各种指标提取、光谱转换、去霾、去植被处理等。

3.3　地质遥感判释技术

过去地质遥感判释工作主要基于航片或高分辨卫片，通过人工目视判读提取不良地质信息。该方法受判释人员的主观因素影响大，且很难实现定量判释。此外，受地形、阴影及植被等影响，判释结果准确性降低。

近年来，中国铁设通过多个科研课题，完成了遥感图像处理、判释软件系统构建，以及地质遥感判释技术标准流程制定等工作，解决了地质遥感技术应用存在的诸多问题，提高了铁路行业遥感技术应用基础理论及软科学研究水平，推动了遥感技术科技成果产业化发展。

(1)铁路工程地质遥感判释的主要内容可概括为工程地质条件、不良地质现象及其他工程地质要素，其中以不良地质现象作为判释的重点内容。具体的地质遥感判释应包括下列内容：

①地貌类型的划分。划分主要地貌单元，判定地貌形态、成因类型以及地貌形态与地质

构造、地层岩性、地下水分布的关系。

②断裂构造及褶皱的判释。褶曲、断层的位置和性质，规模较大的断层破碎带范围，隐伏断层、节理密集带的位置和延伸方向；地质构造基本轮廓、新构造形迹、裸露及隐伏的线性构造位置。

③不良地质的判释。滑坡、错落、危岩、落石、崩塌、泥石流、岩堆、风沙、岩溶、人为坑洞、水库坍岸等不良地质的类型、范围、分布规律及动态分析等。

④特殊岩土的判释。黄土、膨胀土、软土、盐渍土、多年冻土等特殊岩土的类型及分布范围。

⑤水文地质的判释。判定泉点、泉群、地下水溢出带和地表水渗失带的位置，圈定地表水体的范围，分析水系发育特征。

⑥浅埋古河道及海子的判释。古河道、浅层淡水的分布范围，进一步分析地下水补给、径流、排泄等区域水文地质条件。

(2)随着技术进步，目前的遥感图像判释，采用人机交互与目视判释相结合、二维平面影像与三维影像交互判释相结合、室内综合研究与实地调查相结合的技术路线。为了准确进行遥感地质判释，判释者首先应具备一定的地质、遥感知识；其次应对判释区的地质基础、构造格架、灾害地质、地形地貌和水文情况等要有粗略的了解。常用的判释分析方法有：

①直判法

根据不同性质地质体在遥感图像上显示出的影像特征、规律建立地质遥感判释标志或影像单元，并在遥感图像上直接判释提取出构造、不良地质等地质现象信息，实现地质体判释圈定与属性划分。

②对比法

对未知区遥感图像上反映的地质现象，通过已知区图像特征与判释标志的对比进行判释。

③邻比法

当图像判释标志不明显、地质细节模糊、判释困难时，可与相邻图像进行比较，将邻区的判释标志或地质细节延伸、引入，从而对困难区作出判释。如多组断裂交汇区或断裂带交切关系判释时，采用邻比法一般可取得好的效果。

④综合判断法

当目标在图像上难以直接显现时，可采取对控制地区目标物有因果关系的生成条件、控制条件判释分析，预测目标物存在的可能性。除对图像上目标物的环境作综合分析判断外，也可收集地质、物探、化探等方面的资料进行综合判断与印证。

(3)工程地质遥感判释遵循先整体后局部，从已知到未知的工作原则。其工作流程可分为五个阶段，具体技术流程及内容如图3-8所示。

①判释准备工作阶段

该阶段主要任务是进行方案设计、资料收集和数据选取，包括明确判释任务与要求、收

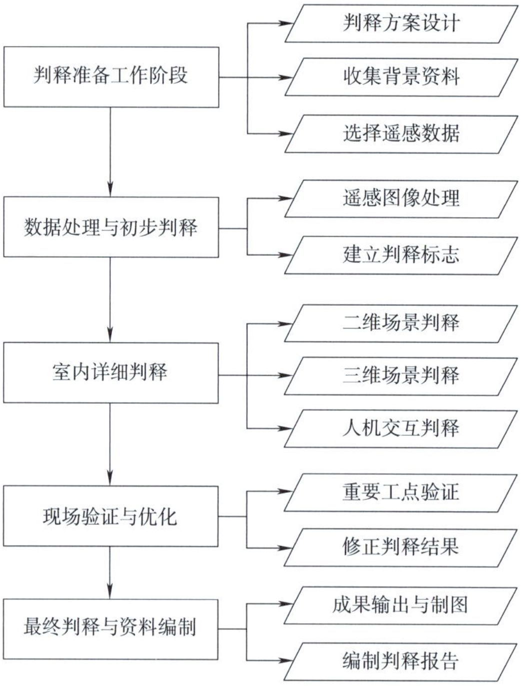

图 3-8　工程地质遥感判释技术流程

集与分析有关资料、选择恰当的遥感影像和其他资料。

②数据处理与初步判释

数据处理是按地质判释工作需求，开展遥感图像处理和信息提取工作。初步判释的主要任务是掌握判释区域特点，确立典型判释样区，建立遥感影像判释标志，对研究区各种工程地质现象进行初步判释。

③室内详细判释

根据建立的遥感影像判释标志，利用高分辨率遥感、三维遥感和信息综合判释等技术，按照统筹规划、分区判度，由表及里、循序渐进，反复查验的工作方法，对研究区各种工程地质要素进行详细判释和划分。

④现场验证与优化

在室内详细判释工作后，选择重要工点及重点图斑进行野外验证，检验专题判释中图斑的内容是否正确，检验判释标志的准确性。根据野外验证发现的问题，修正判释结果，对遗留的疑难问题进行再次判释。

⑤最终判释与资料编制

综合遥感判释结果及线位、遥感影像和其他信息，制作遥感地质图，同时将判释结果转换成 CAD 格式，供设计部门参考，编制遥感工作报告。

3.4　地质遥感判释系统

地质遥感判释是一项复杂的系统工程技术，判释标志识别和数据处理过程都非常复杂，不借助软件很难达到好的判释效果。

随着遥感技术的快速发展，国内外出现了许多商用遥感图像处理系统。国外的软件推出较早，主要有ERDAS、ENVI、PCI等图像处理系统，其模块功能复杂，参数多样，非专业人员一般很难掌握。国内遥感图像处理软件主要有GeoImager、Imageinfo、IRSA、GRIS等，软件界面较适合国人习惯，但功能大都集中在遥感图像处理上，其信息提取和分析功能普遍较弱，无法满足铁路工程地质勘察的需要。

针对铁路工程地质遥感判释技术特点，中国铁设研发了遥感图像处理技术及地质遥感判释软件平台。该平台包括了铁路工程地质遥感图像处理、铁路工程地质遥感信息提取与分析和铁路三维遥感判释与定量分析等子系统，用于铁路工程地质遥感判释、信息提取、数据综合计算、空间分析、查询量测、编辑输出等。该软件系统可以定性识别出断裂、不良地质的空间分布状况，定量提取不良地质信息空间参数，并支持多源数据的综合计算分析，能够综合遥感、GPS定位和其他基础地理信息，满足了遥感技术生产应用的全过程需求。

以铁路工程地质勘察实际生产需求为导向，构建了工程地质遥感判释数据综合处理系统，包括遥感图像处理模块、二维遥感判释与成图模块、三维遥感判释与定量分析模块等。

铁路工程地质遥感图像处理系统实现了最佳波段组合方式的选择、波段运算、图像融合评价处理、图像增强运算及专题信息提取等功能，很好地满足了遥感数据处理生产需求。

铁路工程地质遥感信息提取与分析系统是针对铁路工程地质勘察特点研发，专门用于铁路工程地质遥感判释、信息提取、数据综合计算、空间分析、查询量测、编辑输出的软件系统。它是铁路工程地质遥感勘察的重要工具，对线路方案内不良地质信息的提取和划分具有重要的作用。通过该软件系统可以定性识别出断裂、不良地质的空间分布状况，定量提取不良地质信息空间参数，并支持多源数据的综合计算分析，能够综合遥感、GPS定位和其他基础地理信息，实现了3S(RS、GIS和GPS)技术的集成应用，有力支持了铁路线路方案的优化和地质选线。

在二维遥感视图下，对铁路工程有重要影响的滑坡、泥石流等不良地质灾害往往较难精准判释，为此研究开发了铁路三维遥感判释与定量分析系统。该系统采用C#.Net语言和C/S结构，开发了支持多源数据的不良地质信息提取、分析、量算功能的三维遥感判释软件系统，实现了不良地质三维判释与定量分析、现场资料的统一管理，以及多类型数据输出和制图等功能。

针对铁路工程地质遥感判释技术发展趋势及实际生产需要，进一步开发了与掌上电脑兼容的软件版本，实现北斗及 GPS 实时定位和最佳路径选择，将为外业工作带来极大方便，有利于现场资料的及时录入和综合管理。此外，还进一步融合了地质模型，软件功能从表观三维过渡到实体三维，实现了地质断面的自由切割，为地质勘察工作带来了极大的方便。

该软件系统已经成功应用到太焦、浦梅、川藏等铁路工程，取得了良好的应用效果。太焦线断裂及不良地质遥感勘察工作中，采用多尺度三维遥感技术，确定沿线断裂构造 50 余条、滑坡 27 处、危岩 17 处、滑塌 4 处，平均判释准确率达到 80%以上。浦梅线地质遥感勘察工作中，基于铁路三维遥感判释与定量分析软件，采用高分辨率遥感、动态遥感和三维遥感相结合的综合判释方法，提取沿线断裂构造和不良地质信息，得到研究区域内二级断裂 2 条、三级断裂 5 条、四级断裂 331 条，现场验证判释正确率高达 90%以上，对线路选线、工程措施优化、钻孔位置选择起到了显著的指导作用。

遥感地质综合处理系统的应用，不仅提高了数据处理速度和判释的效率，而且明显提高了不良地质遥感判释准确率，减少了外业工作量，降低了勘察成本。

3.5 高分辨率三维遥感判释技术

高分辨率三维遥感判释技术是基于遥感图像处理和数字高程模型(DEM)的基础上建立的。它综合利用 3S 技术、遥感图像数字处理技术、虚拟现实和全数字摄影测量技术等，通过遥感图像、遥感信息复合，高精度 DEM 生成和影像复合等工序，按照一定比例尺生成某一地区的虚拟三维地形图。它采用纹理映射技术，把地表纹理图像映射到地形高度场几何模型上，模拟真实感的地表形态。即把纹理图像“粘贴”到物体表面，以使物体具有真实感。对 DEM 来说，可将卫星图像、航空像片和数字栅格地图(DRG)等作为纹理贴到 DEM 上。由此可见，基于遥感的三维地形能够从宏观和多视角上真实逼真地反映研究区域的地形、地貌和不良地质特征，更利于不良地质勘察。

3.5.1 高分辨率三维遥感判释技术特点

遥感图像是表现研究区域地貌纹理特征、提供地表信息的最好图形图像形式，三维遥感图像较二维遥感图像形象、逼真、直观、真实地表现研究区域地形地貌特点。

遥感图像结合地形数据建立的三维遥感地形，能够从地形与地貌两个层面充分再现真实的场景，大大提高判释准确度和效率。

三维遥感技术在大范围三维应用上，可以从宏观上表现不良地质的分布特征。

三维遥感地形的建立有助于观察滑坡、崩塌和泥石流等不良地质之间相互关系及其受地形因素影响程度，在识别不良地质的基础上，对其进行风险分析、监测、预警等深入研究。

3.5.2　三维遥感空间场景获取方式

遥感影像和 DEM 作为三维遥感空间场景的基础数据，获取方式多样。实际生产中，主要通过基于卫星传感器的航天平台和数码航摄的航空平台获取数据。

1. 基于卫星数据的三维遥感空间场景

用于构建三维遥感空间场景的试验数据主要有：SPOT-5 多光谱及 2.5 m 全色数据、30 m ASTER GDEM V2 数字高程数据。SPOT 数据经过波段组合、正射校正、图像融合、镶嵌等处理。ASTER GDEM V2 数字高程数据由于自身一些不足，在使用之前需要进行以下处理：

(1)去除云及地面建筑物的影响。在某些地区，尤其是在一些重复数据较少的区域，如果有云遮挡，且没有替代数据，就可能会产生明显的异常值。该异常值数据具体表现为局部高程数据突然隆起或者下陷。这种数据异常可以在转换成点云数据时或者在后处理软件中进行剔除。

(2)边界堆叠处理。不处理会导致 GDEM 数据显示为直线、坑、隆起、大坝或其他异常的几何形状，影响局部地区数据的精度和使用。这种数据异常很难在后处理软件中剔除，直接影响其置信度。

(3)内陆水域掩蔽。绝大多数的内陆湖泊高程并不稳定，因此利用 ASTER GDEM 数据不能提取水体分布信息；同时内陆水域的高程信息不能用于生产和研究，应该予以剔除，剔除方法一般是生成等高线后套合影像进行。

2. 基于航片和 LiDAR 数据的三维遥感空间场景

基于航空平台的数码航摄影像和 LiDAR 数据建立三维遥感空间场景，技术方法与卫星平台基本一致，仅在前期遥感影像和 DEM 数据处理上有差异。以晋中南煤运通道 DK140～DK145 段三维空间场景制作为例，数据包括数码航摄仪获取的航片数据和机载激光雷达获取的高程数据，影像分辨率为 0.25 m，激光点云密度为 3 个/m^2。对原始航片数据进行图像处理，拼接生成正射影像图。同时，对 LiDAR 数据进行 POS 几何解算，系统检校，坐标计算，生成测区范围内地形量测点云。对点云数据进行滤波，提取地面点，而后生成 DEM。利用航空平台数据制作的 DEM 和 DOM 构建三维地理场景后，地物的可辨识性大大提高。将其他基础地理信息载入三维空间场景，即可开展地质遥感判释工作。

3.5.3　三维地质遥感判释技术

三维地质遥感判释技术已经在蒙西至华中地区煤运通道、浦梅铁路等地质勘察工作中应用，其主要工作是提取典型断裂构造、滑坡、泥石流和崩塌的三维遥感判释标志特征。

1. 断裂构造的三维遥感判释

在三维遥感空间场景中，断裂构造的判释标志特征更易于识别。在三维空间场景中，断层崖、断层三角面、断层垭口、串珠状盆地等断裂构造的间接判释标志可更加直接地表现出来。两种不同地貌单元截然相接变得更为直观，第四系沉积层的较平坦地区出现垄岗状地形更易识别。

应用表明，利用三维遥感技术判释地质构造具有良好的效果，而且利用其宏观性能够较好地研究地质灾害与地质构造的关系。判释过程中应注意以下几点：

①在遥感图像上判释线性构造，应有地形与构造三维空间关系的概念，还应符合常规地质判释的一些基本原理。

②先宏观后微观，即首先从地质图和遥感图像上了解区域构造的背景，然后进行三维遥感空间场景的中、小型构造判释。

③构造判释与地层有密切的关系，应始终注意标志层以及岩层层序和连续性，这些内容都是构造分析的重要依据。在三维遥感图像上判释地层的难度一般较大，应及时结合现场验证进行判释，才能取得较好的效果。

2. 滑坡的三维遥感判释

典型的滑坡在二维遥感图像上的判释特征一般包括簸箕形、舌形、似“V”字形、不规则形等的平面形态，个别滑坡可以见到滑坡壁、滑坡台阶、滑坡舌、滑坡周长、封闭洼地等。一些滑坡，仅从其二维图像上难以判断或者由于其形态不甚明显而无法断定。而三维遥感空间场景技术，由于对真实地形地貌进行了虚拟再现，对滑坡的判释不仅能从形态上识别，而且能够从地貌特征以及多角度进行综合分析判释，大大提高了滑坡的判释准确度。同时可以查询滑坡前缘和后缘高程信息，从而进一步分析滑坡产生原因和分布规律，预测发展趋势。典型滑坡三维遥感判释标志如图 3-9～图 3-11 所示。

图 3-9

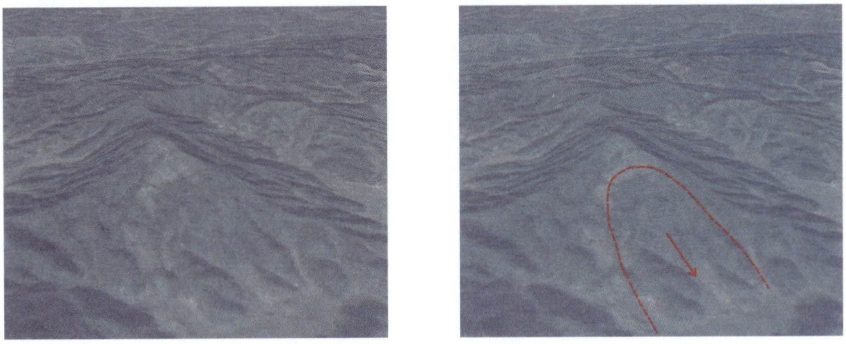

图 3-9　浅层碎屑滑坡

注：基于 2.5 m ALOS 融合影像和 30 m GDEM 数据。

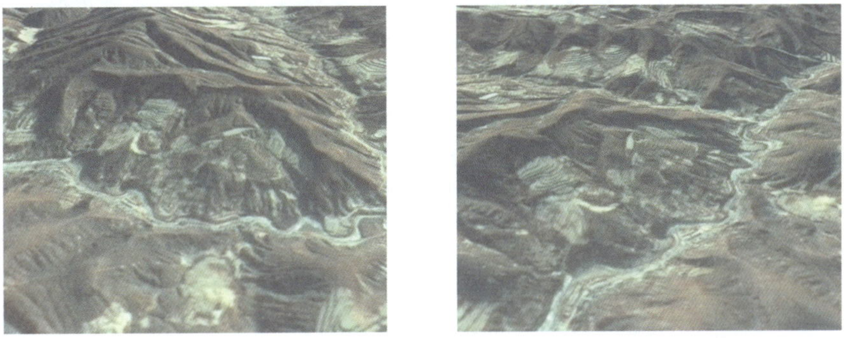

图 3-10　黄土滑坡

注：同一滑坡的不同视角。滑坡后壁明显，垂直高差大。坡体地形紊乱，凹凸不平，坡体分布鼓丘，前缘有鼓胀裂隙。

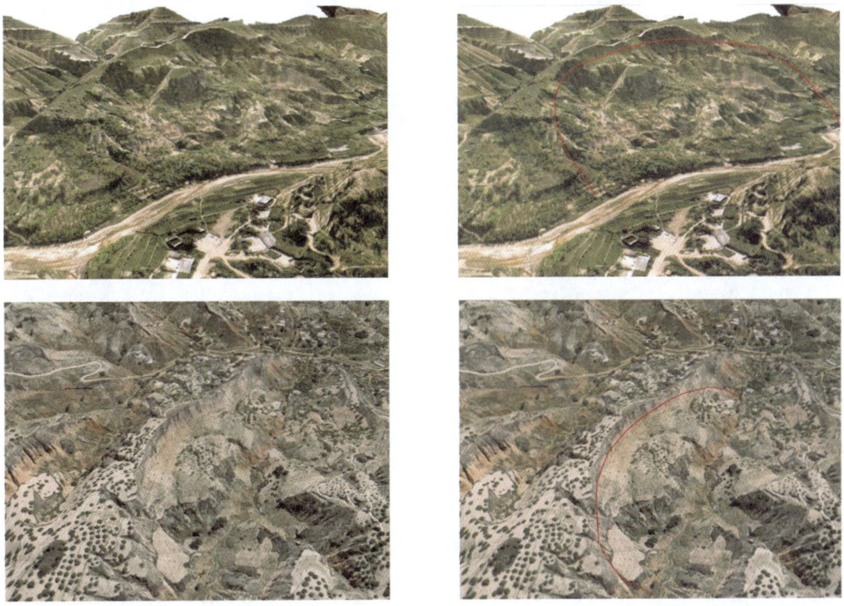

图　3-11

图 3-11 基于航空影像数据的黄土滑坡

注：具有黄土滑坡的典型特征，从地形上看，滑坡壁与滑坡体之间有垂直陡坎，坡体地形粗糙，偶见双沟同源特征。

3. 泥石流的三维遥感判释

一般标准型泥石流的形成区、流通区和堆积区都可在遥感影像上清楚地辨别：形成区（物源区）呈瓢形或围椅形，山坡陡峻，岩石风化严重，第四纪松散固体物质丰富，有时伴有小型崩塌、滑坡产生。流通区沟床较短直，纵坡较形成区段缓，但较堆积区地段陡，沟谷一般较窄，呈“V”字形。堆积区位于沟谷出口处，纵坡平缓，地形开阔，一般具有发育程度不同的堆积扇，轮廓明显，最新泥石流堆积扇扇顶指向泥石流沟，扇缘常呈挤压河流状。

这些判释标志在三维遥感图像上有较明显的信息显示。形成区多显树枝形；流通区为直线状，后端略显弧形；堆积区在河谷出口处有呈扇形的堆积物，多为巨大或者大型的砾石和洪积物等，如时间较长还可见有植被生长。

在三维地质遥感判释中，应从以下几个方面建立泥石流判释标志：

(1)形态判释标志

泥石流区域的每一特征地物，都以相应的形状或图斑反映在图像上。典型沟谷型泥石流沟的形成区，在遥感图像上是以漏斗状影像出现的，流通区呈平直的线形影像，堆积区多呈扇形影像。同时在三维遥感空间场景下，可以提取从形成区到堆积区的沟谷纵坡、山坡坡度等信息，进而综合分析泥石流的活动性。因此，形态判释标志是判释泥石流沟的重要标志。

(2)颜色纹理判释标志

泥石流区域的地物，以沟谷颜色不同和色调深浅反映在三维遥感图像上。在泥石流流域，崩塌、滑坡、严重的土壤侵蚀和较低的植被覆盖率，在三维遥感图像上一般呈现相应地层的颜色或浅色调。因此，颜色标志也是判释泥石流的主要标志之一。

(3)大小和纹理判释标志

正因为三维遥感图像的优越性,泥石流沟一些基本特征,还以面积的大小、数量的多少以及高程的变化反映在图像上。如山坡型泥石流流域面积比沟谷型泥石流流域面积小,数量却比沟谷型泥石流沟多。每条泥石流沟,存在诸如崩塌、滑坡、土壤侵蚀等不良地质现象,在面积大小、数量多少、高程变化上也有很大的差异。泥石流携带大量块石堆积,使得堆积区多呈凹凸不平的鼓丘地形。因此,大小和纹理判释标志也是判释泥石流沟的主要判释标志之一。图3-12～图3-15为典型泥石流三维遥感判释标志。

4. 崩塌的三维遥感判释

崩塌一般发生在节理裂隙发育的坚硬岩石组成的陡峻山坡与峡谷陡岸上,或松散岩土体陡峭地貌段。其在三维遥感空间场景中主要判释标志可概括为:一般位于陡峻的山坡地段,在45°～70°的陡坡前易发生,上陡下缓;崩塌体堆积在谷底或斜坡平缓地段,表面坎坷不平,具粗糙感;崩塌壁颜色与岩性有关,周边植物不生长或很少;崩塌体上部外围有时可见到张节理形成的裂缝纹理;老崩塌多有灌草植被滋生等。

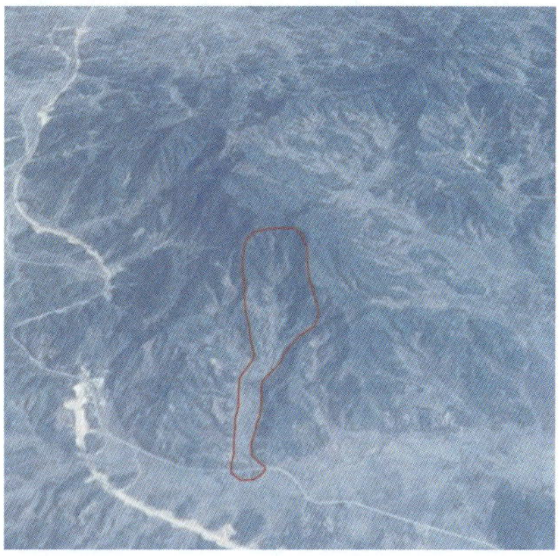

图3-12　山坡型泥石流一

注:沟床短,沟床纵坡与山坡坡度基本一致,无支沟分布。

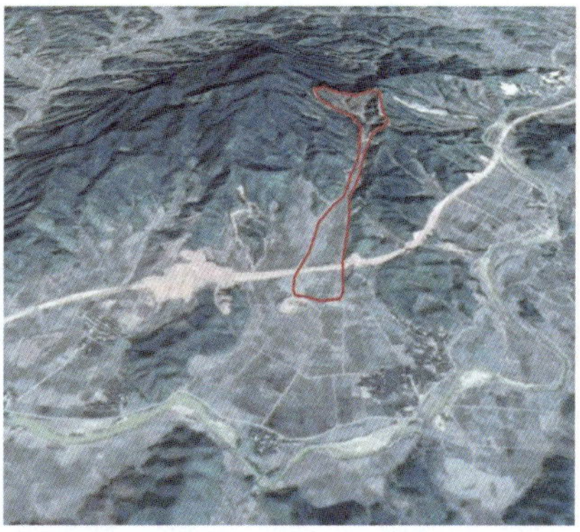

图3-13　山坡型泥石流二

注:沉积区呈扇形展布。

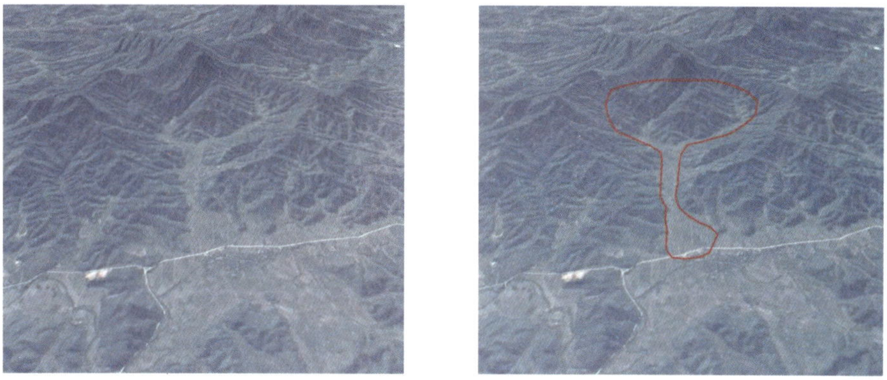

图 3-14　沟谷型泥石流一

注：汇水面积大，流通区顺直，沉积区范围较广。

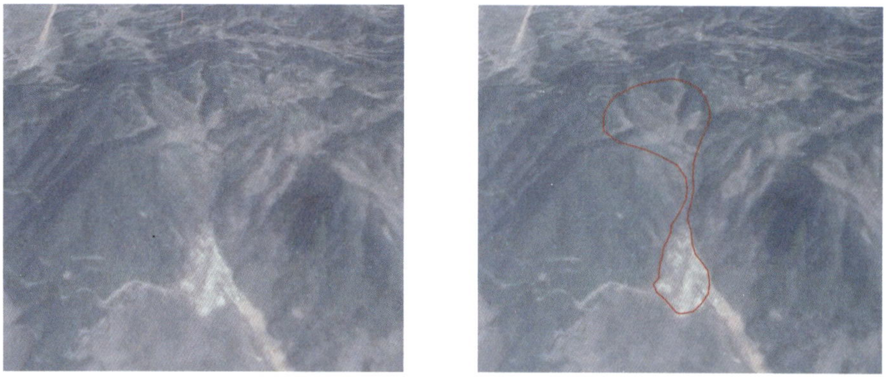

图 3-15　沟谷型泥石流二

注：汇水区支沟发育，植被覆被少；流通区沟床陡峻，略有弯曲；沉积区呈白色调，下方公路被掩埋。

图 3-16 为一处典型崩塌的正射影像和三维遥感判释标志特征。从正射影像上看，没有山体阴影、崩落体等信息作为参考，该处崩塌较难分辨。仅从下方农田和山坡对比，判断山坡坡度在 50°～60°之间。而从三维遥感空间场景中，可见该处崩塌地形陡峻，几乎垂直地表。表面垂直裂隙发育，下方局部有堆塌现象。整体崩塌的形态清晰，较易分辨，如图 3-16(b)所示。调查发现，该处崩塌，相对高度约为 110 m，为高陡边坡，陡坡由新老黄土组成。从峨嵋台地西北边缘的崩塌三维遥感影像特征和现场调查照片(图 3-17)看，基于三维空间场景判释崩塌信息具有较大优势。第一，崩塌一般发育在高陡边坡，从正射影像图上较难分辨；第二，三维遥感空间场景模拟了真实地表的景观，呈现了崩塌的全貌，易于对崩塌识别和界线划分。

崩塌判释过程中，要注意崩塌与采石场的区别划分。崩塌多为岩土体的自然崩落，人类痕迹较少。采石场多有道路、厂房及机械作业的痕迹，在进行崩塌判释时，要注重对这些特征的区分。图 3-18 为一处采石场遥感影像特征。采石场位于黄龙山山麓南部。采石场影像特征似崩塌，但道路直通采石场，且下方有厂房和工作平台分布；岩土体与道路颜色一致，为运输过程散落。由这些特征可以清晰分辨出采石场和崩塌的区别。

(a)崩塌二维影像特征

(b)崩塌三维空间特征

图 3-16 典型崩塌的二维和三维遥感判释标志对比

图 3-17 峨嵋台地边缘崩塌三维遥感特征及现场照片

图 3-18 黄龙山南部的采石场

利用三维遥感技术进行不良地质判释时，要注意细节区分，如不整合接触产生的线性行迹、隐伏断裂的识别，滑坡产生的类型及与错落的区分，崩塌与落石、采石场的区分，泥石流与普通流域的区分等。

总之，三维遥感判释技术是对常规判释技术的继承和发展，不仅能够从纹理和色彩特征上进行不良地质体的识别，而且可从立体空间上对其进行全方位的辨别和分析。此外，三维遥感判释技术除能够从空间多角度对不良地质体进行识别外，还能够对其表面参数进行量测，使地质遥感判释技术从定性向定量发展成为可能。

3.6 高光谱遥感技术

高光谱遥感技术是从地物光谱反射差异特征出发，对地物进行定量识别的技术，具有常规遥感技术无法比拟的优势。高光谱遥感技术的研究和应用已成为目前遥感技术研究的热点问题。其纳米级的光谱分辨率使得人工无法区分的岩性、特殊土及地物类型等被准确识别出来。

中国铁设利用卫星 Hyperion 和航空 HyMap 高光谱数据，对辐射定标、大气校正和条纹去除等预处理技术以及最小噪声分离、纯净像元提取、光谱匹配等信息提取技术进行了研究，提取出水体、道路等目标信息，识别出研究区十种典型矿物的类别和分布，并利用岩性信息提取出区域断裂构造的分布特征，在高光谱遥感图像处理及典型地物探测、岩性信息提取等方面取得了初步进展，发现了高光谱遥感在地物识别方面无法比拟的优势。

铁路工程地质勘察中可以利用高光谱遥感技术进行地层岩性划分、辅助地质构造解译、特殊岩土的分布范围及采空区勘察、弃渣类型及分布以及特殊岩土类型及分布勘察等。目前，由于数据源较为匮乏，高光谱遥感技术还不能满足大范围生产需求。但随着数据源不断丰富，高光谱遥感技术的工程应用价值将越来越显著。

高光谱获得的连续波段宽度一般在 10 nm 以内，因此这种数据能以足够的光谱分辨率区分出那些具有诊断性光谱特征的地表物质。这在地质矿物分类及成图上具有广泛的应用前景。高光谱遥感能成功地应用于地质领域的主要原因是高光谱遥感有许多不同于宽波段遥感的特性。

3.6.1 高光谱遥感主要特征

波段多，波段宽度窄。成像光谱仪在可见光和近红外光谱区内有数十甚至数百个波段。与传统的遥感相比，高光谱分辨率的成像光谱仪为每一个成像像元提供很窄的(一般小于 10 nm)成像波段，波段数与多光谱遥感相比大大增加，在可见光和近红外波段可达几十到几百个，且在某个光谱区间是连续分布的。这不只是简单数量的增加，而是有关地物光谱空间信息量的增加。

光谱响应范围广，光谱分辨率高。成像光谱仪响应的电磁波长从可见光延伸到近红外，甚至到中红外。成像光谱仪采样的间隔小，光谱分辨率达到纳米级，一般为 10 nm 左右。精细的光谱分辨率反映了地物光谱的细微特征。

可提供空间域信息和光谱域信息，即“谱像合一”，并且由成像光谱仪得到的光谱曲线可以与地面实测的同类地物光谱曲线相类比。成像高光谱遥感中，以波长为横轴、灰度值为纵轴建立坐标系，可以使高光谱图像中的每一个像元在各通道的灰度值都能产生一条完整、连续的光谱曲线，即所谓的“谱像合一”。

数据量大，信息冗余多。高光谱数据的波段众多，其数据量巨大，而且由于相邻波段的相关性高，信息冗余度增加。

数据描述模型多，分析更加灵活。高光谱影像通常有图像模型、光谱模型与特征模型三种描述模型。

3.6.2 高光谱遥感主要优势

基于以上特征，高光谱遥感有常规遥感无法比拟的优势，主要体现在以下几个方面：

（1）蕴含着近似连续的地物光谱信息。高光谱影像经过光谱反射率重建，能获取地物近似连续的光谱反射率曲线，与地面实测值相匹配，将实验室地物光谱分析模型应用到遥感过程中。

（2）地表覆盖的识别能力极大提高。高光谱数据能够探测具有诊断性光谱吸收特征的物质，能够准确区分地表植被覆盖类型、道路的铺面材料等。

（3）地形要素分类识别方法灵活多样。影像分类既可以采用各种模式识别方法，如贝叶斯判别、决策树、神经网络、支持向量机等，又可以采用基于地物光谱数据库的光谱匹配方法。分类识别特征，可以采用光谱诊断特征，也可以进行特征选择与提取。

（4）地形要素的定量或半定量分类识别成为可能。在高光谱影像中，能估计出多种地物的状态参量，提高遥感定量分析的精度和可靠性。

由于高光谱遥感图像能够同时提供地物目标的辐射、几何和光谱信息，所以和其他遥感方式相比，高光谱遥感技术最大的优点体现在对地物的识别能力上。高光谱遥感应用主要为目标探测和地物识别两个部分。高光谱图像目标探测和地物识别的实质就是光谱识别。光谱识别可以概括为确定某一未知光谱数据与某一已知光谱的确认概率。光谱识别要求地物具有排他性的光谱特征，并且这种特征在遥感信息经空间传输后能被图像信号所保留。

目标探测是基于地表反射率数据，首先采集探测地物的典型光谱信息，然后利用 BE、SAM、SFF、SMF、MTMF 等光谱匹配技术进行探测。以水体信息和道路信息的采集为例进行说明。如图 3-19 所示，在地表反射率数据中采集水体光谱曲线。水体光谱曲线中，在波长 400～800 nm 存在明显的反射峰，在波长 1 200 nm 及 1 800～2 000 nm 间存在明显的水汽吸收带。通过对端元波谱选择，利用 SAM 分类法进行目标探测处理，结果如图 3-20 所示。由此可见，图像中水体信息被检测出来，边界清晰，并对其他信息进行了屏蔽。

3.6.3 高光谱探测与常规遥感分类的区别

高光谱目标探测与常规遥感分类技术有很大区别。高光谱遥感是通过跟踪端元波谱的光谱相似度进行目标探测，是定量的分析方法。常规的分类技术是根据地物的色彩变化区

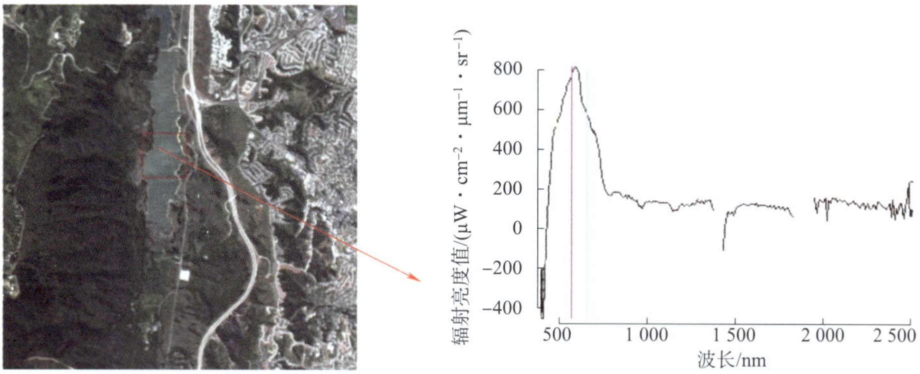

(a)地表反射率数据　　(b)水体光谱曲线

图 3-19　水体光谱端元提取

分,是模糊的分类,常常存在错分项。如小煤窑的识别一般通过煤堆、煤矸石堆及煤窑道路等信息进行识别,呈灰暗色调,而物体阴影一般也为该色调,因此很难通过常规分类技术进行煤窑识别。而利用高光谱技术则可以对煤物质的端元波谱进行严格定义,利用光谱匹配技术对煤物质进行严格界定,可以准确识别煤窑信息。

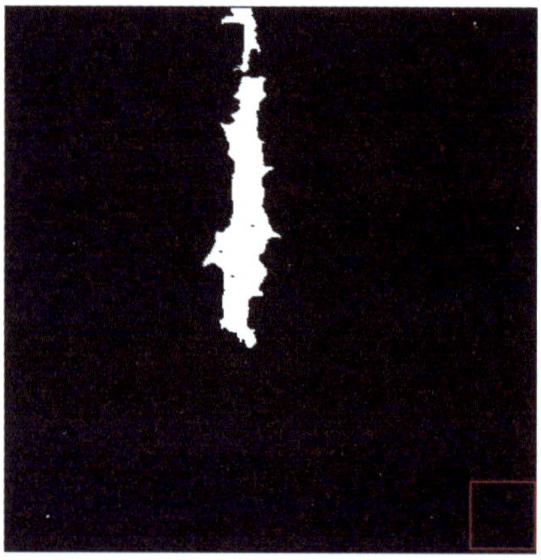

图 3-20　高光谱水体探测结果

铁路工程地质勘察中,可以利用高光谱目标探测技术调查大型泉水点或泉群出露的位置和范围、湿地的位置和范围、特殊岩土的分布范围、弃渣分布范围以及煤矿等采空区分布信息。

以矿区 HyMap 航空高光谱数据进行矿物识别填图为例进行说明。从原始矿区遥感图像(图 3-21)可见,研究区植被覆盖少,地貌上以丘陵和平原为主,中间有公路贯通,直观上研究区西北部岩性变化特征明显,其他地区岩性划分较为困难。通过对高光谱进行 MNF 变换、PPI 纯净像元提取等处理,在 n 维空间下对同一地物波谱进行聚类分析,结果如图 3-22 所示。

聚类后得到的研究区矿物光谱曲线,可见各种矿物光谱曲线有相似的特征,在波长 2 000 nm 和 2 250 nm 附近存在两个反射峰,波长 2 200 nm 附近则为一个反射谷,光谱反射率在波长 2 300 nm 以外开始递减。虽然这些矿物的光谱反射曲线有一些共性的特征,但各矿物之间存在明显的反射率差异,可以利用这些差异进行矿物种类识别。利用光谱匹配滤波(SMF)算法,将提取的矿物端元波谱(图 3-23)与 USGS 标准波谱库中矿物波谱(图 3-24)进行匹配分析,得到矿物的识别结果。图 3-25 为高岭石矿物识别匹配结果,置信度在 86%以上,置信度较高的均为高岭石类。

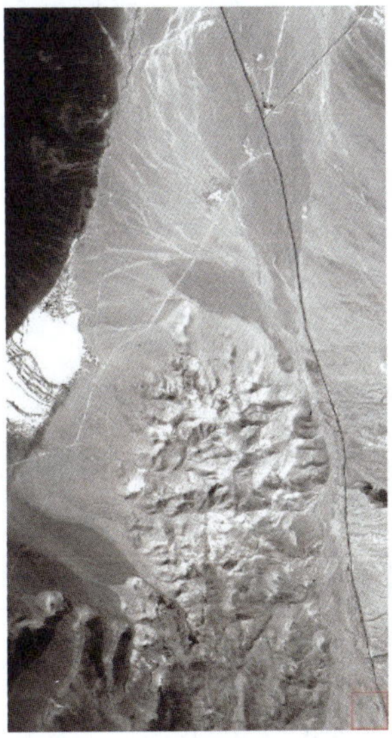

图 3-21　原始 HyMap 高光谱数据

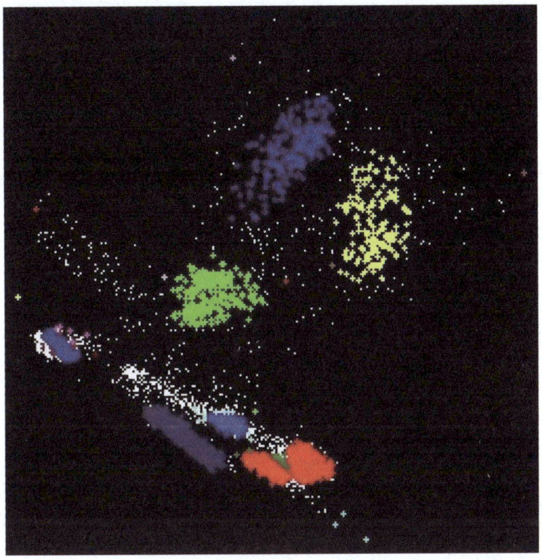

图 3-22　n 维空间端元波谱聚类分析

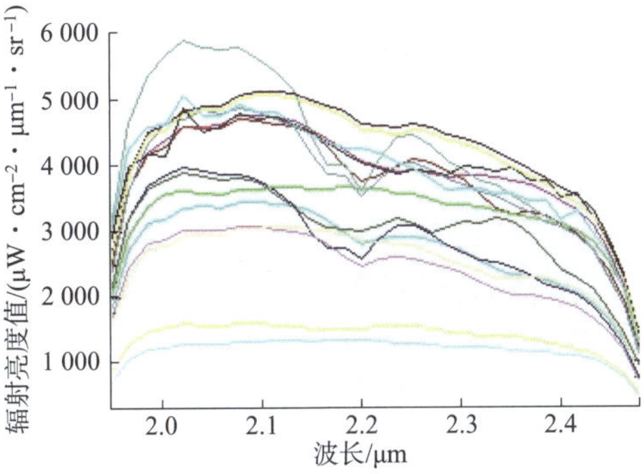

图 3-23　矿物端元波谱曲线

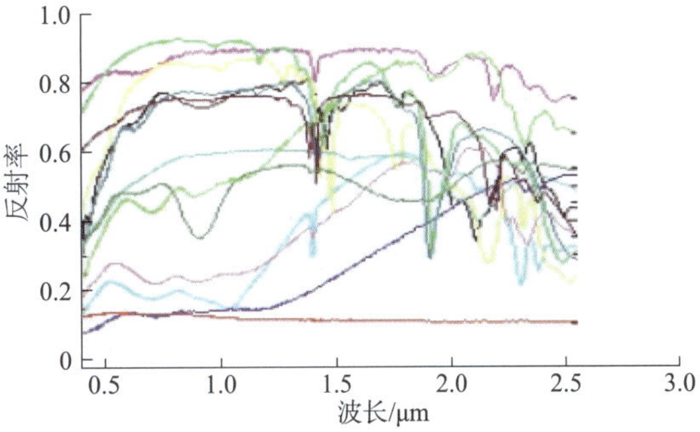

图 3-24　USGS 标准矿物波谱曲线

Unknown: n_D Class #4

Library Spectrum		Score	SFF
kaolini2.spc	Kaolini	[0.860]:	{0.860}
kaolini5.spc	Kaolini	[0.848]:	{0.848}
kaolini7.spc	Kaolini	[0.841]:	{0.841}
kaolini6.spc	Kaolini	[0.841]:	{0.841}
halloys5.spc	Halloys	[0.840]:	{0.840}
kaolini8.spc	Kaolini	[0.838]:	{0.838}
kaolini3.spc	Kaolini	[0.830]:	{0.830}
halloys3.spc	Halloys	[0.824]:	{0.824}
kaolini1.spc	Kaolini	[0.812]:	{0.812}
kaolini4.spc	Kaolini	[0.781]:	{0.781}
endellit.spc	Endelli	[0.775]:	{0.775}
halloys2.spc	Halloys	[0.768]:	{0.768}

图 3-25　高岭石光谱识别结果

通过对每一种矿物波谱曲线的匹配分析，研究区确定 10 种主要矿物。该区以黄铁矿和蒙脱石矿物为主，其次为钠长石和奥长石，伊利石主要分布在岩性变化的交界地带，多呈线形展布。在中部丘陵地貌区，岩性复杂多变，高岭石、方解石、蓝线石、燧石等矿物相间分布。岩性突变的界线可以作为断裂的间接判释标志，参照矿物填图的结果[图 3-26(a)]，能够很容易地划分出该区的断裂构造分布，同时伊利石沿断层破碎带分布的特征也可作为断层判释的标志。经过以上分析，得到该区断裂构造纲要图，如图 3-26(b)所示。

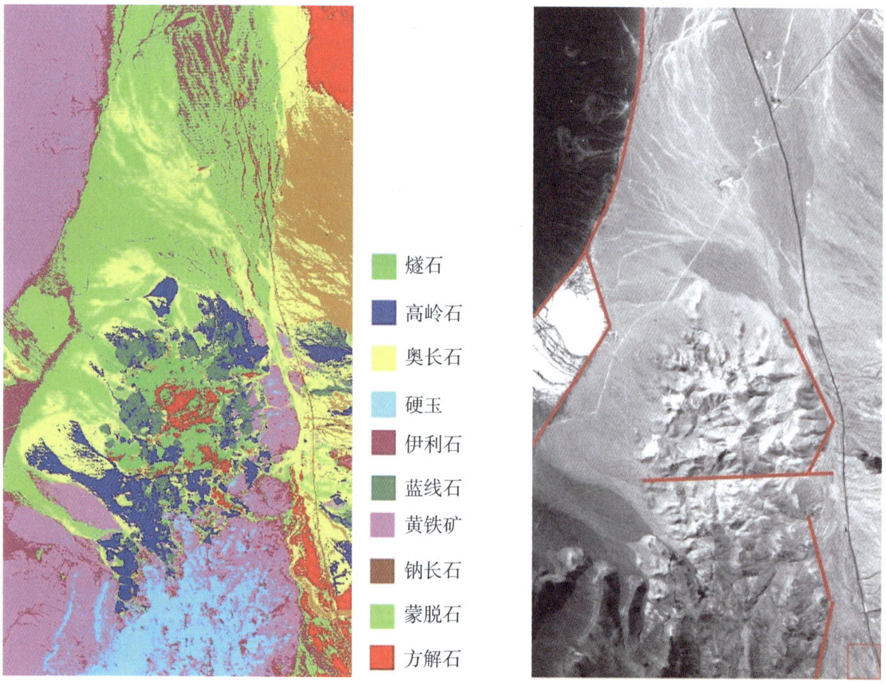

(a)高光谱遥感矿物填图结果　　(b)岩性划分对断层判释的指示

图 3-26　高光谱遥感矿物填图结果及其对断层指示意义

高光谱遥感地物识别技术是对传统目视解译的一次质的飞跃。其从地物本身的特性出发，通过定量化的光谱反射特征进行地物区分，在铁路工程地质勘察中有广泛的用途，如地层岩性划分、辅助地质构造解译、隐伏断裂识别、弃渣类型及分布以及特殊岩土类型及分布等，使以往很难判释准确的地质体被准确识别出来。

3.7　雷达遥感技术

高速铁路对路基、桥梁的稳定性、变形以及轨道的平顺性有更严格的要求。勘察工作中，需要利用区域地面沉降和地下水动态监测等资料，对铁路沿线地面沉降发展历史及现状进行分析评价，建立地面沉降预测模型，对工程沿线及周边地区地面沉降发展趋势进行预测，增强地面沉降防治措施针对性，以保障高速铁路的正常建设和运营。因此，深入研究地面沉降的规模、程度及其对铁路工程的影响，并预测地面沉降的发展趋势，十分必要。雷达遥感技术(InSAR)从我国第一条时速 350 km 高速铁路——京津城际铁路开始，在高速铁路地面沉降预测评价中广泛应用。

3.7.1　干涉测量的工作模式

根据数据采集过程中，接收天线位置几何关系的不同，干涉测量的工作模式可以划分为单轨双天线横向模式(cross-track interferometry，XTI)、单轨双天线纵向模式(along-track interferometry，ATI)和重复轨道单天线模式(repeat-track interferometry，RTI)。

图 3-27 是星载重复轨道干涉测量(RTI)的基本工作模式。S_1 和 S_2 分别是两幅天线的位置，它们之间的距离用基线距 B 表示，基线与水平方向的夹角为 α，基线可以分解为沿斜距方向的分量 $B_\parallel$ 和垂直于斜距方向的分量 $B_\perp$，H_i 表示卫星 S_i 的高度，θ_i 表示卫星 S_i 的视角，R_i 表示卫星到地面上任一点 P 的斜距，其中 $i=1,2$，分别对应于卫星 S_1 和卫星 S_2，地面上点的高程用 Z 表示，令 $R_2=R_1+\Delta R$。接收到雷达信号的相位主要有两部分组成：一是往返路径确定的相位；二是地面分辨率单元不同的散射特性造成的随机相位。一般情况下，假设在两次获取的影像中由于散射特性引起的随机相位贡献基本相同，则干涉图的相位 ϕ 就只与雷达信号传播的路径差有关。

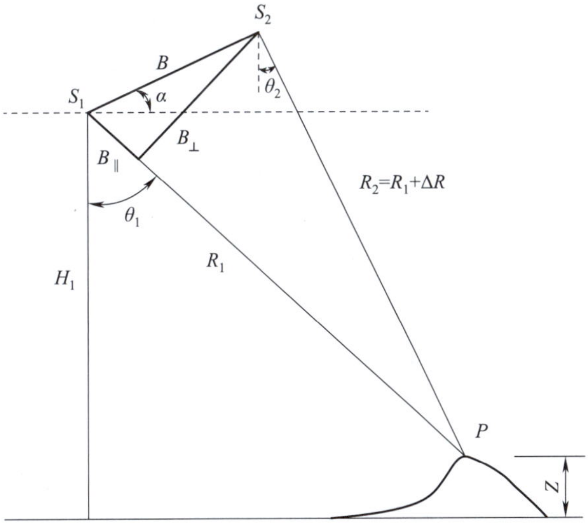

图 3-27　InSAR 成像几何示意图

R_1 和 R_2 对应的绝对相位分别为 φ_1 和 φ_2，则

$$\phi=\varphi_1-\varphi_2=\frac{4\pi}{\lambda}\Delta R$$

根据成像几何关系，有

$$B_{\parallel}=B\sin(\theta_1-\alpha)=R_1-R_2=-\Delta R$$

$$\phi=-\frac{4\pi}{\lambda}B_{\parallel}$$

$$R_2^2=R_1^2+B^2-2BR_1\cos(90-\theta_1+\alpha)=R_1^2+B^2-2BR_1\sin(\theta_1-\alpha)$$

则

$$\sin(\theta_1-\alpha)=\frac{B}{2R_1}-\frac{\Delta R}{B}$$

星载雷达系统通常有 $B\ll R_1$，则

$$\theta_1=\alpha-\arcsin\left(\frac{\lambda\varphi}{4\pi B}\right)$$

$$Z=H_1-R_1\cos\theta_1$$

式中 H_1——雷达主传感器的高程；

Z——地面点高程；

B,α,H_i——天线位置参数，可以从轨道姿态数据推求得到；

R_1——可根据图像头文件中有关雷达参数推算出来，这样就可以从 ϕ 中计算出地面的高程值 Z。

从前面所述可以知道，与单幅雷达图像应用不同，干涉雷达测量需要两景或以上的雷达图像构成干涉像对，其不仅要求组成干涉像对的各幅图像具有较高的质量，并且还要求图像间所组成的空间几何关系符合一定的要求。所以干涉数据选取是进行差分干涉测量至关重要的一步，数据选取合理与否不仅影响到干涉测量的精度，还将直接关系到干涉图生成与否。

3.7.2 干涉数据的选取

干涉数据选取主要从以下几个方面考虑：

1. 考虑传感器的类型以及搭载平台的特性

考虑传感器类型参数，如波长、发射器的带宽、信噪比、轨道倾角以及重访周期等。星载重复轨道干涉测量所发射的波长一般都从 L 波段(λ=23 cm)到 X 波段(λ=2 cm)。波长过长，电离层会严重影响其观测效果；波长过小，雷达信号会受天气状况影响，变化敏感。同时波长还会影响到干涉条纹图的密度和对地物的穿透深度。现有的星载干涉传感器主要有 ERS-1/2、JERS、RADARSAT-1 和 ENVISAT-ASAR。

2. 考虑数据的可靠性和实用性

主要考虑存档数据或历史数据的可用性。某些地区因卫星过境时，地面站未能接收雷达信号，致使这些地区没有可供使用的存档数据。另外，在干涉测量中，不同轨道获取的数

据无法生成干涉图像对,因此必须采用相同轨道号的数据。此外,由于是侧视成像,若卫星飞行的方向不同,则在同一地区获取的升轨与降轨的图像数据信息差别很大,因此在做干涉处理时采用的图像只能从同一种飞行方向获取。在我国,降轨数据多在夜间获取,升轨数据在白天获取,考虑到大气状况变化的影响,适合采用夜间成像的降轨数据。

3. 考虑基线距的影响

干涉基线包括空间基线和时间基线。空间基线是指重复轨道的两个轨道之间的距离。空间基线应该小于临界基线而大于最小基线,基线太大,图像间的相关性降低,而太小又不利于形成干涉,因此应尽量选取最优基线。其中影响最大的是垂直基线,因为它不仅决定了空间相关性的大小,还影响干涉图的条纹密度。用于地形测绘时垂直基线距最好在 100~300 m 之间,以形变测量为目的的差分干涉测量,应该选取较小的垂直基线距,最好在 100 m 以内。

时间基线引起的去相关对干涉效果的影响较大。重复轨道获取的干涉图像至少要间隔几天或几十天,而在此期间,地表状况的变化可能会增加干扰相位。以形变测量为目的的差分干涉测量,时间基线选取还需要考虑变形的性质。

4. 考虑区域地面因素影响

成像时地表特性包括粗糙度、高度范围、植被覆盖类型及覆盖情况以及人为活动的影响等。我国大部分地区有植被覆盖,地面植被的季节变化情况差异很大,因此应该尽量选取植被枯萎期(早春、晚秋、冬季)获取的影像,以减少地面植被的干扰。

3.7.3 干涉数据处理和结果分析

数据处理和分析是干涉雷达调查和监测地面沉降的重要环节,包括最优干涉数据选择、干涉像对的基线估算、平地效应去除、相干性分析、大气效应分析、数据配准、离散点相位解缠等。

1. SAR 影像配准

影像配准是将来自同一目标区域、不同时间、不同视角获取的两幅或多幅影像,在相同坐标系下进行位置最佳叠合,实现用于干涉的两幅数据之间的像素点一一对应,否则会造成两幅图像相关性降低,不仅使得相位解缠过程难以进行,而且会影响地形高度信息正确获取。

配准处理中,通常将其中的一幅图像作为主图像或参考图像,然后以主图像坐标为基准,通过确定两幅图像之间的坐标对应关系,对辅图像进行重采样处理,实现两幅图像高精度配准。粗配准是影像配准的第一步,是基于卫星轨道数据进行的,通过计算主图像中心像元在辅图像中的行列值,得到主辅图像中心像元的偏移量,配准精度大约为 30 个像元。精配准(像元级配准)一般采用基于窗口的自动配准技术,利用主图像和辅图像,在空间域或频率域进行配准。

在主图像上选取匹配窗，辅图像上选取搜索窗，在搜索窗中按行列以不同的整像元偏移量计算匹配窗与对应窗的匹配质量评价指标。常用的评价参数有相干系数法、最大频谱法、最小二乘法等，得到的配准精度大约为一个像元。采用与方位和斜距方向无关的插值方法对图像进行插值，利用基于窗口的搜索方法，寻找可靠的相对偏移量估算值，进行亚像元级配准。

在对整景影像进行像元级配准时，要选择相对较大的匹配窗和搜索窗，而在亚像元级配准过程中要选择相对较小的窗口，以便对偏移量采用最小二乘法利用多项式对匹配的数据进行拟合，计算图像对的坐标转换关系，对辅图像进行重采样。

2. 影像滤波处理

干涉图像对在距离向和方位向均存在着偏移，在干涉图中会引入相位噪声，降低干涉图像对的相干性。在形成干涉图之前，需要对影像进行方位向和距离向滤波，以减少干涉图中的噪声。

3. 干涉图生成

由于干涉系统自身的空间几何关系特征，无高程变化的平坦地表也会产生线性变化的干涉相位-平地效应，会造成干涉条纹过密，影响后续的相位解缠，因此需对干涉图进行去平地效应处理。常用的方法有基于轨道参数和基于 DEM 数据的平地效应消除。首先，将干涉图中的每一个像素，利用多普勒方程、斜距方程和椭球方程计算两副影像中所分别对应的卫星位置和在参考椭球上所对应的点，求出平行基线，然后利用公式求得参考相位。

4. 地形相位去除

利用数字高程模型、卫星轨道数据和雷达系统参数模拟地形相位，再从差分干涉图中扣除地形的影响，此时相位图中每一像素的相位值仍存在整周数模糊度，因此需对相位图进行解缠。

5. 干涉滤波和相位解缠

为了减少相位噪声，提高解缠可靠度，先对干涉图进行滤波处理，然后对整幅影像进行相位解缠，计算图像的相位值。相位解缠的实质思想就是利用干涉条纹线，从某一参考点对每一个积分路径上的相位缠绕点进行加、减的整数倍，该整数值取决于缠绕点与参考点之间的条纹数目。现有的相位解缠方法主要有两类，即路径跟踪法(基于像元到像元的局部运算)和最小二乘法(使解缠后与解缠前相位的梯度差整体上最小来求解)，此外还有 Fringe Detection，Cellular-Automata 和 Knowledge Injection 等方法。

6. 地理编码转换

干涉处理结果均是在雷达系统中表示的距离向、方向位和高程。地理编码的目的是将雷达影像的坐标转换至常用大地坐标系中的经纬度和高程，将解缠后的差分相位转换为地面垂直形变。

传统高速铁路沿线地面沉降监测数据来源主要有两类：一类是沿线精测网线路水准基点的复测资料；另一类是区域沉降监测网的观测资料。线路水准基点一般距离线路中线 200 m 左右，区域沉降监测网点距离线路中线 1 000 m 左右。这两个网一般是每半年或一年测量一次，每次测量采用相同的基岩水准点作为高程起算基准。为使精测网和区域沉降监测网的高程基准统一，在区域沉降监测网测量时联测精测网的线路水准基点。上述两种区域地面沉降监测手段属于精密水准观测，其本质仍然是点位观测，依靠一定密度的测量点实现以点带面实现工程沿线地面沉降调查。

高速铁路等大型线性工程全线地跨不同区域，路线长，道路情况复杂，采用单一的参考基准必然增加测量的误差；同时不同测量参考基准会引起测量结果的基准偏差。因而工程测量中一般采用分段设立基准点并进行统一平差的方式，尽可能实现同步观测。实际上，由于受到观测条件和测量周期的限制，随着线路增加，误差必然增大。因此，要实现线性工程沿线地表形变的详细调查需要采用快速、准确，大范围同步观测的测量手段。InSAR 遥感技术恰恰能够满足这种需求，在高速铁路地表形变检测中能够发挥重要作用。

3.7.4　高速铁路沿线地面沉降 InSAR 监测的技术特点

基于已有区域性地面沉降 InSAR 调查监测，高速铁路沿线地面沉降 InSAR 监测技术特点如下：

1. 总体技术特点

InSAR 技术具有快速、高密度和准确的监测优势，高密度的点位监测信息服务于线性工程沿线的地面沉降监测，更能表现时间、空间的细节变化特征。以目前中等分辨率(20 m)雷达卫星数据为例进行说明。尽管在低相干条件下相干目标密度降低，但 InSAR 监测结果的平均密度仍保持在 5～30 个/km^2；在城区、城镇等人工建(构)筑物较多的地区相干点平均密度达到 40～100 个/km^2。通过 InSAR 地面沉降调查与监测，可获得高速铁路沿线一定范围内连续的面上沉降状况与发展趋势。同时，采用时间序列分析的方法，可以获取连续的监测成果，根据卫星重复周期不同，能实现 11～35 d 的连续监测，高时间频率的地面沉降监测成果可为工程危险性分析提供更直接的科学依据。

2. 测量对象

高速铁路工程沿线地面沉降监测可分为两个主要方面：一是对铁路沿线两侧一定范围内(如周边 5 km 范围内)地面变形调查；二是对铁路路基本身稳定性监测。二者互为补充。对铁路沿线一定范围监测用以发现沉降重点地带，评价其对铁路的危害程度，寻求应对措施；此外，路基本身的监测则用以评价小区域变形对路基和轨道的影响。从 InSAR 技术应用程度而言，利用中等分辨率雷达数据可以满足区域调查和监测要求，实现区域性地面沉降详细监测。目前高分辨率雷达数据比较普遍，可以实现更精细的监测要求，主要有TerraSAR-X和COSMO-SkyMed两种高分辨率雷达数据，其最高分辨率可以达到1～3 m，将有可能实现高速铁路每个桥墩的活动监测。

3. 测量频次

测量频次依赖于数据获取的频次。目前应用的ENVISAT卫星数据重复周期为35 d，获取全年数据可以实现每季度一次观测，甚至每月一次观测。应用高分辨率雷达卫星(如TerraSAR-X卫星)数据，则可以实现对重点地区更为精细的监测，其空间分辨率为3 m，连续监测时间间隔为11 d。

京津城际铁路首次引入InSAR监测技术，并逐步在全路推广，工程实践证明了InSAR技术在线性工程地面沉降监测评价中的实用性和可靠性，揭示了其覆盖大、快速、准确的监测优势。通过集成多轨道、多图幅InSAR监测结果，可有效获取工程全线的地面沉降监测结果。同时，InSAR技术测量点密度高，不仅能提供工程沿线的沉降结果，还可获取沿线一定范围内面上监测结果，有助于综合分析影响工程稳定性的地面因素，有效弥补了地面观测点位密度低、观测周期长、观测不同步的不足，在采空区评价、边坡变形监测中发挥作用。

3.8 无人机遥感技术

无人机遥感作为一种低空、超低空遥感技术，具有快速、便捷、动态、精细等显著特点，是对传统航空航天遥感技术的有力补充。这种技术与三维激光扫描技术结合能够构建场区实景三维模型，从而实现对危岩落石的定量化测绘，将成为今后解决危岩落石智能调查和评估问题的主要趋势。

3.8.1 基于无人机遥感的危岩落石调查方法

无人机航摄技术是通过对地物不同角度的拍摄，获取丰富的地物多角度信息，从而更加真实地反映地物的实际情况。在进行危岩落石影像采集时，由于危岩落石所处环境地形地貌条件复杂，传统二维环境中无人机航线飞行方法存在航摄盲区或者地物分辨率不均匀等诸多问题，因此需要将航线飞行模式扩展到三维，解决三维建模的覆盖问题。

适用于危岩落石影像采集的无人机航摄飞行方法包括航空摄影测量技术和近景摄影测量技术两种。其中，近景摄影测量技术具有精度高的特点，缺点是耗时长并且无法获得危岩落石发育区的正射影像；航空摄影测量技术能够较快速地获得大面积危岩落石发育区影像，缺点是成本高且侧立面信息获取不完整。因此，将两种数据采集方式相结合，采用多种飞行航线方法相结合的数据采集方法，对危岩落石影像进行采集更为有效，具体可采用全覆盖航线数据采集方法、等高线航线数据采集方法、垂直航线数据采集方法。

点云数据经过分类、去植被化后，可再现现场地形地貌，结合调查范围内全景图像，有利于对危岩落石的遥感解译。通过无人机载激光雷达系统测量边坡的三维坐标数据生成影像和数字高程模型，从而获得危岩落石的空间位置、规模、分布情况等信息。其主要步骤包括确定危岩落石的分布区域和无人机载三维激光扫描仪数据采集。

结构面的产状测量对确定危岩的控制结构面至关重要。三维激光扫描技术即是通过在危岩结构面上拟合三个非共线点生成平面，然后计算平面的法向量得到结构面的产状。因此，在选择无人机空中位置时应当考虑工点的实际情况、扫描距离和角度，当一个架次无法覆盖整个工点时，用多架次方式，使扫描的结果能均匀覆盖整个工点区域。

基于无人机航摄和机载激光雷达的危岩落石影像信息采集具有各自的特点，中国铁设分析总结出影像信息采集方法和采集流程，并在新建合武铁路初测阶段地质测绘中进行了实践应用。实践结果表明，不同的无人航摄数据采集方法对危岩落石信息采集侧重点不同，全覆盖航线数据采集方法能快速获取危岩落石发育区大范围正射影像，等高线仿地航线数据采集方法能保证危岩落石三维倾斜模型建模精度，垂直航线数据采集方法能有效提高危岩体临空面、结构面、节理裂隙等细节信息的展示精度。

3.8.2 危岩落石地质信息三维解译方法

危岩落石三维倾斜摄影建模流程主要包括四个方面：无人机倾斜数据获取（倾斜影像、地面像控点）、POS 信息数据处理、空三加密和点云密集匹配、三维立体实景模型重构（结构建立、纹理映射）。

危岩落石三维点云模型构建流程主要包括激光点云数据预处理、数码影像处理与彩色激光点云生成。

基于三维倾斜模型、分类后的彩色三维激光点云模型和高精度数字高程模型，建立危岩落石遥感解译标志，遥感解译标志包括色调、阴影、亮度、粗糙度及岩性等。危岩落石在其影像上主要表现为：色调浅，亮度值高；危岩落石多发生在裸露的基岩区，植被不发育，反射率高，在彩色激光点云和高分辨率影像上多呈浅色调，亮度值较高；落石影像上多呈块、粒状，且具阴影；危岩因节理裂隙较发育，表面不平，粗糙感强。

此外，危岩落石判定条件还包括：裸露的基岩区，植被不发育，且坡度陡峻，上陡下缓，坡面不平整；岩体节理、裂隙发育，结构面多张开，且存在深而陡的、平行于坡面的张裂隙；与母岩即将发生分离并对工程、生命财产构成威胁的岩块或为已与母岩分离的岩石。

控制性节理产状的量测是危岩落石调查的重要环节，但对于艰险复杂地形地貌环境中危岩体结构面产状的近距离测量十分困难。通常获取结构面的方法有单点拟合和多点拟合的方法，其中采用最多的是三点拟合，即在模型的结构面上用三点确定结构面空间信息。

传统获取地形剖面图有两种方法：一种是利用皮尺和罗盘进行现场测量，但在高陡且存在危岩边坡基本无测量条件；另一种是利用地形等高线切取，但对不同比例尺图件切制出的剖面线差异很大，且局部微地形也难以反映出来。利用三维激光扫描图获取危岩二维剖面图，操作简单快捷，能高精度反映微地貌，为危岩体危险性评价提供精准的剖面图。

危岩体所处地形多陡峻，且危岩体往往自稳性较差，部分危岩体现场不具备攀爬测量的条件。借助无人机遥感技术，可以准确获取危岩体的长、宽、高、相对高差、水平距离、坐标位置、角度等三维空间信息数据，为危岩体的危险性评价、防治措施等提供可靠的基础资料。

3.8.3 危岩落石危险性评价技术

根据《铁路工程地质勘察规范》(TB 10012—2019)，危岩落石地质调绘内容包括：

(1)危岩的地质背景。

(2)地形地貌特征，危岩周界、空间分布，裂隙位置、性质、形状、宽度、深度、充填和变化等。

(3)岩层层序、岩性、岩体结构、软弱结构面、软弱夹层特征，层间错动、岩石风化破碎程度、含水情况。

(4)褶皱、断层、节理、劈理等的性质、产状、组合情况、发育程度。

(5)崩塌和落石的范围、数量、岩块直径、滚落方向、影响范围及防治经验。

(6)结合支挡防护工程，查明支挡建筑物地基情况和锚固条件。

结合相关规范要求，危岩危险性分析内容包括山体稳定性分析、坡面稳定性分析、坡体稳定性分析。危岩危险性评价要素包括斜坡形态、坡度、高度、状态(表层脱落、裂缝、变形、表层出露岩石风化程度)、地表覆盖、区域地质构造、裂隙发育特征等。

目前研究危岩落石稳定性的方法总体上可分为定性和定量评价两种方法。定性评价包括地质过程机制分析法、岩体结构分析法、工程地质类比法及模拟实验法；定量分析则包括静力解析法、数值模拟分析法及可靠度分析法。危岩稳定性状态应充分考虑地形特征、地质条件、气象条件、自然及人类活动等因素的影响，根据危岩特征、母岩特征、危岩与母岩接触特征及已有变形破坏迹象，采用地质类比或结构面赤平投影等方法，进行定性分析和危险性计算结果综合判定。

通过建立合理的落石分析计算模型，进行简明的边坡、落石、措施等相关参数数据输入，快速计算落石的运动轨迹、碰撞信息、影响范围、速度、冲击能、冲击力等，为落石防护、治理措施的合理选取及工程设计提供一定的理论依据。

第 4 章　物探技术开发与应用

物探是地质综合勘察的重要手段，具有勘探深度大、方法多、点线面相结合且测试成果连续等优点，而且效率高、成本低、装备轻，在地下采空区、岩溶发育区、地下水发育段、软弱破碎岩体等勘察中具有明显优势。

随着高速铁路建设发展，艰险山区铁路越来越多，勘察现场地形地貌、地质条件越来越复杂，同时人文及电磁干扰也越来越多，研发新技术满足勘察实际需求显得尤为重要。中国铁设结合高速铁路工程勘察设计做了很多新技术、新设备、新方法的开发与应用，取得了较为显著的效果。

4.1　地　震　法

地震勘探是利用地震波推断地下地质体、确定岩土物理力学参数的地球物理方法。地震波包括反射波、折射波和面波等多种形式，每种波的波速、振幅、相位、频谱及传播方式等运动学和动力学特征各不相同，所反映的地质信息也有所不同。

4.1.1　地震多波综合勘察技术

地震勘探通常仅简单提取某一种波进行分析，而把其他的波作为干扰波予以剔除，单一地震波探测往往是深度范围有限，精度不同，存在多解性。利用地震勘探所取得地震波的多波特性进行综合解译，可以扩展地震勘探的深度范围，互相印证，提高勘察精度，解决多解性问题。为此，我们做了地震多波综合勘察研究，取得了以下成果：

研发了带地形的复杂地质体地震多波正演模拟，在复杂地质体建模及正演模拟技术的基础上，开发了地震多波观测系统辅助设计软件，形成了地震多波观测系统。

根据地震多波噪声特征，建立了地震波滤波、滤波因子吉布斯现象处理技术，基于 F-K 及 τ-p 域的地震多波识别及分离技术，基于速度和周期性差异的多次波衰减技术。创新了地震多波滤波及波场分离技术和镶边技术，有效消除了频率域滤波的吉布斯现象。针对沿 p 轴采样不足会产生噪声的问题，提出了 p 值道数和增量的确定方法；针对与一次波速度差异不明显的多次波，建立了基于预测反褶积的近偏移距及基于 τ-p 域的远偏移距多次波衰减技术。

研究了折射静校正和剩余静校正在地震反射波处理中的应用。建立了预测反褶积算子长度和预测距离的确定方法，提高了反射波的分辨率。分析震源子波非平稳性的影响因素，研究波前扩散补偿及频率域补偿处理技术，提高震源子波非平稳性的处理能力。针对浅层同相轴和大偏移距动校正后的频率畸变，研究动校拉伸切除技术。提高具有不同叠加速度的交差倾角同相轴的成像精度。

建立了基于自相关的预测反褶积算子长度、预测距离确定方法及时变谱白化频率衰减补偿技术，提高了地震波纵向分辨率；针对动校正过程中的频率畸变现象，提出了动校拉伸量的确定方法；针对叠加速度具有倾角依赖性的问题，提出了一种对数拉伸倾角时差校正方法；建立了克希霍夫偏移和有限差分偏移深度步长的确定方法，提高了活动断裂、地裂缝等复杂地质体成像精度。

研究建立了基于 τ-p 域的地层层位对比、折射波和反射波联合成像、层速度分析等地震多波综合解译技术。建立了反射和折射波联合成像及层析综合解译方法。提出了基于非线性方程组的拟牛顿求解法的反射波射线追踪正演算法、基于费马原理的网格化射线追踪折射波优化算法，提高了反射波和折射波联合成像质量。

地震多波综合勘察技术在商合杭、太焦、京唐城际、潍烟等高速铁路项目中进行了工程化应用。

由于活动断裂主干断裂埋深较大，次级断裂和上断点可能埋深较浅，常规的勘察方法难以满足深度范围和精度要求。根据地震纵横波反射、地震折射层析等不同地震波探测深度与精度特点，将地震多波技术应用于活动断裂勘察，结合钻探验证与分析，极大提高了活动断裂勘察精度。

4.1.2 复杂地形条件下共振成像勘探技术

在地震勘探领域对于频率域探测方法的研究较少，频率域方面，主要是利用薄层干涉产生的频率调谐效应进行薄层勘探，直接利用频率特征进行探测主要是测桩和超声探伤方面，其原理是利用反射波的干涉效应产生特定频率的能量加强或减弱来实现对厚度小于一个波长的物体进行探测。

共振成像数据采集方法：在正式采集开始之前有必要对采集时长参数进行充分试验，进而确定既能满足勘探深度要求又能兼顾经济效益的连续采集时长。

共振成像数据处理技术：首先要根据野外测量成果及野外施工设计，准确定义观测系统；其次对原始数据进行精细的预处理，主要包括异常振幅噪声（野值）压制、面波噪声压制、单频干扰压制等；在获得信噪比较高的原始数据基础上，提取共振频率特征，并以之为目标函数，利用改进的遗传算法，直接在深度域进行反演，获得地质体厚度及其弹性参数，最后进行高程校正等修饰性处理，形成用于最终解译的成果数据。

1. 三分量数据预处理

由去噪前的多道原始记录可知，在部分单站位置处发育了一些强振幅、相关性好、延续时间稳定的噪声干扰，这一般是由地表人类活动或自然现象(例如工程施工、车辆交通、风吹草动等)导致的面波成分。原始记录上亦有一些单道上发育振幅值极大、分布零散的异常振幅(野值)噪声，这一般是检波点附近的偶发性事件的反映。上述噪声类型均为非地质因素导致的无效信号，在进行共振成像正式处理之前的数据预处理阶段必须予以去除。

(1)异常振幅噪声(野值)压制

对于共振数据中的异常振幅值，采用中值滤波的方式进行剔除。中值滤波是一种非线性平滑技术，它可以将每一个像素点(采样点)的灰度值(振幅值)设置为该点某领域内的所有像素点灰度值的中值。中值滤波对脉冲噪声有良好的滤除作用，特别是在滤除噪声的同时还可以保留原始有效信号，不让信号失真影响后续处理结果。

(2)道均衡和噪声干扰压制

野值去除之后，为了保证最终成像剖面能量均衡且成像效果稳定，需要对共振数据的振幅进行平衡，以保证所有记录道有相同的灵敏度。振幅平衡主要分为两类：一种是道内动平衡，简称“道内平衡”或“动平衡”；另一种为道间均衡。

在地质勘察中，检波器往往会接收到由高压线或其他电气设备漏电或感应所引起的干扰。在记录道内，可观测到 50 Hz 的正弦型振动，严重时可影响有效波的对比，因此可使用 50 周的陷波器对其进行消除。

2. 共振频率提取

在研究共振频率与地层岩石特性(厚度、速度、密度、弹性模量以及刚度等)的具体关系中，假设待处理观测点的三分量共振数据记录长度为 4 h，将其均分为 48 段，每段记录采集时长为 5 min，把每段数据分别进行傅里叶变换并叠加，以增强频谱的信噪比。

$$F=\sum_{n=1}^{48}(\varepsilon_1 F_{nx}+\varepsilon_2 F_{ny}+\varepsilon_3 F_{nz})$$

式中 F_n——第 n 段记录的频谱；

x,y,z——三分量数据；

$\varepsilon_1,\varepsilon_2,\varepsilon_3$——三种分量的权系数。

一般情况下，天然源产生的主要为横波信息，横波信号的能量主要集中在 x 分量，因此在求解最终的频谱图时 x 分量的权系数 ε_1 最大，z 分量的权系数 ε_3 次之，y 分量最小。

3. 共振频率成像

在获得各道准确的共振频率特征后，利用改进的遗传算法(GA)，直接在深度域进行地质体厚度和弹性参数反演，并进行高程校正等处理，形成最终用于地质解译的成果剖面图件。

在雄忻高速铁路利用共振成像技术进行隧道勘察，共振成像剖面共解释出 9 个构造破碎带，各破碎带处均对应共振成像中低值响应。经过与工程地质纵断面图相对比，解释的 9 个构造破碎带与实际工程地质情况吻合程度较高。

4.1.3 微动技术

微动是一种利用天然存在的面波信号进行勘探的新型技术。该技术一般不受地形条件限制和人文活动干扰，特别是在复杂地区工程地质分层、中深部采空区等勘察方面具有一定的优势。但该方法存在采集方法不能适应特别复杂地形、微动信号预处理技术不完善、频散曲线提取方法单一、反演算法不够精确等问题，为此中国铁设开展了“微动技术及其在铁路勘察应用研究”，并取得如下成果：

1. 微动信号预处理方法

常规的微动信号采集，一般采用规则观测系统，但规则观测系统还不能适应各种复杂的场地条件。

为此，针对地形起伏比较大、检波器布置不方便等问题，研究提出了多种形式的观测系统，例如 L 形观测系统、“十”形观测系统、方形观测系统、不规则观测系统，如图 4-1 所示。同时，研究了仪器的一致性校正、消除趋势相、滤波与五点滑动平均的微动信号预处理技术，得到了信噪比较高的微动信号。

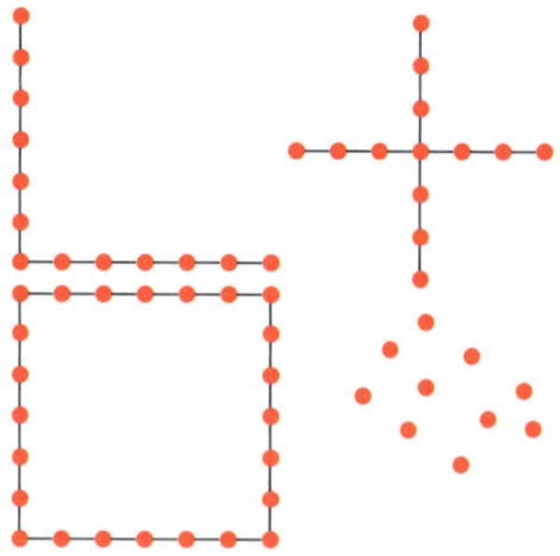

图 4-1 观测系统形式

注：红点是布置的检波器。

2. 微动信号频散曲线提取方法

通过对基于窄带滤波、空间自相关系数求取、方位平均、与贝塞尔函数拟合、频散曲线求取等步骤的频散曲线提取方法的研究，提出了基于最小二乘拟合的不规则台阵频散曲线提取方法。

提出了两点排列的频散曲线提取方法，两点空间自相关法是微动勘察中使用仪器数量最少的一种观测方式。这种观测方式的理论基础和实际观测的误差颇受关注。从研究成果看，台阵越多求取的空间自相关系数越平滑，与实际结果越接近；但当场地条件极为苛刻，只允许布置两点台阵时也可用此方法得到空间自相关系数。

3. 微动信号反演方法

(1)常规频散曲线反演方法。常规频散曲线反演方法是基于最小二乘和改进的遗传算法进行反演。遗传算法是一种全局优化算法，全局最优化算法对初始模型不十分敏感，即对初始模型的依赖性较小，且不易收敛于局部极值中。最小二乘反演效率高，可以反演得到局部极值但需要非常好的初始模型，这在实际应用中较为困难。

(2)遗传算法与最小二乘算法联合反演方法。将以上两种的最优化算法结合起来，在克服缺点的同时又能充分利用它们的优点，便能够在较短的时间内得到最优解。

4. 微动数据频散曲线提取处理软件

软件开发基于 C++程序开发语言，实现了微动数据频散曲线提取。

经实践检验，微动技术仍有如下问题值得深入研究：

(1)利用两点微动信号反演地震剖面，需要继续深入研究成果的有效性与适用性。

(2)主动源面波与微动信号频散曲线耦合，结合主动源面波反演与微动信号反演的优点，使其反演结果能适应浅、中深部勘察的需要。

(3)测井数据约束反演，利用测井数据结合研究提出的联合反演方法使其得到更为准确的反演结果。

4.1.4　高精度多维地震反射勘探技术

针对复杂山区铁路工程勘察难题，我们从观测系统优化设计、精细化数据处理、多属性多目标综合解译等方面，重点研究了高精度三维地震反射勘探技术，提出了考虑地形地质因素的复杂地质体建模及正演模拟技术，实现了地震反射观测系统的优化设计；建立了频率域、F-K 域等多域联合去噪方法，实现了噪声的高质量压制；研发了基于自相关的预测反褶积关键参数、克希霍夫偏移孔径宽度和有限差分偏移深度步长确定方法、时变谱白化频率衰减补偿等三维地震反射波精细化成像技术，建立了多属性多参数综合解译方法，达到了提高复杂地质体勘探精度的目的。

1. 观测系统设计

观测系统设计主要通过现场试验和正演模拟来实现。建模是观测系统设计的基础，主要是根据测区地质与地球物理资料，利用地下介质的纵、横波速度与密度等物性参数，建立测区带地形的地质地球物理模型，并基于此模型，通过正演模拟对观测系统进行优化设计。

正演模拟是观测系统设计的关键，正演模拟通过上述建立的模型，设计相应的观测系统，并设置网格、道距、炮距、采样时长、采样率等采集参数，计算采集时间内质点位移速度，模拟地震波在模型中的传播，并提取出基于设计观测系统所采集到的理论单炮记录，任意时间段的波场快照及井间记录的垂直地震剖面等信息。同时，根据采集到的理论单炮记录和处理后得到的地震剖面分析评价所设计的观测系统与采集参数是否合理，并基于评价结果对设计的观测系统进行优化。

正演模拟需要确定一种介质模型，并基于此模型推导相应的弹性波方程。各向同性介质是最基本的一种介质模型，目前地震勘探中大多数应用都是基于这种介质模型。基于各向同性介质模型，根据介质中位移、应力和应变的关系，推导出各向同性介质中的弹性波方程。

2. 数据处理

最大炮检距的设计应考虑的因素有目的层深度、满足速度分析的要求、动校拉伸对信号频率的影响、反射系数稳定、有效地压制多次波、避免落入初至折射波干涉区、保证最浅反射层有一定的覆盖次数。

三维采集覆盖次数选择主要遵从以下原则：充分压制干扰，提高有效反射能量，改善信噪比；满足 Inline 方向速度分析精度和 Crossline 方向静校正耦合精度要求；纵横向覆盖次数接近，改善三维观测特性。

地震波数据的处理直接关系到数据的解译质量，应满足“高信噪比、高分辨率、高保真度”等要求。其中，信噪比是基础，去除和压制干扰波、提高信噪比是地震数据处理的关键环节。噪声类型众多，包括与地震波传播机理有关的干扰（如声波、多次波等）、与震源及检波器等有关的干扰、与环境因素有关的干扰（如方波干扰、50 Hz 工业干扰、斜干扰等）。

3. 应用

根据地质任务需求和工区地质特点及资料情况，确定了如图 4-2 所示的总体解释思路。三维层析速度资料的解释，主要有如下工作：

(1)分析和利用层析射线分布图，形成沿铁路线二维地震层析速度结构。

(2)解释基岩风化界面，形成地表、基岩强风化底、弱（微）风化底三维立体图。

(3)解释层析速度异常区（带），形成速度异常区。

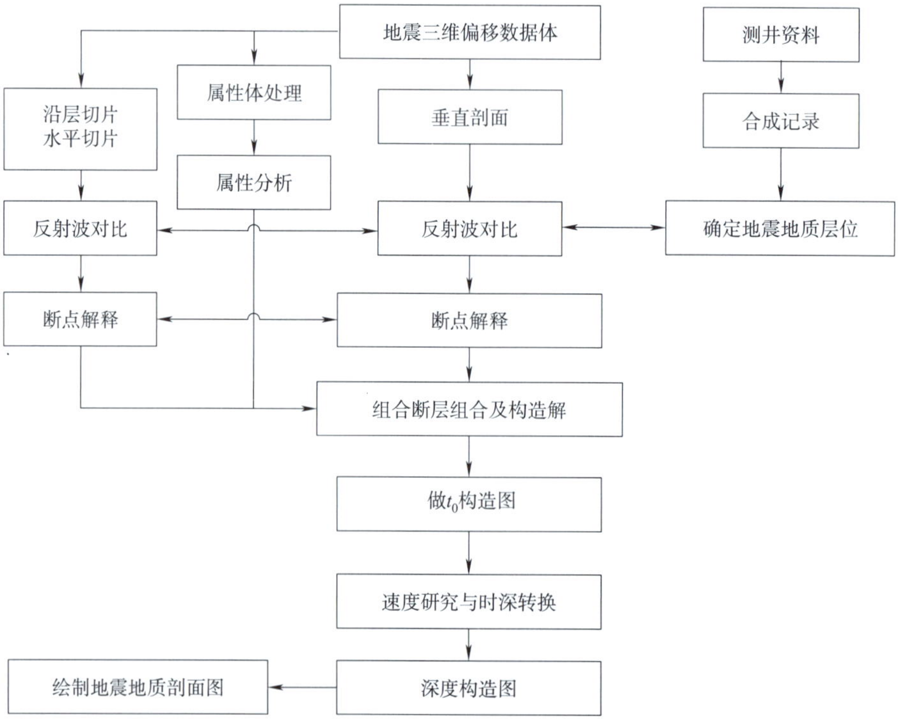

图 4-2 解译流程

4.1.5 地震波速确定岩土参数

地形复杂、森林植被茂密等地区由于钻探设备难以进场，需要研究新的勘察手段解决岩土参数获取问题，物性参数与岩土参数的内在关联规律成为研究突破的关键。为此，中国铁设开展了“地球物理方法确定岩土关键参数研究”，通过不同地球物理方法的物性基础及特征参数研究，总结出地震波勘探的特征参数波速与岩土关键参数的关系，结合太焦、包银、商合杭等高速铁路项目，对承载力、压缩模量等参数确定进行了现场验证。

1. 波速确定岩土承载力

基于颗粒接触模型，推导了土体地震波速度的计算公式，研究了地震波速度的影响因素；通过现场及室内对比试验，利用回归统计方法，研究了地震波速度与承载力的关系式。分析了不同地球物理方法的物性基础及特征参数，总结出地震波勘探的特征参数波速与承载力的显著响应关系。

基于极限平衡方法，采用 Prandtl-Vesic（普朗特-维西克）计算原则，建立了与 c、φ、γ 等参数相关的承载力理论计算公式；在理论分析基础上，结合《铁路桥涵地基和基础设计规范》（TB 10093）和《铁路工程地质原位测试规程》（TB 10018）等现行标准，通过现场原位测试及室内试验，利用统计分析方法，建立黏土、砂土、碎石土的基于地震波速度的承载力计算公式。

黏土承载力拟合公式为

$$\sigma_0 = 0.000\,4v_R^2 + 0.818\,5v_R + 15.395$$

砂土承载力拟合公式为

$$\sigma_0 = 0.001\,5v_R^2 + 0.374\,3v_R + 46.777$$

碎石土承载力拟合公式为

$$\sigma_0 = 0.003\,7v_R^2 + 0.180\,4v_R - 30.88$$

2. 波速确定压缩模量

基于多孔介质变量变分原理，研究了塑性状态下土体变形模量与压缩模量间的关系，推导了土体压缩模量计算公式；在理论分析基础上，结合《铁路桥涵地基和基础设计规范》（TB 10093）和《铁路工程地质原位测试规程》（TB 10018）等现行标准，通过现场原位测试及室内试验，利用统计分析方法，建立了黏土、砂土、碎石土的基于地震波速度的压缩模量计算公式。

黏土压缩模量拟合公式为

$$E_s = -0.000\,002v_R^3 + 0.000\,755v_R^2 - 0.060\,140v_R + 1.712\,506$$

砂土压缩模量拟合公式为

$$E_s = 0.000\,3v_R^2 + 0.141\,2v_R - 7.927\,1$$

碎石土压缩模量拟合公式为

$$E_s = 0.0006 v_R^2 - 0.1263 v_R + 26.397$$

太焦、包银高速铁路等勘察项目中，利用面波和室内土工试验，分别计算了承载力，计算结果对比如图 4-3 所示。

通过统计可以看出，地震波速度计算的承载力与室内试验计算的承载力有 92%误差小于 20%，说明研究建立的基于面波速度计算的黏土承载力确定方法是可行的。

利用面波和室内土工试验，分别计算了压缩模量，计算结果如图 4-4 所示。

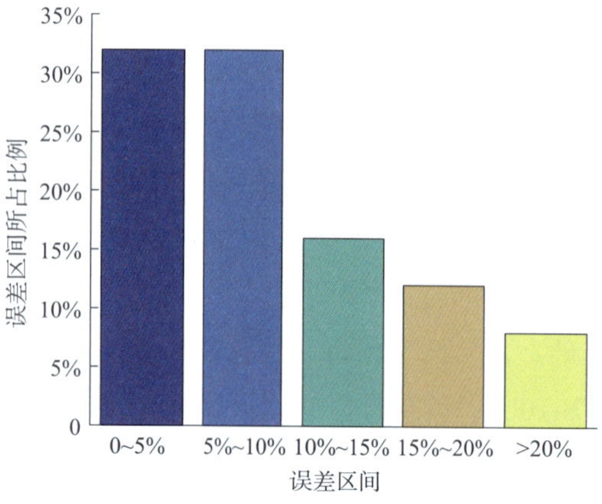

图 4-3　承载力计算结果对比图

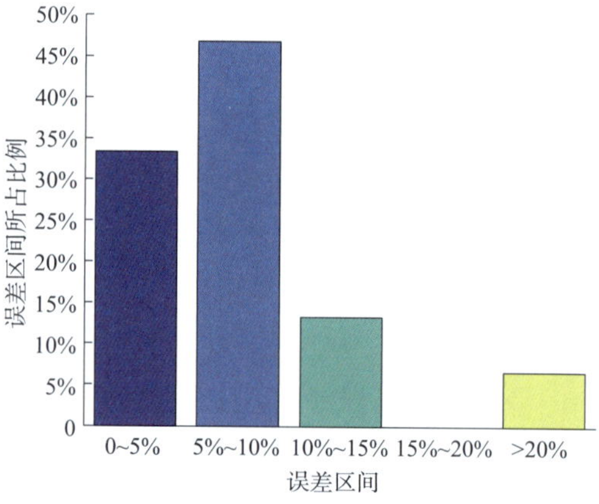

图 4-4　压缩计算结果对比图

通过统计可以看出，地震波速度计算的压缩模量与室内试验计算的压缩模量有 87%误差小于 20%，说明研究建立的基于面波速度的砂土压缩模量确定方法是可行的。

4.2　电阻率法

电阻率法是一种传统的物探方法，以其投入小、效率高、收效大的优点在铁路工程地质和水文地质勘察等方面有着广泛的应用。近年来随着仪器设备的更新换代，该方法的应用领域得到进一步扩展，在滑坡、采空区、岩溶、断层等诸多复杂地质问题的勘探方面做了深入研究和应用。

4.2.1　电阻率/激电法定量解释方法

传统的电阻率/激电法的成果解释一般采用定性解释，成果解释随意性大，对解译经验要求高，同一个结果经过有经验的技术人员解释和初学者解释经常出现较大的差别。定量解释方法研究主要解决两个问题：其一是外业中探测到异常，解释过程中拿不准；其二是解释成果的地层划分与实际情况相差很大。为了减少人为误差，提升物探的解释精度，实现物探结论从“物探推断”变为“物探实测”，中国铁设开展了“电阻率/激电法定量解释方法研究”，研究成果如下：

1. 标本物性参数测试装置研制

对截面积为 S 的岩矿石标本，通过 A、B 两极对其供电（电流强度为 I），在相距为 L 的环形电极 M、N 处测量其间之电位差 ΔU 时，电阻率 ρ 计算公式为

$$\rho=\frac{\Delta U}{I}\times\frac{S}{L}$$

2. 四探针微电极测量系统研制

微电极测量系统是参照支流电法的温纳装置或者三极装置、采用微小的探针对岩样标本的电阻率和极化率参数进行测试的一种测量方法，目前比较成熟的测量装置是四探针测量装置。

标准的四探针测试系统要求测试样品必须为粉末状或严格平面固体。然而在实际测试过程中样品往往无法找出满足测试要求的平面，粉末状的样品更是少之又少。为此，我们对传统的测试装置进行了改进。

通过多次试验，在淘汰了钢丝电极、弹簧电极等多种方案后，选择了弹簧顶针方案。经过实际使用测试，发现弹簧顶针四探针微电极测试系统具有顶针压力大、弹簧行程长、接触效果好等特点，较传统的测试方式有明显的改进。

3. 电阻率/激电法色阶自动生成软件研制

电阻率/激电法色阶自动生成软件基于 Matlab 平台开发，可用于电阻率、充电率参数色阶的自动生成。软件界面如图 4-5 所示。

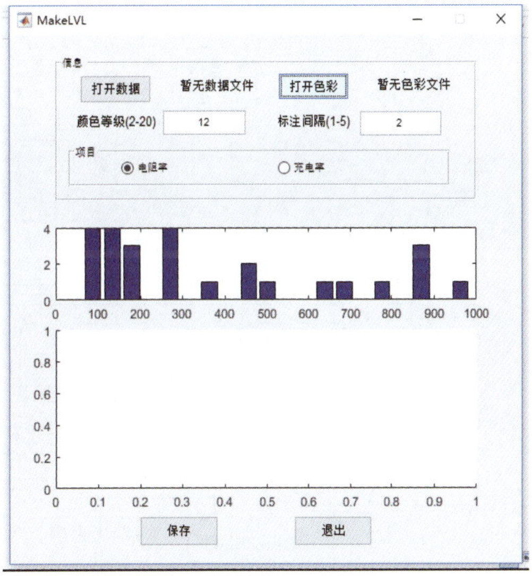

图 4-5　电阻率/激电法色阶自动生成软件界面

研究成果在太焦线、张唐线、吕临支线及山西中南部铁路等诸多铁路项目中应用，大幅提高了电阻率和激电法物探成果解释的精度和效率，电阻率参数的定量解释适用性可以达到 100%。

4.2.2　高密度激电法数据处理系统

激电法勘探应用广泛，中国铁设总结出一套以单极-偶极装置和偶极-偶极装置为主的高密度激电工作模式。由于市场上缺乏针对工程勘察的数据处理软件，致使数据处理过程

非常繁琐，特别是在高密度激电工作模式中，数据点密集，内业资料整理工作量大，迫切需要开发一套方便易用、人机交互界面友好、具备批处理功能的数据处理软件，以提升工作效率。为此，中国铁设开展了"高密度激电法数据处理软件"研究，并取得如下研究成果：

1. 软件功能

针对铁路工程高密度激电法勘探特点，数据处理软件实现如下功能：不同数据格式之间的兼容与转换，兼容国际主流反演软件；原始数据的圆滑、编辑、剔除与滤波；数据的经验系数法处理和激发极化比、激电电导率等参数的计算；电阻率成果的梯度、共轭梯度及阻尼最小二乘反演；同一工区不同测线大量数据的批处理；物探成果的标准化成图。

2. 软件结构

研究过程中参考了多种物探数据处理软件的结构，经综合对比分析，确定了流程化处理结构作为本软件的结构。软件结构示意如图 4-6 所示。

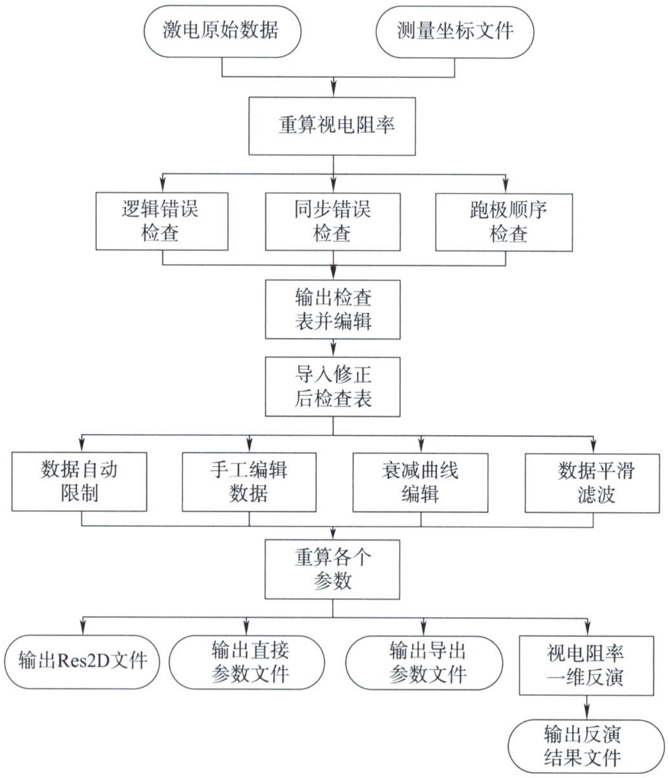

图 4-6 高密度激电法数据处理软件结构图

3. 最速下降法反演算法

最速下降法也叫梯度算法，是电阻率反演最实用的算法，通过 C++语言实现。

4. 反演功能实现

“一维反演”功能在反演菜单下，用于测深数据的一维反演。用法：点击“一维反演”程序弹出一维反演子程序界面，点击“导入数据”按钮，程序弹出导入数据对话框，选择编辑好的数据文件并打开，程序自动读取文件并画图。点击“导入模型”按钮，程序弹出导入模型对话框，选择编辑好的模型文件并打开，程序自动读取模型文件并画图。点击“反演拟合”按钮，程序进行自动反演拟合。拟合结束后，程序自动弹出反演拟合误差下降曲线，如图 4-7 所示。

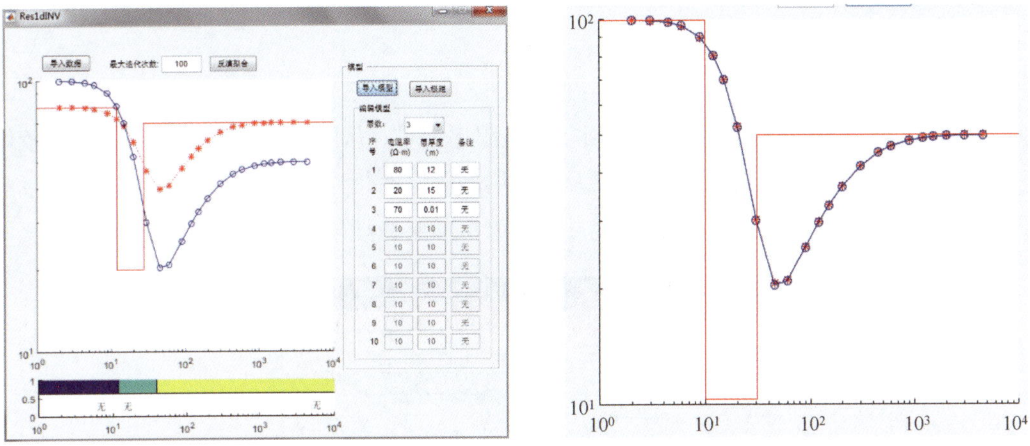

(a)　　(b)

图 4-7　一维反演拟合

该数据处理系统在潍烟高速铁路、京沈高速铁路等项目应用表明，开发思路完全从生产实际出发，实现了高密度激电法数据导入、测量数据导入、数据图形化显示、电阻率数据手工编辑、充电率衰减曲线编辑、数据格式转换、预处理数据输出和电阻率参数一维反演等功能，软件界面友好、操作方便、输出功能强，符合物探技术人员操作习惯，输出成果能满足工程物探成果输出要求，资料整理时间较原来缩短 30%～50%，大大提升了工作效率。

4.3　电　磁　法

山区高速铁路隧道工程多、埋深大，隧道围岩分级是勘察设计必不可少的参数。浅层地震折射法受理论以及震源能量限制无法取得深埋隧道洞身附近的岩体速度，难以解决深埋长大隧道勘察问题。为此，我们开展了应用大地电磁测深技术研究，通过深部地层电阻率分布形态分析，推断地质构造，划分地层岩性，圈定裂隙发育区，给出地下水赋存状态及围岩分级等。

4.3.1 复杂地形条件大地电磁二三维正反演

开展了起伏地形条件下大地电磁数据极化模式识别、地形改正、二三维正反演等关键技术研究，研究制定适用于艰险复杂地形条件下的静态校正、地形校正方案，基于阻尼、共轭梯度、Occam 等方法研究大地电磁 TE、TM 联合反演、多维反演等成像技术，提高了大地电磁反演成果可靠度。

1. 地形起伏条件下大地电磁二维正反演

反演模型试验：为验证所开发的大地电磁二维反演算法的有效性及可靠性，研究设计了多个典型的二维地电模型来进行测试。

(1)断层构造模型

图 4-8 给出了该模型大地电磁反演所得的电阻率结果。从图 4-8 可以看出，反演结果较好地刻画了断层的构造特征，断层下盘表层及第二层的分界面较为明显；上盘的表层特征与下盘第二层的电性特征对应的比较好，较好地反映出该拟断层的倾角方位及拟断层位置。

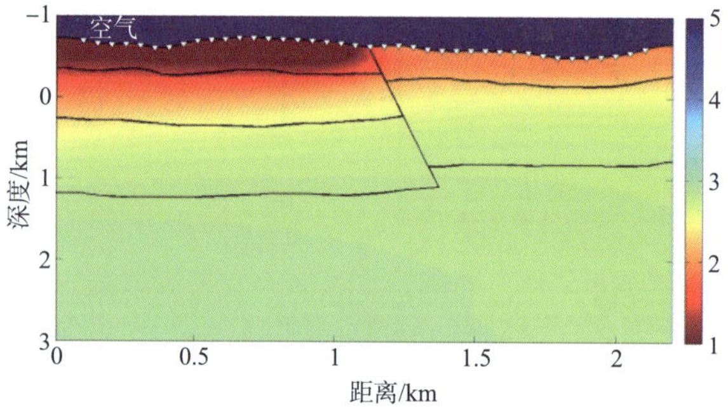

图 4-8 断层地电模型的大地电磁二维反演结果

注：ρ 为电阻率，单位为 Ω·m。

(2)复杂褶皱构造模型

在断层地电模型的基础上，考虑更为复杂的地质情况。如在山区进行大地电磁勘探时，由于地形起伏，其构造往往较为复杂。该模型大地电磁反演结果如图 4-9 所示。

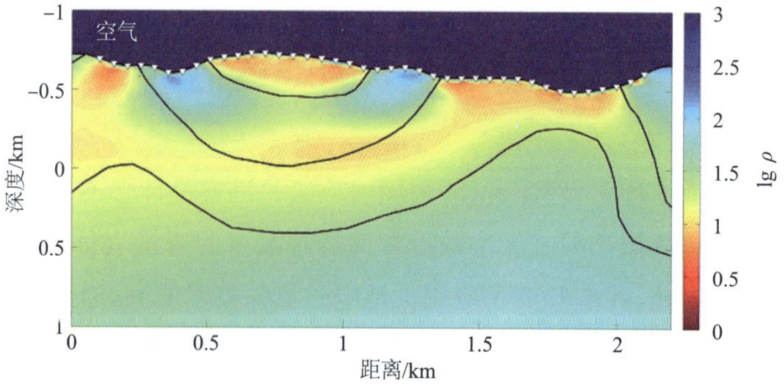

图 4-9 褶皱地电模型的大地电磁二维反演结果

注：ρ 为电阻率，单位为 Ω·m。

图 4-9 给出了褶皱地电模型的大地电磁二维反演结果，从图中可以看出，反演结果很好地刻画了褶皱模型的大体形态，特别是主向斜核部和背斜顶部地层刻画较好地反映出其真实的特征，褶皱的基本轮廓及地层的分界较为清晰。但反演结果中背斜顶部地层在深部的位置刻画得并不好，其位置较真实的位置向上有所偏移；另外，该背斜结构的右翼在深部的电性结构反映有所欠缺，这可能与该构造在测线的端部有关，大地电磁反演无法给出很好的约束。总体而言，大地电磁二维反演结果能够很好地恢复地下复杂褶皱模型的形态及地层信息，对褶皱核部及翼部地层的电阻率结构及界面均能较好地刻画。

2. 大地电磁三维正反演

三维大地电磁反演是在二维反演基础上升级，在三个维度进行拟合。

图 4-10 给出了大地电磁数据的三维反演在不同 xz 垂直剖面上的结果。从不同剖面的反演结果可以看出，高低阻异常体的位置通过反演很好地刻画了出来。无论是高阻异常体还是低阻异常体，反演所得到的异常体分布范围与真实模型较为一致，反映了大地电磁三维反演算法有效性。对于异常体电阻率值的恢复，三维反演所得到的低阻异常体的电阻率最小值约为 34 Ω·m，与真实低阻异常体的电阻率 50 Ω·m 较为接近；而反演所得到的高阻异常体的电阻率最大值仅为 165 Ω·m，与真实高阻异常体的电阻率 1 000 Ω·m 相差很大。这反映了大地电磁法对不同电性结构体的分辨能力。

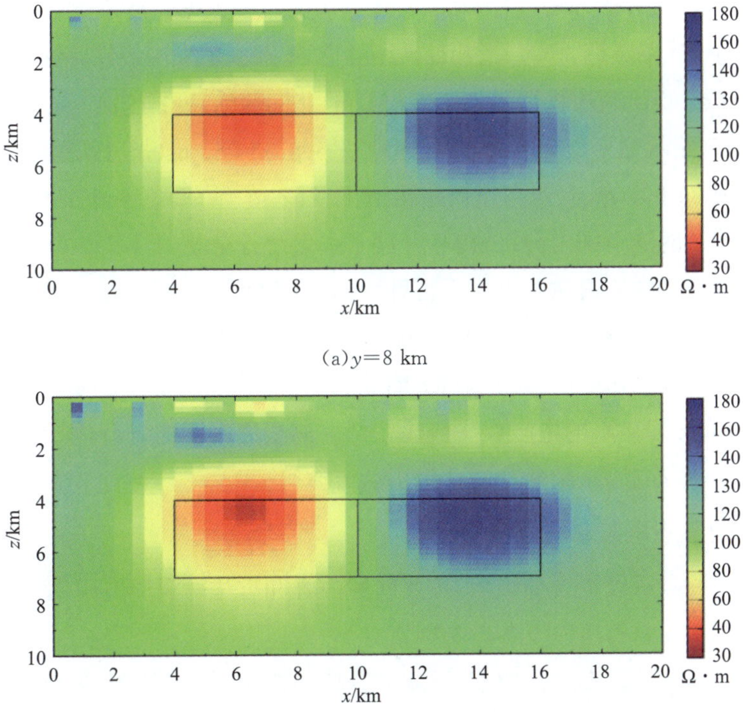

(a) $y=8$ km

(b) $y=10$ km

图 4-10

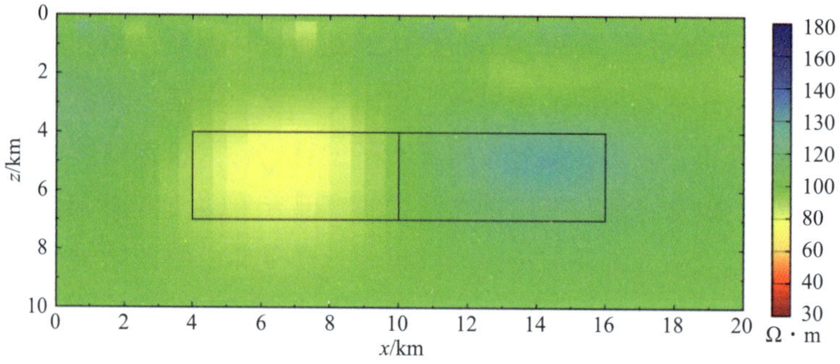

(c)y=14 km

图 4-10　高低阻棱柱异常体大地三维反演 xz 垂直剖面图

4.3.2　大地电磁确定隧道围岩分级

通过对开挖隧道的围岩等级资料收集归类，统计测点上洞身位置的电阻率数值，研究岩性、地下水、裂隙对卡尼亚电阻率的影响规律和对围岩划分的影响程度，提出卡尼亚电阻率与隧道围岩分级的对应关系。

1. 隧道围岩电阻率统计和影响因素分类

采用实地调查、统计的方法，归纳大地电磁测深电阻率数据与隧道围岩分级的对应关系。共收集了京沪高速铁路隧道 3 504 m、朔准铁路隧道 43 298 m、太中银铁路隧道 57 847 m、张集铁路隧道 9 593 m、长昆高速铁路隧道 132 351 m、北同蒲铁路隧道 14 094 m、吕临支线隧道 11 800 m、牡绥铁路隧道 7 237 m、石太高速铁路隧道 93 081 m、张唐铁路隧道 92 050 m、沈丹高速铁路隧道 35 697 m、大西高速铁路隧道 13 752 m 等 67 个隧道 514 304 m 的大地电磁资料和施工确认的隧道围岩分级资料，开展了大量统计分析。

影响岩石电阻率的因素主要有岩石特性、岩石孔隙水。自然界的岩石、矿物，根据其导电性质，可分为电子导电性和离子导电性两大类。电子导电性是组成岩矿的基本物质颗粒中的自由电子在电场作用下所作的定向运动，例如大部分的金属矿物黄铁矿、磁铁矿、黄铜矿以及石墨等，这类岩矿石的电阻率一般比较低。离子导电性的岩石，则主要靠岩石孔隙中水溶液的离子导电，如砂岩、碳酸盐岩孔隙中的流体等。

2. 隧道围岩测点电阻率统计

在获取隧道洞身每段围岩分级后，按照前述内容和方法对洞身电阻率进行提取，给出每个测点的电阻率和围岩等级以及各影响因素分类。

通过对洞身测点电阻率的提取，获得隧道分段电阻率、围岩等级、岩性、岩性分类、岩性物理分类、风化分类、风化物理分类、水文地质勘察规范地下水分类、水文地质勘察规范地下水分级。

3. 利用正态分布进行围岩分级统计

由于不同岩性的围岩等级与电阻率对应关系不同，原始数据中无法直接给出电阻率和围岩等级的关系，一次正态分布的结果较为离散。在一次正态分布的基础上做二次正态分析，二次正态分布的结果相对集中，但围岩等级间的电阻率区间范围较大，等级间的交叉范围较大。

根据第二次和第三次正态分布的结果，综合分析，给出电阻率和围岩间的对应关系，见表 4-1。

表 4-1　电阻率范围综合分析结果　　单位：10^2 Ω

岩　性	围　岩　等　级			
	Ⅱ级	Ⅲ级	Ⅳ级	Ⅴ级
A1 岩浆岩	>6.5	3.2～7.0	3.3～4.7	0.5～2.6
A2 碳酸盐岩	>6.0	3.3～6.5	2.7～4.3	1.1～3.8
A3 硬质变质岩	>6.9	5.2～6.9	3.4～5.2	3.5～4.7
B1 碎屑岩	>2.1	3.0～5.0	1.8～3.2	1.1～2.3
B2 凝灰岩	>2.0	0.7～2.0	3.6～5.6	4.3～6.3
C1 黏土岩	未搜集数据	6～15	1～6	0.16～1
C2 板岩	>10.0	5.5～10.0	3.2～5.5	2.7～4.4
C3 片岩	未搜集数据	4.2～8.0	2.9～4.4	1.6～3.0
D1 黄土	未搜集数据	未搜集数据	0.4～0.8	0.7～1.2
D2 黏性土	未搜集数据	未搜集数据	1.1～1.7	0.9～2.1
D3 碎石土	未搜集数据	未搜集数据	2.9～4.3	0.8～1.8

各种岩性的结果分析如下：

A1 岩浆岩：结合二次、三次正态分布的结果微调Ⅱ级、Ⅲ级围岩电阻率范围。

A2 碳酸盐：结合二次、三次正态分布的结果微调Ⅱ级、Ⅲ级围岩电阻率范围。

A3 硬质变质岩：结合二次、三次正态分布的结果微调Ⅱ级围岩电阻率范围。

B1 碎屑岩：结合二次、三次正态分布的结果微调Ⅱ级围岩电阻率范围。碎屑岩的数据较少，Ⅲ级、Ⅳ级、Ⅴ级围岩符合认识规律。碎屑岩的整体电阻率较低，在Ⅱ级围岩中给的区间范围较大，因此，碎屑岩的围岩等级和岩性相关度较高，是否平层、厚层以及完整对围岩等级影响较大。

B2 凝灰岩：结合二次、三次正态分布的结果微调Ⅱ级围岩电阻率范围。凝灰岩的数据非常少，Ⅱ级、Ⅲ级围岩电阻率比Ⅳ级、Ⅴ级围岩电阻率要低，表明凝灰岩受风化和地下水影响较大。

C1 黏土岩：黏土岩不存在Ⅱ级围岩，结合二次、三次正态分布的结果微调Ⅲ级、Ⅴ级围岩电阻率范围。黏土岩的数据非常少，整体数据的数值范围较大，表明黏土岩的颗粒和含水性对电阻率结果影响较大。

C2 板岩：结合二次、三次正态分布的结果微调Ⅱ级、Ⅲ级、Ⅳ级围岩电阻率范围。

C3 片岩：结合二次、三次正态分布的结果微调Ⅲ级、Ⅳ级、Ⅴ级围岩电阻率范围。

D1 黄土：直接使用三次正态分布的结果。从结果来看，Ⅳ级围岩电阻率低于Ⅴ级围岩电阻率，Ⅳ级围岩较多对应了老黄土，Ⅴ级围岩较多对应了新黄土，老黄土的电阻率是小于新黄土的。

D2 黏性土：直接使用三次正态分布的结果。从结果来看，Ⅳ级围岩电阻率高于Ⅴ级围岩电阻率，符合地质认识。

D3 碎石土：直接使用三次正态分布的结果。从结果来看，Ⅳ级围岩电阻率高于Ⅴ级围岩电阻率，符合地质认识。

4. 基于支持向量机(SVM)技术的隧道围岩分级预测

以项目的实测数据为基础，将其中 15 000 组数据作为训练样本，1 000 组作为预测样本，以此评价利用支持向量机对隧道围岩等级进行划分的可行性及稳定性。

我们将预测的 1 000 组数据进行预测分组，并将所得到的预测结果与原始分级数据作比较，评价公式采用均方根误差公式，即

$$\mathrm{RMSE}=\sqrt{\frac{\sum_{i=1}^{n}(X_{\mathrm{obs},i}-X_{\mathrm{model},i})^2}{n}}$$

分析结果证明，其预测误差为 19.53%。为确保其稳定性，又随机抽取 1 000 组数据进行预测，其余 15 000 组数据作为训练集，预测结果为 20.57%。以上结果均表明，预测结果是满足预测要求的，需要说明的是，预测结果的精度与训练集的样本丰富度有关，即训练样本集越全面，预测结果精度越高。因此，基于 ε-SVR 预测模型用于隧道岩体分级是可行的。

研究表明，利用模型训练库不断扩充，在某一区域只需提供典型的岩石电阻率及坚硬度信息，将其添加到训练样本集里，即可对其他未探测区域实现围岩分级快速预测，为隧道围岩分级提供了一种新方法。

4.3.3 瞬变电磁技术

瞬变电磁法是利用不接地的回线或电极向地下发送脉冲式一次电磁场，用线圈或接地电极观测由该脉冲电磁场感应的地下涡流产生的二次电磁场的空间和时间分布，来解决有关地质问题的时间域电磁法。

瞬变电磁法的场源主要有两种：一种是回线形式(或载流线圈)的磁源；另一种是接地电极形式的电流源。

1. 瞬变电磁法测深的基本理论

以下以均匀大地的瞬变电磁响应为例，讨论回线形式磁偶源激发的瞬变电磁场，阐述瞬变电磁法测深的基本理论。

导电率为 σ、磁导率为 μ 的均匀各向同性大地表面敷设面积为 S 的矩形发射回线，在回线中供以阶跃脉冲电流，即

$$I(t)=\begin{cases} I & \text{当}\ t<0 \\ 0 & \text{当}\ t\geqslant 0 \end{cases}$$

初始阶段瞬变电磁场是由近地表的感应电流产生的，反映浅部电性分布；后期瞬变电磁场主要是由深部的感应电流产生的，反映深部的电性分布。因此，观测和研究大地瞬变电磁场随时间的变化规律，可以探测大地电位的垂向变化，从而推测探测方向异常体的具体位置，这便是瞬变电磁探测的基本原理。

2. 瞬变电磁法常用勘探方式

瞬变电磁法通常利用的装置形式有重叠回线装置、中心回线装置、偶极装置、大定源回线装置。

3. 数据处理与解释

瞬变电磁数据处理，依托相关计算公式及勘探区域基本地质资料计算视电阻率、视深度等一些基本参数，根据资料的实际情况应进行滤波、一维反演处理，直至获得合适的解释数据。

资料解释过程中应坚持“水文地质研究与物探资料解释相结合，定性解释与定量解释相结合”的基本原则，采用综合处理与解译技术，减少多解性，提高解释可靠性。瞬变电磁成果图为视电阻率等值线断面图，横坐标为测点坐标，纵坐标为沿探测方向上深度坐标，结合工程地质和水文地质资料，确定探测区域内横向、水平深度和垂向深度上岩层电性变化情况。

中国铁设将小框瞬变电磁法引入到超前地质预报领域，开展地下水的预测预报，取得了良好的探测效果，如图 4-11 和图 4-12 所示。

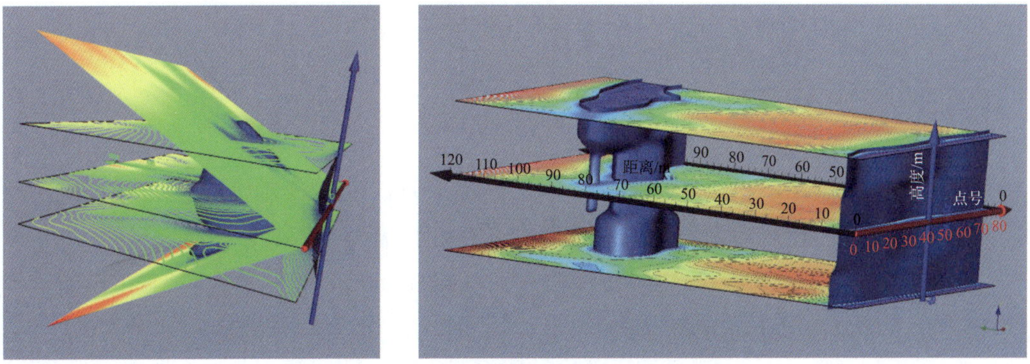

(a) (b)

图 4-11 全空间瞬变电磁技术三维成果图

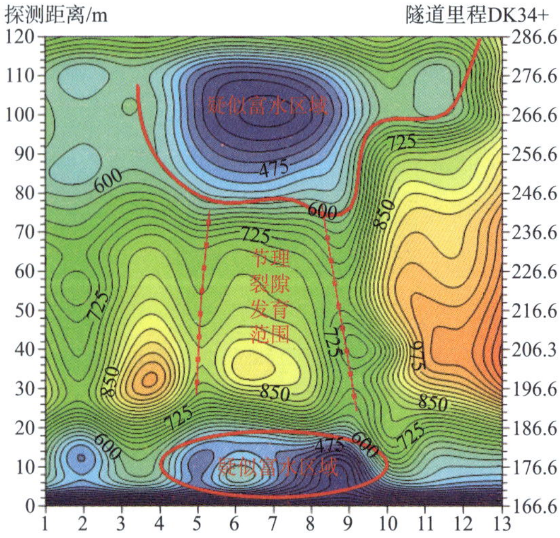

(a)拱顶探测成果

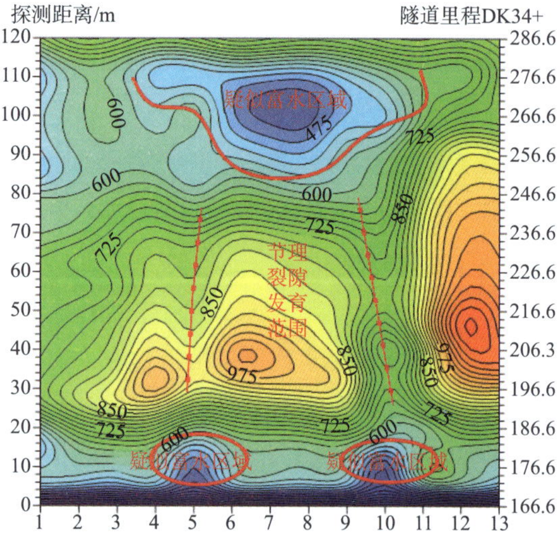

(b)正前方探测成果

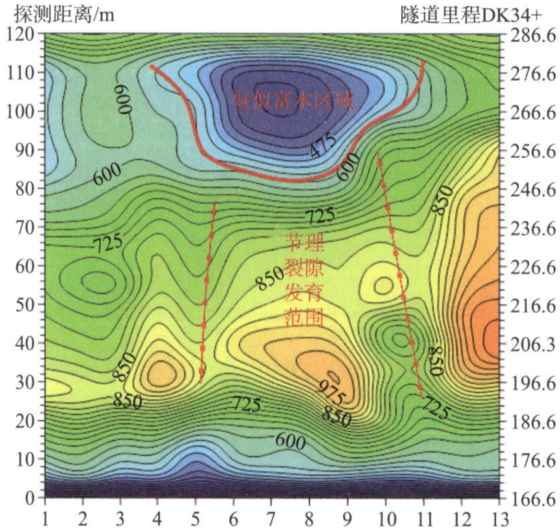

(c)隧底探测成果

图 4-12　全空间瞬变电磁技术平面成果图

应用总结：

①瞬变电磁技术由于目前技术限制，对于早期信号(浅表层数据)的分辨能力不足，存在浅层的探测盲区，一般 10～30 m，因此在选用该方法时，需考虑探测目标的埋深。

②大回线装置信噪比相对较高，数据稳定，但是由于回线铺设距离较长，施工极为不便，适合于平坦开阔地形的大面积勘探。

③铁路工程一般为线性勘探，适合利用小线框重叠回线装置开展勘探工作。

④瞬变电磁法的优势在于对隐伏低阻体的响应灵敏度高，在方法选用时需综合考虑探

测目标与周边岩土体的电性差异，电性差异越大，探测效果越好。

⑤瞬变电磁法应用于隧道超前地质预报还处于试验阶段，尚未纳入现行规程，需要结合工程实践不断总结完善。

4.3.4 航空电磁技术

航空物探是指利用航空器携带的专门探测仪器和设备，从空中测量地球各种物理场的变化，以分析地质构造、地层的飞行作业。航空物探能克服不利地形限制、探测效率高，能在短期内取得大面积探测资料。

1. 航空电磁法基本原理

航空电磁测量是航空物探的一种主要方法，将航空电磁仪系统安装在飞机或其他飞行器中，通过观测仪激发或天然形成的电磁场，研究异常电磁场的空间和时间或频率特性（以电磁感应原理为主）来寻找矿体或解决某些地质问题。

时间域航空电磁系统主要分为直升机式时间域航空电磁系统（简称“直升机系统”）和固定翼式时间域航空电磁系统（简称“固定翼系统”）。从结构上，固定翼系统的发射和接收线圈是分开的，发射线圈放置在飞机上，接收线圈由电缆线拖拽着在空中。

固定翼系统发射和接收线圈之间的距离较大，发射线圈移动导致了一次场产生，给数据解释带来了很大干扰；同时，发射和接收线圈之间距离变化降低了系统的空间分辨力。近年来对固定翼系统的改进主要是使发射和接收线圈之间的距离更近，提高了系统的空间分辨力。

在应用方面，固定翼系统探测深度更深，探测区域更广，但是在飞行测线很密集的情况下固定翼系统不能提供关于异常体的大小、位置、方向、深度更准确的信息，而直升机系统可以完成。

因此，如果同时使用两种系统会达到更好的探测效果，可以首先使用固定翼系统确定异常体的位置，然后使用直升机系统在确定的区域范围内飞行，进一步确定异常体的位置、方向和深度等。在未来，可以将两种系统有机结合起来，扬长避短，开发出更加优良的时间域航空电磁探测系统。

2. 航空电磁异常体探测能力分析

航空电磁对异常体的探测能力是航空电磁应用的基础，因此研究和分析航空电磁对不同异常体的探测能力及影响因素是勘察应用中需要重点考虑的参数指标。以时间域航空电磁系统为例，利用响应比值方法分析航空电磁系统对地下典型目标体的探测能力。

（1）三维航空电磁系统正演模拟

应用积分方程法进行航空电磁三维正演模拟，利用并矢格林函数理论建立二次感应场和一次场的关系，求解异常体内感应电流分布，并利用并矢格林函数对异常体内感应电流体积分计算航空电磁系统的频率域响应。

为分析航空电磁系统对地下导电体的探测能力，将带异常体的航空电磁响应与半空间背景响应作比值，并通过设定响应比的阈值方法定义最大勘探深度。随着异常体埋深增加，当异常响应衰减到半空间响应的 10%时，认为此时的异常是可识别的最小异常，对应的异常体埋深定义为最大勘探深度。

(2)探测能力及影响因素分析

目前，航空电磁系统采用多种发射波形进行飞行探测，如阶跃波、半正弦波、梯形波、三角波等，能够为地球物理勘察提供丰富的地电结构信息。然而，不同发射波形对地下异常体的探测能力不同，针对实际情况(如目标体形态、大小、导电性和埋深等)选择最佳发射波形和装置参数是获取高质量电磁数据和对地下目标体进行有效探测的关键。

发射基频是一个完整发射波形周期的倒数，它表征了航空电磁发射脉冲重复的频率。发射基频不同，发射波形的脉冲宽度和断电时间均不同，导致电磁波的扩散特征及异常体电磁响应发生变化，进而导致探测能力存在差异。

虽然不同基频的发射波形具有不同的勘探能力，但即使在同一基频情况下，仍然存在脉冲宽度选择的问题，不同的脉冲宽度会使感应二次场的电磁波能量和分布发生变化，导致异常体探测能力差异。

以上探测能力分析都是在围岩和异常体电阻率比值保持不变的情况下进行的。实际地质情况和电性结构非常复杂，其间的电性差异可以有很大变化。

航空电磁系统的飞行高度是电磁数据采集和处理过程中的重要参数，较小的高度差异会引起航空电磁响应的很大变化。因此，研究不同飞行高度对航空电磁系统探测能力的影响十分重要。

实际航空电磁的观测设计中，应针对具体的勘探目标，选择具有最佳耦合的观测系统。同时，针对设定的模型进行数值模拟，分析其对目标体的探测能力，获得最佳系统参数组合，以保证在对目标体有效探测的前提下，减少航空观测的工作量、提高工作效率、减少勘探成本。

同一系统不同目标体探测能力不同，不同系统(装置形式、发射波形、基频、场分量等)对同一目标体有不同的探测能力。因此，针对特定的勘探靶区和目标体，只有优选最佳系统和参数组合，才可获得最佳勘探效果。

4.4 测氡技术

土壤中的氡气由地下深部迁移到地表附近，利用测氡设备探测浅部覆盖层一定深度内存在的氡及其子体衰变时放射出不同能量的射线强度来推算氡的浓度，进而了解地下深部的构造，称为土壤测氡法（简称“测氡法”）。氡气的化学性质稳定、活动性强，具有很强的迁移能力，作为一种示踪元素可应用于勘察领域。

应用测氡技术需要深入研究测氡施工技术、氡气背景场技术、异常特征、数值模拟技术、影响因素、使用条件等，中国铁设结合铁路工程采空区、地裂缝等勘察开展了测氡应用技术课题研究，取得了以下几个方面的成果：

4.4.1　氡气运移规律及观测系统研究

氡气可通过构造破碎带、节理裂隙、采空区塌陷等通道运移，因此，采用测氡法可以圈定断裂破碎带、采空区塌陷的平面位置。

对于断层、裂缝勘察，可在垂直方向布置监测段断面以控制其分布范围；测线的布置一般垂直于断层走向，对发现的异常进行跟踪、追索、截取以确定其走向；点距一般选择 10 m，遇到异常适当加密测点，以确定异常宽度。

对于采空区勘察，可面状布置监测断面以控制其范围，要视异常体大小布置测网。对于较小异常体，测网布置一般为 2 m×2 m，1 m×1 m，1 m×2 m；对于较大的异常体，可用 5 m×5 m，5 m×10 m，10 m×10 m 的测网。

4.4.2　氡气异常特征规律研究

根据采空区的地质条件，建立采空区的地质-地球物理模型：采空区与上覆地层之间的氡浓度为 N_0，两侧围岩与上覆地层之间的氡浓度为 N_1 和 N_2，当两侧岩性地质环境相差较小时，$N_1=N_2$，上覆地层厚度为 b，上覆地层的孔隙度为 ε，扩散系数为 D，有效扩散系数为 $D\ =D/\varepsilon$，氡在上覆地层的对流速度为 $v=(v_x,v_y)$，通常认为氡的对流只有垂直对流，即 $v=(0,v_y)$，采空区的宽度为 W，这是指采空区两侧岩石破碎和疏松的有效影响范围，氡的衰变常数为 $\lambda=2.1\times10^{-6}/\mathrm{s}$。

在均匀覆盖层中，氡以对流-扩散作用向上迁移，由以上地层参数及采空区参数，计算出不同异常特征的曲线特征。

小型采空区（塌陷）覆盖层氡浓度分布特征：小型采空区（塌陷）的氡气异常在剖面上显示为单非对称异常峰，当两侧围岩面氡浓度相等时，异常峰为对称型，这类异常在野外测试时经常遇到，多为宽度中等，上覆地层较大。

大型采空区（塌陷）的氡气异常特征：大型的采空区（塌陷），上下两侧裂隙比较发育，这些裂隙为氡向上前迁移的主要通道。在覆盖层中测试氡异常剖面为双峰值带，峰值带异常峰的大小和多少与上下两侧裂隙的多少有关，通常上侧裂隙较多，有利于氡的扩散和对流，所以上侧氡气的异常峰值往往高于下侧氡气的异常峰值。

未充分塌陷采空区氡气异常特征：未充分塌陷采空区裂隙比较发育，所以氡在其中的迁移分布是不均匀的，氡气异常为多峰锯齿状特征。

4.4.3 测氡应用技术研究

氡气测量主要受湿度和覆盖层的影响。

湿度影响：氡相较于其他稀有气体可溶于水，所以自然状态下氡气浓度与湿度成正比。测线布置时应避开河边、滩地等地下水位较浅的地方，在取样 15 min 内保持 -450 V 以上静电负压。

覆盖层影响：氡在内因和外因的共同作用下，从深部迁移到浅部的覆盖层，成为新的氡源，并在其中主要以对流-扩散的作用进行迁移。从氡气的迁移过程可以看出，氡气的浓度主要受深部环境和浅部覆盖层的共同影响，测线布置氡气采集应尽量选择在原状土地层进行。

测氡方法分为电离室法、固体径迹法、^{218}Po 法、闪烁室法、活性炭被动吸附法、扩散静电计法等。本次研究对象主要为^{218}Po 法。

取样方法分浅层取样法和深层取样法两种。浅层取样法是用铁锹挖一深 50 cm、直径 30 cm 的小坑，将取样片放入取样盆倒扣在坑中，用细土埋好；深层取样法是用螺旋钻打一深约 1.5 m 的孔，将取样片放入取样筒内，放入孔中，将孔口封住；深层抽气取样，用钢钎打深度 70 cm 的细孔，插入专用抽气空心管，抽气到集气筒，将带高压静电取样片提前放置于集气筒中取样。取样方法的选择应根据现场地表情况具体确定。

4.4.4 野外工作步骤

(1)根据现场情况和既有资料及项目要求布置测网。

(2)每日工作前、后和工作中遇到异常时都需用标准源对仪器灵敏度及其本底进行检查并做记录。

(3)在第一个测点上挖坑取样（或打孔取样），用带电器给取样片带静电，然后将取样片放入取样盆（或取样筒）中，再倒扣到取样坑（或放入取样孔）中，用细土埋上（或封住孔口），等待取样片吸附收集氡的子体。

(4)5 min 后，在第二个测点上重复(3)。

(5)5 min 后，取出第一个测点上的取样片，立即放入探测仪闪烁室中，进行测量；同时在下一个测点上重复步骤(3)。

(6)5 min 仪器计数完毕，自动停止并显示计数，储存数据（或记录数据），然后到第二个测点取出取样片，重复步骤(5)。

(7)如果在测量过程中发现异常时，可在该测点的前后加密测点。

4.4.5 数据处理软件开发

为土壤测氡法专门开发的数据处理与成图软件，能实现对土壤测氡数据读取、编辑、限制、滤波等简单处理，输出自定义色阶的高精度成果图片，针对数据误差及复测点进行统计并输出数据分析报告。

软件主界面主要包含四个区域，分别为图像显示区、操作按钮区、快捷操作区、文件信息区，具体如图 4-13 所示。

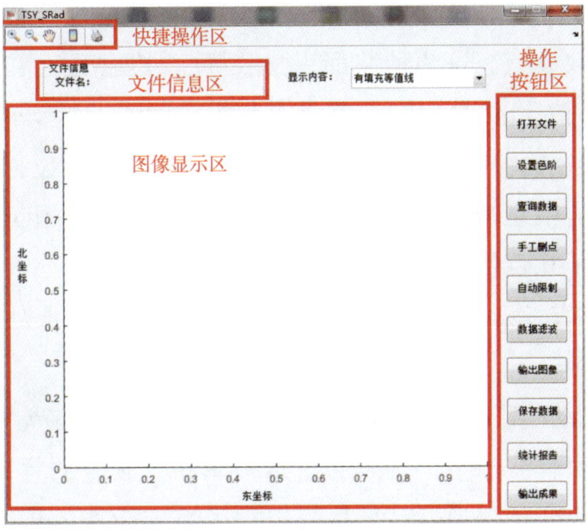

图 4-13　测氡数据处理软件主界面

该成果在济青高速铁路、阳大铁路采空区勘察中应用效果良好。

4.5　地球物理测井技术

在铁路工程勘察中，地球物理综合测井技术包括视电阻率测井、自然电位测井、井温、井斜、声波、管波测井等，目前已从划分地层、了解岩性、划分含水层等定性研究，发展到提岩土参数的定量化研究。

4.5.1　管波探测

管波探测技术是在钻孔中利用“管波”作为探测物理场，探测孔周一定范围内的溶洞、溶蚀裂隙、软弱夹层等地质体的物探方法。在桩位中心的一个钻孔中进行管波探测，即可快速探明桩位范围内的岩溶、软弱夹层及裂隙带的发育和分布情况，评价嵌岩桩基桩持力层的完整性，为桩基设计施工提供直接依据。

1. 管波的激发、传播机理

根据弹性波理论，在弹性介质中传播的振动，按传播空间可分为体波和界面波。体波在无限空间中传播，包括纵波（压缩波）和横波（剪切波）；界面波在波阻抗界面附近传播，包括瑞利波、斯通莱波、勒夫波等。当相互接触的两种介质，一种是流体另一种是固体时，外来振动会在两种介质的分界面附近产生沿界面传播的界面波，称作广义的瑞利波（rayleigh waves）。在液体填充的孔内及孔壁上，广义的瑞利波沿孔的轴向传播，称作管波（tube waves）。常见的管波有两种类型：一种是斯通莱波（stoneley waves），沿孔壁传播，并在围岩中呈指数衰减；另一种是准瑞利波（又称“伪瑞利波”），它是一种导波，大部分能量集中在流体内，在围岩中也呈指数衰减。这两种波都有波散特性，相速度随频率的不同而变化。

两种类型管波均沿钻孔的轴向传播，都具有前推式的质点运动轨迹，在轴向切面内是一系列椭圆。质点位移的径向分量在钻孔中心位移是0，在孔壁处位移达到最大值，在孔壁上位移是连续的，但在围岩中衰减较快。位移的轴向分量在流体中相对来说是一常数，在孔壁上发生间断，振幅下降了几百倍。

根据管波探测法现有发射设备的情况，发射振动的频带范围为400～3 000 Hz。实际采集到的管波为斯通莱波。

孔中流体的任何振动，几乎都能产生管波。在地震勘探中，最常见的是地滚波（面波）穿过充满孔液的井口，导致管波产生。管波的初始频率和管波源的频率相同。由于孔内流体吸收作用很小，管波频率变化缓慢，所以，尽管经过了一定距离的传播，管波能量依然很强，管波的频谱与管波源的频谱基本一致。与其他类型的波动一样，当波阻抗发生变化时，管波也会产生反射。在钻孔孔液和孔壁外一定范围内，发生反射的波阻抗界面有孔径变化处、液面处、孔底、孔壁波阻抗差异界面。

以往对界面波的研究表明，界面波的能量集中在界面以外半波长的范围内。实测资料表明，管波的探测范围亦可以用管波的半波长确定，管波的探测范围为以钻孔中心为轴心，管波的半波长为半径的圆柱状区域。管波的传播速度极为稳定，可通过改变管波源的频率来改变管波的探测范围。

2. 管波探测机理

管波在孔液和孔壁以外一定范围内沿钻孔轴向传播，可把孔液和孔壁以外一定范围内的岩土层等效成一维杆件，管波在等效的一维杆件中沿轴向传播。其运动学方程可大为简化，解释方法更为简单。一般认为，在一维杆件中沿轴向传播的振动在相同的杆件横截面上，振动的能流密度处处相等。而管波传播的等效一维杆件中，振动的能流密度是不相等的，距钻孔近的区域能流密度大，远离钻孔的区域能流密度小。

管波在孔液和孔壁以外一定范围内沿钻孔轴向传播，除在孔径变化、孔底和孔液表面处产生反射外，在管波的有效探测范围内的任何波阻抗变化都会产生反射。这种波阻抗的变化必定是钻孔旁侧的不良地质体（如土洞、溶洞、软弱夹层）的存在造成的。因而可通过分析管波的反射波来确定钻孔旁侧是否存在不良地质体。

管波的传播速度除与孔液的纵波波速有关外，还与围岩的横波波速密切相关，因而可通过管波传播速度的变化来探测围岩风化程度的变化和分析围岩裂隙的发育程度。

根据波动理论中的半波长理论，管波探测法的探测范围为以钻孔中心为圆心，半径为

0.4λ 的圆柱状空间，其中 λ 为管波波长。考察管波探测时间剖面，各钻孔中管波的波长有所差异，大体上为 1.5～2.5 m，管波探测法的探测半径为 0.6～1.0 m。

3. 管波探测装置

管波探测法探测装置发射仪的发射换能器和记录仪的接收换能器按固定间隔放入有孔液的钻孔中，在每个探测位置发射仪发射同一主频的脉冲信号，发射换能器产生的振动与孔液作用，在孔液和孔壁上产生管波，记录仪同步记录经接收换能器输出的振动信号。同时移动发射换能器和接收换能器以改变探测位置，这样把同一主频探测的不同深度的探测点的振动记录按深度排列，得到时间剖面。通过对时间剖面的分析，即可判别洞穴和软弱夹层的存在，及其顶底深度。通过改变发射仪发射的主频，或更换发射换能器，重复上述不同深度探测点的探测，获得多张不同管波主频时间剖面；或通过频谱分析的方法获得多张这种不同管波主频时间剖面；根据对这些时间剖面的分析，可判别洞穴和软弱夹层等不良地质体与钻孔中心的距离。

在管波探测法中，有效探测半径和分辨能力是相互制约的，要探测距离远需要较低的频率，要反映细小的洞穴却需要较高的频率。在实际应用中，应采用 200～3 000 Hz 宽频管波进行探测，这种频带下管波探测的有效探测半径为 2.0 m，分辨能力在近孔处为 0.3 m，在远孔处为 1.0 m，具有非常高的垂向探测精度，适合于灰岩地区大口径嵌岩桩的桩位勘察和孔内岩溶探查。

图 4-14 为管波探测自激自收观测系统示意图。采用这种观测系统，来自不同界面的反射管波在时间空间域得以分离，便于解释。图 4-14 中每一条振动曲线，为一个测点的振动

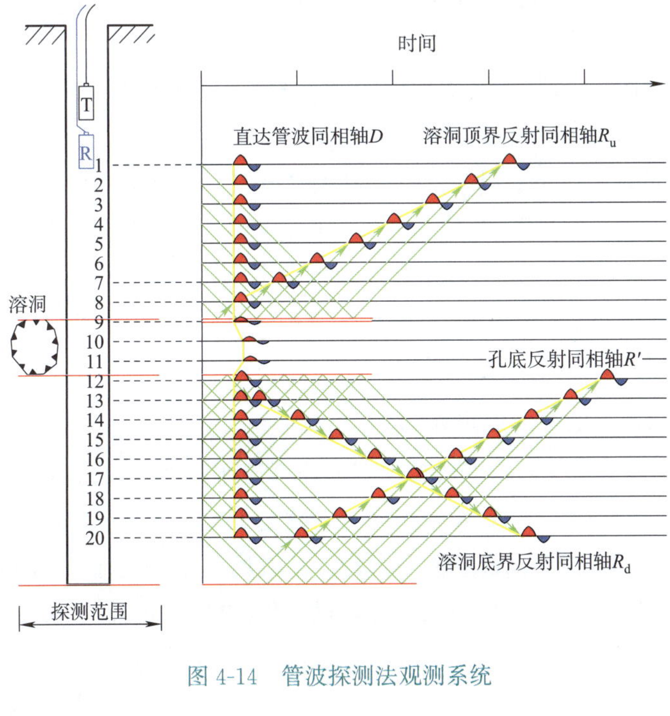

图 4-14　管波探测法观测系统

记录，图中共图示了 20 个测点。图中直达管波 D、孔底反射 R'、溶洞底界反射 R_d 和溶洞顶界反射 R_u 可在时空域分离。

管波探测法已在宁安城际铁路、长昆高速铁路、深圳地铁等大量项目应用，效果良好。

实践表明，管波探测法具有成果快速、异常易于识别、异常的地质解释具有唯一性、勘察成果可靠性高、探测岩溶分辨能力强、垂向探测精度高、不受场地限制等特点和优势。管波探测技术可有效地探测孔旁侧岩体的完整性、岩体的裂隙和溶洞分布情况，为选择基桩持力层和指导基桩施工提供可靠的地质依据，弥补了钻探“一孔之见”的缺陷。

4.5.2 井间 CT

地震波 CT 是以岩土物理力学性质为基础，利用射线走时来重构岩土内部声速值分布，通过像素、色谱、立体网络的综合展示，以达到反映岩体内部结构的目的。两个钻孔间采用一发多收的扇形观测系统，组成密集交叉的射线网络(图 4-15)，根据射线的疏密程度及成像精度划分规则的成像单元，经反演得到被测区域的弹性波速度图像。岩体中地震波的传播特征取决于灰岩的地球物理特性，坚硬完整的地层波速较高，而受到节理裂隙发育、溶蚀洞穴(或充填)的影响，会出现波速异常，异常区域呈现相对低波速的状态，从而可以确定岩溶在地下的分布情况。

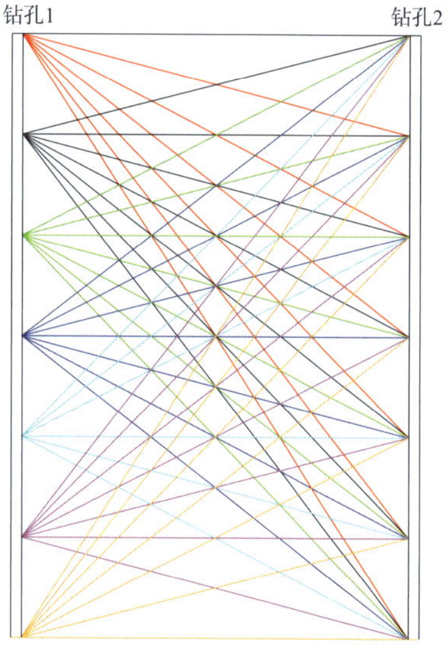

图 4-15　跨孔地震波 CT 射线布置图

由于避开了地表土层低速带对地震信号高频成分的吸收，跨孔地震波 CT 可以获得极高分辨率的地震信号，由此可以得到井间地层、构造等地质目标的精细的成像。与地面地震相比，井间地震方法具有能量传播距离短、接近探测目标、避开低速带等特点，因此，采集到的数据具有很高的频率和信噪比。其特点是：孔中可观测避开地表低速带等，地震信号高频成分保留较好；能量传播距离短，接近探测目标；与地面地震相比，该方法需要钻孔、下管，观测距离较小。

在井间地震波 CT 技术研究中，我们开发应用了有序波前射线追踪新算法和交错网格成像法，能获取准确射线路径信息，计算精度明显提高。

1. 有序波前重建同步射线追踪算法

有序波前重建同步射线追踪算法较现有全局算法作了如下改进：用实际波前扩展代替扩展方阵方式进行射线追踪计算，较好把握了射线走向，提高了计算精度；网格节点最小走时计算采用搜索次级源的计算策略，充分考虑了全波场信息。走时计算的同时记录射线，实现了基于两步法思想的同步计算，降低了计算量；算法原理清晰，易于实现，波前走时计算采用双曲线近似计算，近似程度高，实用性强。

2. 交错网格法 CT 成像研究

地震波 CT 成像的观测系统是根据探测目标地质体大小来设计的，离散成像网格尺度一般不大于探测体线性长度，且保证射线在成像区域内均匀分布。离散成像网格单元的选择应使所要求解的未知数与观测数据个数基本相当，单元过大和过小所导致的 CT 成像方程的严重超定或欠定都会影响成像精度和分辨能力。交错网格法采用不同尺度的成像网格、射线追踪网格，彼此通过双曲线插值映射相互关联，获取高精度的射线路径后进行成像。

我们研究提出了一种新的地震波 CT 成像方法——交错网格法，采用不同尺度的成像网格和射线追踪网格，其节点速度由成像网格节点速度内插获得，基于高密度射线追踪网格所得射线路径在成像网格单元内为曲线，更符合地震波的传播规律，提高了地震波 CT 成像的分辨率和地质效果。

为了验证交错网格法 CT 成像的有效性，对数值模拟资料进行了处理实验。图 4-16(a) 所示的均匀背景介质里存在一个速度异常体的非均匀介质模型，其水平宽度为 20 m，垂直方向的深度为 48 m。背景速度为 6.0 km/s，低速异常体的速度为 2.2 km/s。观测系统是：模型的左侧为激发井，右侧为接收井，共有 48 炮，起始炮点深度为 1 m，炮点间距 1 m，每一炮共有 48 个接收点，起始接收点深度为 1 m，接收点间距 1 m，有效射线计 2 304 条。以 1 m 为单位划分为 960 个成像网格单元，计 1 029 个网格节点。高密度网格射线追踪采用有序波前重建法，射线路径计算结果如图 4-16(b)所示。反演算法采用 DLSQR 算法，迭代 10 次的计算结果如图 4-16(c)所示。反演得到的速度剖面反映了真实模型的情况。

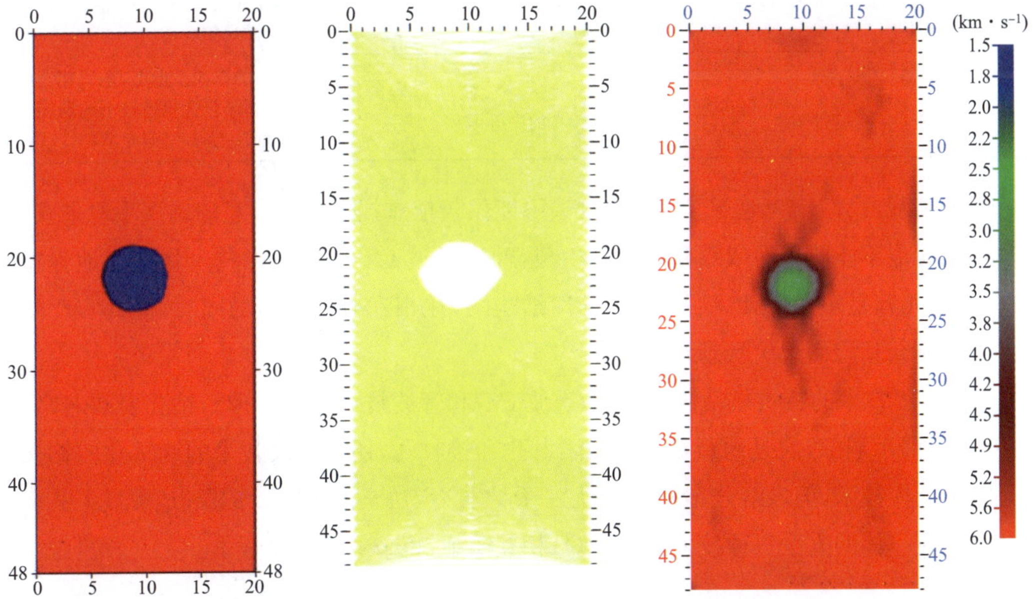

(a)圆形低速缺陷模型　　(b)射线追踪　　(c)CT 成像剖面

图 4-16　简单模型试算

注：标尺水平方向表示地面距离，竖直方向表示地下深度，单位均为米。

长昆高速铁路怀化南站覆盖层为粉质黏土、圆砾土，下伏基岩为白云质灰岩，岩溶极其发育，溶洞充填黏土或无固态充填物，溶洞内有水。

本次勘察工作中，先对钻探资料及波速影像图进行充分的综合分析、对比，确定各类岩土层的波速范围及特征，根据综合分析、对比确定的岩土层波速范围和特征进行岩土层分类，详见表 4-2。

表 4-2 岩土层跨孔弹性波 CT 法分类一览表

序号	物探分类	波速范围/(m·s^{-1})	工 程 特 征	钻孔柱状图描述
1	完整基岩	4 500～6 500	岩体完整，岩质较硬，微风化至中等风化，无溶洞	定名为微风化或中等风化硬质岩，岩芯呈碎块状、短柱状、长柱状
2	节理裂隙发育	4 000～6 000	岩体较完整，岩质较硬，中等风化，无大溶洞	定名为中等风化硬质岩，节理裂隙发育，岩芯多呈短柱状，局部呈饼状、碎块状
3	溶蚀裂隙发育	2 500～4 500	宏观上表现为基岩，岩体较破碎，岩质较硬，存在小溶洞、溶蚀现象及裂隙发育，部分包含层厚较小的完整岩体或局部夹强风化岩层	定名为中等风化硬质岩，岩芯多呈短柱状，局部呈饼状、碎块状，岩体裂隙发育，局部夹有岩状强风化岩，钻进时漏水、存在溶蚀现象或半边岩溶
4	岩溶发育区	1 500～2 800	宏观上表现为岩溶及少量溶蚀裂隙发育，部分包含较小的孤立中等风化岩块	定名为溶洞，包含溶蚀裂隙发育的薄层中等风化岩，钻进时出现漏水、掉钻现象
5	土层	<2 000	第四系土层，全、强风化岩的统称，包含孤立的中等风化岩块	定名为第四系土层、全风化、强风化岩，部分包含规模较小的岩溶、裂隙发育及土洞、溶洞充填物

通过实践，我们认为地下岩溶发育规模不能仅仅依靠提供单点信息的钻探手段来获取，基岩起伏面也不能简单地依靠柱状图来生成，而地震波 CT 层析成像技术将较好地弥补钻探的局限，尤其是多剖面反演后组成的速度结构图，在相互对比验证的同时，能真实反映岩溶发育规模与基岩面起伏状态。

井间 CT 技术的特点是钻探、井间地震波 CT 和管波技术三位一体。钻孔要取芯，鉴别地层，直接揭示洞隙，它是地震波 CT 的激发孔和接收孔，还是管波技术的测试孔。钻探取芯是直接勘探技术，但岩溶分布和形态以“一孔之见”无法全面查明。钻探、地震波 CT 和管波技术三位一体的方法三种技术取长补短，相互印证，也节约了勘察成本。

4.5.3 隧道深孔综合测井

地球物理测井技术可在钻探的基础上提供更多的地质信息，为地质隧道围岩的分级、地下水的活动提供有力的数据支持，提高综合勘察的精度。

1. 岩体完整性程度确定方法

岩体完整性程度研究方法：声波测井、视电阻率测井、孔壁成像（光学和超声成像）、井径测井中两种或两种以上的参数组合。

（1）岩体完整性指数确定

利用声波测井测得岩体纵波波速值，进而计算岩体完整性指数。岩体完整性指数 K_v，用下式来表示：

$$K_v = (v_{p岩体}/v_{p岩石})^2$$

式中　$v_{p岩体}$——岩体的实测纵波速度，m/s；

$v_{p岩石}$——岩石的弹性纵波速度，m/s。

计算 K_v 时，岩石的弹性纵波速度 $v_{p岩石}$ 取值是否准确，将直接影响到 K_v 值的准确程度。因此，在计算 K_v 时必须重视岩石纵波速度的选取。

岩石的弹性纵波速度 $v_{p岩石}$ 可通过在新鲜完整岩体上按要求采集岩石试样进行室内声波测试来获得。测试的基本原理是利用人工激发的超声波脉冲信号穿透岩石试样，测取声波在岩样中的传播时间，根据岩样的长度得到纵波在岩石试样中的传播速度。通过 81 个不同岩性样品测试结果分析可以看出：

岩石作为一种地质体受长期复杂的地质活动作用，在其内部通常形成一定的应力状态，这种应力成为地应力或原岩应力。地应力的方向和大小对岩体的物理力学性质和稳定性都有显著影响。同样，作为构成岩体的重要组成部分——岩块，当其被从原有的地质环境中取出时，它在原位岩体中受到的应力将被解除，其物理力学性质亦会发生变化，这种变化将产生岩块卸荷效应。卸荷后，内部的裂隙容易张开，导致波速明显降低。

对于一般岩石（波速大于 3 000 m/s），饱和状态时的声波速度比处于干燥状态的声波速度大，所以对于天然状态下含水率较高的岩体来说，当岩样从原位岩体中取出后，岩样的含水率势必会降低，可能导致波速降低。

此外，收发方式、频率差异的仪器也会导致两种波速数值不一。

最后，根据现行标准《铁路工程地质勘察规范》（TB 10012），计算岩体的完整性指数。岩体的完整性指数对岩体的完整性程度评价按照完整、较完整、较破碎、破碎、极破碎进行划分，见表 4-3。

（2）岩体完整性程度确定

岩体破碎、裂隙发育等原因可造成井径扩大，故井径测井可作为声波测井判断岩体完整性程度的必要补充。视电阻率测井是基于不同岩石之间视电阻率值的差异以及同一岩石间由于岩体完整性程度不同而引起的视电阻率差异，从而确定岩体的完整性程度。以声波测井为主，辅以井径测井，结合视电阻率测井进行岩体完整性程度确定。

表 4-3　岩体完整性程度的划分表

完整程度	结构面特征	结构类型	岩体完整性指数 K_v
完整	结构面 1～2 组，以构造型节理或断面为主，密闭型	巨块状整体构造	$K_v>0.75$
较完整	结构面 2～3 组，以构造型节理、层面为主，裂隙多呈密闭型，部分为微张型，少有充填物	块状构造	$0.75\geqslant K_v>0.55$
较破碎	结构面一般为 3 组，以节理及风化裂隙为主，在断层附近受构造影响较大，裂隙以微张型和张开型为主多有充填物	层状结构，块石、碎石状结构	$0.55\geqslant K_v>0.35$
破碎	结构面大于 3 组，多以风化型裂隙为主，在断层附近受构造作用影响大，裂隙宽度以张开型为主，多有充填物	碎石角砾状结构	$0.35\geqslant K_v>0.15$
极破碎	结构面杂乱无章，在断层附近受构造作用影响大，宽张裂隙全为泥质或泥夹岩屑充填，充填物厚度大	散体状结构	$K_v\leqslant 0.15$

(3)断层和软弱夹层确定

超声波成像测井：利用换能器发射脉冲，对井壁进行连续扫描，从反射信号的强弱来获得井壁岩层的图像，可以直观地反映出井壁周围壁面的展开图像。如图 4-17 所示，孔壁岩石破碎严重，裂隙发育，见溶蚀现象，局部见溶洞。

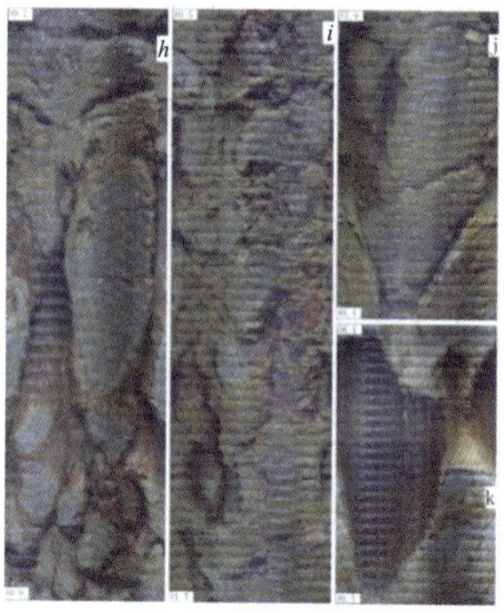

图 4-17　井壁周围壁面的展开图像

光学成像测井：用光学成像系统生成一个连续的定向 360°的井壁的像(井底 CCD 摄像机从三棱镜中查看井壁成像)，包括一个定向超载保护装置(由精密的三轴磁强计和三个加速计组成)，在测井时还可获得精确的井斜数据(准确精密的像的定位)。

(4)岩石动弹性力学参数确定

利用声波全波列测井能够测出纵波、横波、伪瑞利波、斯通莱波等。由于纵波传播速度较快，时间短，横波传播速度较慢，所以通过速度分析手段可将纵波、横波分离，分别计算出它们的时差，进而利用纵波、横波速度计算泊松比。

由于声波在岩石中的传播速度(纵波速度、横波速度)与表示岩石强度性能的参数(泊松比、杨氏模量等)有上述关系，所以声波全波列测井资料可以用来计算和评价岩石的力学参数。岩体破碎段、较破碎段(对应纵波速度较低段)泊松比值变化较大，这是因为完整性程度较差的岩石能量发散，横波能量常常被纵波所掩盖，导致纵波、横波波场分离比较困难。此外，通过密度值，可以进一步求出杨氏模量、剪切模量、拉梅常数等岩石动弹性力学参数。

2. 岩层富水程度确定方法

(1)视电阻率、自然电位、井温测井、自然井液电阻率测井联合解释原则

含水层视电阻率曲线特征：含水砂层相对于低电阻率的黏土类地层呈现高阻异常，基岩裂隙(溶隙)含水段相对于完整致密基岩段呈现低阻异常。

含水层自电曲线特征：第四系孔隙含水层或基岩裂隙(孔隙、溶隙)含水层的地层水和井液存在着明显的矿化度差异，所以含水岩土层往往出现清楚的自电异常。在含水层上，自然电位幅值大，自电曲线偏离基线急剧上升或下降；在泥质隔水层或完整致密的基岩层，自电曲线平直而稳定，实测曲线常在基线附近稍有跳动。自电曲线的偏离方向，即出现正异常还是负异常，决定于地下水和井液的矿化度之间关系。当地下水矿化度大于泥浆矿化度时，为负异常。反之为正异常。

含水层井温曲线特征：钻孔内的温度分布都不同程度地受地下水活动的影响和干扰。与围岩温度相比，含水层井段的温度冷水含水层明显地降低，热水含水层明显地增加，温度变化幅度主要取决于含水层中水温与围岩地温的差值。在补给区，地下水以垂向下渗运动为主，钻孔地温和地温梯度偏低，甚至出现负梯度；在排泄区，地下水以垂向上升运动为主，钻孔温度较高，但地温梯度很小，甚至为零；在径流区，地下水以水平运动为主，除含水层外，渗透性较小的井段内几乎观察不到地下水活动对钻孔温度的影响。

井液电阻率曲线直接反映钻孔中井液导电性能。当钻孔中井液矿化度相同时，井液电阻率曲线为一条直线；当钻孔中不同矿化度的井液界面存在时，井液电阻率曲线在界面上会产生明显的突变异常。在钻孔未揭穿含水层时，井液全部为冲洗液，其矿化度不变。当揭穿含水层时，冲洗液与含水层间形成一种补给关系，含水层以下为冲洗液，以上为地下水和冲洗液的混合液，此时形成了一个不同矿化度的井液界面。因此，利用井液电阻率曲线能够确定含水层段。

以杭绍台铁路石门隧道 GDK197＋530 左 15.6 m 综合测井为例，深度 49.00～55.00 m 电阻率相对低阻，平均值为 68 Ω・m，自然电位相对高值异常，平均值为 224 mV，井温曲线相对高值异常，井液电阻率曲线有突变异常，突变处即为富水段落。综合视电阻率、自然电位、井温、自然井液电阻率异常，此段为含水层段。

(2)人工井液电阻率测井判定岩层富水程度、地下水补给方向

人工井液电阻率测井是通过盐化井液，使井液与地下水之间有明显的电阻率差异，在地下水自然渗透作用下，盐化后的井液将随时间发生淡化和移动，其变化幅度的大小取决于地下水的渗透速度。连续观测井液电阻率的变化，根据曲线异常变化位置、移动速度、变化幅度，可确定含水层位置、地下水渗透性强弱及补给方向等规律。

(3)流量测井

解释原则：先定性分析，后定量计算；先找大异常，后解小异常；上、下测试曲线对比，结合井径，综合解释。

上、下测试曲线在无垂直水流的井段应基本重合，叶轮的非对称性很小时，可完全重合，此时的曲线幅值等于缆速幅值。上、下测试曲线重合一般出现在含水层以下，自然补给时，含水层以上也会出现。

上、下测试曲线在最下含水层处多数均向着相反的方向变化，即下测幅值减小，上测幅值增加；反之，下测幅值增大，上测幅值减小。在探头移动方向与水流方向相同时，水速大于缆速，叶轮出现回零再启动改变原来旋转的方向时除外。

孔径不变，转速有明显的变化时，所对应的孔段一般为含水层。

当孔径从某位置开始变化，后又回复到原孔径时，相应两个区段转速差别显著者所对应的孔段为含水层段。相应两个区段转速相同时，所对应的孔段为隔水层段。

当孔径增大时，相应转速减小；当孔径变小时，相应转速增加。所对应的孔段一般为隔水层段。

流量测井施测结束后，应根据流量幅值、井径、流量三者的关系标定图版，将幅值曲线转换为流量随深度变化的流量曲线。

3. 地温数据分析

以沈白铁路大营隧道井温测井数据为例说明，井温实测数据见表 4-4。

表 4-4　井温实测数据表

序号	深度/m	测温值/℃	序号	深度/m	测温值/℃
1	48.00	8.80	6	150.00	10.00
2	50.00	8.80	7	175.00	10.40
3	75.00	8.80	8	200.00	10.80
4	100.00	9.20	9	208.00	10.80
5	125.00	9.60			

(1)地温梯度计算

由表 4-4 可知，深度 100～200 m 地温梯度为(10.8－9.2)℃/100 m＝0.016 ℃/m。不同地区地温梯度值不同，根据经验值，通常为(1～3)℃/100 m。大营隧道 19-ZD-8412-1 孔深度 100～200 m 地温梯度值 0.016 ℃/m 在正常值范围之内，没有明显地温梯度异常。计算地温梯度异常的钻孔应在停钻 24 h 后并且井液没有进行过扰动的情况下测量。

(2)地温评价

预测工程所处区域内的地温状况，调查此区是否存在地温异常，划定异常区的范围，找出异常的原因，确定异常区的类型，对区域地温状况作出评价。该孔洞身处在深度 185～195 m 之间，平均地温值为 10.6 ℃。根据《铁路工程地质手册》，我国铁路工程技术规范中规定隧道内气温不宜超过 25 ℃，据此，该孔洞身范围内没有明显地温异常。

4. 钻孔质量控制

利用井斜测井可以得出钻孔的顶角、方位角等参数，建立钻孔倾斜方向的三维立体展开图。判定成孔质量，分析地层的实际深度和为地质人员判定钻孔的可利用度提供依据。立体效果如图 4-18 所示。

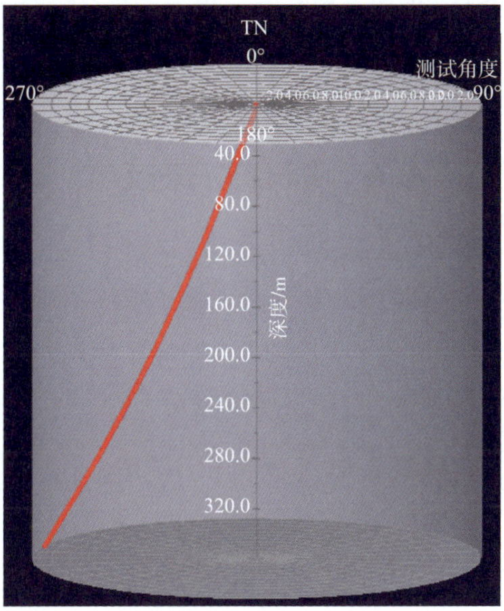

图 4-18　井斜测井立体效果图

井斜测井能够为地质专业计算岩层的真实厚度提供数据支持，并且进行超声波成像测井时需要辅以井斜测量，能够让解释人员对发射脉冲的反射时间加以明晰认识，更加准确地圈定异常。

5. 综合测井软件开发与应用

综合测井已成为铁路工程隧道勘察设计的重要手段，利用测井资料的综合解释可以进行岩层及围岩的含水性、渗透性、岩体完整性程度评价。针对综合测井设备不同而导致采集数据的记录格式不同、测井数据处理、人机交互性解释、解释结果精度、工作效率及解释成果输出格式的要求等，开发了“综合测井数据处理系统（LogDraw）”软件。该软件可以满足综合测井数据处理、解释及需要成果报告输出（Word 文档格式）及成果图输出（BMP、AutoCAD 格式）。其主要功能及特点如下：

工程信息录入及数据库建立：支持 PSJ-2 型数字测井仪、JSG-1 型数字测井仪及 Mount Sopris 数字测井仪数据格式的原始数据的录入及导出（文本文件、Access 数据库）。

数据处理：可以采用插值、滤波、飞点剔除、深度平移（记录点对齐）等数学方法对原始数据进行数据处理。

交互性解释：通过人机联作，对综合测井曲线进行交互性综合解释，对岩体完整性程度、含水性及渗透性、井温、井斜等进行综合性评价。

解释成果输出：根据交互性解释成果，按照要求一键式输出成果报告（Word 文档格式)、成果图(BMP、AutoCAD 格式)及需要的成果数据表(Excel 表格式)。

“综合测井数据处理系统”软件的开发,使得综合测井在铁路工程隧道勘察应用中测井资料的数据处理、综合解释工作的效率及精度取得很大提高,实现了综合测井数据处理、解释及成果输出规范化、标准化。

4.6 综合物探技术

物探是综合勘察的重要手段之一。根据场地地质条件,采用多种物探手段,点、线、面相结合,从多项物性参数及不同勘探深度研究地质体,以达到互相验证、互相补充,多层次、立体化认识区域或场地地质条件的目的,是提高物探解译精度的有效方法。

4.6.1 综合物探技术组合模式

1. 物探主要技术方法

(1)电测深法

电测深法包括电阻率测深和激发极化测深。它是在地面的一个测深点上,通过逐次加大供电电极极距,测量同点的、不同极距的视电阻率 ρ_s 值,通过对反映地电断面变化的视电阻率 ρ_s 曲线的分析,可以了解地电断面的特征。

电测深法适用于划分地层和测定不同深度岩土层电阻率,探查隐伏构造、岩溶、地下洞穴、地下水源、地下埋设物等。

定量解释宜采用量板法(包括计算机电子量板)、计算机反演法和反射系数 K 剖面法。当曲线比较复杂时,可以使用各种简化的解释方法或经验方法,定量解释的结果和参数应标明在电测深曲线图上。有钻孔资料时,应利用钻孔资料修正解释结果、划分地层。同时,绘制 ρ_s 断面图,识别异常位置。在异常的地方,岩石往往破碎、风化,在电阻率剖面上表现为电阻率等值线发生扭曲、突变,呈现低电阻率凹陷的特征。结合地层结构及构造情况,分析电阻率特征,可以推断异常位置。

(2)电剖面法

电阻率剖面法简称“电剖面法”,是指电极距保持不变,同时沿一定剖面方向逐点观测视电阻率 ρ_s,研究剖面方向地下一定深度的岩、矿石电阻率变化的一组方法。

电剖面法适用于研究地下某一深度范围内沿水平方向的电阻率变化,主要用来探测陡立产状的地质体或构造(如陡立产状的金属矿体、岩层界限、断裂带、岩性的界线位置和倾向等),查找岩溶、埋设物、洞穴等。

电剖面法应以定性解释为主,当探测目标体形态简单时,可进行定量解释;明确异常性质,确定异常的位置、延伸方向,估计埋藏深度;全面地分析曲线的特征(异常幅度、正交点、反交点、极大值、极小值、分离带、中间梯度的接头等），研究异常各部位与电极距、电极位置的关系。区分有用异常或干扰异常，求得地质解释的正确结论。

（3）高密度激电法

高密度激电法利用目标体与周围地层间的电阻率和激电效应差异来进行勘探，将激发极化法和高密度电法加以融合，形成了一种与高密度电法工作模式类似的大功率激电勘探方法。它具有勘探效率高、装置灵活、数据信噪比高、压制干扰能力强的特点。

高密度激电法适用于探测滑坡、采空区、岩溶等特殊复杂地质问题等。

解译应根据电阻率断面图，识别异常位置，在异常的地方，岩石往往破碎、风化，在电阻率剖面上表现为电阻率等值线发生扭曲、突变，呈现低电阻率凹陷的特征。结合地层结构及构造情况，分析电阻率特征，可以推断异常位置。

（4）瞬变电磁法

等值反磁通瞬变电磁法是测量等值反磁通瞬态电磁场衰减扩散的一种新的瞬变电磁法。根据地表接收到的涡流场信号随时间衰减的规律即可获得地下电导率信息。

等值反磁通瞬变电磁法适用于地层界线、地质构造、溶蚀溶洞、地层完整性划分、地下水发育情况。

瞬变电磁法的优势在于对低阻的响应灵敏，对充水溶腔探测有独特的优势，通常情况下溶腔会造成地下岩层的破碎、充水，使得该区域与正常地层结构相比，产生低阻电性异常，在探测剖面上反映为视电阻率曲线的低阻凹陷或形成低阻条带，据此判断溶腔的存在与分布范围。

（5）天然源音频大地电磁法

以地下岩石电学性质的差异为基础，利用宇宙中的太阳风、雷电等电磁现象产生的天然大地电磁场音频频带变化信号作为激发场源，又称一次场。一次场是平面电磁波，垂直入射到大地介质中，观测沿剖面每一测点下垂直方向不同深度范围岩层电阻率的变化规律。

天然源音频大地电磁法适用于解决地层界线、地质构造、大规模溶蚀溶洞、地层完整性划分、地下水发育情况、采空区等。探测深度几十米到上千米。

成果解译：

①岩性特征：每种岩石根据其成分和结构不同，在完整、未被破坏的情况下，不同的岩层具备不同的电阻率特征，其变化在一定范围内恒定。这是物探方法判断岩性界限的基础。当岩层遭到破坏，出现裂隙、破碎情况，地下水可以渗入其中，导致电阻率脱离它本身的范围，降低到某种程度，这是判断岩性变化的依据。

②异常区的电阻率特征：在异常存在的地方，岩石往往破碎、风化、含水，在电阻率反演剖面上表现为电阻率等值线发生扭曲、突变，呈现低电阻率凹陷、高低阻变化的特征。

③地下水赋存情况的判断特征：地下岩层中存在地下水会导致该岩层电阻率降低，偏离正常的范围。结合地层结构及构造情况，分析电阻率特征，推断地下水存在情况。

(6)人工源音频大地电磁法

人工源音频大地电磁法是在大地电磁法的基础上发展起来的一种物探方法,其工作原理是基于麦克斯韦方程组完整统一的电磁场理论基础。电磁波在大地介质中穿透深度与其频率成反比。当地下电性结构一定时,电磁波频率越低穿透深度越大,能反映出深部的地电特征;电磁波频率越高,穿透深度越小,则能反映浅部地电特征。调整供电频率的高低,可得到不同深度上的地电信息,达到频率测深的目的。

人工源音频大地电磁法适用于解决地层界线、地质构造、大规模溶蚀溶洞、地层完整性划分、地下水发育情况等。

(7)地质雷达法

地质雷达法又称"探地雷达法",借助发射天线定向发射的高频(10～1 000 MHz)短脉冲电磁波在地下传播,检测被地下地质体反射回来的信号或透射通过地质体的信号来探测地质目标的交流电法勘探方法。

探地雷达法适用于来划分地层,查明断层破碎带、滑坡面、岩溶、土洞、地下硐室和地下管线,也可用于水文地质调查。

(8)地震折射波法

地震折射波法是利用地震波的折射原理,对浅层具有波速差异的地层或构造进行探测的一种地震勘探方法,又称浅层折射波法。

地震折射波法适用于测定覆盖层厚度及基岩起伏形态,探测风化层,测定隐伏断层及裂隙断带位置、宽度及展布方向,滑坡及塌陷等调查,确定岩土物理力学性质,提供弹性参数、隧道围岩分级,探查古河道分布等。

资料解释应通过收集已知地质资料,掌握测区内的地质构造规律,对测区内断层、地层的产状、埋深、类型等有一个大致的了解。利用测区内或区域内的已知钻孔,进行对比分析,分析表层剥去法、层析法成果,对地质层位进行追踪与标定。按照从整体到局部、由简单到复杂的原则对地震成果进行解释。

(9)地震映像法

地震映像法是以相同的偏移距逐步移动测点接收地震信号,对隐伏地层或目标体进行连续扫描,利用多种地震波信息来探测地下介质的变化。其应用前提是地下介质存在明显的波阻抗差异。

地震映像法适用于浅部地层划分、岩溶、采空区及软弱土层塌陷的探测。

(10)浅层地震反射波法

浅层地震反射波法的基本原理是,通过人工激发的地震波在介质中传播,由于不同岩层具有不同的波阻抗特性,地震波会在这些波阻抗界面产生反射波,通过信号采集设备接收地震波记录,分析地震波的传播时间、频率、振幅等运动学和动力学特征,推断岩层的结构性质、分布状态。浅层地震反射波法探测范围从地表数十米至地下数百米,其测线布设密,精度高，效率也较高。

浅层地震反射波法适用于确定界面的深度和形态，圈定局部构造，判断地层岩性、采空区、岩溶、矿产、油气等。

资料解释应通过收集已知地质资料，掌握测区内的地质构造规律，对测区内断层、采空区的位置、产状、埋深、类型等有一个大致的了解。利用测区内或区域内的已知钻孔，进行反射波对比分析，分析地震剖面上反射波同相轴对应的层位，对反射波同相轴进行地质层位的追踪与标定。按照从整体到局部、由简单到复杂的原则对地震剖面进行解释。

(11)横波反射法

横波反射法勘探的基本理论与纵波相似，通过人工激发的地震波在介质中传播时，不同岩层具有不同的波阻抗特性，地震波会在这些波阻抗界面产生反射波，通过信号采集设备接收地震波记录，分析地震波的传播时间等运动学特征和频率、振幅等动力学特征，将地震记录进行数据处理得到反映地下界面图像的地震剖面，从而推断岩层的结构性质、分布状态。

横波反射法适用于第四系地层划分、探测地层界线、地质构造、采空区、岩溶等浅部勘察。

(12)瞬态面波法

面波是一种特殊的地震波，与地震勘探中常用的纵波(P波)和横波(S波)不同，它是一种地滚波。通过测定不同频率的面波速度 v_R 即可了解地下地质构造的有关性质并计算相应地层的动力学特征参数，达到岩土工程勘察目的。

瞬态面波法适用于第四系地层划分，获取岩体横波速度，岩性界线，路基强度检测，地基加固检测，岩溶洞穴探测、岩土层软硬确定等。

面波的成果是在提取频谱曲线的基础上进行的，根据频散曲线的拐点进行速度分层，频率的半波长对应了解释的深度，也就是说浅部对应高频信息，深部对应低频信息。高频的波长短，在浅地表对应的频率计算出来的深度-速度信息丰富，也就代表了浅部地层的分辨率较高。低频的波长长，在深部地层获得的深度-速度信息就少了，深部地层的分辨率就会降低。机械震源激发的瞬态瑞利波反演得到的可靠地层信息一般在深度 30 m 以内。为了得到深部信息，需要激发并获取低频信号，在激发上会增加重锤的重量，采集时采用主频为1～4 Hz 的检波器，以此来获取更丰富的深部信息，提高深部的解译精度。

(13)天然源微动法

天然源微动法是利用自然界存在的振动和人文活动形成的振动，达到勘探目的的一类方法。

天然源微动法适用于地层界线、地质构造、溶腔、岩溶、道路下方缺损、活动断层、地质灾害、地下文物等勘察。

(14)共振(频率谐振)技术

任何物体都存在自身的固有频率。当振动作用于物体，物体要做出相应的响应，振动的频率与物体的固有频率一致时，物体将放大震动的幅度，这种频率谐振的规律是普遍的。对于不同厚度层的介质，可以找到与之相匹配的达到谐振的频率，将水平分量振幅谱与垂直分量振幅谱进行比值分析，找到最大振幅对应卓越频率和振幅比值，进而推算岩土层的厚度和相应参数。三分量频率谐振面波的探测范围从地表数十米至地下几千米，其测线布设密，精度高，效率也较高。

共振（频率谐振）技术适用于地层界线、地质构造、溶腔、岩溶、道路下方缺损、活动断层、地质灾害、地下文物等勘察。

（15）孔内波速测井法

根据剪切波及纵波测试，分别绘制出剪切波、纵波垂直时距曲线图，计算出各波速地层的剪切波、纵波速度，据此进行场地类别及场地土类型划分与纵波速度划分。纵波速度配合剪切波速度按公式进行场地泊松比计算。

（16）磁法

磁法勘探是通过观测和分析由岩石、矿石（或其他探测对象）磁性差异所引起的磁异常，进而研究地质构造和矿产资源（或其他探测对象）分布规律的一种物探方法。

磁法勘探适用于探查含铁金属矿、地质构造、采空区影响范围等。

（17）重力勘探法

重力勘探法是测量与围岩有密度差异的地质体在其周围引起的重力异常，以确定这些地质体存在的空间位置、大小和形状，从而对工作地区的地质构造和矿产分布情况作出判断的一种物探方法。

重力勘探法适用于探查地质构造、金属矿或非金属矿采空区影响范围等。由于重力反演存在多解性，所以，必须依靠研究地区的地质、钻井、岩石密度和其他物探资料来减少反演的多解性。

（18）综合测井法

综合测井是利用岩层的电化学特性、导电特性、声学特性、放射性等连续地测定岩石的物性参数，利用各种测井曲线显示的特征、变化规律来划分钻井地质剖面、认识研究储层的一种孔内测量方法。其参数包含声波、电阻率、自然电位、井温、井斜、井径、自然伽马（放射性）井液电阻率测井、密度测井、全波列测井、光学成像、超声成像等。

2. 常用探测目的可选物探方法

基于岩土体地质特性和物性特征，总结了典型地质体的地球物理异常规律，提出常见探测目的可选用的物探方法，见表 4-5。

表 4-5　常用探测目的可选用的物探方法

序号	勘察目的	物 性 差 异	可采用方法
1	地质构造	断裂带宏观物性常表现为低波速、低电阻率、低密度，并容易产生极化率、自然电位、放射性等物性异常	直流电法、交流电法、弹性波法、放射性法、重力勘探法等

续上表

序号	勘察目的	物　性　差　异	可采用方法
2	覆盖层	覆盖层分为黏性土、砂类土、碎石类土等，覆盖层的电阻率往往随岩性和含水情况而变化。覆盖层波速通常比基岩低，常表现为低波速，与下部岩土层比为低(高)电阻率等	直流电法、交流电法、弹性波法等
3	风化带	各风化带之间，下层的波速、电阻率和密度一般都大于上层，多数情况下基岩风化层存在 2～3 个速度界面或电性界面	弹性波法、直流电法、交流电法等
4	岩石完整性	岩土体都存在电阻率差异、波速差异、密度差异等物性差异	直流电法、交流电法、弹性波法、声波等
5	岩溶 溶腔	岩溶及溶腔与围岩间存在电阻率、波速、波阻抗、密度、磁化率、电磁衰减系数等物性差异	直流电法、交流电法、弹性波法、孔内地震或电磁波 CT 物探、磁法等
6	采空区	采空区与围岩间存在明显的电阻率、波速、波阻抗、低密度、磁化率、电磁衰减系数等物性差异	直流电法、交流电法、弹性波法、重力勘探法、磁法、孔内地震或电磁波 CT 物探、磁法等
7	水文地质条件(岩土层富水性)	第四纪含水层一般具有电阻率高、电化学活动性强、自然放射性强度小等物性特点。基岩含水层通常具有电阻率低、电化学活动性强、弹性波速度低、自然放射性强度存在差异等特征	直流电法、交流电法、弹性波法、充电法等

3. 综合物探应用原则

(1)了解各种方法的适用条件、适宜解决的地质问题，充分了解工作区的宏观地质特征和场地条件，掌握工点必要的地质资料，正确选择勘探技术方法和解释参数，提高测试资料和解释成果的准确性。

(2)物探方法选择要达到设计要求的深度，针对每个工区特点选择一种最优方法，例如长大隧道以大地电磁法贯通、浅埋隧道以地震折射法贯通、路基以电性类方法贯通。复杂工区应采用两种以上的物探方法，多参数相互验证、联合解释。

(3)物性参数定量原则。根据区域地质分布，结合钻孔做岩性参数测试，包括孔内电阻率、横波速度、钻孔附近面波速度；在野外地质断面或基岩出露的地方要选择性做物性参数试验，选择的原则是覆盖组内出现所有地层岩性。根据获取的参数进行物探剖面的解释分层，做到从已知到推断的定量化。

(4)钻探为物探解译提供物性参数。由于地质因素的复杂性，地质体的物性参数往往因地区而异。因此，每在一个新地区开展工作的初期，找出物性参数所代表的确切地质含义，通过钻探资料对物探测试参数进行反分析，消除物探参数的区域性差异，指导全区的物探资料解译。

(5)结合区域地质资料、地质调绘、钻探等，分析异常产生原因，从可能存在的多种解释中作出正确判断，必要时增加验证或复测工作，得出确切结论。

(6)充分运用物探综合解译一体化平台和数据处理技术，对提交经过图像合成的、或有透视直观性的、或有三维立体效应的平剖面图进行解译。解释中在选定分类、分段、分阶边界值和处理方法时，应结合当地地质条件和所要解决的地质问题确定解释原则，突出解释的地质效果。

(7)在各种勘探方法综合分析过程中，加强信息交流和互动，对异常问题及时分析，指导进一步工作，逐步完善综合分析成果。

4. 不同工点综合物探模式

(1)长大深埋隧道物探

长大深埋隧道采用大地电磁法、地震折射法。大地电磁法用于埋深大于 50 m 的隧道贯通勘察，主要解决的地质问题为岩性界限、地质构造、岩体软弱层、岩溶、高风险区、地下水富集区等。地震折射法用于埋深大于 50 m 隧道的进出口、隧道浅埋段及垭口，主要解决的地质问题为土石界限、风化程度、岩性分界、地质构造等。直流电测深用于开展地震折射的段落，辅助其进行地质分层。

(2)浅埋隧道物探

浅埋隧道采用地震折射法、直流电测深。地震折射法用于埋深小于 50 m 隧道的贯通勘察，主要解决的地质问题为土石界限、风化程度、岩性分界、地质构造等。直流电测深用于开展地震折射的段落，辅助其进行地质分层。

(3)路基、桥梁工点物探

根据地形起伏、盖层厚度、不良地质类型等，合理选用面波、瞬变电磁、地震折射、电测深等不同的方法组合。

路基工程采用瞬变电磁法、面波法、地震折射法、电测深法，路基横断面总体原则采用与正线相同的方法，主要为面波法与瞬变电磁法。瞬变电磁法用于复杂地形，可能含水、林区的路基勘察，主要解决的地质问题为第四系土的划分、土石界限、岩性风化分界、地质构造、有可能情况下对含水性的大致判断；地震折射法用于地形条件简单、交通相对方便的区域，主要解决的地质问题为土石界限、风化程度、岩性分界、地质构造；直流电测深法用于开展地震折射的段落，辅助其进行地质分层。

桥梁工程采用电测深法、地震折射法、瞬变电磁法、面波法、频率谐振技术。瞬变电磁法用于覆盖层大于5 m小于100 m的含水桥址勘察，主要解决的地质问题为第四系土的精细划分、土石界限、岩性分界、地质构造；地震折射法用于覆盖层小于50 m的桥址勘察，主要解决的地质问题为土石界限、风化程度、岩性分界、地质构造；直流电测深法用于开展地震折射的段落，辅助其进行地质分层；频率谐振技术用于基岩埋深大于50 m、溶腔地段的地层精细化分层。面波法用于瞬变电磁法、频率谐振技术、地震折射法等开展的段落，辅助其进行第四系土精细划分、土石界限。

(4)岩溶物探

岩溶按充填情况可分为充填型、半充填型和非充填型。对于有较完善的地下水补排系统的岩溶，充填物一般为砂质土或砂卵石夹黏土；对于较为独立的岩溶，充填物一般为不溶残余组成的土壤或土壤夹碎石。充填型和半充填型岩溶与围岩相比，岩性、含水性、颗粒大小、松散性等有明显差异，反映的弹性波速度和电阻率特征有较大差异，具有低阻、低速、高介电常数、高吸收、低密度等地球物理特征。非充填型岩溶与围岩相比，呈现高阻、低速、低介电常数、低吸收的特征；但由于非充填性岩溶周围常常会有比较严重的溶蚀夹泥现象，在地下水位线以下会被地下水侵蚀，因此有时会呈低阻、高吸收的特征。

利用岩溶电阻率和波速特征，主要采用瞬变电磁法和面波法探测岩溶，瞬变电磁法主要探测埋深较深、规模较大的岩溶，面波法则主要探测埋深较浅的岩溶；对于覆盖层较厚的地区，则辅以天然源微动法、频率谐振技术进行探测。

(5)玄武岩熔腔物探

玄武岩熔腔是发育于玄武岩地区的一种特有的不良地质现象。在熔岩流动过程中，熔岩的外壳已经冷凝而内部保留着流动状态，当上游熔岩停止补给，下游熔岩内部则会因为自身流动而被掏空形成通道型空洞；火山多期喷发，致使玄武岩地层具有多层结构。每一层熔岩在流动过程中，自身的温度、压力减小，熔岩上部的挥发成分很容易挥发出去，而下部由于不容易挥发形成气泡，冷凝后形成空洞。在不同期次的玄武岩交界处，各种孔洞、裂隙交织发育，使得熔岩气孔、裂隙、风化壳、堆积物等相互沟通，形成复杂的玄武岩熔腔系统。

玄武岩熔腔的物性特点与岩溶类似，但玄武岩熔腔的填充物要远比岩溶复杂，有空腔，黏土、圆砾土、角砾土填充物，分布无规律可循，且由于火山多期喷发形成多层玄武岩，风化程度在纵向和横向上都极不规律，物性变化更加复杂和难以判识。

根据玄武岩熔腔的特点，利用玄武岩熔腔的电阻率和波速特征，主要采用瞬变电磁法和面波法探测熔腔，瞬变电磁法主要探测埋深较深、规模较大的熔腔，面波法则主要探测埋深较浅的熔溶；对于覆盖层较厚的地区，则辅以天然源微动法、频率谐振技术进行探测。由于玄武岩熔腔充填物差异较大、玄武岩风化程度变化较大，填充物与玄武岩围岩在物理性质上差异较小，需要及时利用钻探结果验证补充解译。

(6)采空区物探

采空区形成后,破坏了地下介质原有的应力平衡,采空区上方围岩有可能形成裂隙,并且随着时间积累不断发育,岩体破坏崩塌,采空区上覆岩层的速度结构发生改变,与周围稳定岩体存在明显的电阻率、波速、波阻抗、密度、磁化率、电磁衰减系数等物性差异。

不同矿体的采空区岩性、地质构造、开采方式有很大差异,根据不同矿体采空区特点,制定相应的技术方案:

①石膏矿采空区:利用地震反射波法及重力勘探法进行采空区标识。

②金属矿采空区:磁法用于埋深大于 100 m 的采空区,探查矿区范围,在此基础上采用重力勘探法圈定采空区边界,天然源大地电磁法推断采空区的深度范围;多道地震映像法、高密度激电法用于埋深小于 100 m 的采空区,划定采空区深度及影响范围。

③煤矿采空区:地震反射波法用于埋深大于 100 m 的采空区,进行采空区标识;天然源大地电磁法限于长壁后退式采煤工艺且煤层较厚的煤矿采空区或其他类似采空区,探查深度及影响范围;多道地震映像法、高密度激电测深法、电测深法用于埋深小于 100 m 的采空区,探查深度及影响范围。

(7)断裂带物探

规模较大的断层,大都具有宽度不等的断层破碎带和断层影响带。若干条小断层的交叉带,往往形成一定规模的破碎带。岩石破碎、裂隙发育,易遭风化,且往往充泥充水,与围岩相比,断层大都具有低弹性波速度、低密度、低电阻率、较大介电常数的特点,某些火成岩具有较高的放射性。

探测断层的方法较多,应根据断层的埋深、岩性、覆盖层厚度、地形条件、断层两侧的物性条件差异等选择物探方法。沉积岩地区主要以地震类、电法类的物探方法为主,变质岩、火成岩地区以电磁类、电法类物探方法为主。

(8)岩体完整性物探

岩体完整性是指岩体内以裂隙为主的各类地质界面的发育程度,是岩体结构的综合反映,取决于结构面切割程度、结构体大小以及块体间结合状态等因素,是岩体工程中采用的概括性指标。用以表征岩体完整性的指标较多,可用岩体完整性指数 K_v 定量评价岩石完整性,其物理意义是岩体相对于岩石的完整程度,是岩体弹性纵波速度与岩石弹性纵波速度比值的平方。

根据《工程岩体分级标准》(GB/T 50218—2014)、《铁路隧道设计规范》(TB 10003—2016),岩体完整性指数与岩体完整程度的对应关系见表 4-3。

根据《铁路隧道设计规范》(TB 10003—2016)、《铁路工程物理勘探规范》(TB 10013—2010),可利用弹性波速进行隧道围岩分级,详见表 4-6 和表 4-7。

表 4-6 隧道围岩弹性波分级标准

围岩岩性	围岩级别					
	Ⅰ	Ⅱ	Ⅲ	Ⅳ	Ⅴ	Ⅵ
A	>5.3	4.5～5.3	4.0～4.5	3.0～4.0	2.0～3.0	<1.0(饱和状态下的土<1.5)
B	—	>5.3	4.3～5.3	3.3～4.3	2.0～3.3	
C	—	>5.0	3.5～5.0	3.0～3.5	2.0～3.0	
D	—	—	>4.0	3.0～4.0	1.5～3.0	
E	—	—	—	2.0～3.0	1.0～2.0	

表 4-7 岩性类型划分

岩性类型	代表岩性
A	岩浆岩(花岗岩、闪长岩、辉绿岩、安山岩、玄武岩、石英粗面岩、石英斑岩等); 变质岩(片麻岩、石英岩、片岩、蛇纹岩等); 沉积岩(熔结凝灰岩、硅质砾岩、硅质石灰岩等)
B	沉积岩(石灰岩、白云岩等碳酸盐类)
C	变质岩(大理岩、板岩等); 沉积岩(钙质砂岩、铁质胶结的砾岩及砂岩等)
D	第三纪沉积岩类(页岩、砂岩、砾岩、砂质泥岩、凝灰岩等); 变质岩(云母片岩、千枚岩等),且岩石单轴饱和抗压强度 R_c>15 MPa
E	晚第三纪沉积岩类(泥岩、页岩、砂岩、砾岩、凝灰岩等),且岩石单轴饱和抗压强度 R_c≤15 MPa

对于深埋隧道进出口、浅埋段及垭口、浅埋隧道,采用地震折射波法测量岩体弹性纵波速度;埋深较大的隧道,采用综合测井法将声波速度换算成弹性波纵波速度。

长大深埋隧道采用大地电磁法贯通的,利用卡尼亚电阻率归一化公式计算电阻率完整性系数 K_r。

通过地震折射法、综合测井法,利用归一化电阻率计算岩体完整性可以连续完整对整个隧道进行岩体完整性评价,基本可以满足地质围岩分级要求。

(9)以物探为主的综合勘察组合模式

基于研究,总结了以综合物探为主的综合勘察模式,具体见表 4-8。

表 4-8 综合勘察新技术勘察模式

勘察目的	工程地质条件	对应的综合勘察模式
覆盖层	隧道土石分界探测	地质调绘法+地震折射法+钻探法(综合勘察孔)
	桥址与路基覆盖层探测	地质调绘法+面波法(面波法无法开展的应补充小线圈瞬变电磁法等)+钻探法(综合勘察孔)

续上表

勘察目的	工程地质条件	对应的综合勘察模式
覆盖层	覆盖层较厚探测	地质调绘法＋天然源微动和面波联合反演技术（面波法探测深度无法达到基岩）等＋钻探法（综合勘察孔）
	桥址地形起伏较大	地质调绘法＋地震折射法（地形条件适宜的段落补充面波点）＋钻探法（综合勘察孔）
风化层	强、弱风化存在较为明显差异，形成连续风化面	地质调绘法＋地震折射法、电测深法（辅助确定弱风化层）等＋钻探法（综合勘察孔）
	强、弱风化速度差异不大，风化面不连续或起伏较大	地质调绘法＋面波、面波联合反演技术（面波法探测深度达不到勘探需求）、电测深法（辅助确定弱风化层）等＋钻探法（综合勘察孔）
岩体完整性	长大、深埋隧道	地质调绘法＋大地电磁法、地震折射法、综合测井法，隧道开挖风险预警及围岩分级评价体系等＋钻探法（综合勘察孔）
	埋深小于 50 m 的浅埋隧道	地质调绘法＋地震折射法、围岩基本质量指标 BQ 等＋钻探法（综合勘察孔）
岩溶	基岩埋深浅	地质调绘法＋电阻率和极化法、瞬变电磁法、面波法等＋钻探法（综合勘察孔）
	基岩埋深深	地质调绘法＋大地电磁法、瞬变电磁法、频率谐振技术等＋钻探法（综合勘察孔）
玄武岩夹层或熔腔	基岩埋深浅	地质调绘法＋面波法、瞬变电磁法等＋钻探法（综合勘察孔）
	基岩埋深深	地质调绘法＋频率谐振技术、瞬变电磁法等＋钻探法（综合勘察孔）
采空区	非金属矿（石膏矿）采空区	地质调绘法＋重力勘探法、地震反射法等＋钻探法（综合勘察孔）
	金属矿采空区，埋深大于 100 m	地质调绘法＋磁法、重力勘探法、多道地震映像法、高密度激电法等＋钻探法（综合勘察孔）
	金属矿采空区，埋深小于 100 m	地质调绘法＋多道地震映像法、高密度激电法＋钻探法（综合勘察孔）
	煤矿采空区，埋深大于 100 m	地质调绘法＋地震反射法、天然源大地电磁法（采掘方式：长壁综采放顶煤）＋钻探法（综合勘察孔）
	煤矿采空区，埋深小于 100 m	地质调绘法＋多道地震映像法、高密度激电测深法、电测深法＋钻探法（综合勘察孔）
断裂	覆盖层较浅	地质调绘法＋地震折射法、联合剖面法、电测深法、高密度电法等选取适宜的一两种方法＋钻探法（综合勘察孔）
	覆盖层较厚，火成岩和变质岩中的断层	地质调绘法＋大地电磁法、频率谐振技术、放射性法（辅助）＋钻探法（综合勘察孔）
	覆盖层较厚，沉积岩中的断层或活动断裂	地质调绘法＋地震反射法、放射性法（辅助）＋钻探法（综合勘察孔）

4.6.2 第四系地层综合物探勘察

第四系地层分布广泛，目前的勘察手段以钻探为主，很多地区无法采用触探手段，而有些地区钻探设备进场困难，勘探周期长、效率低，迫切需要研究新的勘察技术手段。

研究了地质雷达技术、横波反射技术、天然源面波技术、瞬态瑞利波技术、核磁共振技术、直流电测深技术(含激电测深)等综合物探技术。其中，地质雷达技术抗干扰性强，分辨率高，连续测量，图像清晰直观，场地条件适应性强；横波反射技术具有精度分辨高、分层精细的特点；天然源面波技术采用天然场信号源对场地条件要求小，实施简单，勘探深度范围大；瞬态瑞利波法采用主动震源，能量强，对浅部地层划分较为准确；核磁共振技术可定量进行地下水评价，区分细微含水层；直流电测深技术实施简单，可区分细小电性层，解释精度高。上述六种方法可获得多个物性参数，综合分析可提高地层划分精度。结合钻探、触探与土工试验，提出不同地质条件、水文条件及精度要求下的物探组合模式，分析确定多参数解译原则，提高第四系松散地层的解释精度。

1. 第四系地层波动特征、电性特征、含水性特征研究

第四系地层整体横向连续性好、成层性强，但是纵向上地层变化较大、厚薄不均。根据第四系地层特点，针对主要地层，如填土、新黄土、老黄土、粉质黏土、砂层、红黏土、圆砾土等建立正演模型，结合钻孔剪切波测试、井中电阻率测试、孔内地下水位测试成果，对第四系地层的波动特征、电性特征、含水性特征进行研究。

2. 横波反射法、瞬态瑞利波法、天然源面波法等采集、处理、解释方法及精度研究

横波反射法在野外数据采集时通常采用叩板法，装置简单，工作方便，能量小，传播距离短。处理时通常采用纵波处理流程，未体现横波精细化特点。瞬态瑞利波法数据采集时震源通常采用锤击，能量小，有效探测深度一般在 20 m 左右，处理过程中人为影响因素较大。天然源面波法有多种观测系统布置方式，野外采集数据时对于检波器的平面布设很难实施，处理过程中提取面波频散曲线的计算难度很大。针对以上三种方法在采集、处理、解释上存在的问题，以及为达到第四系地层精细化划分开展针对性研究。

在对国内外广泛调研基础上，通过现场试验比选，研究改进了横波反射的震源激发方式，使得横波反射能量可达到地下 50 m；通过理论研究，改进纵波处理流程，使得纵波更适合横波特点，尤其在精细静校正和多次反褶积方面。通过现场试验比选，研究改进了瞬态瑞利波的震源激发方式，使得瑞利波能量可达到地下 50 m；通过理论研究，改进处理流程，规范频散曲线的解释原则，提高了数据解释的精度。

通过现场试验比选，总结不同观测系统的优缺点，选取适宜铁路线性勘察性质的采集方式，对天然面波信号提取频散曲线的方法开展理论研究，以空间自相关法、频率-波数法为主，深化处理流程，提高深部数据的解释精度。

3. 核磁共振参数与第四系松散地层划分关联研究

核磁共振法(MRS)测量的参数有信号初始振幅E_0、信号平均衰减时间T_2^*、信号纵向弛豫时间T_1、信号初始相位φ_0等。E_0值的大小与含水层的含水量成正比,随激发脉冲矩q值变化形成测深曲线,对该曲线(原始资料)进行解释后就可得到该测深点探测范围内的水文地质参数,包括含水层的深度、厚度和单位体积的含水量。每个q均可以得到的一条E_0随时间按指数规律衰减的E_0-t曲线,由此曲线可以求出该q值探测深度内含水层的T_2^*。T_2^*值的大小可反映含水层类型(平均孔隙度)的信息,它与含水层的地层岩性有关,和含水层的空隙大小成正比。T_1是在同一记录点用脉冲序列测定的,能给出含水层孔隙度的信息,它不受磁场不均匀性影响。φ_0是天线中激发的电流与测量到的衰减电压之间的相位差,它反映地下岩石的导电性。通过基础资料的理论分析以及对第四系松散地层含水性特征研究,结合现场试验、地下水位测试、钻探资料及其他物探成果的分析对比,分析第四系松散地层,尤其是含水性地层中主要岩性层核磁共振各参数的地质意义以及可用来进行地层划分的依据。

关于核磁共振法E_0、T_2^*、T_1、φ_0各参数的物理意义及算法,深入研究了核磁共振法的理论,根据仪器测得的原始数据,开发计算程序计算各个参数。

4. 地质雷达法、横波反射法、瞬态瑞利波法、天然源面波法、核磁共振技术、直流电测深法(含激电测深)在第四系松散地层划分中的适用性及综合物探勘察模式研究

选取典型性地层,针对现场地形、地质、干扰源条件,选取地质雷达法、横波反射法、瞬态瑞利波法、天然源面波法、核磁共振技术、直流电测深法(含激电测深)进行不同的试验组合,结合钻孔资料,进行方法适用性研究,总结分析各方法在特定条件下的优缺点,形成不同物性特征下的综合物探勘察模式。

5. 基于地震波速获取岩土力学参数的研究

通过大量的横波反射法、瞬态瑞利波法、天然源面波法、钻孔剪切波测试法等野外测试,获取岩石的纵横波速度,结合深层螺旋板载荷试验、轻型动力触探试验(N_{10})、动态平板载荷试验(E_{vd})、平板载荷试验(K_{30})等,采用数据拟合的方式,建立地震波速和岩土力学参数的关联关系。

6. 第四系地层综合物探模式及解释原则

每种方法各有特点,在单一地质条件、物性差异明显的条件下,单一方法完全可以揭示地质问题。一旦地质条件复杂或者某些物性差异难以区分,就必须进行多参数、多物性、多角度的综合分析。综合分析的过程中可能由于反演算法的限制或地质模型的理想化导致多方法存在不完全一致的情况。如何在没有钻探资料,甚至在没有地质资料的前提下,去取舍各个参数揭示的地质异常,最优化地接近地质原貌,是综合物探勘察解释必须面对和解决的,这就需要确定综合解释原则。解释原则是首先要在理论分析基础上,对各种方法的适应

性以及干扰条件、反演算法、假定条件、模型建立进行深入分析，然后依据工程勘察项目，通过现场试验和大量应用，形成完整的解释原则。

重点对地质雷达法、横波反射法、瞬态瑞利波法、天然源面波法、核磁共振技术、直流电测深法(含激电测深)的物性参数、有效勘察深度、盲区、精度、时效、场地、地形影响、主要干扰因素、主要解决地质问题等进行分析，第四系地层综合物探勘察模式选择时可以考虑表 4-9 所列的组合。

表 4-9　第四系地层综合物探勘察方法特性简表

勘察方法	成果物性参数	有效勘察深度/m	盲　区	精　度	时效	场　地	地形影响	主要干扰因素	主要解决地质问题
地质雷达法	电磁波阻抗	20	无	厘米级	快速	小场地	小	地面电磁性物质、地下介质的高电导性	岩性分层、地下水
横波反射法	横波阻抗	200	地表下 2.2～16 m	米级	繁琐	大场地	大	振动源、地表能量高吸收	岩性分层
瞬态瑞利波法	瑞利波速度	50	薄弱夹层	米级	一般	小场地	小	振动源、地表能量高吸收	岩性分层
天然源面波法	瑞利波速度	1 500	地表下 2.2～17 m	米级	繁琐	小场地	小	振动源	岩性分层
核磁共振技术	弛豫时间、含水量、渗透系数	150	无	分米级	繁琐	大场地	大	地面电磁性物质	含水层
直流电测深法(含激电测深)	电阻率、极化率	1 000	无	米级	一般	大场地	大	地表极高阻和极低阻、无法接地	岩性分层、地下水

综合物探勘察模式是按照各种方法的适应性进行的一般性选择，实际工作中不一定是最优的，必须紧密结合已有地质资料、现场环境、工作目的，有针对性地选择。

7. 成果综合解译

利用综合物探勘察方法，对成果的综合解译主要根据物性参数针对主要地质问题的敏感性进行。

①物探资料解释必须紧密结合区域地质资料，结合该区域的地质认识，比如大致的地层分布、土的性质、大体的物性区间以及地下水状态。

②在解释时必须先对已知地质资料对应的物探成果进行分析，总结规律，在对已知认识的情况下合理进行地质解释。

③在未收集到相关地质资料时，要根据野外测试的物性参数进行各个岩土层的标定，利

用标定的参数，对物探成果进行大致定量性的分层，标定参数的利用可适当延展到一定区域范围，但范围不易过大。一般间隔 10 km 以上需要重新标定。

④在同时获取电性参数和弹性波参数时，地层岩性划分以弹性波参数为主。首先，弹性波参数对岩性层变化的敏感度要高，与岩土工程力学参数相关性高；其次，弹性波的纵向分辨精度是由半波长或波阻抗来确定的，纵向分辨精度高；最后，横波速度受地下水影响较小，在地层划分中基本不受其影响。

⑤地下水对电性参数影响是巨大的，在对电性参数进行标定和解释的时候一定要明确地下水位，根据地层含有地下水的状态进行解释。地下水位之上的选用干燥岩性的电阻率区间，地下水位之下的选用饱和水状态下的电阻率区间。在阻值区间确定后，结合电阻率分布状态进行各种地质解释。另外，电性参数解释还要考虑第四系地层中含有的电离子，比如电离子较多的盐碱性地层、含铁质地层、有机质含量较多的垃圾回填土等，在进行地质分层时要注意。

⑥含水层及水量解释优选核磁共振技术，在不能开展核磁共振的前提下，选择电性参数中的极化率参数进行定性解释，无法做到定量，只能评价地下水的丰富程度，电阻率次之。地质雷达中的电磁波阻抗分布趋势也可以评估含水性。

通过研究，建立了基于物探方法的第四系地层综合勘察模式及解释原则，对物探方法确定岩土参数进行了探索，为第四系地层勘察提供了新的解决方案。工程应用效果如图 4-19 所示。

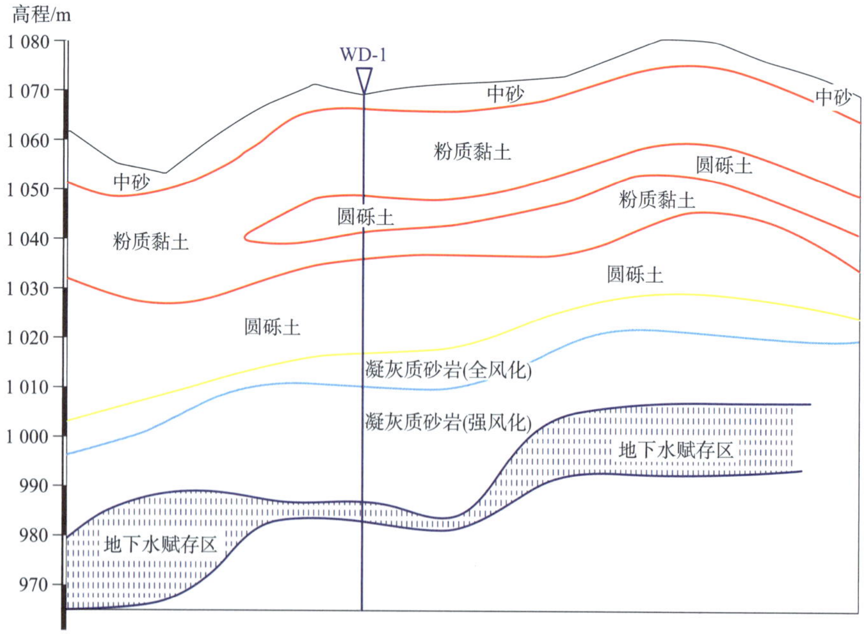

图 4-19 路基工程综合物探成果

4.6.3　地裂缝综合地球物理勘察

地裂缝综合地球物理勘察技术主要分为速度类和非速度类综合勘察方法，其中速度类综合勘察主要是地震反射波法与瑞利面波法组合，非速度类综合勘察主要是高密度电法、大地电磁法、地质雷达法及测氡法组合。

1. 速度类综合地球物理勘察技术

速度类综合地球物理勘察技术主要是地震反射波法和瑞利面波法进行综合，这两种方法都属于弹性波勘察。地震反射波法通过对仪器接收的地震波形资料分析、处理、计算，分析对比波组的相位、频率、能量的变化，划分出地下不同介质的界面和解释地下地质构造特征，进而了解岩土和构造在空间上的分布规律。瑞利面波速度变化和其衰减特性携带了来自地层的很多信息，通过对采集的瑞利面波经过频散曲线提取与频散曲线反演，最终得到横波速度剖面。

瑞利面波反演最终得到横波速度剖面，地震反射波法最终得到波阻抗剖面，波阻抗剖面是由纵波速度剖面与横波速度剖面得来的，可见瑞利波法与地震反射波法本质都是得到速度这一地球物理参数，因此可用两种方法进行综合勘探。

虽然上述两种方法的原理基本一致，但是两种方法有各自的局限性。地震反射波法要求被探测地层与上覆地层有一定的波阻抗差异，并有一定厚度，没有大的突变，无振动干扰；多道瞬态瑞利面波法缺点是反演深度较浅。因此两种方法进行综合可解决浅层、深层的问题。两种方法综合勘察模式如图 4-20 所示。

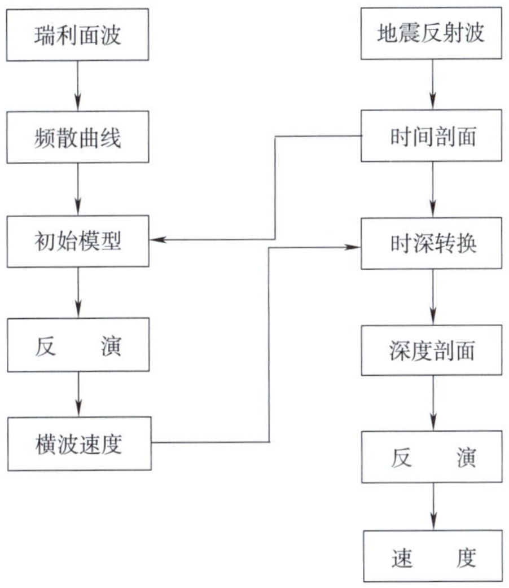

图 4-20　瑞利面波法与地震反射波法综合勘察模式

2. 非速度类综合地球物理勘察技术

地裂缝非速度类综合地球物理勘察技术主要是高密度电法、大地电磁法、测氡法以及地质雷达法的综合，其中，高密度电法、大地电磁法反演电阻率，测氡法是测量氡气量的一种方法，地质雷达法结果是深度剖面。各种方法的优缺分别如下：

高密度电法是直流电测深法的改进，其优点在于高效率的外业采集，缺点是短时间的供电、断电间隔所产生的极化效应对于数据有较大影响。直流电测深法的优点有：是一次场的装置测深方式，受电磁干扰影响小，获得的电阻率稳定；可采用的装置众多，可根据项目特点进行选择；野外操作简单。其缺点有：曲线受地形及地表接地影响大，而且无法消除；在某些山区和基岩裸露区工作困难；装置测深方式，野外工作效率较低，而且一个工区两套以上的设备不能同时工作；电法曲线的解译要求较高；地表存在高阻屏蔽地层、基岩裸露接地困难、电性差异较小的隧道难以勘察。

大地电磁法优点有：对于低阻地质体非常敏感，垂向分辨率高，断层及岩性分界定位准确；地形影响相对较小，且易于校正，勘察的深度大，可很好克服浅地表的高阻屏蔽作用，工作效率高；缺点有观测人工电磁源的远区场或天然源电磁场，信号较弱，影响因素较多，存在浅部地层观测盲区（一般认为 30 m 范围内的地层信息缺失）；存在多种效应影响，不含水断层、岩石破碎区及空洞分辨率不高，电磁干扰严重、电性差异较小时勘察困难。

测氡法是一种放射性勘探方法。测氡法的优点是简便、灵活，不受电磁、噪声的干扰；缺点是测氡数据具有放射性衰变和统计涨落的特点，加之随机误差和系统误差的存在，气候条件和浅部土壤结构条件不一致等原因都会给提取造成一定程度的影响，后期分析比较困难。

地质雷达法的优点是分辨率高、定位准确、快速经济、灵活方便、剖面直观、图像实时显示，野外操作方便；缺点是适用于比较平的地方，当地形不平时雷达天线脱离地面，空气和地面形成一个较强的反射界面，会形成多次反射，受干扰较大。

上述方法各有其优缺点，因此将几种方法结合利用会极大地提高结果的精确度。图 4-21 为几种方法综合勘察地裂缝的模式图。

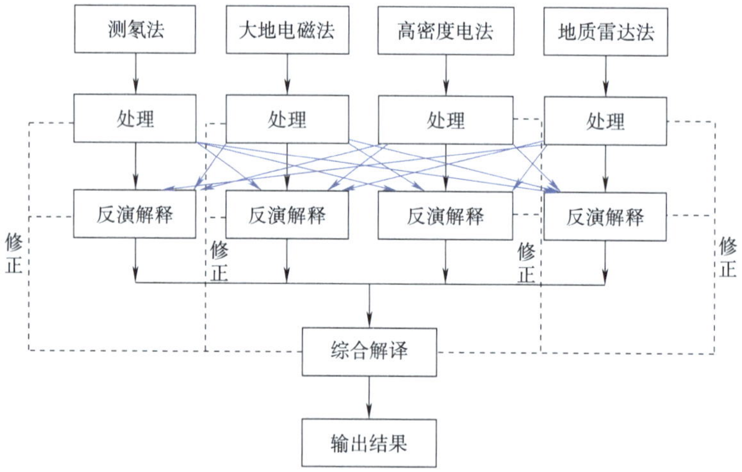

图 4-21　非速度类综合勘察模式

京沈高速铁路北京段大部分为第四系地层所覆盖，区域内有黄庄-高丽营断裂、良乡-前门-顺义断裂、南口-孙河断裂、北小营断裂等，因抽采地下水引起的区域地面沉降问题比较明显，区域内受断裂构造控制、由抽水沉降引发的地裂缝问题突出，影响铁路工程安全。线路穿越地裂缝地段采用综合物探方法，取得了明显效果。勘察程序及勘察结果如下：

（1）工区地层波速采集

工区收集资料表明，该区第四系松散沉积层与下伏侏罗、寒武系基岩层有明显的地震波速度差异，亦即波阻抗差异，基岩层顶面、不同沉积层之间均可产生明显的反射介面异常。

(2)数据采集

外业数据采集工作采用设备包括 S-land 地震勘探系统、RAD-7 测氡仪及 MTKV-1C 微动观测系统。

S-land 地震勘探系统为全数字化地震数据采集系统，能适应高密度、高分辨率、高精度勘探的需要。震源采用国产 BV300 型 18 t 可控震源。

采集论证时，先通过收集到的地质与地球物理资料，建立相应地质地球物理模型，再采用正演模拟确定设计的观测系统与采集参数是否满足勘探需要。

野外采集采样率应满足采样定理；记录长度根据目的层反射波的旅行时间确定；覆盖次数根据地质目标、数据质量、震源类型和采集速度综合考虑，在试验后确定，初步定为满覆盖次数 20 次。

RAD-7 多功能 α 能谱氡气检测仪操作简单、性能优良，以频谱曲线显示所测的氡气及钍射气浓度，并可用红外打印机输出数据。通过干燥装置降低采样空气的湿度，提高检测结果的准确度和可靠性。

测线尽可能按直线设计，如无法实施，采取折线、平行线设计。测线一般远离工业设施、村庄等人文活动密集区，避免穿越地表回填区、积水区及人工扰动较多的区域，减少干扰数据稳定的因素。测线点距 10 m，异常段加密至 5 m。

MTKV-1C 型微动观测系统由 Datemark LS-8800 型记录仪和垂直分量拾震器(速度型、固有频率 1 Hz)组成。每个观测点各布置一套由拾震器、记录仪组成的观测系统独立完成数据采集，记录仪的时间校正及各套仪器间的时间同步均由记录仪内置 GPS 自动完成。

天然源面波数据正式采集之前，用笔记本电脑对记录仪进行采集参数设置。在仪器放置到位、确保进入正常工作状态后，尽量保持周围环境相对安静，以利有效记录数据。实际施工时按照设计的观测系统沿测线逐点进行观测。单点每次观测时间为 30 min，观测结束后搬运到下一个点观测。

(3)数据处理及资料解释

第 1 测线在剖面上解释了两个明显的断层。另外，根据地震剖面同相轴产状的变化，同相轴的错断，再结合氡气测量的异常，解释了若干个次级小断层，如图 4-22 所示细红线标识。

第 1 测线全长 1 040 m，测氡曲线如图 4-23 所示，氡气浓度平均值为 1 682 Bq/m^3，最大值为 5 627 Bq/m^3，最小值为 38 Bq/m^3。在该测线的 50～80 m，240～470 m，630～670 m 出现氡气高浓度异常带，最高值分别为 2 952 Bq/m^3、5 627 Bq/m^3、3 452 Bq/m^3，与平均值(背景值)之比分别达到 2.6，3.3，2.0。其中，240～470 m 异常带为多峰异常，异常幅值大，且宽度大，其位置处于地震解释的 F_1 断层上，推断为 F_1 断层引起的氡气浓度高异常反应。多峰“山”字形异常也表现出其主断面及两侧次断面的结构特征。而 50～80 m 和 630～670 m

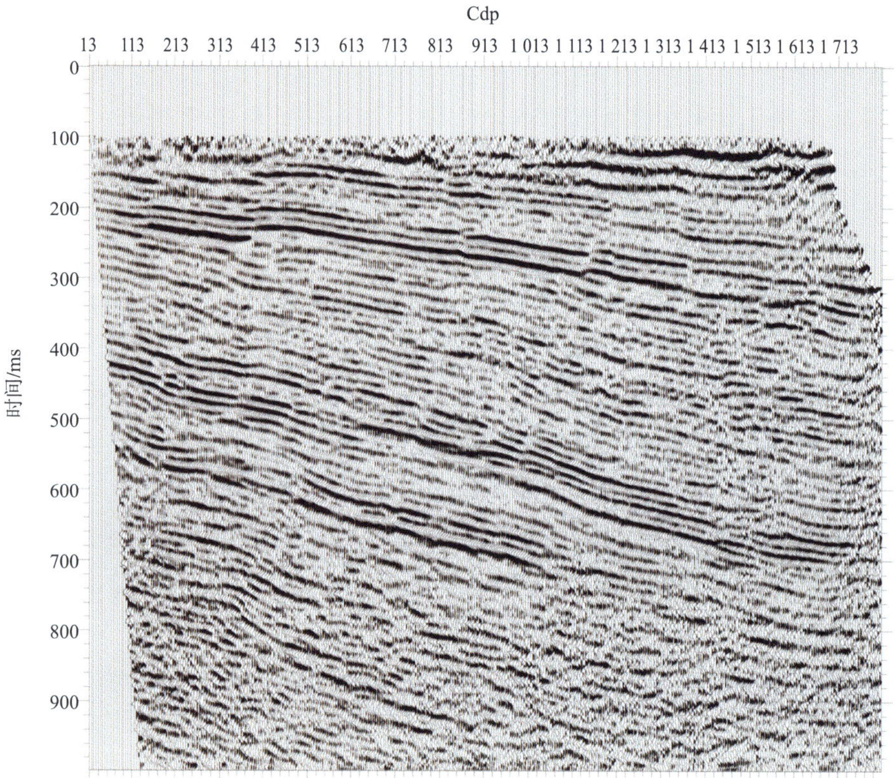

图 4-22 地震反射 1 测线的结果

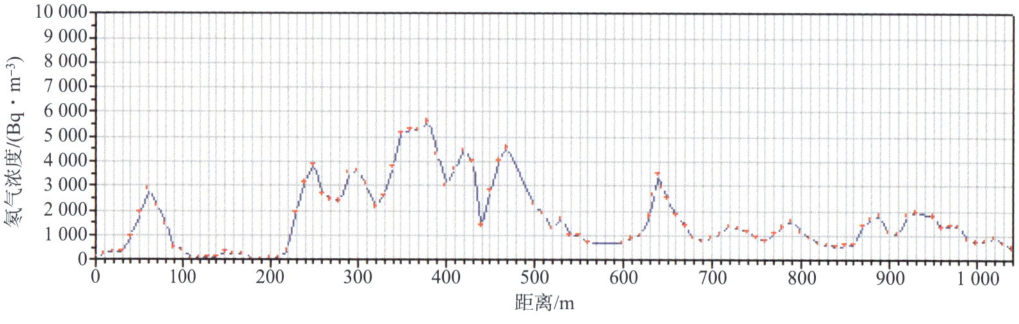

图 4-23 氡气测量第 1 测线的结果

异常带为单峰异常，异常幅值较小，且宽度窄，对称分布在 F_1 断层两侧，解释为 F_1 断层所引起的旁侧次级断层形成的氡气浓度高异常反应。总体而言，该测线氡气浓度异常相对不明显，但浓度绝对值稍高，综合比较，推断 340～390 m 为氡气高浓度异常带。

据氡气浓度异常与断裂活动性的关系研究，该测线异常带峰值为背景值的 2～3.3 倍，表明该断裂的活动性稍弱，而 F_1 断层中心活动性稍强于两侧。

天然源面波在该断裂区布设 1 条测线 N-S 线；N-S 测线共有 22 个探测点，全长 1 230 m。

探测点单点反演结果(部分)及剖面解释如图 4-24 和图 4-25 所示。

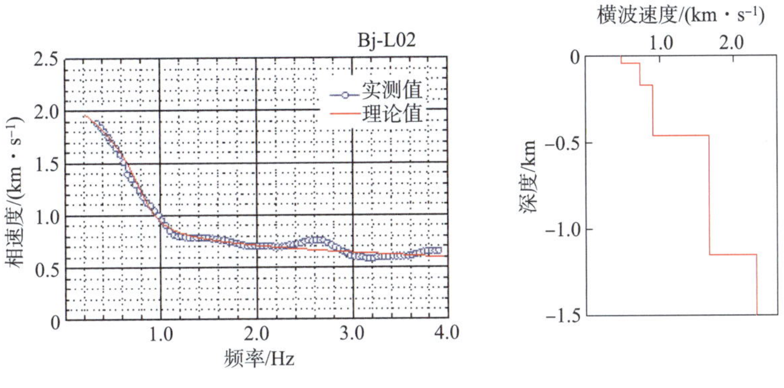

(a)　　　　(b)

图 4-24　探测点 1 的频散曲线和反演结果

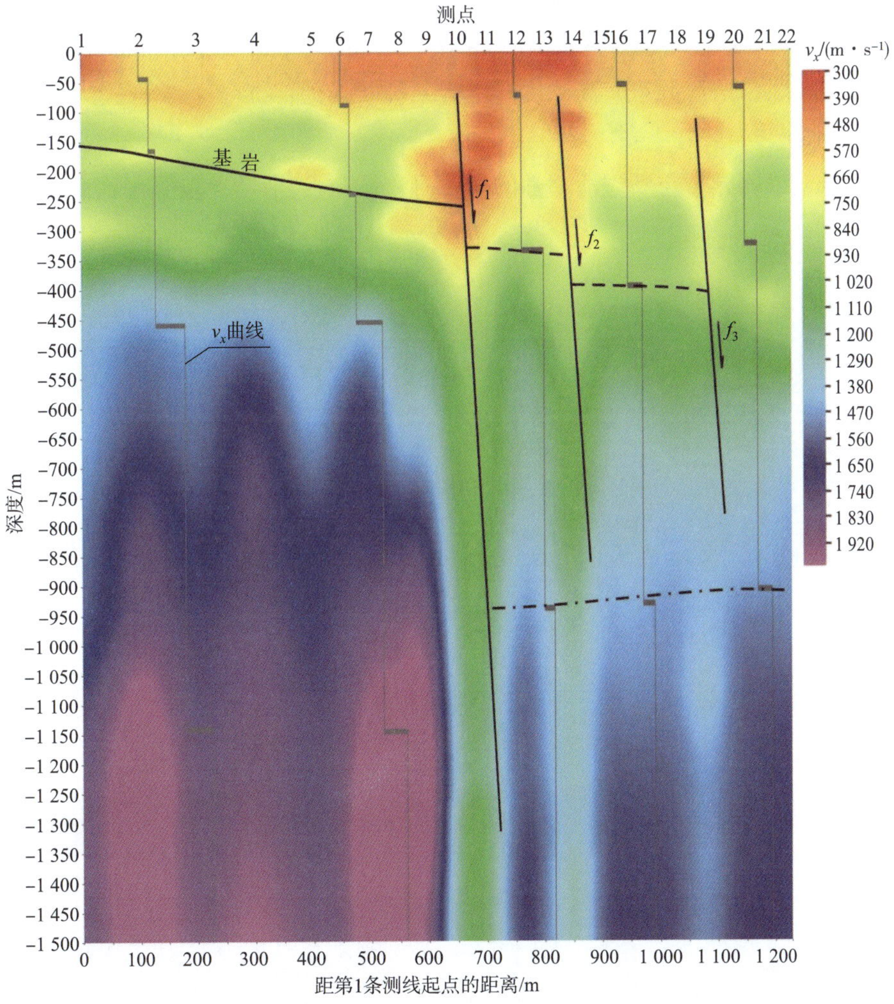

图 4-25　反演剖面结果

根据浅层地震反射波法、测氡法及天然源面波法三种物探方法成果解释，相互验证，结合调查收集资料，物探综合解释如下：

①推断存在 F_1、F_2 两个明显断层，规模相当，主断裂特征不明显。F_1 断层位于地震反射 ZF-2-1 测线 CMP 号 1635 与 ZF-2-2 测线 CMP 号 2430 附近的连线位置，为逆断层，断层走向约 NW70°，视倾角约 70°。F_2 断层位于地震反射 ZF-2-1 测线 CMP 号 420 与 ZF-2-2 测线 CMP 号 1600 附近的连线位置，为正断层，断层走向 NW60°，视倾角为 60°～70°；两条测线剖面中，基岩面落差达 200～400 m。

ZF-2-1 地震反射测线中，F_1 断层上断点在 CMP 号 1600 附近，深度约 70 m，断距为 2～3 m；F_2 断层上断点在 CMP 号 420 附近，深度约 60 m，断距为 3～5 m。ZF-2-2 地震反射测线中，F_1 断层上断点在 CMP 号 2430 附近，深度约 130 m，断距为 3～5 m；F_2 断层的上断点在 CMP 号 1600 附近，深度约 100 m，断距约 5 m。F_1 断层与京沈高速铁路线位交叉里程为右CK27＋995，F_2 断层与京沈高速铁路线位交叉里程为右 CK26＋770。

②在 F_1、F_2 两个断层附近，推断存在若干次级断层，氡气高浓度异常带与 F_1、F_2 断层及次级断层存在关联。该区域氡气高浓度异常带共推断 3 处：CD-2-1，340～390 m；CD-2-3，350～380 m、460～580 m。

③根据氡气浓度异常与断裂活动性的关系研究，该断裂活动性较弱。

第5章 原位测试技术开发与应用

原位测试方法由于可以在不扰动或基本不扰动土层的情况下获得物理力学指标等，在工程勘察中得到了广泛应用。高速铁路工程沉降控制标准高，基础深度大，传统静力触探等原位测试技术已不能满足高速铁路勘察设计深度要求。中国铁设历经十余年的持续自主研发，在深层触探机理、测试方法、触探装备、测试工艺及应用技术等方面取得系列创新成果，形成了深层静力触探、旋压触探成套技术及标准，解决了高速铁路桥梁等基础岩土物理力学参数大深度、高阻力条件下的连续精确测试、多参数实时获取等技术难题，使得触探深度从传统40～50 m水平提高到70～85 m，满足了高速铁路工程勘察设计需求，在平原地区工程项目中得到广泛推广和应用。

5.1 深层静力触探技术

静力触探是利用压力装置将装有传感器的探头匀速压入土层中，获得锥尖阻力和侧摩阻力等参数，进而计算得出诸如土层承载力之类的物理力学参数，为工程设计提供依据。由于静力触探具有快速、经济、数据连续等特点，在工程勘察项目得到了广泛应用，但是地层中不均匀分布的硬层常使静力触探不能达到设计深度。特别是我国高速铁路建设中，沉降控制标准严格使勘探深度要求加大，传统静力触探难以在高速铁路工程勘察中大规模应用。

深层静力触探(deep cone penetration test，DCPT)是中国铁设在常规静力触探技术基础上方法、设备、工艺系列创新，并实现无缆触探的新型岩土工程原位测试技术。该技术以无缆触探技术为基础，采用小直径探头，在触探孔壁间注入润滑剂、下护管等技术，保留了常规静力触探测试方法的优点，同时解决了不易穿透硬土层的难题，大大提高了静力触探测试深度，满足了高速铁路工程勘察设计深度要求。

深层静力触探设备和工艺研发经历了漫长试验过程，测试深度超过70 m，满足了高速铁路勘察设计要求。深层静力触探与常规静力触探的大量对比试验证明，相同深度段内二者触探成果一致。在实现深度突破基础上，通过系列课题研究了深部土层触探参数与岩土参数的关系，建立了土层划分、分类定名、有关物理力学指标确定、地基承载力计算、桩基极限承载力估算和基础沉降的经验公式。深层静力触探适用于软土、黏性土、粉土、砂类土及含少量碎石的土层，不适用于碎石类土和锥尖阻力大于 60 MPa 的密实砂类土层。

5.1.1 仪器设备

实现深部地层测试，必须保证触探设备有足够的贯入能力和足够的反力来保证贯入设备的平衡，同时应选用优质钢材的探杆，这是深层触探的前提条件。优化、提升现有贯入设备，触探油缸贯入力最大为 280 kN，可保证有足够的贯入能力；车自重 200 kN，再加上下地锚等方式可保证触探反力；选用厚壁高强度探杆保证在高压力下探杆不发生弯曲变形，避免影响触探成果质量。上述措施仅是深层静力触探的基本条件，而真正实现深度突破和穿透较硬土层，还应从触探方法、设备、工艺等方面着手研究。以下就深层静力触探技术所采取的措施作具体介绍。

1. 探头及探杆

静力触探探头有单桥和双桥之分，按照规范要求，标准探头底面积有 10 cm^2 和 15 cm^2 两种，对应的直径分别为 35.7 mm 和 43.7 mm。同样的地层，10 cm^2 探头较 15 cm^2 探头需较小的贯入力，因此以 10 cm^2 标准探头为基础开展了大量程高精度探头的试验研究。

国外报道了量程为 50 MPa 的 10 cm^2 双桥探头；国内 10 cm^2 标准探头的量程一般为 30 MPa，主要用于测试软土。为了使深层静力触探能穿透硬层、提高测试深度，最终我们研发出量程 80 MPa 的 10 cm^2 双桥探头。

探杆是连通地上贯入设备和地下测试系统的传力杆件。探杆把贯入压力传递给探头，同时将冲洗液通过探杆内腔输送到探孔底部，并经特殊设计实现冲洗液向上反流，以用来减少探杆和孔壁的摩擦。探杆在起拔时受力情况复杂，需要高强度钢材制成。经综合对比，最后选用外径 40 mm、壁厚 13 mm，经过淬火处理的高强度探杆，每根探杆有效长度为 1 m。

2. 扩孔器

在进行深层静力触探时，为了减少探杆的摩擦力，可在探头 50 cm 后增设扩孔器。扩孔器可在一定程度上扩宽触探孔径，减小探杆与孔壁之间的接触面积，从而降低探杆与孔壁间的摩擦力，降低触探贯入力的损耗，利于触探穿透硬层。

3. 孔壁润滑

通过触探车的给水功能，在探头贯入过程中，冲洗液经过探杆内腔从扩孔器出水口注入探杆与孔壁之间。出水孔布置在扩孔器的上端，由于扩孔器的尺寸比探杆的尺寸大，冲洗液向上沿探杆返流，进而不会影响探头所测数据，同时在探杆与孔壁之间进行循环，起到润滑的作用，大大降低探杆的摩阻力。

4. 下护管

根据竖直杆件失稳原理，对细长的杆施加一个竖向压力，当压力很小时，杆件压缩变形与压力成正比。但是,压力超过临界值后,由于在轴线的垂直方向出现了大的横向紧缩,减少了承受压力的能力,最后引起失稳。也就是说,随着触探深度增加,探杆容易发生弯曲变形,阻碍探杆深入地下,甚至会发生探杆折断等事故。在触探过程中,为了避免探杆折断,采用下护管的方法来矫正、保护探杆,以顺利实现深层静力触探。同时,护管的存在也能很大限度上减少与探杆的摩阻力,达到提高有效贯入力的作用。

5.1.2　测试验证

1. 干湿对比研究

深层静力触探过程中,采用了探头上端注水润滑措施。为检验注水润滑对静力触探测试结果的影响效应,在邯黄线、天津保税区、天津空港和临港工业区等地开展了对比试验,以分析注水润滑与不注水两种试验方法对静力触探测试结果的影响效应。从四个不同项目对比试验结果中可以看出,采用注水润滑措施对静力触探测试结果基本无影响。

2. 测试深度检验

以无缆测试技术为基础,通过研制专用扩孔器、大量程探头、高强度探杆、配套套管和管靴,采用在触探孔壁间注入冲洗液、下护管和增加系统动力等技术,既保留了传统静力触探测试方法的优点,又能够解决穿透硬土层的难题,使静力触探测试深度得到增加。在天津地区铁路项目中触探测试深度超过 75 m,测试结果和地层有很好的对应关系。

5.1.3　测试参数应用

在京津冀地区开展了大量对比试验研究,将深层静力触探与对应点位钻孔取样试验、平板载荷试验、试桩参数和路基沉降观测资料等综合对比分析,研究得出深层静力触探指标确定土体物理力学指标、基床系数、地基基本承载力、钻孔灌注桩桩周土极限摩阻力和桩端土极限承载力、估算路基沉降变形等经验公式及方法,为深层触探技术在铁路工程勘察中的应用奠定了基础。以下简要介绍划分土类新标准和确定桩基承载力的应用情况。

1. 划分土类新标准

现行标准《铁路工程地质原位测试规程》(TB 10018)中,双桥静力触探划分土类的标准,是在北京、天津、唐山和石家庄等地区对 70 个静力触探孔及相应的钻孔资料共 270 组试验数据分类整理绘制散点图,对静力触探锥头阻力 q_c、静力触探摩阻比 R_f、静力触探侧阻力 f_s 和双变量 q_c、R_f 作了多种形式的判别分析,最后推荐了如图 5-1 所示的线性判别式,结果表明准确率大于 86%。该成果是根据浅层静力触探成果统计得到的结果(深度范围 0～30 m,锥尖阻力范围 0～10 MPa),对深层静力触探判别土类(深度超过 70 m,锥尖阻力最大可达 70 MPa)的适用性需与土工试验结果作进一步对比分析和验证。

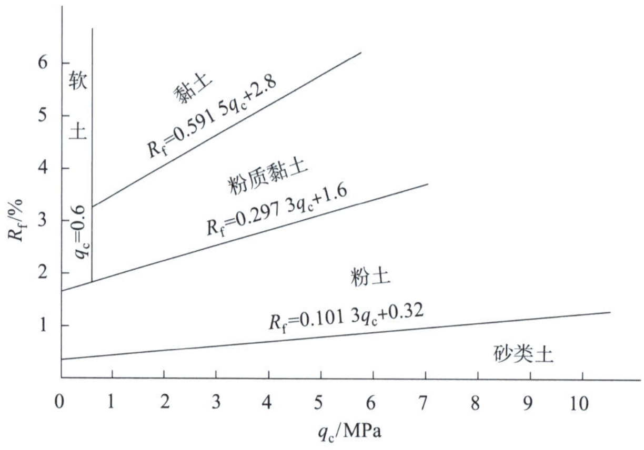

图 5-1　双桥静力触探参数判别土类

通过京雄城际铁路、雄商铁路、天津地铁 7 号线、滨海新区轨道交通 Z4 线等 169 孔 4 455 组深层静力触探与钻探试验数据对比，绘制散点图(图 5-2)，统计分析并建立了土类划分新的判别标准。

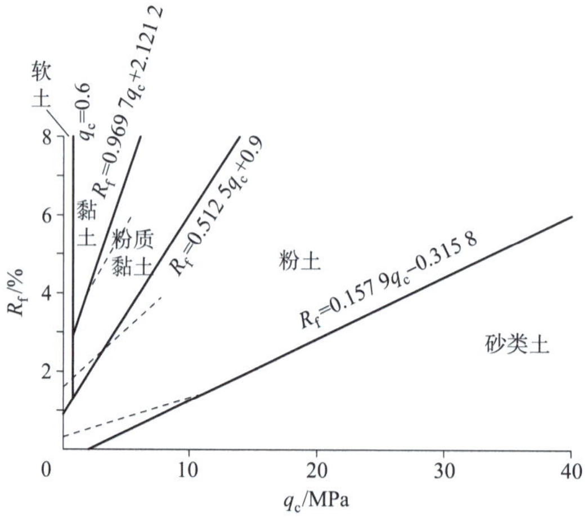

图 5-2　触探划分土类综合汇总统计表

注：虚线为原规范标准，实线为新统计归纳标准。

将原有的判别标准与最新统计结果放在同一张统计图中，比较后发现，原有的判别式与新的判别式存在一定的差异。例如：粉土和砂类土的分界线，新的界线比原来的界线靠右，粉土的范围比原来更大。粉质黏土和粉土、黏土和粉质黏土的界线公式与原来的判别式都有一定的变化。

对比差异，粉土与砂类土划分区域存在差异可能有以下主要原因：首先，本次统计的试验组比原规范增加了十几倍之多；其次，触探孔的深度上差别也很大，粉土的密实度和承载力随着深度增加会发生变化，这就导致了粉土的分布范围随之发生变化，与原来砂土区域有重合现象。

通过本次统计可以看出，静力触探划分黏性土、粉土、砂类土的准确率很高，但是在区分黏性土中的黏土和粉质黏土时，会有一些偏差，究其原因，可能是钻探取样和室内试验的离散性，比如在天津地铁和北京大兴机场地下段，布置了一定数量的取双样钻探孔，要求在同一地层连续取两个土样，分别送不同实验室进行分析，结果发现同一地层取出的两个土样，在不同实验室的结果不尽相同。

本次新判别标准的确定，试验点主要集中在华北地区，为了验证新标准的可靠性，检验在其他地区的适用性，后续搜集了哈尔滨地铁、商合杭高速铁路、太焦高速铁路以及印尼雅万高速铁路项目等大量触探资料，通过分类统计对比，发现提出的土类划分新标准准确率优于规范。具体统计结果见表 5-1。

表 5-1　现行规范与新标准统计

项目名称		哈尔滨地铁	商合杭高速铁路	太焦高速铁路	雅万高速铁路
统计组数量		208	327	180	205
现行规范	准确数量	178	301	164	173
	准确率	85.58%	92.05%	91.11%	84.39%
新判别标准	准确数量	197	313	165	181
	准确率	94.71%	95.72%	91.67%	88.29%

2. 确定单桩承载力

深层静力触探较常规静力触探能穿透较厚砂层，显著增加测试深度，使应用深层静力触探估算深长灌注桩单桩承载力成为可能。以下结合灌注桩载荷试验和深层静力触探成果对比分析，提出了新的修正系数计算公式。

(1)桩身内力载荷试验

现行规范中单桩承载力的计算方法中都是分别计算桩侧阻力和桩端阻力后再叠加，因此用试桩资料研究单桩承载力选取计算参数时，首先需分别确定桩侧摩阻力和桩端阻力的值，这项工作是研究单桩竖向承载力的前提和重要组成部分，也是分析桩载荷传递机理的基础。划分桩的端、侧阻力最可靠的方法是实测法，即桩侧阻力分布测试和桩端阻力测试。

桩侧阻力分布测试是指在桩身不同高度埋设应变测量元件，与静载荷试验同步进行，量测在载荷作用下桩身的变形，假定桩身截面和弹性模量不变的条件下，根据应力应变关系计算桩身不同高度的应力及轴力，从而得到桩身相应深度段桩侧阻力的测试方法。桩端阻力测试是指在桩底埋设压力盒，依据应力应变关系计算桩端阻力的测试。

为提高对比分析的可靠性，收集到天津及其周边地区共计 30 根桩载荷试验成果，桩长 35～60 m，桩径 0.6～1.5 m。为保持数据的有效性，在载荷试验点附近对应开展深层静力触探试验，共计完成 37 孔。

（2）修正系数研究

现行标准《建筑桩基技术规范》（JGJ 94）、《铁路工程地质原位测试规程》（TB 10018）中，应用静力触探成果确定单桩极限承载力采用的计算公式形式基本相同，不同的是依据土性、成桩工艺等选择的修正系数有所不同。极限承载力 Q_u 的计算公式基本形式为

$$Q_u = U\sum_{i=1}^{n} l_i\beta_i \overline{f}_{si} + \alpha A_c q_{cp}$$

式中 U——桩身横截面周长，m；

l_i——桩周第 i 层土的厚度，m；

A_c——桩端面积，m^2；

$\overline{f}_{si}$——第 i 层土的探头侧阻力平均值，kPa；

q_{cp}——桩端阻力计算值，kPa；

β_i——第 i 层土的桩侧阻力修正系数；

α——桩端阻力修正系数。

以下沿用上述基本形式估算灌注桩单桩承载力，并结合试桩资料所得的桩侧阻力和桩端阻力成果，分别对侧阻力、端阻力修正系数开展统计分析工作。

①侧阻力修正系数

为保持对比数据的一致性，选取试桩成果中上、下两组测试元件中间段为对比段。试桩成果中桩身侧阻力在极限载荷作用下达到最大值，取该值作为桩身侧阻力目标值 F_{si}；触探成果中在对比段内选取静力触探侧阻力平均值（注意过程中剔除异常值）作为触探侧阻力平均值 $\overline{f}_{si}$。

沿用现行规范桩极限承载力公式中侧阻力修正系数 β_i，与前述得到的桩身侧阻力目标值 F_{si} 和侧阻力平均值 $\overline{f}_{si}$ 建立关系，即作如下定义：

$$\beta_i = F_{si}/\overline{f}_{si}$$

将得到的侧阻力修正系数 β_i 与触探侧阻力平均值 $\overline{f}_{si}$ 进行统计分析，得到 201 组统计数据，并绘制数据散点图、拟合曲线（图 5-3），拟合得到侧阻力修正系数公式：

$$\beta_i = 54.922\,\overline{f}_{si}^{\,-0.9648}$$

②端阻力修正系数

试桩成果中选取极限载荷作用下桩底端阻值作为桩端阻力目标值 F_{cp}；触探中触探端阻力计算值 q_{cp} 取值，沿用《铁路工程地质原位测试规程》（TB 10018—2018）第 9.5.20 条的规定，即当桩底高程以上 $4d$（d 为桩径）范围内平均端阻力 $\overline{q}_{cp1}$ 小于桩底位置以下 $4d$ 范围内平均端阻力 $\overline{q}_{cp2}$ 时，取 $q_{cp} = (\overline{q}_{cp1} + \overline{q}_{cp2})/2$，反之，取 $q_{cp} = \overline{q}_{cp2}$。

同样沿用现行规程桩极限承载力公式中端阻力修正系数 α，与前述得到的桩端阻力目标值 F_{cp} 和触探端阻力计算值 q_{cp} 建立关系，即作如下定义：

$$\alpha = F_{cp}/q_{cp}$$

将得到的端阻力修正系数 α 与触探端阻力计算值 q_{cp} 进行统计分析，得到 36 组统计数据，并绘制数据散点图、拟合曲线（图 5-4），拟合得到端阻力修正系数公式：

$$\alpha=0.2444\,q_{cp}^{-0.966}$$

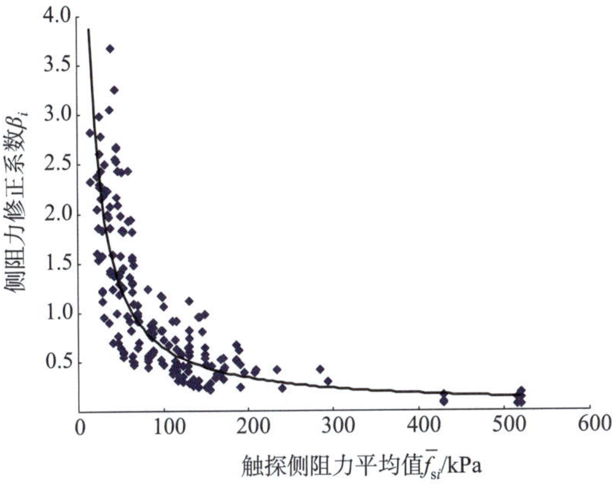

图 5-3　静力触探估算深长灌注桩侧阻力修正系数

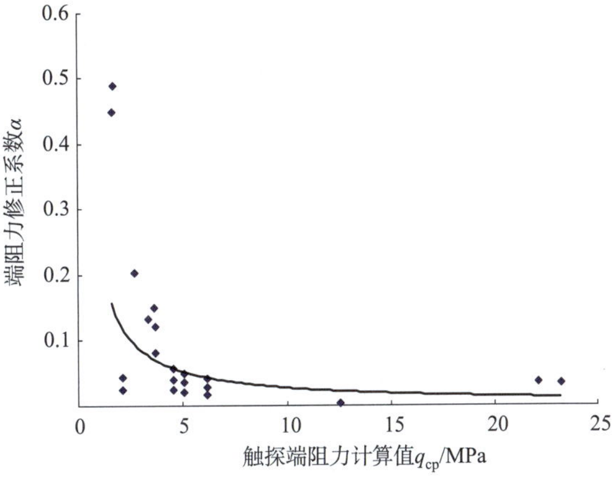

图 5-4　静力触探估算深长灌注桩端阻力修正系数

5.2　旋转触探技术

中国铁设研发的旋转触探技术是以无缆触探技术为基础，有机结合了钻探与触探的优点，采用一定的转速和贯入速度，将旋转触探探头旋转贯入土中，通过安装在探头上的传感器测出旋转贯入阻力、旋转扭矩、排土水压力，来研究地层物理力学性质的一种新型原位测试方法。旋转触探适用于软土、黏性土、粉土、砂类土及含少量碎石的土层。

旋转触探可穿透较硬土层，直接测试较深地层，根据旋转贯入阻力、旋转扭矩、排土水压力等测试参数，利用经验公式，可进行地基土分层、计算地基土承载力、推荐桩基设计参数等，满足不同工程需要。旋转触探技术在津保铁路、邯黄铁路、京津城际延长线等项目应用取得良好效果，在桥梁工程勘察中测试深度达到 86 m。

5.2.1　仪器设备

旋转触探试验设备主要包括：旋转触探车，由液压触探装置、液压夹具、气动夹具、底板、支腿油缸和地锚装置等组成；无缆触探多参数数据采集系统，包括地上读数仪、地下参数存储器、测试数据后处理软件等；旋转触探探头，包括锥形双螺旋钻头、三桥参数传感器。

1. 旋转触探车

旋转触探车是将旋转触探设备安装在专用汽车上进行探测的车辆，它是利用液压装置将探头及探杆钻入或压入地层中的一种移动式探测设备，如图 5-5 所示。

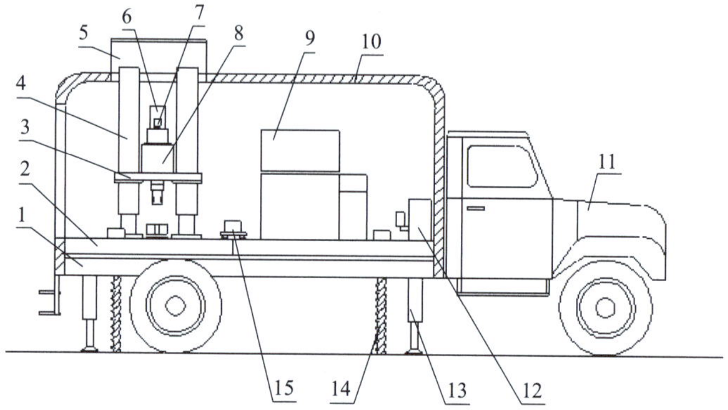

图 5-5　旋转触探车结构图

1—汽车底盘；2—承重底板；3—连接横梁；4—液压油缸；5—天窗；6—液压马达；7—旋转水龙头；8—旋转主轴箱；9—控制台；10—车篷；11—车头；12—泥浆泵；13—液压支腿；14—地锚机；15—探杆架

旋转触探车是具贯入、旋转、给水等多项功能于一体的液压设备，其主要特点见表 5-2。

表 5-2　旋转触探车特点

序号	特　　点	作　　用
1	提升动力，当工作压力为 16.0 MPa 时，提升力为 492 kN，贯入力为 289 kN	—
2	可快速提升和压入探杆	提高工作效率
3	可进行探杆浮动操作	可避免对接探杆时发生碰撞
4	配有液压和气动夹具装置	加接或拆卸探杆时，可以使探杆快速夹紧，便于探杆接头松开和拧紧，防止探杆滑落
5	旋转主轴可双向旋转，无级调速	方便加接或拆卸探杆
6	设有泥浆循环系统	满足旋转触探工艺要求，可进行探孔润滑
7	装有测速齿板	能够随时监测到钻杆工作时转速及工况
8	设有刮泥装置(在汽车架体上)	当探杆提升时以刮去探杆上的泥沙

2. 无缆触探多参数数据采集系统

该系统实质上就是一种无缆触探参数采集设备(图 5-6)，以同步采集地下参数和地上参数为目的，为静力触探和旋转触探提供支持的通用电子仪器设备。该设备采用时钟同步原理来进行地上、地下参数的采集、存储，解决了传统有缆触探测试工艺繁琐、电缆线易断等问题，为实现旋转触探奠定了基础。本套系统选用低功耗器件，采用小型化设计，便于配合旋转触探等技术实现深层测试。系统操作简便、运行稳定，适合多种复杂的地下环境，数据稳定、可靠性高。

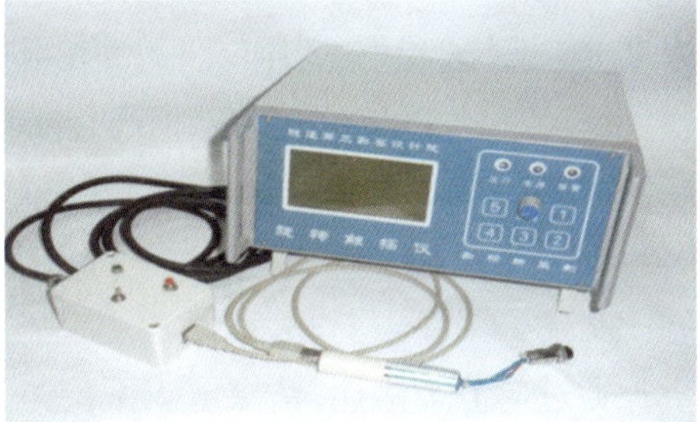

图 5-6　无缆触探参数采集系统

3. 旋转触探探头

旋转触探钻探结构如图 5-7 所示。旋转触探探头由钻头、三桥传感器等组成。旋转触探中的钻头相当于钻探回旋钻进过程中的全面钻头，采用锥形双螺旋设计形式，有利于旋转触探的钻进，且磨损小，测试参数效果明显稳定，便于排土；排水对钻头压力和扭矩测试影响较小。另外，巧妙设计出水口的位置，将其设在螺旋片的尾部，这样利于加压钻进，并且冲洗液不对切削土层扰动，保证对天然土层测试阻力、扭矩的准确。

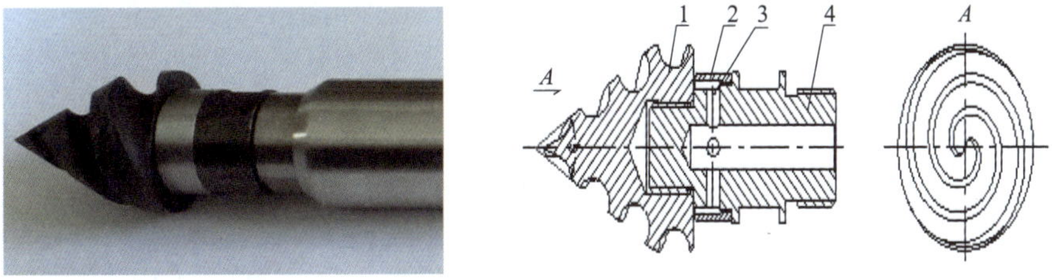

图 5-7　旋转触探钻探结构图

1—钻头体；2—挡水环；3—出水口；4—钻柄

旋转触探中的三桥传感器组包括压力、扭矩和水压力传感器（图 5-8），是能够测量旋转触探钻头压入切削土体所受的竖直和水平阻力以及钻头出水口的水压力的装置，用来测量旋转触探时钻头上的垂直压力、旋转时土体对钻头的反扭矩及排除土屑时的水压力。

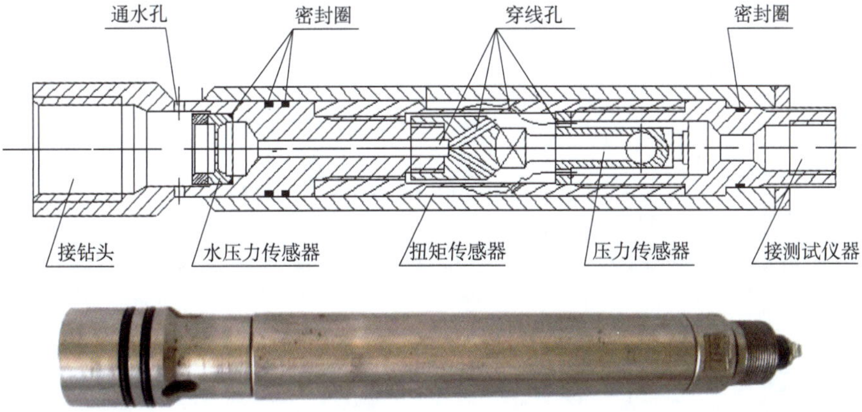

图 5-8　三桥传感器照片及结构图

5.2.2 测试参数应用

经过大量的现场试验及工程实践，总结归纳了利用旋转触探测试参数进行地基土评价的方法和相关经验公式，为旋转触探在工程中的应用奠定基础。

1. 划分土层

通过与静力触探、钻探土工试验等数据的对比，归纳总结了地基土旋转触探曲线特征。旋转贯入阻力 p_r、探头旋转扭矩 M_r 的大小与土层的软硬程度密切相关；排土水压 p_w 随地层土体渗透固结特性变化较大，且拐点明显，易于识别和划分地层。旋转触探土的分类如图 5-9 所示。

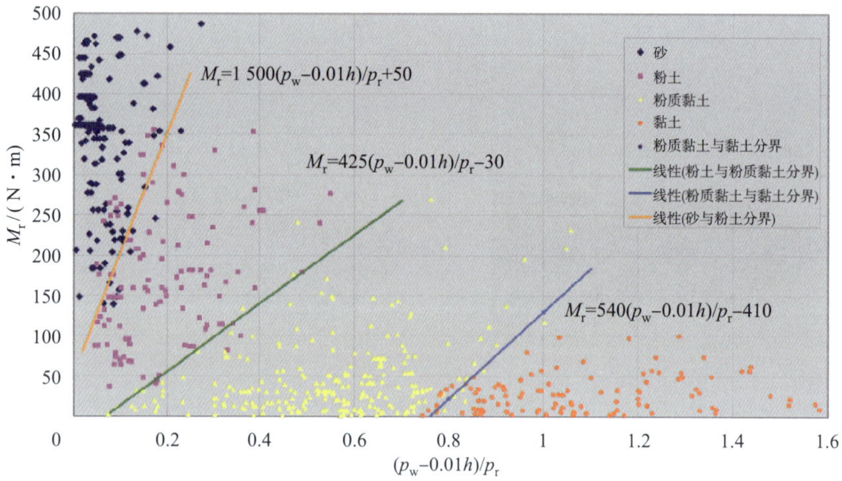

图 5-9 旋转触探土的分类图

2. 地基承载力

将旋转触探测试成果与相应工点的钻探资料作对比研究，根据收集到的钻孔试验资料，按《铁路工程地质勘察规范》(TB 10012—2019)附录 C 查得土体承载力，并与对应的旋转触探成果进行相关分析，初步建立了应用旋转触探测试成果确定粉土、粉质黏土和黏土三种土体地基基本承载力经验公式，详见表 5-3 和图 5-10。

表 5-3 旋转触探确定地基基本承载力统计表

土 性	地基基本承载力 σ_0/kPa	相关系数 r
粉土	$\sigma_0=178.608\,0e^{0.187\,2}$	0.802 5
粉质黏土	$\sigma_0=228.350\,9e^{0.324\,4}$	0.889 7
黏土	$\sigma_0=203.891\,0e^{0.427\,6}$	0.941 5

注：e 为旋转触探比功。

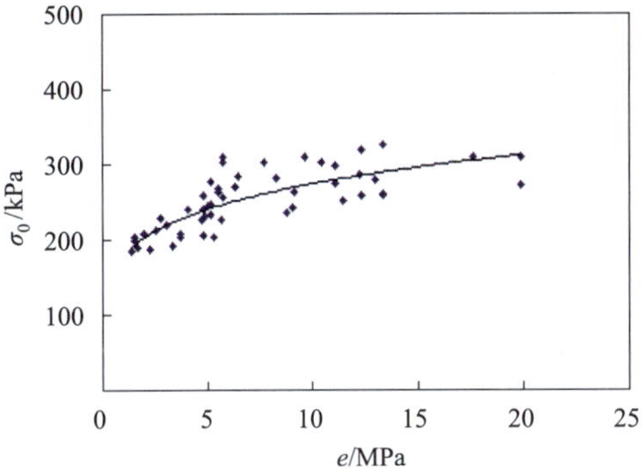

(a)粉土

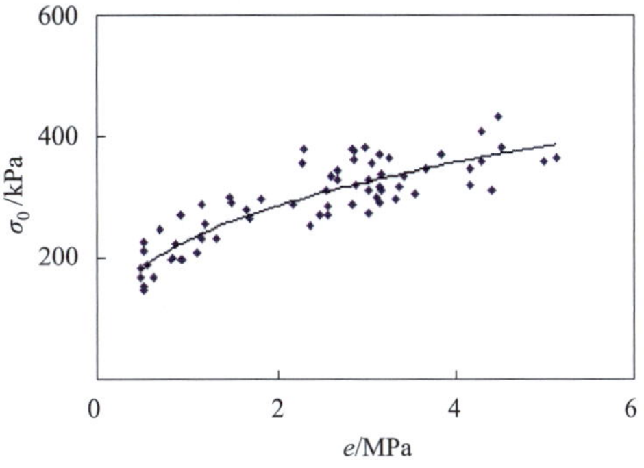

(b)粉质黏土

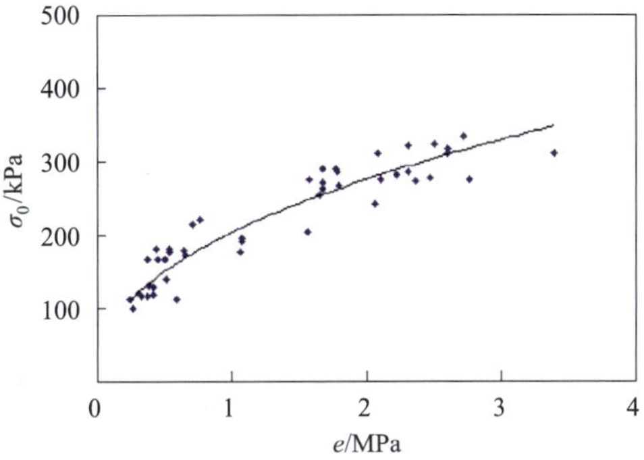

(c)黏土

图 5-10　旋转触探比功 e 与地基基本承载力 σ_0 回归曲线图

3. 压缩模量

将旋转触探测试成果与相应工点相应地层的钻探室内试验结果对比分析，建立了应用旋转触探测试成果确定粉土、粉质黏土、黏土三种土体不同压力段压缩模量经验公式，如图 5-11～图 5-13 所示。

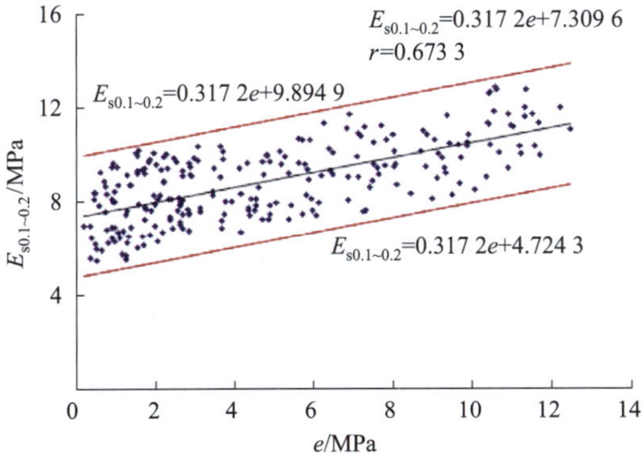

(a)$E_{s0.1\sim0.2}$

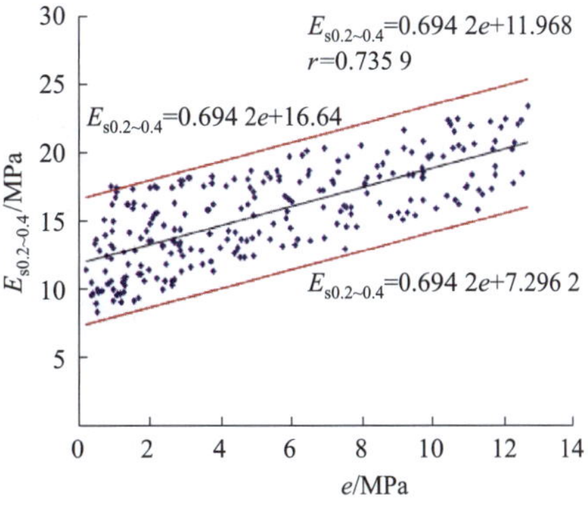

(b)$E_{s0.2\sim0.4}$

图　5-11

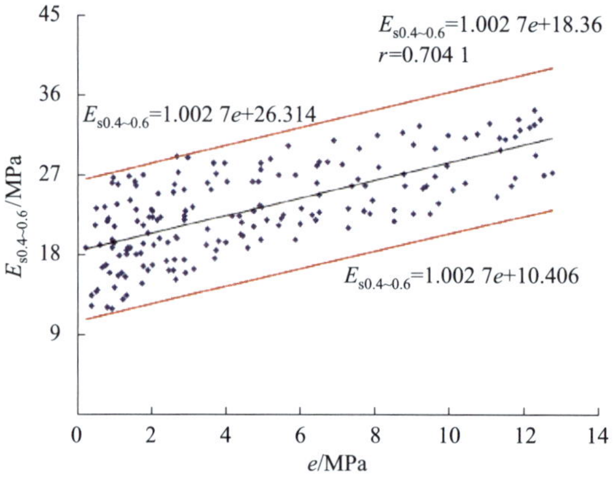

(c)$E_{s0.4\sim0.6}$

图 5-11　粉土旋转触探比功与不同应力条件土体压缩模量回归曲线图

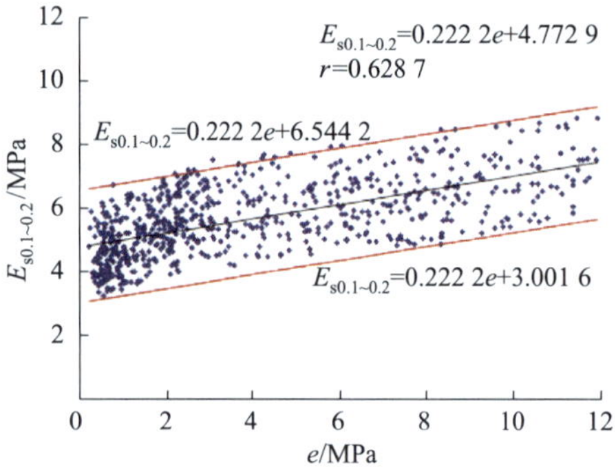

(a)$E_{s0.1\sim0.2}$

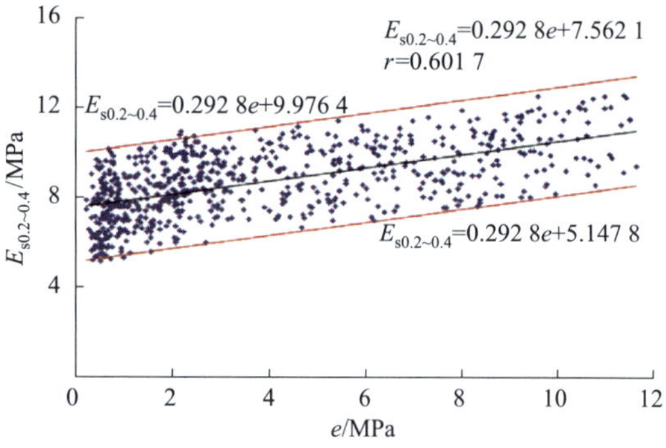

(b)$E_{s0.2\sim0.4}$

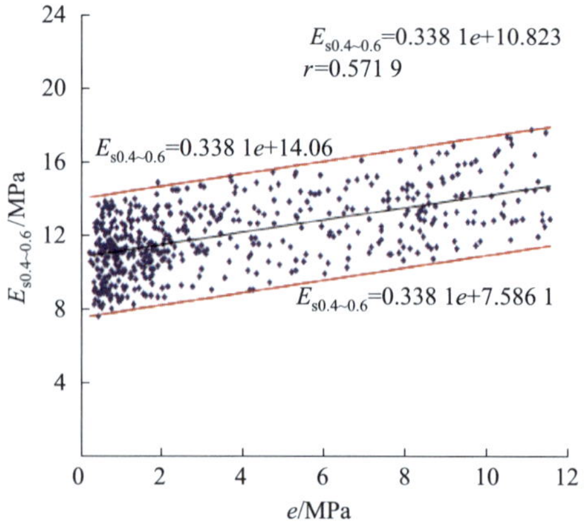

(c)$E_{s0.4\sim0.6}$

图 5-12　粉质黏土旋转触探比功与不同应力条件土体压缩模量回归曲线图

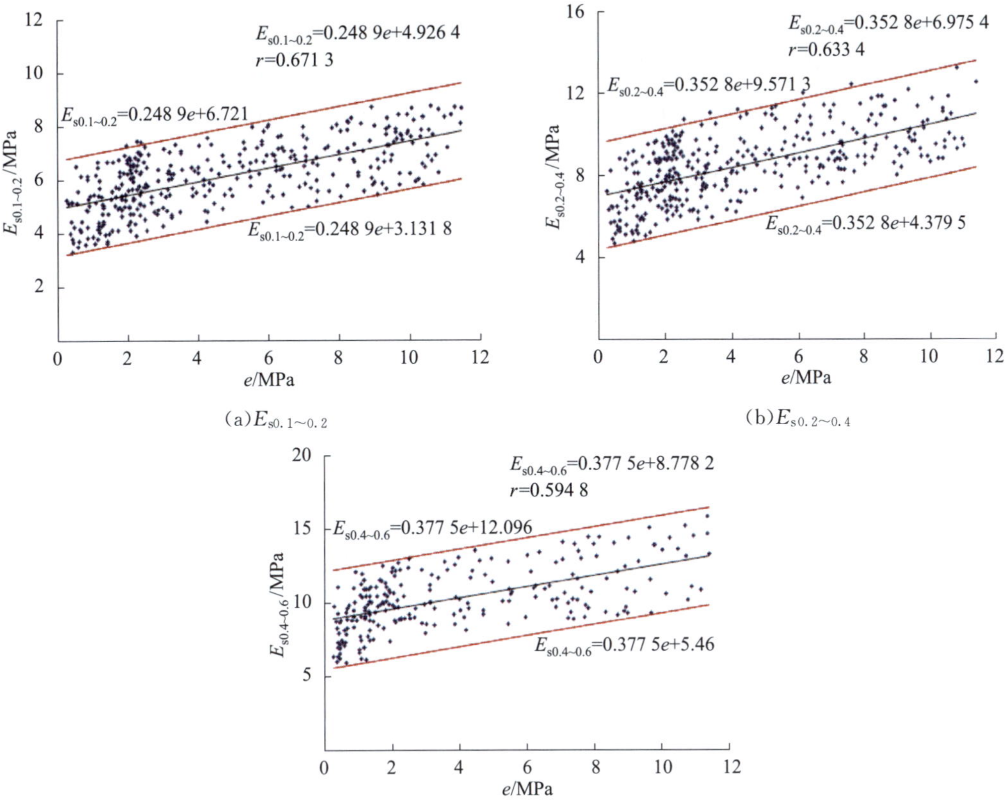

(a)$E_{s0.1\sim0.2}$　(b)$E_{s0.2\sim0.4}$　(c)$E_{s0.4\sim0.6}$

图 5-13　黏土旋转触探比功与不同应力条件土体压缩模量回归曲线图

4. 沉降计算

应用旋转触探测试成果计算基础沉降变形。旋转触探基础沉降计算公式为

$$s=\psi\lambda\Delta p\sum_{i=1}^{n}\frac{I_i}{a_i\overline{e}_{ri}^{c_i}+b_i}\Delta z_i$$

式中　s——基础最终沉降量，mm；

ψ——沉降估算经验系数，应根据类似工程条件下沉降观测资料和经验确定，无经验时暂取 $\psi=1.0$；

λ——基础深度影响系数，$\lambda=1-0.5(\sigma'_{v0}/\Delta p)$，若 $\lambda<0.5$，则取 $\lambda=0.5$；

σ'_{v0}——基底土体初始有效自重应力，kPa；

Δp——基底附加应力，kPa；

n——沉降影响深度范围内地基土层数；

I_i——基底附加应力影响因子，其具体分布如图 5-14 所示，计算时取各土层均值；

$\overline{e}_{ri}$——第 i 层土旋转触探比功平均值，MPa；

a_i,b_i,c_i——与土性相关的第 i 层土体变形模量因子，可据旋转触探的土类定名按当地经验

公式取值;若无经验可统一取 $a_i=6.3$、$b_i=1.0$、$c_i=0.97$;

Δz_i——影响深度内第 i 层土的厚度,m。

图 5-14 中,I_{max} 为基底附加应力影响因子最大值,其计算公式为

$$I_{max}=0.5+0.1\sqrt{\Delta p/\sigma'_{vp}}$$

式中 σ'_{vp}——I_{max} 深度处地基土体初始有效自重应力,kPa。当基底附加应力影响因子分布三角形范围内存在刚性边界,即存在较厚的坚硬黏性土层,其孔隙比小于 0.5、压缩模量大于 50 MPa,或存在较厚的密实砂卵石层,其压缩模量大于 80 MPa 时,在刚性边界上部 I_i 分布不变,刚性边界下部 $I_i=0$。

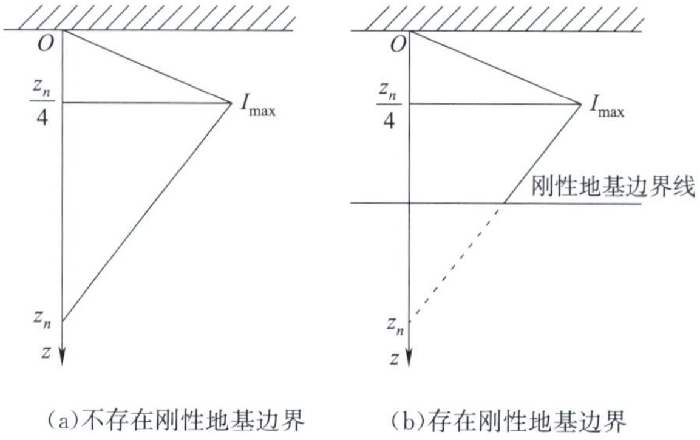

图 5-14 基底附加应力影响因子分布示意图

图 5-14 中,z_n 为基础沉降计算深度,确定分如下两种情况:

①当无相邻载荷影响,基础宽度 B 在 1~30 m 范围内时,基础沉降计算深度 z_n 的计算式为 $z_n=B(2.5-0.4\ln B)$。

②除①以外情况,基础沉降计算深度按应力比法确定,即附加应力 σ_z 与土的自重应力 σ_c 符合:$\sigma_z\leqslant 0.1\sigma_c$。

5.3 深层载荷试验技术

深层载荷试验技术是在传统螺旋板载荷试验基础上,通过重新设计位移测量方法和优化传力系统,提高了载荷试验位移测量及加载的准确度,使载荷试验能够满足勘察设计深度要求的一种工程原位测试方法。

中国铁设研制了集成位移测量传感器和载荷测量传感器的深层载荷试验探头总成,该探头总成的位移测量系统采用了容栅位移传感器,将传统的地表测量沉降位移方式,改为直接在地下螺旋板上端测量沉降位移的方式,避免了传力杆变形和地表机械振动对测量结果的影响,位移变形值更为准确。同时使载荷试验测量深度不再受位移测量误差的限制,极大

提高了测试深度，最大可达 50 m。该套设备应用方式多样，针对不同使用场景和工况，可以分别使用触探车、轻便型触探机以及钻机配合，拓展了深层载荷试验的适用性。

5.3.1　传统载荷试验方法

载荷试验方法国内外常用的有两种，一种是平板载荷试验，另一种是螺旋板载荷试验。平板载荷试验是在一定面积的承压板上向地基土逐级施加载荷，观测地基土的承载压力和变形的原位试验；螺旋板载荷试验（SPLT）是将一螺旋形的承压板用人力或机械旋入地面以下的预定深度，通过传力杆向螺旋承压板施加压力，测定承压板的下沉量。

国内有高校开发了深层平板载荷试验设备，这种试验方法主要不足是需要钻机预先成孔，并要求孔底平整、残渣清理和孔壁稳定性保护，且很难在同一孔内连续进行不同深度地层的载荷试验，当需要在不同深度做试验时，需要将设备从钻孔中取出，钻到新的深度后重新安装测试，效率较低，且极易发生塌孔事故，导致试验失败。

国外于 1973 年开始采用螺旋板载荷试验装置。我国在 20 世纪 80 年代引进了这种方法。《岩土工程勘察规范（2009 年版）》（GB 50021—2001）指出："螺旋板载荷试验适用于深层地基土或地下水位以下的地基土"，实践中主要用于软土和难于取样的砂土。螺旋板载荷试验装置示意如图 5-15 所示，将螺旋承压板旋入地面以下预定的试验深度，测试时，通过传力柱对螺旋承压板加荷，在传力杆的上端观测承压板的位移。它是在不同深度处的原始应力条件下进行的载荷试验，通过获得的应力-应变-时间的关系曲线，用理论关系或实践经验关系得到地基土的一些重要参数。

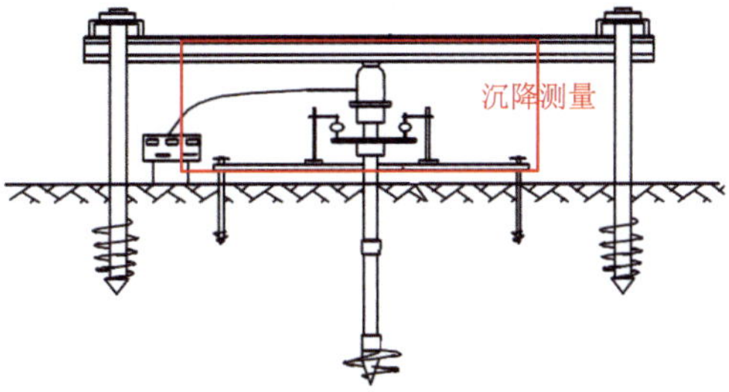

图 5-15　常见的螺旋板载荷试验装置示意图

该装置实质是在地表进行沉降测量，通过理论分析及现场测试验证，这种沉降测量方法存在以下不足：

（1）测试到的沉降值实质为螺旋板下土体变形和传力杆变形的总和。

（2）随着螺旋板载荷试验的深度加深，传力杆加长，加荷过程中，传力杆因本身刚度不足等因素，极易发生弯曲变形，对沉降测量结果产生较大影响。该情况在传力杆周围为软土地层时（传力杆侧向约束效果最弱）尤为明显。

（3）该沉降测量方法难以估算测量值与实际值的差值，误差无法消除，严重影响岩土参数的计算结果。

综上所述，深基础设计、复合地基设计等岩土工程设计需要由深层载荷试验提供深层地基土的工程特性参数，而现有的深层载荷试验方法存在着沉降测量准确度随着深度增加，误差增大的问题，虽然有些部门在改进测量设备方面做了一些尝试，但是在工作效率和适用性方面都存在着一些问题，正是因为这些问题，限制了深层载荷试验的推广使用。

5.3.2 深层螺旋板载荷试验探头

螺旋板载荷试验对沉降精度的要求非常严格。根据《铁路工程地质原位测试规程》（TB 10018—2018）第4.2.6条规定，当螺旋板载荷试验沉降测量装置量程为50 mm时，有效最小分度值应小于0.03 mm。

螺旋板载荷试验中位移测量准确度是限制载荷试验深度的瓶颈。传统螺旋板载荷试验沉降测量误差较大主要是因为沉降测量装置位于地面，倘若可以将沉降测量装置安装于地下且靠近螺旋承压板的位置，则可消除空心传力杆弯曲变形因素和地面测量设备等带来的误差，从而提高位移测量准确度。为此，中国铁设创新了地下沉降测量方法，研制了适用于深部地层的螺旋板载荷试验设备。该套设备在地下进行沉降测量，准确度高且不受试验深度限制，能够满足深部工程中的勘察设计要求，同时具有试验辅助时间少、效率高、地层适应性广等优点。

深层螺旋板载荷试验的测量原理是将位移传感器放入地下，在靠近螺旋承压板端进行沉降测量。探头结构分为内轴与套管，将容栅位移传感器的动栅与定栅分别安装在内轴与套管上。当试验加荷时，套管相对静止，内轴受力，载荷通过空心传力杆传到螺旋承压板，螺旋板压着土体发生沉降，分别安装在内轴与套管上的动栅与定栅则产生相对运动，容栅位移传感器就可以测量出内轴和套管的相对位移，又因为套管是相对静止的，则该相对位移即螺旋承压板的实际位移量，也就是土体的实际被压缩量。

1. 位移测量

深层螺旋板载荷试验位移测量使用的是容栅位移传感器，它是一种基于变面积工作原理的电容式位移传感器；结构类似于平行板电容器，把机械位移量转变成电信号的相位变化量。该传感器为非接触式测量，体积小，结构简单，非常适合安装于探头内部。

容栅位移传感器是根据电容传感器工作原理进行设计的。因此，从电容式传感器着手分析，由物理知识可知，两块平行金属板组成的电容器，其电容值为

$$C=\frac{\varepsilon S}{4k\pi d}$$

式中 ε——两个极板间介质的介电常数；

S——两个极板相对有效面积；

k——静电力常数；

d——两个极板间的距离。

由计算公式可知，ε、S、d 参量可以导致电容值发生变化。因此，电容式传感器可分为变极距型、变面积型和变介电常数型传感器。由于本设备是为了测量位移，所以综合考虑只能选择变面积型传感器。

在变面积型电容式传感器中，单极式电容表达式简写为

$$C=\varepsilon S/d$$

假设初始电容值为

$$C_0=\varepsilon S_0/d$$

其中

$$S_0=a\times L$$

式中　S_0——电容板面积；

a,L——矩形电容板的长、宽。

当极板之间发生相对移动 Δa 时，传感器的电容为

$$C=\varepsilon(a-\Delta a)\times L/d$$

于是可求得

$$\Delta C=C_0-C=\varepsilon\Delta a\times L/d$$

因此，传感器灵敏度为

$$\Delta C/\Delta a=\varepsilon\times L/d$$

由上述可知，变面积型电容式传感器灵敏度为常数，线性度良好，因此，可以将两个极板相对平行的位移变化，转变为面积变化，然后转变为电容值变化，从而将位移测量转变为电信号的测量。

图 5-16 为已经加工完成的容栅位移传感器部件。

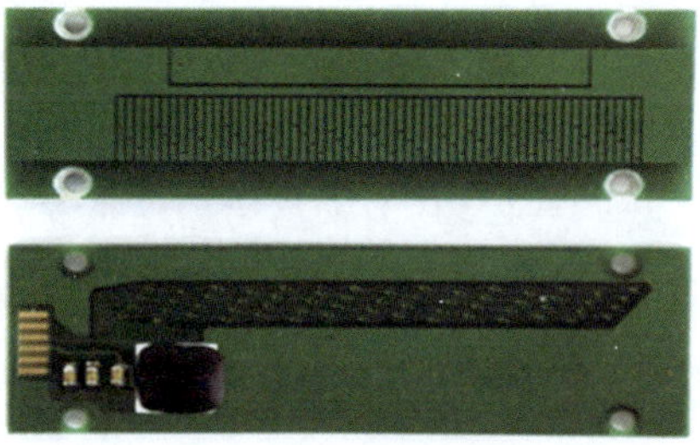

(a)定栅

(b)电路实物图

(c)动栅

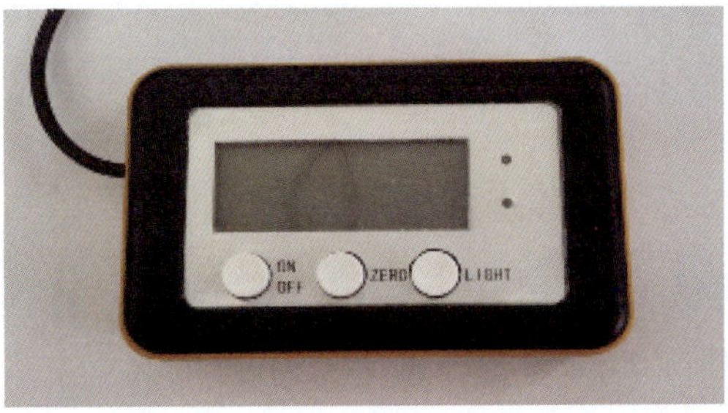

(d)位移数值显示器

图 5-16　容栅位移传感器各部件

2. 载荷测量

载荷测量采用的是电阻应变式测试技术，即：应用全桥电路(图 5-17)，在探头的空心柱体上粘贴电阻应变片，当探头受力后，贴在上面的应变片电阻发生变化，产生电位差，毫伏计便测出流过的电流大小，这个电流大小与空心柱体的受力伸长有关。

在实际工作中，把空心柱体的微小应变所输出的微弱电压，通过电缆，传送至电阻应变仪中的放大器，放大一定倍数后，再通过系数转化，就可以显示出探头所受载荷大小的数值了。

这一过程应用了胡克定律、电阻定律和电桥定律，通过螺旋板上所承受的载荷压力→空心柱变形→电阻变化→电压变化→输入电子仪器记录等一系列转换，即可实现测定载荷压力的目的。

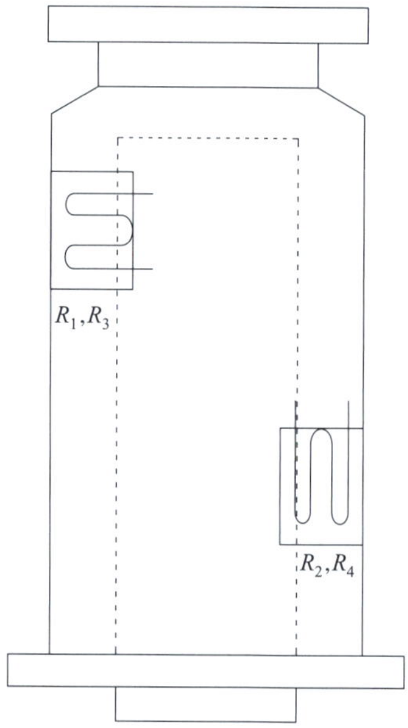

图 5-17　全桥电路示意图

3. 探头集成设计

图 5-18～图 5-20 所示为位移传感器和载荷压力传感器构成的探头总成，位移检测器设有套管接头、传动接头和封头，这些部件由上至下依次螺纹连接构成壳体，壳体中设有贯通壳体的内轴。内轴与套管接头和封头滑动接合，内轴与传动接头之间花键连接，内轴具有外花键构成的突出部。套管接头下端设有内轴上限位凸台，该上限位凸台与上移内轴突出部的上端面相接合。封头设有内轴下限位凸台，该下限位凸台与下移内轴突出部的下端面相接合。内轴上端与探杆连接，内轴下端与载荷压力检测器连接，内轴与传动接头之间花键连接部一对应位置的两侧分别设有相对于内轴为轴向的平台，两侧平台之间设有间隔，直线型容栅位移传感器的动栅极板固定于内轴突出部一侧平台，定栅极板固定于传动接头一侧平台。

5.3.3　深层载荷试验测试方法

深层螺旋板载荷试验适用于软土、一般黏性土、粉土及砂土，可用以确定地基土不同深度处的承载力和变形模量等参数。

在测试之前应先了解地层剖面。同一试验孔在垂直方向上的试验点应结合土层变化和均匀性布置。试验点间距宜为 1.0 m；特殊情况不应小于 0.75 m；当土质均匀、厚度较大时，试验点间距可取 2.0～3.0 m。

1. 试验前准备工作

(1)螺旋承压板表面应光滑、无磁伤和制造缺陷，几何形状尺寸应符合技术参数规定要求。

(2)选择率定合格的螺旋板探头，并应检查其防水性能。

(3)检查载荷控制仪工作是否正常。

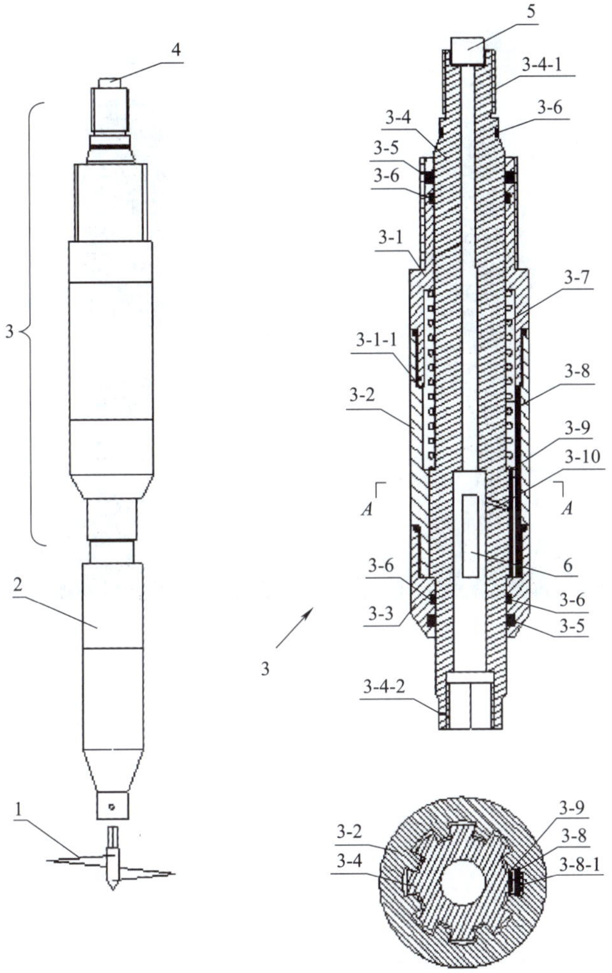

图 5-18　设备结构图

1—螺旋承压板；2—载荷压力检测器；3—位移检测器总成；3-1—套管接头；3-2—传动接头；3-3—封头；3-4—内轴；3-4-1—螺柱；3-4-2—螺套；3-5—防尘圈；3-1-1—内轴上限位凸台；3-6—密封圈；3-7—压簧；3-8—定栅极板；3-8-1—垫板；3-9—动栅极板；3-10—过孔；5—探杆导向定位圈；4—探杆螺纹接头；6—电路板

图 5-19　探头组装透视效果图

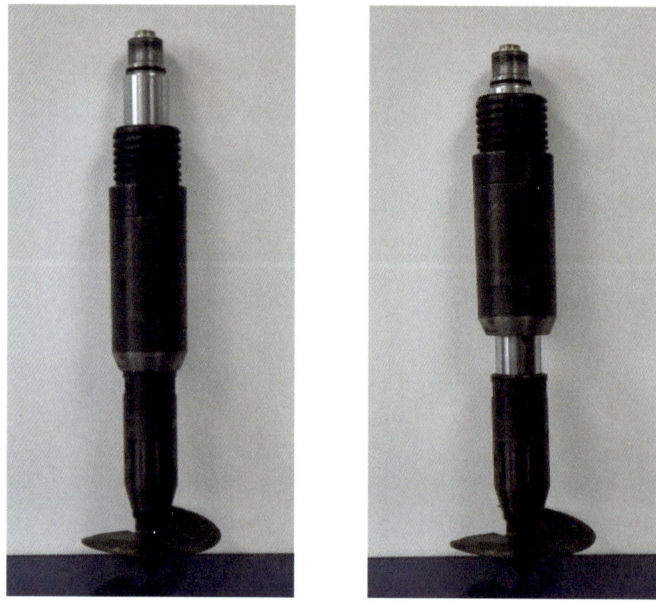

图 5-20　探头实物图

(4)螺旋承压板的方柄插入螺旋板探头(传感器)下端的方孔中,须上下滑动自如,然后用一根约 3 mm 中软金属丝插入承压板上方的小孔内,这样使承压板与探头连成一体。

(5)预估待测点位土层的极限压力,设计各级加载压力,并拟定试验数据记录表格。

2. 试验过程需要遵循的流程和要点

(1)操作流程

①旋转触探车到达试验场地,使其探杆导向定位圈对正试验孔位,拉出支腿,调平车体底盘平面,启动锚机旋入地锚。

②在试验孔位设置支撑于地面并由地锚固定的带有套管卡盘的基准梁。

③将总信号线缆的插头与载荷压力检测器和位移检测器构成的检测器总成上端的线缆插座连接,空心传力杆和套管分别连接于检测器总成,同时将总信号线缆从空心传力杆引出,将检测器总成通过旋转触探车探杆导向定位圈置于旋转触探车底部,将螺旋承压板插接于检测器总成底端接口并由铁丝穿连,将套管上端通过转接接头连接于旋转触探车液压装置主轴下端的探杆螺纹接头。

④启动旋转触探车液压装置,并通过套管、检测器总成使螺旋承压板在试验孔位旋转贯入,套管旋转一周的贯入量等于螺旋承压板的螺距,逐节增加套管和空心传力杆,同时将总信号线缆从增加的空心传力杆引出。

⑤当螺旋承压板到达预设地下深度后,停止套管旋转贯入,通过基准梁的套管卡盘将套管夹持固定,将转接接头从主轴下端的探杆螺纹接头移除,调整旋转触探车液压装置主轴高

度并使探杆螺纹接头与空心传力杆连接。

⑥将总信号线缆连接于测量数据记录仪，旋转触探车液压装置的主轴对空心传力杆按沉降相对稳定法或等沉降速率法的规范要求分级加荷进行试验。

⑦试验完成后停止空心传力杆加荷，将空心传力杆上端与旋转触探车液压装置主轴的探杆螺纹接头分离并连接转接接头，调整旋转触探车主轴高度使转接接头与套管连接，解除套管卡盘对套管的夹持固定，通过旋转触探车液压装置的主轴起拔套管，空心传力杆和检测器总成随之同时起拔，螺旋承压板弃于试验孔中。

若在同一试验孔中进行下一深度试验，先将总信号线缆与测量数据记录仪分离，将空心传力杆上端与旋转触探车液压装置主轴的探杆螺纹接头分离并连接转接接头，调整旋转触探车主轴高度使转接接头与套管连接，启动旋转触探车液压装置并通过套管、检测器总成使螺旋承压板在试验孔位旋转贯入，逐节增加套管和空心传力杆，同时将总信号线缆从增加的空心传力杆引出，当螺旋承压板到达下一预设地下深度后，停止套管旋转贯入，将总信号线缆连接于测量数据记录仪后重复前述步骤⑤、⑥进行试验即可。

(2)试验要点

①试验点的垂直间距为 1.0 m，螺旋板头入土时，应按每转一圈下入一个螺距进行操作，减少对土的扰动。

②同时测定地基土模量及承载力时，应采用慢法试验；仅测定地基承载力时，采用快法试验。慢法适用于软土、流塑黏性土及变形有明确要求的建筑物，快法适用于软塑～坚硬状黏性土、粉土、砂土、碎石土和软质岩。

③施加载荷 p 后，应按时观测相应的沉降量 s'。每级载荷下的沉降观测时间 t 及稳定标准应符合下列规定：

沉降相对稳定法(慢法)：每加一级载荷的第一个小时内按 1，2，2，5，5，15，15，15 min 间隔，以后按 30 min 间隔观测沉降一次，记录量测沉降值，直至连续 2 h 内 1 h 的沉降量小于 0.1 mm 时，施加下一级载荷。

沉降非稳定法(快法)：每施加一级载荷后，每隔 15 min 观测一次沉降，累积观测达 2 h 时，再施加下一级载荷。

试验总加载重量不宜小于设计值的 2 倍。

④出现下列情况之一时，可终止试验：承压板周围土层明显地向外挤出、隆起或产生裂隙；载荷增加不大，沉降急骤增大，p-s' 曲线出现陡降段；在某级载荷下，24 h 沉降速率不能达到稳定标准($<$0.1 mm/h)；相对沉降值 $s'/b>0.10$(b 为承压板的边长或直径)；总加荷量已达到设计要求值的 2 倍以上，或超过第一拐点至少三级载荷也可终止试验。

⑤土体破坏后，卸除加荷和沉降观测装置，再将螺旋承压板旋至下一个预定深度进行试验。

⑥螺旋板载荷试验应在钻孔中进行，钻孔陆进时应在离测定深度 20～30 cm 处停钻，并

清除孔底受压或扰动土层。

⑦试验精度:位移量测的精度不应低于±0.01 mm,载荷量测精度不应低于最大载荷的±1%。

新建哈尔滨至铁力铁路主要经过冲积平原和岗阜平原,表层以第四系全新统(Q_4)、上更新统(Q_3)及中更新统(Q_2)的填土、黏性土、淤泥质土、粉土、砂类土、碎石类土为主,应用深层载荷试验的测试成果见表5-4。

表 5-4 基本承载力、临塑压力、极限压力统计表

孔 号	试验点深度/m	基本承载力 σ_0/kPa	临塑压力 p_f/kPa	极限压力 p_l/kPa
19-ZD-2759	6	110	150	220
	12	125	250	450
19-ZD-2830	5.6	80	160	240
	21.5	160	450	700
19-ZD-2853	2.6	170	200	400
	8.8	210	300	600
	17.5	140	350	550
	27.9	150	300	600
	39	350	600	1 000
19-ZD-2892	4.4	120	200	320
	20.5	320	600	1 000
	33.2	400	700	1 100
19-ZD-3739	5	120	250	350
	14	210	400	700
	28	230	600	1 000
19-ZD-3824	5	140	200	275
	10	200	300	600
	15	260	500	800

5.4 旁压试验

旁压试验(pressuremeter test),又称横压试验,是工程地质勘察中的一种常用原位测试方法。旁压试验的原理是将具有压力传导和体积变形功能的旁压器置于试验深度的岩土体中,通过施加水平载荷,量测岩土体在水平应力作用的变形特征,进而推算岩土体的强度和变形参数。

旁压试验的优势在于不但能对大体积岩土体(相对于室内化验的岩土体尺度)测试,还能较方便地实现不同深度岩土体的测试;其缺点在于受成孔质量的影响很大,在软土中的试验成果不理想。

旁压试验依据工作原理的不同，可分为预钻式旁压试验、自钻式旁压试验、压入式旁压试验等。目前，国内应用于工程地质勘察中最为广泛的是预钻式旁压试验。它适用于确定黏性土、粉土、黄土、砂类土、软质岩石及风化岩石等地基的承载力与变形参数。

5.4.1　试验设备

在铁路工程地质勘察中，常用的预钻式旁压试验设备主要有法国梅纳型、国产 PY 型和 PM 型旁压仪。各类设备在设备性能、测试程序上稍有差异，但结构组成上均可分为旁压器、控制与测量系统、加压设备三部分，如图 5-21 所示。

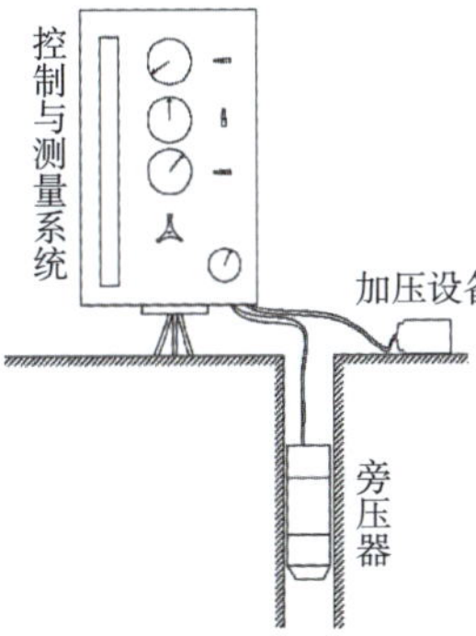

图 5-21　预钻式旁压试验设备结构示意图

旁压器是旁压仪的主要测试设备，多为三腔式圆柱形骨架，外套弹性膜。常用三腔式旁压器分上、中、下三腔：中腔为测试腔，连接地上液体管路部分；上下为辅助腔，连接地上气体管路部分。旁压器下入试验位置、加压后，上下辅助腔迅速膨胀贴紧钻孔侧壁，用于固定旁压器，并使之保持竖直状态；中部测试腔按试验要求在不同压力下，随注入其中的液体而变形。

控制与测量系统由压力控制系统、变形测量系统和水箱等组成。压力控制系统由调压阀、压力表组成。调压阀为精密调节压力设备，可以在输入稳定压力后，调节输出压力从 0 到最大值，该部分是旁压试验的压力调节、压力保持的控制装置。压力表是压力显示装置，通常为方便读数，往往配置量程不等的多块压力表。变形测量系统由水位测管和导压管组成。水位测管为有机玻璃材质，主要功能是显示旁压器的体积变化，水位测管两侧分别设置了 S、ΔV、ΔR 三个标尺刻度。S 为液面高度，最小刻度为1 mm，表示旁压器变形引起水位测管液面下降值；ΔV 为体积增量，表示旁压器变形引起水位测管内液体体积变化值；ΔR 为半径增量，表示旁压器变形根据测试段长度换算得到的旁压器半径增量。水箱用于储水和向管路补水，因其不能受压过大，故试验过程中务必注意操作要求，防止水箱胀裂。

加压设备通常采用较为安全的高压氮气瓶配合减压阀作为旁压试验的压力源。压力源为高压氮气，其最低压力值，应大于试验预估最大压力 1～2 MPa 为宜；当氮气源压力过大时，为保护试验设备和人员安全，建议配置减压阀后连接旁压仪。

5.4.2 现场测试

预钻式旁压试验现场测试程序主要有标定、预钻成孔、加压测试等环节。

1. 标定

试验实施前应进行弹性膜约束力标定和仪器综合变形标定。

弹性膜约束力标定，目的在于测试弹性橡胶膜限制变形的能力。在试验过程中，压力控制系统输出的压力并非全部作用于旁压器周围岩土体上，需要扣除弹性膜在膨胀过程中的压力损失，该压力随弹性膜变形增大而增大。具体标定方法为，将旁压器置于空气中，测定其在不同压力下的自由膨胀量，通过曲线拟合得到弹性膜不同膨胀量下对应的压力值。

仪器综合变形标定，目的在于得到变形测量系统自身受压变形的能力。在试验过程中，变形测量系统测得的体积变形并非全部是岩土体的变形，需要扣减整个管路系统自身的受压膨胀量，该膨胀量随管路内压力增大而增大。具体标定方法为，将旁压器置于钢护筒内，测定其在不同压力下的膨胀量，通过直线拟合得到管路系统在不同压力下产生的膨胀变形值。

2. 预钻成孔

在预钻式旁压试验中，预钻成孔是试验成败的关键因素之一，直接影响试验结果。大量的试验资料表明，孔周土体的扰动对确定变形特征的影响尤为严重。

依据旁压器型号和地质条件，选择适宜的成孔工具、成孔至试验深度。成孔要求：

(1)孔形圆整，孔壁垂直，并尽量避免对土体的扰动。

(2)钻孔直径可根据地层情况和所选用的旁压器而定，孔壁土体稳定性好的土层，孔径不宜过大。

(3)下列孔段不宜进行旁压试验：

①取过原状土样或进行过标准贯入试验的孔段。

②跨在不同性质土层的孔段。

(4)最小试验深度、连续试验深度的间隔、与其他勘探孔的水平距离均不宜小于 1 m。

(5)测试孔深度应比试验深度大 50 cm 为宜(试验深度由旁压器中腔中点起算)。

(6)对于不同性质的土层，有条件时，宜选用不同的钻孔工具和成孔工艺。

中国铁设发明了一种用于预钻式旁压试验的复合钻具，可以一次性形成引导孔段和试验孔段，解决了在现场测试过程中上部易塌孔、多套钻具效率低下等成孔难题。

3. 加压测试

国内现行的加压测试方法为：加压等级宜取预估临塑压力 p_f 的 1/5～1/7。每级压力稳定时间可采用 1 min。试验终止条件：压力加至仪器的允许最大压力时；在任何情况下，当测管水位下降超过 700 cm^3 时，应立即中止试验，防止弹性膜胀破。该方法与国际上的旁压试验方法存在差异。

中国铁设通过对旁压设备改进，在国内首次实现了同一设备的 A、B 试验方法测试，并对两种测试方法的测试成果进行比较。某工地设计两个旁压试验孔，分别在相同深度做了 24 组对比试验。试验曲线如图 5-22 所示。

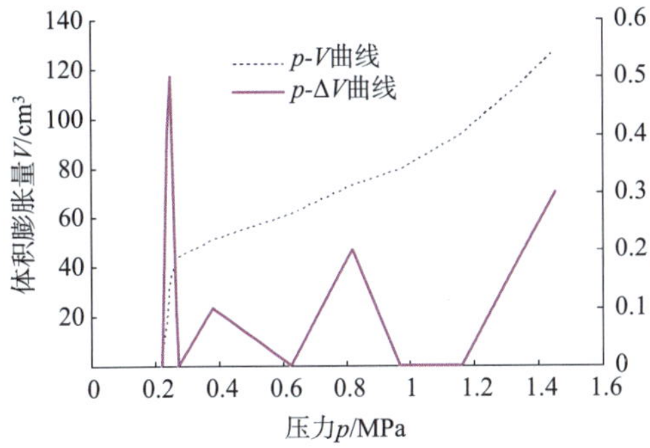

(a)p-V 和 p-ΔV 曲线

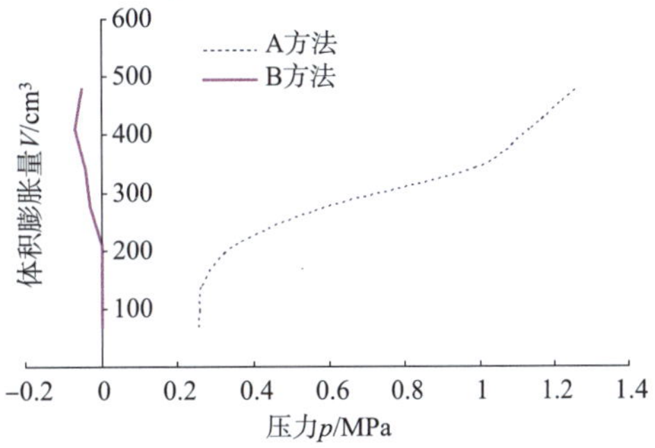

(b)p-V 曲线

图 5-22　旁压试验 22 m 处试验曲线

取两孔上部 22 m 深度内土层两种测试方法得到的成果数据进行对比分析。在不考虑钻机成孔质量、人为操作等因素的影响下，可发现如下规律：B 方法相对常规测试方法(A 方法)得到的压力界限值偏小，而旁压剪切模量偏大，见表 5-5。

表 5-5　旁压试验 A 方法和 B 方法成果对比分析

土层名称	深度/m	p_0/kPa		p_f/kPa		p_l/kPa		G_m/MPa	
		A 方法	B 方法	A 方法	B 方法	A 方法	B 方法	A 方法	B 方法
淤泥质黏土	4	93.9	50.1	162.5	103.5	255.7	211.5	0.213	0.477
淤泥质黏土	6	99	72.7	157.4	144.8	300	281.5	0.333	0.599
淤泥质黏土	8	98.5	92.7	259.6	238.9	395.1	357.8	0.262	0.558
淤泥质粉质黏土	10	116	112.8	311.1	356.4	353.2	463.3	0.349	0.807
粉质黏土	12	135.4	—	368.2	—	457.4	—	0.452	—
粉质黏土	14	185.2	—	414.5	—	538.1	—	0.449	—
粉质黏土	16	210.1	165.1	509.9	457	807.4	803.1	0.365	1.145
粉质黏土	18	217.5	214.3	440.7	441.1	932.7	753.2	1.309	1.725
粉质黏土	20	244.4	—	616.2	—	1 164	—	1.547	—
粉质黏土	22	247.7	279.1	1 032	976.6	1 721	1 674	2.853	2.403

注：p_0—初始压力；G_m—旁压剪切模量。

通过试验对比，旁压试验 B 方法的优势在于：

①不必在旁压试验前预估临塑压力或极限压力。

②可以使孔穴增大体积保持恒定的速率，使排水条件可控。

5.4.3 数据处理

旁压试验数据处理的准确性和便捷性是影响旁压试验成果质量和工作效率的重要因素。中国铁设先后基于 Autolisp 语言和 Qt 语言完成了预钻式旁压试验数据管理和计算分析系统软件，大幅提高了旁压试验数据管理和计算分析的效率和准确性，实现了成果整理标准化。

旁压试验数据管理和计算分析系统 PTMAS v1.0 是一款用于工程地质原位测试中对旁压试验数据进行管理和计算分析的软件，适用于铁路、工民建、水利等领域。该软件根据旁压试验获得的测试数据，通过可视化图形交互，按各行业规范要求计算分析旁压孔位置处的地质参数，生成旁压试验综合成果图表文档报告。该软件为工程地质勘察人员提供了有效管理旁压试验数据的数据库系统，能够快速计算分析旁压原位测试过程中所记录的数据，根据计算分析结果自动生成地质成果图表，大大提高了旁压试验生产效率。

1. 软件框架设计

旁压试验数据管理和计算分析系统 PTMAS v1.0 的模块设计框架如图 5-23 所示，主要包括工程项目、旁压试验数据管理、数据计算分析、成果图表输出和帮助五个部分，其中旁压试验数据管理模块、数据计算分析模块和成果图表输出模块是软件的主要功能部分。

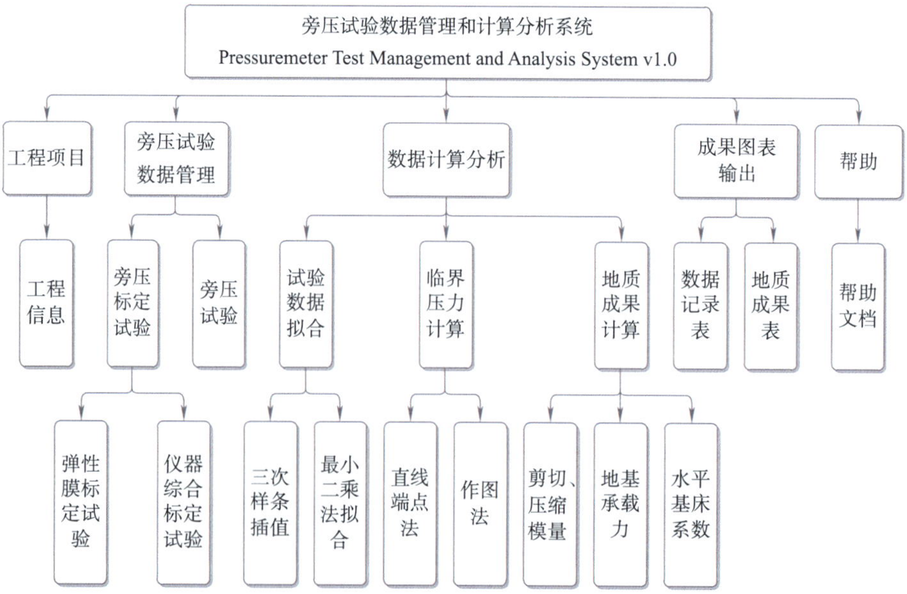

图 5-23 模块设计框架

该软件主要具备如下特点：

旁压试验数据录入和编辑。可直接录入试验数据，也可导入已有的数据文档；可对已录入数据进行删除、复制、排序操作。

旁压试验成果图绘制。根据试验数据自动绘制标定曲线、试验曲线图和数据点回归拟合曲线，可将绘制的图形保存为 bmp、jpg、png 格式图片。

旁压试验地质成果计算。自动根据标定曲线修正旁压试验数据，计算最终旁压试验成果；通过与旁压曲线进行交互，采用直线端点法、作图法自动确定旁压试验极限压力等关键参数，进而计算出剪切模量、变形模量等。

旁压试验报告生成。将计算分析成果图表保存到 Word 或 pdf 文档中，生成旁压试验综合成果报告。

旁压试验成果中，初始压力、临塑压力、极限压力为旁压曲线的直接成果，旁压模量、剪切模量均为上述参数的间接成果，在国内外均有统一的规定。

利用旁压试验成果确定侧压力系数、土的强度参数、不排水抗剪强度、变形模量和压缩模量、水平基床系数、地基承载力等均为旁压试验成果的应用范畴，在不同规程和文献中建议的计算公式存在差异。

2. 应用

近年来，中国铁设依托勘察设计项目，在天津地铁、石家庄地铁等多个项目中对旁压试验的成果应用进行了研究，积累了不少宝贵的经验。

(1)侧压力系数

旁压试验能基本反映侧压力系数 K_0 随土层变化规律，但得到的侧压力系数普遍偏大、数据离散性较大。其主要原因是预钻式旁压试验操作复杂，成孔质量如孔径大小、孔壁扰动程度等都会影响试验结果。天津地区旁压试验确定侧压力系数汇总见表 5-6。

表 5-6　天津地区旁压试验确定侧压力系数汇总表

岩土编号	岩土名称	K_0	岩土编号	岩土名称	K_0
④$_1$	黏土	—	⑥$_9$	淤泥质粉质黏土	0.78(0.63～0.88)
④$_2$	粉质黏土	—	⑦$_2$	粉质黏土	0.65(0.60～0.97)
④$_3$	粉土	0.87(0.84～0.90)	⑧$_1$	黏土	0.66
④$_9$	淤泥质粉质黏土	—	⑧$_2$	粉质黏土	0.71(0.62～0.80)
⑥$_2$	粉质黏土	0.75(0.69～0.80)	⑧$_3$	粉土	0.62(0.57～0.85)
⑥$_3$	粉土	0.64(0.49～0.78)	⑧$_4$	粉砂	0.67(0.61～0.85)

(2)压缩模量和强度指标

因数据样本不多、预钻式旁压试验本身受成孔和试验人员操作影响较大，数据离散性大，后续还需继续搜集相关资料，不断完善经验关系公式。表 5-7 是预钻式旁压试验确定地铁设计参数经验关系汇总。

表 5-7 预钻式旁压试验确定地铁设计参数经验关系汇总

项目	土类	石家庄地区	天津地区
压缩模量	黏土	$E_s=0.508G_m+4.81$	$E_s=0.488\,1G_m+4.697\,8$
	粉质黏土		$E_s=0.176\,9G_m+4.919\,1$
	粉土	$E_s=0.611G_m+5.37$	$E_s=1.045\,5G_m+7.241\,1$
	砂类土	$E_s=1.274G_m+6.73$	—
黏聚力	黏土	$c=0.006\,8(p_l-\sigma_{h0})+15.746$	$c=18.386(p_l-\sigma_{h0})+22.571$
	粉质黏土		$c=3.555(p_l-\sigma_{h0})+26.417$
	粉土	—	$c=6.166\,9(p_l-\sigma_{h0})+16.566$
内摩擦角	黏土	$\varphi=2.783\ln(p_l-p_0)+8.48$	$\varphi=5.092\,5\ln(p_l-p_0)-20.22$
	粉质黏土		$\varphi=2.365\,8\ln(p_l-p_0)-6.064\,5$
	粉土	—	$\varphi=6.713\,1\ln(p_l-p_0)-15.389$
	砂类土	$\varphi=4.45\ln(p_l-p_0)-3.46$	—

注：σ_{h0}—土的静止水平压力。

第6章　特殊地质勘察评价技术研究

我国幅员辽阔，地形地质条件复杂多样，工程建设中不可避免要遇到许多特殊地质问题。例如，石太、京沪、大西、京沈、沈丹、长昆、牡佳等许多高速铁路项目都不同程度遇到了采空区问题，勘察工作中不仅要查明采空范围，绕避塌陷破坏范围，还需要定量计算变形影响范围，并根据高速铁路变形控制标准，确定工程避让距离及保护煤柱留设宽度等。因此，研究特殊地质问题的勘察评价方法具有重要意义，可为地质选线和工程防护设计提供依据。

6.1　区域地面沉降预测评估

地面沉降是在自然和人为因素作用下，由于地壳表层土体压缩而导致区域性地面标高损失的一种环境地质现象，是一种不可补偿的永久性环境和资源损失。地面沉降造成的危害显而易见。由于高速铁路对路基、桥梁的稳定性、变形程度及轨道的平顺性有更严格的要求，若不准确评价预测、妥善处理，后果将十分严重。因此，研究地面沉降的机理、现状、发展趋势及其对高标准铁路的影响和对策措施，无疑对铁路安全运营与维护具有重大意义。

华北平原是我国地面沉降最为严重的地区之一，在华北平原已经形成了廊坊、天津、沧州、衡水等若干个沉降漏斗或沉降中心，这些沉降漏斗无疑会给高速铁路的建设带来隐患。

开展研究目的在于掌握高速铁路沿线区域地面沉降的现状、产生原因、发展变化趋势；探讨地下水位动态变化与地面沉降发生、发展的关系，确定地面沉降范围、速率、幅度及其与高速铁路工程线位的关系，提出工程应对措施。

6.1.1　地面沉降预测方法

1. 多元回归方法

由于过量开采地下水引起地下水位持续下降，进而引起弱透水层失水固结是地面沉降的根本原因，因此，通过统计方法建立开采量 Q（或含水层水位 h）与地面沉降量 s 之间的统计关系可以进行地面沉降的初步预测。其中，多元回归方法是目前最为常用的方法，可用来估算工程规划年限内累计沉降量，主要有以下三种方法可以选用。

（1）利用地面沉降监测资料和水位动态观测资料进行回归分析，建立沉降速率 v_s 与水位 h 的相关公式进行预测：

$$v_s = f(h) \tag{6-1}$$

规划年限内水位下降至 h(m)时求得的沉降速率 v_s，估算累计沉降量。

（2）利用地面沉降监测资料和年开采量监测资料，绘制沉降量与开采量间的散点图，建立年均沉降量 $\overline{v}_s$ 与年开采量 $\overline{Q}$ 的关系式进行预测：

$$\overline{v}_s = f(\overline{Q}) \tag{6-2}$$

（3）利用地面沉降监测历年累计沉降量与历年累计开采量监测资料，建立历年累计沉降量 $\sum s$ 与历年累计开采量 $\sum Q$ 的关系式进行预测：

$$\sum s = f\left(\sum Q\right) \tag{6-3}$$

多元回归方法简单明了，但带有一定的主观性，难于了解沉降机制。

2. 环境地质比拟法

环境地质比拟法是采用研究程度较高且地质环境条件相类似地区的研究成果，来估算工程规划区域（设计）年限内累计沉降量，是一种经验类比法。该方法主要有比单位变形量法和相关分析法。

1）比单位变形量法

当有分层沉降标监测资料时，采用比单位变形量法估算地面沉降。以预测期前 3～4 年的实测资料，计算在某一水位下降阶段内，含水量水位每变化 1 m 相应的变形量，称为单位变形量。

$$I_i = \frac{\Delta s_i}{\Delta h} \tag{6-4}$$

式中 I_i——水位下降时单位变形量，mm/m；

Δh——同时期水位下降幅度，m；

Δs_i——相应于该水位下降幅度的土层变形量，mm。

计算 i 土层的比单位变形量：

$$I'_i = \frac{I_i}{M_i} = \frac{\Delta s_i}{\Delta h \times m_i} \tag{6-5}$$

式中 I'_i——水位下降时，土层的比单位变形量，mm/m²；

m_i——i 土层的厚度，m。

在已知某计算点 i 预测期内水位下降幅度 ΔH 和各土层厚度 m_{ji} 情况下，i 点的各土层预测沉降量 s_{ji} 的计算式为

$$s_{ji} = I_i \cdot \Delta H = I'_i \cdot m_{ji} \cdot \Delta H \tag{6-6}$$

则 j 点各土层预测沉降量之和，即 j 点的地面累计沉降量 s_j。

$$s_j=\sum_{j=1}^{n}s_{ji} \tag{6-7}$$

式中 n——j 点的土层总数。

2)相关分析法

(1)根据地质条件对比，选择相关化区域。根据以往经验，地下水位与沉降速率通常呈指数函数相关，回归方程为

$$s'=A\cdot e^{a\cdot h} \tag{6-8}$$

式中 s'——沉降速率计算值，mm；

A，a——无量纲数；

h——平均水位(标高绝对值)，m。

(2)根据现状条件下一定年限内的累计地面沉降量加权平均值，计算出年均沉降速率；再根据漏斗区内水位动态观测资料求得同一时段内的平均水位，反算 s'；然后与实际沉降速率进行对比来确定相关系数 K。采用地面沉降趋势预测公式 $s=Ks'$ 估算未来时间段内的沉降速率。基本步骤为：

①划分沉降区段：根据沉降量变化与地下水等水位线之间的关系，划分若干个区段分别计算。

②划分水位变化时段：以近期地下水等水位线作为基准，地下水规划允许开采降深作为地下水位的底限，将地下水平均水位年限划分为若干个时段。

③划分地面沉降速率计算时段：根据水位划分时段将沉降速率 s_i 相应划分为若干个时段。

④划分地面沉降量的计算时段：以现状地面累计沉降量起算年限作为起算时间，估算年限则根据工程远景设计年限。先按不同时段沉降速率 s_i 分段计算累计沉降量 H_i；最终计算出每分段的估算年限后的累计沉降量。

3. 土水模型计算法

土水模型包括水位预测模型、土力学模型两部分，可利用解析法和数值法等进行地面沉降预测分析，主要有太沙基渗透固结模型、流变固结模型、比奥(Biot)固结理论模型、弹塑性固结模型等。

1)渗透固结计算法

含水量大于液限的浅部弱透水层的固结计算也可以采用传统的太沙基渗透固结理论或比奥渗透固结理论进行。

沉降量一般情况下主要为主固结沉降 s_c。此外，对于泥炭土、富含有机质土和高塑性黏土地层，可视情况考虑计算次固结沉降 s_s。

主固结沉降一般采用分层总和法、利用 e-lg p 曲线计算。

正常固结、欠固结土层：

$$s_c = \sum_{i=1}^{n} \frac{\Delta h_i}{1+e_{0i}} \cdot C_{ci} \cdot \lg\left(\frac{p_{0i}+\Delta p_i}{p_{ci}}\right) \tag{6-9}$$

式中 n——地层层数；

Δh_i——压缩前后土层厚度变化值，m；

e_{0i}——土层原始孔隙比；

C_{ci}——土层的压缩指数；

p_{0i}——各分层中点自重应力，kPa；

p_{ci}——前期固结压力，kPa，正常固结时 $p_{ci}=p_{0i}$；

Δp_i——附加应力，kPa。

超固结土层：

$$s_c = s_c' + s_c'' \tag{6-10}$$

对 $\Delta p_i > p_{ci} - p_{0i}$ 的土层

$$s_c' = \sum_{i=1}^{n} \frac{\Delta h_i}{1+e_{0i}} \cdot \left[C_{si} \cdot \lg\left(\frac{p_{ci}}{p_{0i}}\right) + C_{ci} \cdot \lg\left(\frac{p_{0i}+\Delta p_i}{p_{ci}}\right)\right] \tag{6-11}$$

对 $\Delta p_i \leqslant p_{ci} - p_{0i}$ 的土层

$$s_c'' = \sum_{i=1}^{n} \frac{\Delta h_i}{1+e_{0i}} \left[C_{si} \cdot \lg\left(\frac{p_{0i}+\Delta p_i}{p_{0i}}\right)\right] \tag{6-12}$$

式中 C_{si}——回弹指数。

e-$\lg p$ 曲线方法可以考虑地基土前期压力的影响。

采用次固结系数计算时，次固结沉降的计算式为

$$s_s = \sum_{i=1}^{n} \frac{C_{ai}}{1+e_{1i}} \lg\left(\frac{t_2}{t_1}\right) h_i \tag{6-13}$$

式中 C_{ai}——次固结系数，为 e-$\lg p$ 曲线在主固结完成后直线段的斜率，C_{ai} 无试验资料时，可参考表 6-1 的经验值，或按式(6-14)估算，

$$C_{ai} = 0.018w \tag{6-14}$$

其中 w——土的天然含水率，%；

e_{1i}——主固结完成后土层的孔隙比；

t_1——相当于主固结 100%的时间，s；

t_2——需要计算次固结的时间，s；

h_i——土层的厚度，m。

表 6-1 次固结系数

软土类型	富含有机质黏土	高塑性黏土	超固结黏土
特　征	有机质含量大于 30%	塑性指数>25	超固结比 OCR>2
C_{ai}	0.005～0.03	>0.03	<0.001

黏土的单向渗透固结理论的固结度公式：

$$U_z=1-\frac{8}{\pi^2}e^{-\frac{\pi^2}{4}T_v} \tag{6-15}$$

式中　T_v——时间因数，$T_v=\frac{k(1+e_1)t}{a\gamma_w H^2}=\frac{C_v t}{H^2}$；

C_v——固结系数，$C_v=\frac{k(1+e_1)}{a\gamma_w}$；

k——土层渗透系数，m/s；

e_1——土层的天然孔隙比；

t——土层固结时间，s；

a——压缩系数，MPa^{-1}；

γ_w——水的重度，kN/m^3；

H——最大排水距离。当单面排水时，H 为土层总厚度；当双面排水时，H 为土层厚度之半。

根据时间因数，土层固结的时间 t 为

$$t=T_v\frac{H^2a\gamma_w}{k(1+e_1)} \tag{6-16}$$

理论上，当土层完全固结时，$U_z=1$，有 $T_v\rightarrow\infty$，即 $t\rightarrow\infty$。而在固结度计算中，当 N 取到 6 时，$U_z=0.997\,5$，可认为固结沉降已趋于稳定，则达最终固结沉降量所需的时间 t 可表示为

$$t=\frac{24H^2}{\pi^2C_v}=2.44\frac{a\gamma_w}{k(1+e_1)}\cdot H^2 \tag{6-17}$$

由式(6-17)可知，黏性土达到一定固结度所需的时间与排水距离的平方成正比。

抽取地下水时，土层的固结为三维固结，固结程度以平均固结度表示：

$$\overline{U}_{rz}=1-(1-\overline{U}_r)(1-\overline{U}_z) \tag{6-18}$$

竖向固结度 $\overline{U}_z$ 计算方法与单向固结相同。当 $\overline{U}_z>30\%$时，可采用式(6-19)计算。

$$\overline{U}_z=1-\frac{8}{\pi^2}e^{-\frac{\pi^2T_v}{4}} \tag{6-19}$$

式中　$T_v=\frac{C_v t}{H^2}$。

径向固结度 $\overline{U}_r$，在等应变的条件下，根据 Barron 的求解。

$$\overline{U}_r=1-e^{-\frac{8}{F}T_H} \tag{6-20}$$

式中　T_H——径向时间因数，$T_H=\frac{C_H t}{d_e^2}$；

F——常系数，与井径比有关；

C_H——径向固结系数；

d_e——抽水井等效影响直径。

将式(6-18)~式(6-20)合并,得 $\overline{U}_{rz}>30\%$的平均固结度公式为

$$\overline{U}_{rz}=1-\frac{8}{\pi^2}e^{-\left(\frac{8C_H}{Fd_e^2}+\frac{\pi^2C_v}{4H^2}\right)\cdot t} \tag{6-21}$$

解得固结时间 t 为

$$t=\left(\frac{8C_H}{Fd_e^2}+\frac{\pi^2C_v}{4H^2}\right)^{-1}\cdot\ln\frac{8}{\pi^2(1-\overline{U}_{rz})} \tag{6-22}$$

由式(6-22)可知,当软土层厚度或井深度一定时,抽水井的等效影响直径对平均固结度有直接影响。

根据钻探资料,我们已经掌握铁路工程沿线各区段的地层结构特点,取原状土样进行了大量的室内试验,获取了土层的物理力学指标。研究中可以进行较为精确的浅层地下水开采引起的固结沉降计算。

2)分层总和法估算地面沉降量

(1)已知资料

①地下水水位埋深及年平均下降速率。

②基岩面以上各土层层厚及物理力学指标 r,e,a,E。

(2)计算公式

①黏性土及粉性土层最终沉降量

$$s_\infty=\frac{a}{1+e_1}\Delta p\cdot H \tag{6-23}$$

②砂层最终沉降量

$$s_\infty=\frac{\Delta p\cdot H}{E} \tag{6-24}$$

式中 s_∞——土层最终沉降量,mm;

a——土层压缩系数,MPa^{-1};

e_1——土层天然孔隙比;

Δp——由于地下水位变化施加于土层上的平均载荷,MPa;

H——计算土层的厚度,m;

E——砂层的压缩模量,MPa。

(3)总沉降量等于各土层沉降量的总和

以上两种估算方法可根据评估区的实际情况进行选择,累计沉降量预测年限应根据建设工程规划(或设计)年限确定。

4. 数值分析方法

基于地下水渗流与土体变形耦合的地面沉降预测模型计算是目前主要的研究发展方向。在本项研究中,针对华北地区的地层特性,选择合理的土的本构模型,基于有效应力原

理和固结理论，建立了合理预测地下水位变化引起地面沉降的理论体系，发展基于并行算法的较大规模数值计算方法。采用简单条件下的离心模型试验，验证数值模型的有效性。

6.1.2　工程应用

1. 采用比单位变形量法预测京沪高速铁路天津段浅层地下水开采引起的地面沉降量

地层的比单位变形量值由天津市区北宁公园分层标的长期监测资料统计计算得到。北宁公园分层标内，通过深度为 30 m 左右的分层标，监测该深度内的地层变形，同时通过地下水位长观孔多年的长期观测资料，计算得到北宁公园 0～30 m 深度内地层的比单位变形量 I'值为 1.46 mm/m²。

据天津段沿线工程地质勘察资料，浅部地层主要由粉质黏土、黏土、粉土及粉细砂组成，该岩性组合与北宁公园浅部地层的地层组合基本是一致的。因此，可应用地质类比法，借用北宁公园分层标浅部地层的比单位变形量值来估算工程沿线地面沉降。地面沉降量的计算式为

$$s=I' \cdot H \cdot h \tag{6-25}$$

式中　s——地层变形量即地面沉降量，mm；

I'——地层的比单位变形量，mm/m²；

H——计算土层厚度，m；

h——水位下降值，m。

由式(6-25)计算得到，当水位下降 10 m 时，地下水位下降漏斗中心地带地面沉降量为 438 mm。

由此可见，铁路沿线两侧 100～200 m 之内的浅层地下水开采对铁路将有较严重的影响，距铁路越近影响越大。

2. 采用多元回归方法预测京沪高速铁路德州段地面沉降

通过分析对比 1989—2005 年德州地面沉降中心地下水位动态观测资料和地面沉降测量数据，采用多项式拟合(图 6-1)，得出两者之间的关系式为

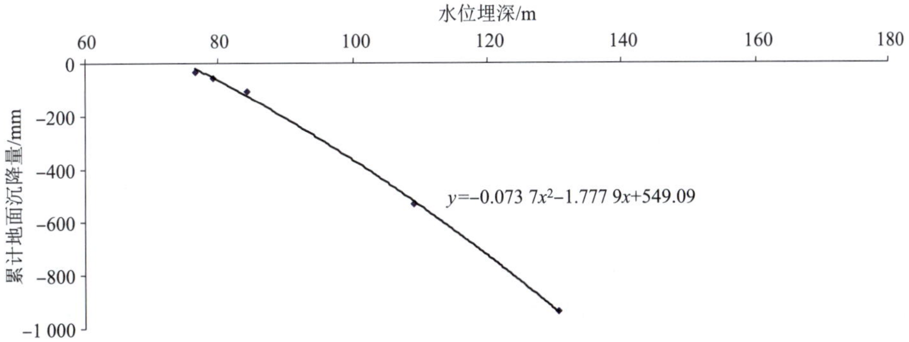

图 6-1　德州地面沉降中心深层地下水位埋深与地面沉降关系图

$$y=-0.0737x^2-1.7779x+549.09 \tag{6-26}$$

式中　y——沉降中心处地面沉降量,mm;

x——沉降中心处地下水位埋深,m。

根据德州地下水位长观测资料,在维持现有开采量情况下,城区深层地下水位平均以3.21 m/年速度下降。以此预测,到2015年,沉降中心地下水位埋深约为162.66 m,地面沉降中心沉降量约为1 690.08 mm。

假设工程沿线地下水开采维持现状,地面沉降维持现有沉降速率,2005—2015年10年累计沉降量为154～350.7 mm不等(图6-2),不均匀沉降将进一步发展,对工程本身将产生不可逆转的影响。需要说明的是,地下水开采利用受到城市规划、社会经济发展等诸多因素的影响,其变化是动态的,受此影响地面沉降速率也是呈动态变化的,因此,加强工程沿线地下水、地面沉降监测,掌握其变化趋势是非常必要的。

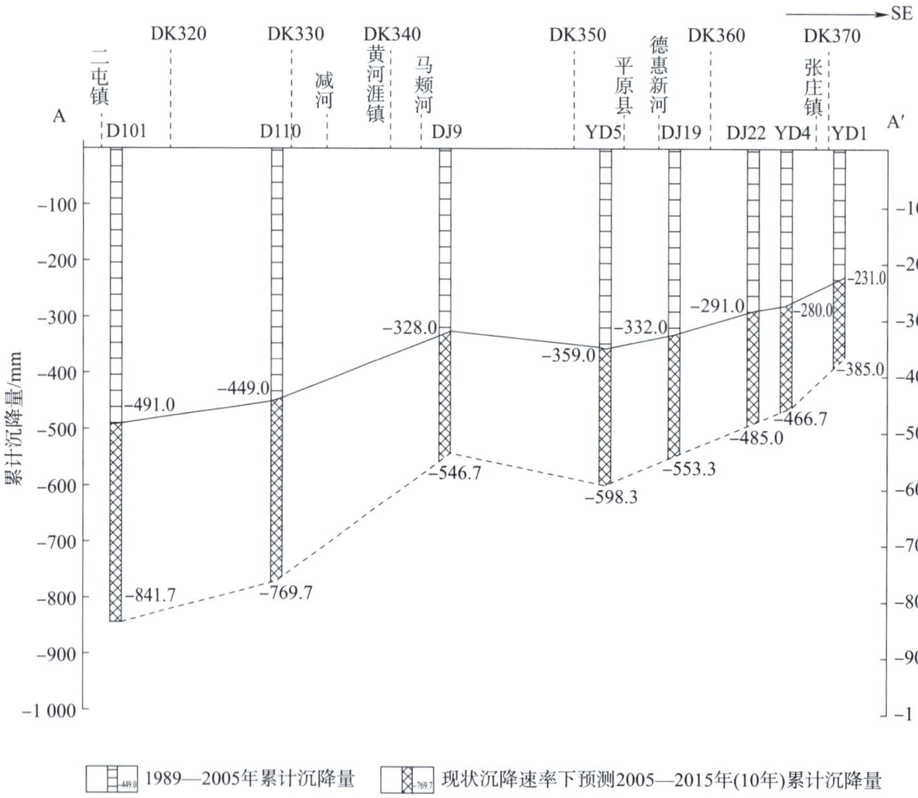

图6-2　工程沿线山东德州段2005—2015年(10年)累计沉降量预测图

上述研究成果为京沪高速铁路工程的顺利实施和地面沉降灾害防治工作提供了科学指导,为其他同类地区铁路项目提供了借鉴,为高速铁路两侧禁采地下水范围的确定提供了依据。

6.2　采空区评价与变形预计

我国矿产资源丰富，尤其是煤炭资源，分布范围广，开发开采规模大，矿产开采后留下大量采空区，往往会给铁路工程建设带来隐患。随着我国铁路建设迅速发展，铁路网络越来越密集，地质勘察中不可避免地要解决采空区评价难题，因此，有必要开展采空区评价与变形预计方法研究，以便为铁路选线和设计提供可靠依据，保障铁路工程安全。

6.2.1　小型采空区地基稳定性评价

一些金矿、铁矿及小煤窑的采矿范围狭窄，呈巷道式，属于小型采空区（人为坑洞）。目前，对浅埋的小型采空区及空洞的地基稳定性计算有多种计算方法。其中，对于松散岩体的计算有两种方法：一种是基于洞顶上部松散地层的应力传递的计算方法；另一种是基于有界破裂区的计算方法。

1. 基于洞顶上部应力传递的计算方法

应力传递实质上是洞室开挖后应力重分布，开挖导致洞顶上方岩层下沉的同时受两侧岩层的夹持作用，即上部岩层卸载，而两侧岩层又对其加载。基于这一假定的计算方法主要有岩柱理论和太沙基公式。

对于埋深很浅的洞室，当采用岩柱理论计算时，洞顶压力等于上部岩层的全部重量，即

$$p=\gamma H \tag{6-27}$$

式中　p——洞顶围岩压力，kPa；

γ——岩体重度，kN/m^3；

H——洞室埋置深度，m。

当埋置深度加深时，岩柱除了自身的重力作用，还受到两侧岩体的约束，即夹持力的作用，如图 6-3 所示。

对于小型采空区的顶板稳定性评价，《铁路工程地质手册》中采用巷道顶板的压力 Q 与深度 H 的关系方程：

$$Q=\gamma H[2a-H\tan\varphi\tan^2(45°-\varphi/2)] \tag{6-28}$$

$$H_0=2a/[\tan^2(45°-\varphi/2)\tan\varphi] \tag{6-29}$$

计算顶板岩层自然平衡的临界深度 H_0，用 H 与 H_0 的关系来评价小型采空区的稳定性，其中 γ 为岩层重度，$2a$ 为空洞宽度，φ 为内摩擦角。

当考虑建筑物基底压力 R 时，临界深度计算公式为

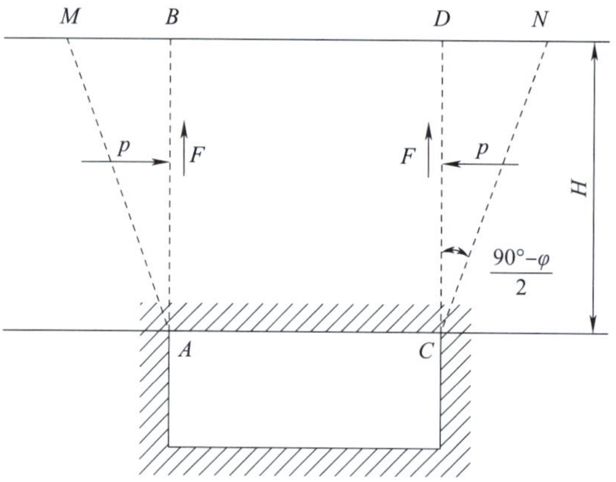

图 6-3　岩柱计算简图(侧壁稳定)

$$H_0=\frac{2a\gamma+\sqrt{4a^2\gamma^2+8a\gamma R\cdot\tan\varphi\cdot\tan^2\left(45°-\frac{\varphi}{2}\right)}}{2\gamma\cdot\tan\varphi\cdot\tan^2\left(45°-\frac{\varphi}{2}\right)}\tag{6-30}$$

参见《铁路工程地质手册》P388～390 公式(4-5-7),评价标准为:

当 $H<H_0$时,顶板及地基不稳定;

当 $H_0<H<1.5H_0$时,顶板及地基稳定性差;

当 $H>1.5H_0$时,顶板及地基稳定。

当考虑侧壁稳定性时,受力形式如图 6-4 所示。

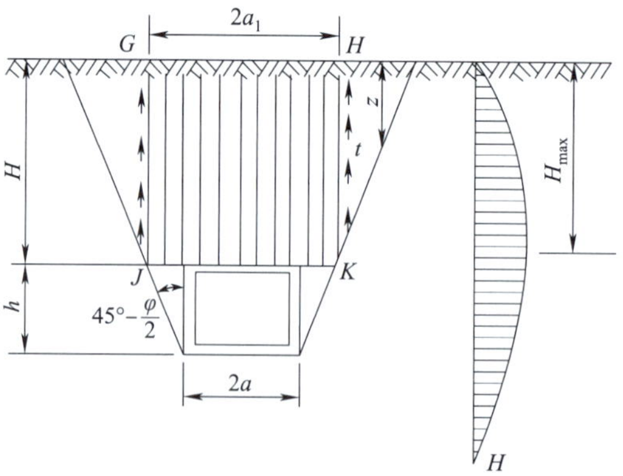

图 6-4　岩柱计算简图(考虑摩擦力和黏结力)

考虑洞室两侧的岩体可能下滑,岩柱宽度适当增大,取

$$a_1=a+h\cdot\tan\left(45°-\frac{\varphi}{2}\right)\tag{6-31}$$

侧向滑动面与垂直线的夹角按挡土墙理论取 $45°-\frac{\varphi}{2}$。由此可以认为,作用在洞室顶

部的围岩压力等于岩柱的重量减去两侧滑动面上的摩擦力和黏结力。

距地面深度 z 处以上作用在岩柱侧面的夹持力(摩擦力和黏结力)强度为

$$t=c+e_z\tan\varphi \tag{6-32}$$

式中　e_z——距地面深度 z 处的主动土压力强度，kPa。

根据朗肯土压力理论，当不考虑松散岩体黏聚力时，作用在墙体上的主动土压力强度为

$$e_z=\gamma\cdot z\cdot\tan^2\left(45°-\frac{\varphi}{2}\right) \tag{6-33}$$

考虑黏聚力时

$$e_z=\gamma\cdot z\cdot\tan^2\left(45°-\frac{\varphi}{2}\right)-2c\cdot\tan\left(45°-\frac{\varphi}{2}\right) \tag{6-34}$$

取单位长度墙体(一般为 1 m)，将式(6-32)沿深度积分可得岩柱一侧所受到的总夹持力(总摩擦力和总黏结力)。

$$T=\int_0^H(c+e_z\tan\varphi)\mathrm{d}z \tag{6-35}$$

当不考虑黏聚力时

$$T=\frac{1}{2}\gamma H^2\tan^2\left(45°-\frac{\varphi}{2}\right)\tan\varphi \tag{6-36}$$

当考虑黏聚力时

$$T=\frac{1}{2}\gamma H^2\tan^2\left(45°-\frac{\varphi}{2}\right)\tan\varphi+cH\left[1-2\tan\left(45°-\frac{\varphi}{2}\right)\tan\varphi\right] \tag{6-37}$$

作用在洞顶的总围岩压力为

$$p=\frac{G-2T}{2a_1} \tag{6-38}$$

$$G=2a_1H\gamma \tag{6-39}$$

式中　G——沿洞室走向单位长度岩柱的总重量，kN。

将式(6-36)、式(6-37)和式(6-39)分别代入式(6-38)，即可得到作用在洞顶的围岩压力。

不考虑黏聚力时

$$p_0=H\gamma-\frac{\gamma}{2a_1}H^2\tan^2\left(45°-\frac{\varphi}{2}\right)\tan\varphi \tag{6-40}$$

考虑黏聚力时

$$p_{0c}=H\gamma-\frac{\gamma}{2a_1}H^2\tan^2\left(45°-\frac{\varphi}{2}\right)\tan\varphi-\frac{c}{a_1}H\left[1-2\tan\left(45°-\frac{\varphi}{2}\right)\tan\varphi\right] \tag{6-41}$$

根据上述公式，当深度越大，作用在洞顶的压力越小，即洞室上部地基越趋于稳定。在没有外加载荷或外加载荷很小的情况下，若保持洞顶稳定，令 $p=0$，此时的深度 H 即为所

要求的安全深度。

当不考虑黏聚力时，利用式(6-40)求得

$$H_0=\frac{2a_1}{\tan^2\left(45°-\frac{\varphi}{2}\right)\tan\varphi}=\frac{2\left[a+h\cdot\tan\left(45°-\frac{\varphi}{2}\right)\right]}{\tan^2\left(45°-\frac{\varphi}{2}\right)\tan\varphi} \tag{6-42}$$

当考虑黏聚力时，利用式(6-41)求得

$$H_{0c}=\frac{2\left[a+h\cdot\tan\left(45°-\frac{\varphi}{2}\right)\right]}{\tan^2\left(45°-\frac{\varphi}{2}\right)\tan\varphi}-2c\cdot\frac{1-2\tan\left(45°-\frac{\varphi}{2}\right)\tan\varphi}{\gamma\cdot\tan^2\left(45°-\frac{\varphi}{2}\right)\tan\varphi} \tag{6-43}$$

考虑上部载荷 Q 时，将 Q 转化为沿岩柱表面均布载荷，载荷强度为 q，则在单位长度岩柱表面上有

$$Q=2a_1q \tag{6-44}$$

此时，作用在洞顶的总围岩压力为

$$p'=\frac{G+Q-2T}{2a_1} \tag{6-45}$$

将式(6-39)、式(6-44)、式(6-36)和式(6-37)分别代入式(6-45)，即可得到考虑上部载荷时作用在洞顶的围岩压力。

不考虑黏聚力时

$$p_0'=H\gamma-\frac{\gamma}{2a_1}H^2\tan^2\left(45°-\frac{\varphi}{2}\right)\tan\varphi+q \tag{6-46}$$

考虑黏聚力时

$$p_{0c}'=H\gamma-\frac{\gamma}{2a_1}H^2\tan^2\left(45°-\frac{\varphi}{2}\right)\tan\varphi-\frac{c}{a_1}H\left[1-2\tan\left(45°-\frac{\varphi}{2}\right)\tan\varphi\right]+q \tag{6-47}$$

令 $p_0'=0$，求得

$$H_0'=\frac{-\gamma\pm\sqrt{\gamma^2+2\gamma q\tan^2\left(45°-\frac{\varphi}{2}\right)\tan\varphi}}{-\frac{\gamma}{a_1}\tan^2\left(45°-\frac{\varphi}{2}\right)\tan\varphi}=\frac{a_1\pm a_1\sqrt{1+2\frac{q}{\gamma}\tan^2\left(45°-\frac{\varphi}{2}\right)\tan\varphi}}{\tan^2\left(45°-\frac{\varphi}{2}\right)\tan\varphi} \tag{6-48}$$

将 $a_1=a+h\cdot\tan\left(45°-\frac{\varphi}{2}\right)$ 代入式(6-48)中，得

$$H_0'=\frac{\left[a+h\cdot\tan\left(45°-\frac{\varphi}{2}\right)\right]\cdot\left[1\pm\sqrt{1+2\frac{q}{\gamma}\tan^2\left(45°-\frac{\varphi}{2}\right)\tan\varphi}\right]}{\tan^2\left(45°-\frac{\varphi}{2}\right)\tan\varphi} \tag{6-49}$$

因 H_0' 不能为负数，且 $\sqrt{1+2\dfrac{q}{\gamma}\tan^2\left(45°-\dfrac{\varphi}{2}\right)\tan\varphi}$ 总大于1，H_0' 为

$$H_0'=\frac{\left[a+h\cdot\tan\left(45°-\dfrac{\varphi}{2}\right)\right]\cdot\left[1+\sqrt{1+2\dfrac{q}{\gamma}\tan^2\left(45°-\dfrac{\varphi}{2}\right)\tan\varphi}\right]}{\tan^2\left(45°-\dfrac{\varphi}{2}\right)\tan\varphi} \tag{6-50}$$

对式(6-47)，令 $k_1=\dfrac{\gamma}{2a_1}\tan^2\left(45°-\dfrac{\varphi}{2}\right)\tan\varphi$，$k_2=\gamma-\dfrac{c}{a_1}\left[1-2\tan\left(45°-\dfrac{\varphi}{2}\right)\tan\varphi\right]$，并代入式中，再令 $p_{0c}'=0$，则有

$$k_1H^2-k_2H-q=0 \tag{6-51}$$

解方程得

$$H_{0c}'=\frac{k_2\pm\sqrt{k_2^2+4k_1q}}{2k_1} \tag{6-52}$$

又因 H_{0c}' 必须为正，有

$$H_{0c}'=\frac{k_2+\sqrt{k_2^2+4k_1q}}{2k_1} \tag{6-53}$$

在上述公式计算中，土体 c 值和 φ 值可由钻探取原样试验得出，岩体 c 值和 φ 值有条件时可进行原位岩体试验得到。当无条件进行原位试验时，可依据当地经验综合确定。

上述计算方法适用于浅埋于基岩中的小型采空区的地基稳定性计算。

2. 基于太沙基公式的计算方法

根据太沙基的观点，当洞室开挖后，洞顶部岩体将沿曲面滑动，作用在洞顶的围岩压力等于滑动岩体的重量减去滑移面上摩擦力的垂直分量。

为推导简便，进一步假定岩体沿垂直面滑动，滑动岩体中任意水平面上的垂直压力 σ_v 为均布，如图6-5所示。

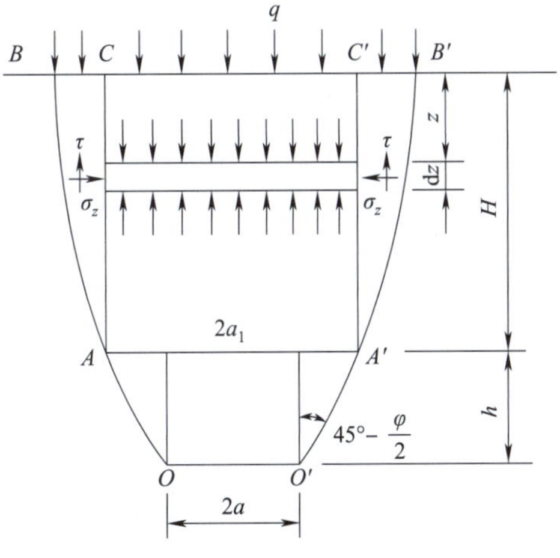

图6-5　太沙基计算简图

取地面以下深度 z 处滑动体宽度为 $2a_1$、厚度为 $\mathrm{d}z$ 的单元体，由垂直方向的平衡条件得

$$2\gamma a_1\mathrm{d}z=2a_1\mathrm{d}\sigma_v+2c\mathrm{d}z+2\lambda\sigma_v\tan\varphi\mathrm{d}z \tag{6-54}$$

简化后可写成

$$\frac{\mathrm{d}\sigma_v}{\mathrm{d}z}=\gamma-\frac{c}{a_1}-\lambda\sigma_v\frac{\tan\varphi}{a_1} \tag{6-55}$$

边界条件：$z=0$ 处，$\sigma_v=q$；$z=H$ 处，$\sigma_v=p$。解方程(6-55)，可获得洞室顶部围岩压力 p 为

$$p=\frac{\gamma a_1-c}{\lambda\tan\varphi}\left[1-\exp\left(-\frac{\lambda H\tan\varphi}{a_1}\right)\right]+q\exp\left(-\frac{\lambda H\tan\varphi}{a_1}\right) \tag{6-56}$$

$$a_1=a+h\tan\left(45°-\frac{\varphi}{2}\right)$$

式中 γ——围岩重度，kN/m³；

λ——静止侧压力系数，太沙基取 $\lambda=1$；

q——地面载荷，kPa。

式(6-56)表明，洞室埋深较浅时，顶板压力与埋深密切相关；埋深增大时，公式中指数项逐渐趋近于零，即 p 趋近于

$$p=\frac{\gamma a_1-c}{\lambda\tan\varphi} \tag{6-57}$$

可见 p 与埋深无关。式(6-57)说明，当深度增大时，破裂面未穿透整个顶板，而是形成一个封闭的拱形曲面，即所谓的平衡拱。因此，太沙基公式不适于计算埋深较大的洞室顶板围岩压力。

令 $p=0$，由式(6-56)得

$$\frac{\gamma a_1-c}{\lambda\tan\varphi}\left[1-\exp\left(-\frac{\lambda H\tan\varphi}{a_1}\right)\right]+q\exp\left(-\frac{\lambda H\tan\varphi}{a_1}\right)=0$$

$$\exp\left(-\frac{\lambda H\tan\varphi}{a_1}\right)=\frac{a_1\gamma-c}{a_1\gamma-c-\lambda q\tan\varphi} \tag{6-58}$$

变换式(6-58)得到 H_0 为

$$H_0=\frac{a_1}{\lambda\tan\varphi}\ln\frac{a_1\gamma-c-\lambda q\tan\varphi}{a_1\gamma-c} \tag{6-59}$$

实践证明，浅埋时计算结果与实际相差较小，而深埋时误差则较大。因为当深埋时，破裂面已不再沿整个岩柱的侧面延伸，而是逐渐闭合，形成一个封闭的拱形曲面，即形成所谓的平衡拱。

3. 普氏塌落拱法

对于深埋洞室，一般采用普氏理论进行稳定性分析。《铁路工程地质手册》对于小型采空区顶板稳定性计算，也推荐了普氏塌落拱法。

普氏认为：洞室开挖后，顶部岩体失去稳定，产生坍塌，并形成自然拱，随之，隧洞两侧由于应力集中，而逐渐破坏，顶部坍塌进一步扩大，最终稳定形成塌落拱。如果隧洞开挖后及时支护，按照挡土墙原理，侧面岩石的破裂面与垂直轴的夹角为$\left(45°-\frac{1}{2}\varphi\right)$，顶部的破坏则介于自然拱和塌落拱之间。破坏拱以内的岩石自重即为作用在隧洞支护上的围岩压力，称

压力拱。普氏假定压力拱形状为二次抛物线形，压力拱高 h 按经验确定。它取决于隧洞跨度和岩石性质。普氏采用式(6-60)确定压力拱高 h_1。

$$h_1=\frac{a_1}{f_{kp}}=\frac{a+h\cdot\tan\left(45^\circ-\frac{\varphi}{2}\right)}{f_{kp}} \tag{6-60}$$

在有侧压力的坑道内，若完全不加支撑，则岩石崩落使两侧边坡达到 φ 角时才停止，形成塌落拱即崩坏拱，此时，崩坏拱的高度 h_1 的计算式为

$$h_1=\frac{a_2}{f_{kp}}=\frac{a+h\cdot\tan(90^\circ-\varphi)}{f_{kp}} \tag{6-61}$$

式中　a_2——崩坏拱跨度的一半，m；

h——洞室高，m；

a——洞室跨度的一半，m；

f_{kp}——岩石坚固性系数，又称普氏系数。

普氏根据不同的岩性给出了相应的普氏系数。在实际应用中，普氏系数通常根据试验指标确定。松散土及黏性土 $f_{kp}=\tan\varphi$，而岩石取 $f_{kp}=\frac{R_c}{100}$，R_c 为单轴抗压强度。

按照普氏塌落拱计算结果，巷道及采空区顶板塌方高度十分有限；但考虑岩体结构破坏作用，如遇断层和节理时，采空区局部塌方高度可能要大一些。

该方法适用于采空区顶板岩体较完整、岩石强度较高的情况。

4. 洞顶坍塌堵塞法

考虑采空区和巷道的长期破坏作用时，在洞顶完全坍塌的情况下，坍塌体因空隙增加而体积增大，当坍塌到一定高度后，整个空洞将被松散的坍塌体充满，此时，顶板将不会坍塌。

采用洞顶坍塌堵塞法计算，假设坍塌体的底面积与洞顶面积相同，则坍塌体高度为

$$H=\frac{h_0}{K_s-1} \tag{6-62}$$

式中　H——坍塌体的土体高度，m；

h_0——洞室段高度，m；

K_s——岩体碎胀系数，根据顶板以上岩体条件确定。上覆地层变化不大时候，可按围岩级别综合给出。Ⅰ类围岩 $K_s\approx1.05$，Ⅱ类围岩 $K_s\approx1.1$，Ⅲ类围岩 $K_s\approx1.15$。对应于铁路隧道围岩分级，Ⅳ级围岩 $K_s\approx1.05$，Ⅴ级围岩 $K_s\approx1.1$，Ⅵ级围岩 $K_s\approx1.15$。

当开采煤层上方有较厚砂岩层时，强度相对较大，碎胀系数较大。根据国外资料，岩石碎胀系数与直接顶板单轴抗压强度的关系为

$$K_s=1+0.05\sqrt{\sigma_l} \tag{6-63}$$

式中 K_s——采动破裂岩体碎胀系数；

σ_l——直接顶板单轴抗压强度，MPa。

采用洞顶坍塌堵塞法计算时，碎胀系数合理确定是采用本法计算的关键一步。

据苏联莫斯科矿业学院 B. B. 勒热夫斯基院士的研究表明，岩体的碎胀系数主要决定于岩石的破碎特征和质量，而与岩石类型关系不大。炸裂的黏结性岩石（块体线性尺寸为 1.0～1.5 m）的碎胀系数 K_s＝1.03～1.1，炸碎成大块的岩石（最大块体线性尺寸为 1.0～1.5 m）的 K_s＝1.2～1.3，炸碎成小块岩石（最大块体线性尺寸为 0.6～0.7 m）的 K_s＝1.4～1.65，细碎性岩石（块体线性尺寸在 0.2 m 以下）的 K_s＝1.6～1.85。由此可见，破裂岩块的块度越小，则其碎胀系数越大。

中国矿业大学在实验室测定了兖州矿区煤、砂岩和石灰岩破碎松散时的碎胀系数，见表 6-2。从表 6-2 中可看出，各种岩石（煤）的碎胀系数变化规律均为：破碎的岩石块度越小，碎胀系数越大，混合型碎块的碎胀系数小于任意一种块度的碎胀系数。同时从表 6-2 还可看出，不同类型的岩石，在同一块度范围内的碎胀系数没有显著的规律性差异，进一步说明岩体的碎胀系数与岩石类型关系不大。

表 6-2 破碎岩石（煤）的碎胀系数测试结果

岩 石	直径/mm						
	$\phi \leqslant 0.5$	$0.5 < \phi \leqslant 1.25$	$1.25 < \phi \leqslant 2.5$	$2.5 < \phi \leqslant 5$	$5 < \phi \leqslant 10$	$10 < \phi \leqslant 11.3$	$0 < \phi \leqslant 11.3$
煤	1.84	1.80	1.78	1.74	1.68	1.65	1.60
砂岩	1.80	1.77	1.73	1.68	1.62	1.57	1.50
石灰岩	1.83	1.79	1.73	1.70	1.67	1.63	1.58

运用数理统计方法，根据试验结果可获得破碎岩石碎胀系数 K_s 与块度的线性回归方程如下：

煤： $K_s = 1.821 - 0.017\phi$

其相关系数 r＝0.977，方差 S_K＝0.004。

砂岩： $K_s = 1.783 - 0.021\phi$

其相关系数 r＝0.982，方差 S_K＝0.007。

石灰岩： $K_s = 1.795 - 0.017\phi$

其相关系数 r＝0.977，方差 S_K＝0.005。

在实验室中采用钢筒法进行的破碎岩石压缩性试验结果表明，随着压力增加，破碎岩体的压密程度提高，残余碎胀系数逐渐减小。

图 6-6 为试验测定的砂岩碎胀系数变化曲线。破碎岩石的颗粒越小，残余碎胀系数越大。

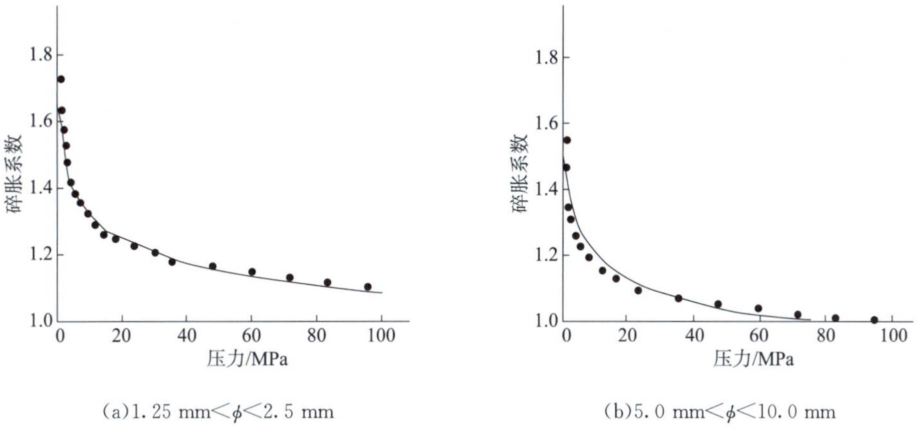

图 6-6　砂岩碎胀系数变化曲线

洞顶坍塌堵塞法适用于采空区宽度较小、顶板岩体较破碎的采空区地段地基稳定评价计算。

该种计算方法适用于顶板易于冒落的采空区巷道及小型采空区，对有支护巷道及顶板能长期自稳的小型采空区稳定性评价则偏于保守。

5. 岩梁稳定分析法

对于埋藏深度较小、顶板岩体相对完整的小型采空区，可采用岩梁稳定分析法，将空洞上方岩体看成是一简支梁，通过岩梁理论可得到其极限跨度为

$$L_c = h_1\sqrt{\frac{\sigma_c}{5q_1}} \tag{6-64}$$

式中　L_c——梁的极限跨距，m；

h_1——岩梁厚度，m；

σ_c——梁的单向抗压强度，t/m^2；

q_1——作用在梁的平均载荷，t/m^2，按式(6-65)进行计算。

$$q_1 = \frac{E_1 h_1^3 \sum_{i=1}^{n} \gamma_i h_i}{\sum_{i=1}^{n} E_i h_i^3} \tag{6-65}$$

式中　E_1——岩梁的弹性模量，t/m^2；

E_i——第 i 层岩体的弹性模量，t/m^2；

γ_i——第 i 层岩体的重度，t/m^3；

h_i——第 i 层岩体的厚度，m；

n——梁上方不同岩体的层数。

考虑极限情况，即认为梁上方全部岩体重量都作用在梁上，则式(6-65)变为

$$q_1 = \sum_{i=1}^{n} \gamma_i h_i \approx \gamma H \tag{6-66}$$

式中 γ——覆岩平均重度，t/m^3；

H——开采深度，m。

该方法适用于采空区顶板岩体较完整、岩层产状平缓的较浅采空区稳定性评价计算。

根据小型采空区覆岩条件，确定顶板岩石抗压强度。泥岩抗压强度变化在26.1～72.0 MPa之间，平均为36.0 MPa；砂岩抗压强度变化在11.4～66.6 MPa之间，平均为31.5 MPa；灰岩抗压强度变化在26.9～97.1 MPa之间，平均为57.2 MPa；泥灰岩抗压强度变化在21.6～55.8 MPa之间，平均为38.7 MPa。取平均重度为2.5 t/m^3，根据式(6-66)计算的空洞极限跨度见表6-3。

表6-3 不同开采深度条件下，空洞稳定的极限跨度(顶板岩层厚度10 m)

顶板岩性		开采深度/m										
		20	30	40	50	60	70	80	90	100	110	130
泥岩	最小	32.3	26.4	22.8	20.4	18.7	17.3	16.2	15.2	14.4	13.8	12.7
	最大	53.7	43.8	37.9	33.9	31.0	28.7	26.8	25.3	24.0	22.9	21.0
砂岩	最小	21.4	17.4	15.1	13.5	12.3	11.4	10.7	10.1	9.5	9.1	8.4
	最大	51.6	42.1	36.5	32.6	29.8	27.6	25.8	24.3	23.1	22.0	20.2
灰岩	最小	32.8	26.8	23.2	20.7	18.9	17.5	16.4	15.5	14.7	14.0	12.9
	最大	62.3	50.9	44.1	39.4	36.0	33.3	31.2	29.4	27.9	26.6	24.4
泥灰岩	最小	29.4	24.0	20.8	18.6	17.0	15.7	14.7	13.9	13.1	12.5	11.5
	最大	47.2	38.6	33.4	29.9	27.3	25.3	23.6	22.3	21.1	20.1	18.5

计算的极限跨度未考虑上覆岩层差异使作用在空洞上的实际载荷减小的影响，因此计算的极限跨度偏于安全。在实际计算中一般根据物探结合钻孔揭示的空洞特征，分析空洞的稳定性。

6.2.2 新近大型采空区地基稳定性评价

1. 采空区地表移动变形计算

对于一些大型的矿区，关于地基移动与变形规律的研究较多，形成了一些具地方特色的变形预测经验公式，在铁路可行性研究阶段地表移动变形可以用当地经验公式进行初步估算。对于地表移动变形监测较多的矿区，还可以取得较为全面准确的移动角量参数。此时，采用概率积分法可取得较为理想的预计结果。

结合概率积分法计算原理，缓倾斜(倾角小于25°)矿层地表移动和变形预测方法见表6-4。

表 6-4 地表移动与变形预测计算经验公式

项 目	最大变形量	任意点(x)变形量	符号说明
下沉 W(或 S) /mm	W_{max}(或 S_{max})$=\eta m$	$W(x)[\text{或 } S(x)]=\frac{W_{max}}{r}\int_x^{\infty}e^{-\pi(\frac{x}{r})^2}dx$	η 为下沉系数，与矿层倾角、开采方法和顶板管理方法有关，宜取 0.01～0.95； m 为矿层的采出厚度(m)； r 为主要影响半径(m)； b 为水平移动系数，宜取 0.25～0.35
倾斜 T(或 i) /(mm・m^{-1})	$T_{max}=W_{max}/r$	$T(x)=\frac{W_{max}}{r}e^{-\pi(\frac{x}{r})^2}$	
曲率 k /(mm・m^{-2})	$k_{max}=\pm 1.52W_{max}/r^2$	$k(x)=\pm 2\pi\frac{W_{max}}{r^3}\left(\frac{x}{r}\right)e^{-\pi(\frac{x}{r})^2}$	
水平移动 U /mm	$U_{max}=bW_{max}$	$U_{max}(x)=bW_{max}e^{-\pi(\frac{x}{r})^2}$	
水平变形 ε /(mm・m^{-1})	$\varepsilon_{max}=\pm 1.52bW_{max}/r$	$\varepsilon(x)=\pm 2\pi b\frac{W_{max}}{r}\left(\frac{x}{r}\right)e^{-\pi(\frac{x}{r})^2}$	

根据原煤科院北京研究所和原唐山煤科院多年的经验，当矿层倾角近于水平或缓倾斜且开采达充分采动时，最大变形值的计算可按表 6-5 进行。

表 6-5 地表最大变形经验计算式

类 别	使 用 单 位		
	原煤科院北京研究所	原唐山煤科院	式 中 符 号
最大下沉	$S_0=q_0D$	$S_0=q_0D$	q_0 为下沉系数，可根据顶板处置方法选择，重复采动时，数值增大 10%～20%，甚至更大； r 为地面影响区的半径，$r=H/\tan\beta$，H 为开采深度，β 为移动角，$\tan\beta$ 一般取 1.5～2.5； l 为盆地中心(最大下沉点)到下沉曲线拐点的距离； D 为采厚； b 为水平移动系数，$b=0.2\sim0.4$，一般取 $b=0.3$； K_H 为系数，一般取 10～12
最大倾斜	$i_0=S_0/r$	$i_0=0.9S_0/l$	
最大曲率	$k_0=\pm 1.52S_0/r^2$	$k_0=1.39S_0/l^2$	
最大水平位移	$U_0=bS_0$	$U_0=0.9K_HS_0/l$	
最大水平变形	$\varepsilon_0=\pm 1.52b$	$\varepsilon_0=1.39K_HS_0/l^2$	

2. 最大下沉速度的预计

地表最大下沉速度与许多采矿因素有关，主要影响因素包括上覆岩性、采深、顶板管理方法及工作面推进速度。一般来说，岩性软下沉速度大，硬则下沉速度小。此外，下沉速度与采厚、工作面推进速度成正比，与采深成反比。最大下沉速度 v_m(单位：mm/d)可按经验公式(6-67)估算。

$$v_m=\frac{KW_mv}{H_0} \tag{6-67}$$

式中 v——工作面推进速度,m/d;

H_0——平均采深,m;

W_m——该工作面的地表最大下沉值,mm;

K——下沉速度系数,一般为0.3～0.5,不同条件下由实地观测确定。

根据对我国多个矿区的开采沉陷数据分析,当铁路修建以后,在铁路下方采用全陷式开采煤炭会对铁路安全造成很大的威胁。因此,当线路走向确定以后,要及时确定铁路安全保护矿柱范围和允许开采范围,适当调整上述工作面以及其他对铁路安全有威胁的规划工作面的停采线位置。

6.2.3 大型老采空区地基稳定性评价

从采空区及其覆岩破坏特征分析可以看出,长壁老采空区地基稳定性主要决定于采空区覆岩移动后期残余变形和"活化"两个方面,主要体现在垮落带岩层空隙的压密和弯曲带离层裂缝的闭合。造成采空区地表残余变形和上覆破裂岩体"活化"的主要原因如下:

在上覆岩体载荷作用下,采空区及其上方的采动破碎岩体将存在长期的压密和缓慢蠕变变形。这一变形一般在开采结束后5～10年内发生,但在周围有新的采掘活动扰动时,这一过程可能加剧。

采空区破碎岩体和残留煤柱在地下水和空气作用下发生风化和强度衰减,在上覆岩体载荷下产生结构破坏和再压实。这一变形主要发生在柱式开采条件下,使煤柱和顶板强度降低,使其损害,引起较大的移动变形。

由于外力作用,采场上覆岩体结构再次失稳变形。外力主要包括地震力、区域地质构造活动引起的构造应力或爆炸造成的扰动作用力、地面附加载荷作用等。

基于上述因素,并考虑到大型采空区大多已塌陷,地表变形涉及的范围较大,变形时间较长,对采空区稳定性的分析评价一般从采空区地表沉陷状态、停采时间、变形程度、矿柱安全性等几方面加以考虑。对于长壁式开采、沉陷盆地特征明显、后期变形较舒缓的大型采空区,可在计算残余变形的基础上进行稳定性分区评价。对于一些房柱式开采形成的采空区,变形特征介于大型和小型采空区之间,还要进一步分析其矿柱的稳定性。

1. 采空区地表沉陷稳定状态分析

根据地表移动实测资料,当采空区的长度和宽度大于1.1～1.5倍开采深度时,地表受到充分采动,这时地表移动盆地出现平底,称为盘形盆地。此时,地表出现最大下沉值。反之,如果开采面积不够大,地表没有受到充分采动,移动盆地则呈尖底"碗状",地表不会出现应有的最大下沉值。对于充分采动的区域,地表下沉值将不再增加,而边缘变形区域经过一定的变形时间后也会逐渐稳定下来。大型采空区地表移动盆地分区如图6-7所示。

对于充分采动区域,用大型采空区残余变形计算公式计算其残余沉降量,进而判断其稳定性。

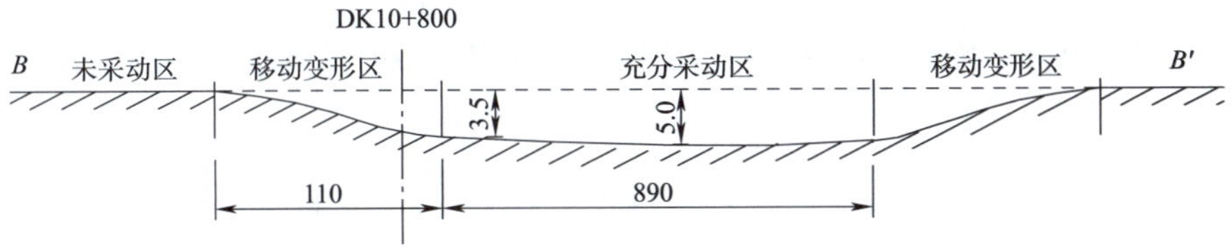

图 6-7　大型采空区地表移动盆地分区(单位:m)

小型的窝硐式或古窑采空区地表塌陷形式,通常表现为陷坑或其他不规则形态,从地面塌陷状态很难判断其稳定程度。

2. 采空区塌陷稳定时间预计

老采空区地表移动时间,国内外做了大量研究。如国外观测全陷法管理顶板时,地表移动过程延续 5 年,有时可达 10~12 年,主要下沉发生在最初的 1~3 年。苏联按地表移动盆地最大下沉点的移动速度,将地表移动分为三个时段:开始期(从地表下沉 10 mm 到下沉速度小于 50 mm/月)、活跃期(下沉速度大于等于 50 mm/月)、衰退期(下沉速度小于 50 mm/月到六个月内下沉小于 30 mm)。这三个时期的总和称为地表移动延续时间。

房柱式开采的老采空区下沉可能在开采完以后许多年才发生,一半以上的下沉是在采后 50 年或更长的时间内发生,例如苏格兰一个报废矿 118 年后发生了地表下沉破坏。

国外对采空区冒落岩石的特性进行了研究,得到采空区冒落岩石随时间的变化规律为:

冒落矸石密度(kg/m^3):　$\rho=1\,600+800(1-e^{-1.25t})$

冒落矸石弹性模量(MPa):　$E=15+175(1-e^{-1.25t})$

冒落矸石泊松比:　$\mu=0.05+0.2(1-e^{-1.25t})$

根据以上公式计算得到,当工作面结束 5 年后,冒落矸石弹性模量达到原始弹性模量的 99.8%,再次说明,在工作面开采结束 5 年后,岩层移动已经基本结束。

根据英国煤田监测资料,残余沉降有以下特征:

(1)残余沉降大小一般为最大沉降的 5%~10%,并且常常小于这个范围值;

(2)长壁工作面停止后,残余沉降处于最大值,然后以指数形式衰减;

(3)在长壁开采边缘处观测到的最大残余沉降随着接近沉降边界线而逐渐减小至零;

(4)残余沉降历时可能需要 12 个月左右,有的仅 3~4 个月,个别的可以延续到 4~6 年。从收集的国内外长壁开采地表沉降观测资料看,地表剩余沉降大部分发生在五年以内,五年以上的沉降量相当小,因此可以认为工作面停采五年后,地表移动基本稳定。对于浅层开采,移动时间相对要短。一般采深小于 100 m,持续时间为 8~10 个月;采深 100~200 m,持续时间为 12~24 月;采深 200~300 m,持续时间为 24~36 月。

我国根据苏联的经验,确定了采空区地表移动总时间的判定标准,即在充分采动或接近充分采动情况下,下沉值最大的地表点从移动开始至移动稳定所持续的时间称为移动过程的总时间。移动稳定标准按《煤矿测量规程》一般为 6 个月内累计下沉值不超过 30 mm。

根据众多观测资料统计，地表移动总时间的长短主要决定于岩层性质、开采深度和工作面推进速度等因素。据有关资料，移动盆地的下沉时间与采掘深度近似正相关关系，见表 6-6。

表 6-6　移动盆地下沉时间与采掘深度的关系

采掘深度/m	下沉终止时间/年
<100	0.6～1
100～300	1～1.5
300～500	1.5～2
>500	2～2.5

国内各煤矿区通过实测资料分析发现，地表移动延续时间与开采深度、工作面推进速度及上覆岩层的性质等有关，开采深度越大、工作面推进速度越慢、上覆岩层越坚硬，地表移动延续时间越长。很多矿区建立了地表移动延续时间与开采深度等的回归关系，见表 6-7。

表 6-7　国内部分矿区移动延续时间的回归关系式

矿　区	移动总时间(移动延续时间)		备　注
	公　式	单　位	
本溪矿区	$t=2.103H_0+417$	d	t——移动延续时间； H_0——平均开采深度，m； S——回采工作面面积，m^2； D_1——工作面斜长，m； M——开采厚度，m； v——工作面推进速度，m/d
抚顺矿区	$t=69.43-0.35S/H_0$	月	
双鸭山矿区	$t=0.95H_0+262$	d	
鹤岗矿区	$t=D_1(0.562-0.00353H_0/M)$	d	
淮北矿区	$t=81.5+1.11H_0\pm74.9$	d	
徐州矿区	$t=2.87H_0+8$	d	
东煤矿区	$t=2.28H_0+43$	d	
兖州矿区	$t=0.628H_0/v+269$	d	
规程推荐	$t=2.5H_0$	d	

在地表移动不同时间段内，地表移动量不同。地表移动开始期内的地表移动量占地表最大下沉量的 5%左右，活跃期内的地表点的下沉量为在最大下沉量的 90%左右，衰退期下沉量为地表最大下沉量的 5%左右，因此地表移动主要发生在活跃期内。从移动时间的长短来看，衰退期内地表移动时间最长，比开始期和活跃期的总和还长。老采空区的移动主要应考虑衰退期结束后的地表点移动。这一移动主要是破裂岩体和上覆岩层结构在覆岩重力作用下的逐步变形的结果，这一变形受覆岩地质环境条件影响。如覆岩结构在地下水等条件下弱化，结构失稳、强度降低，引起地表移动变形，这一时间过程比较长。

从以上分析可以看出，全部垮落法开采形成的采空区移动时间有限，部分开采形成的采空区移动时间较长且难以准确预测。

6.2.4　工程应用

1. 工程概况

新建铁路沈阳至丹东高速铁路穿越本溪煤田。其中 DK53＋200～DK67＋200 段为通过本溪市段，穿越的井田主要有本溪煤矿、彩屯煤矿、大峪煤矿。DK63＋300～DK65＋500 段地下即为本溪煤矿、彩屯煤矿采空区。

2. 地表残余移动变形预计分析

(1)预计方法、参数

计算分析中，极限残余最大下沉量取煤层厚度的 15%，水平移动系数、主要影响角正切、开采影响传播角按矿区实测数据选取，拐点偏移距取 0。

(2)预计模型

采用概率积分法地表移动变形预计数学模型。

(3)主要预计成果

①地表沉降速率

本溪彩屯煤矿在耐火材料厂下采煤时观测了地表残余下沉。该区地下煤层开采技术条件为：煤层倾角 14°，采厚 7.2 m，开采深度 520～630 m。地表 11 号测点 1976 年 6 月 15 日实测下沉值为 3 097 mm，1976 年 12 月 6 日实测下沉值为 3 124 mm，连续 6 个月地表累计下沉不超过 30 mm。根据地表移动期相关规定，1976 年 12 月 6 日地表移动期已经结束。在其后的 1 年零 10 个月，监测到测点又下沉 27 mm。

图 6-8 为预计线路地表未来 150 年年残余沉降速率。根据矿区实测数据，在移动期过

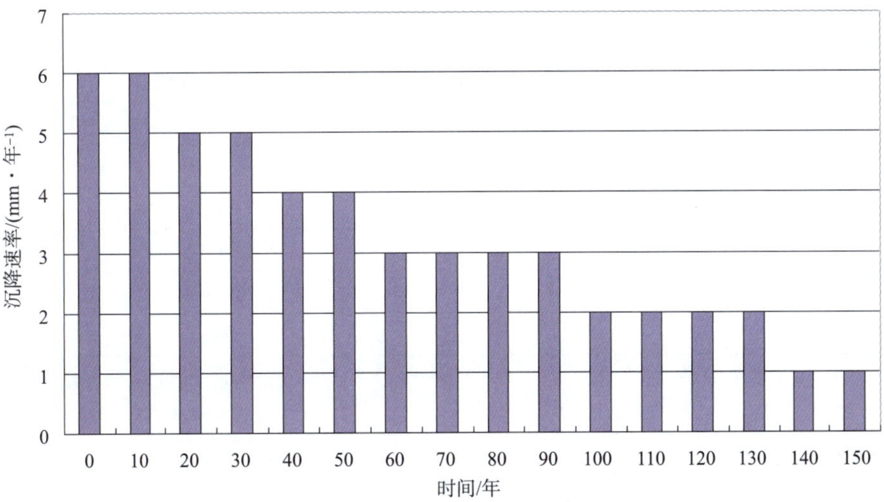

图 6-8　线路地表未来 150 年年残余沉降速率

后最初的两年，地表沉降速率为 14.7 mm/年。沉降速率随时间推移逐年按指数递减，评价区地表移动期已过 17～29 年，预计现阶段地表最大沉降速率为 6 mm/年，30 年后下降到 5 mm/年以下。

②2010—2014 年地表残余移动变形

2010—2014 年是铁路主要建设时期，地表年沉降 6 mm/年。根据地表移动变形预计结果统计，2010—2014 年地表残余下沉波及的线路段为 DK63＋900～DK65＋600 段，长度为 1 750 m。

根据计算结果绘制 2010—2014 年地表累计残余下沉等值线。2010—2014 年沿线地表累计残余下沉曲线如图 6-9 所示。地表累计残余移动变形最大值见表 6-8。

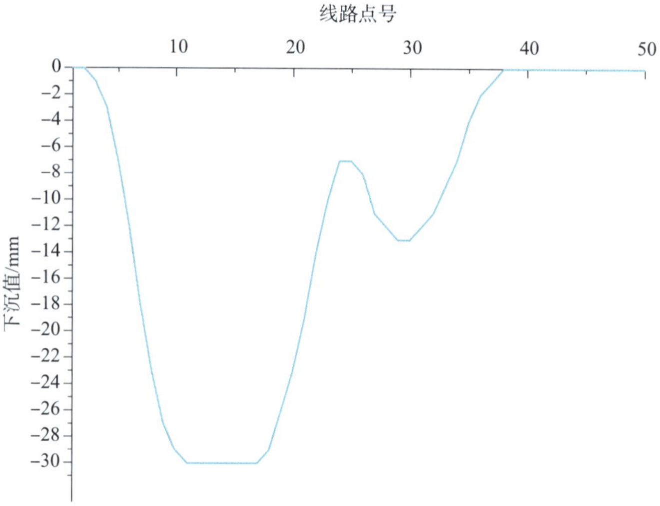

图 6-9　2010—2014 年沿线地表累计残余下沉曲线图

表 6-8　2010—2014 年线路地表累计残余移动变形最大值

移动变形			最大值	线路位置
下沉/mm			30	DK64＋900～DK65＋200
水平移动/(mm·m⁻¹)	纵向	＋	8	DK65＋400
		－	4	DK64＋650
	横向	＋	4	DK64＋650～＋750
		－	2	DK64＋100～＋150
倾斜变形/(mm·m⁻¹)	纵向	＋	0.1	DK65＋300～＋500 DK64＋400～＋450
		－	0.1	DK64＋600～＋750
	横向	＋	0.1	DK64＋650～＋750
		－	0.1	DK64＋100～＋200

2010—2014 年线路地表累计最大下沉 30 mm，沿线路纵向、横向最大倾斜变形 ±0.1 mm/m 以下，几乎无曲率变形；沿线路纵向最大水平移动 8 mm，垂直线路横向最大水平移动 4 mm，沿线路纵向、横向水平变形±0.01 mm/m 以下。

3. 评价结论

(1)采空区煤层顶板岩层已垮落，采空区已由垮落岩石充分充填。采空区形成至今，未受到井上下工程活动扰动，地下水、地应力等地质环境已基本恢复。

(2)评价区采空区煤层开采深度厚度比为 82～362 倍，已充分充填。以往地表未曾发生突然塌陷，今后也不会发生突然塌陷。评价区地表以连续移动形式移动与变形，移动期在 1992 年结束，现进入残余变形阶段已 17 年有余。评价区地表移动变形属残余移动变形。

(3)线路沿线地表 1993—1994 年间年均最大沉降为 14.7 mm/年左右，目前已下降为 6 mm/年，且仍在逐年递减。

(4)以最大残余下沉量为煤层采厚的 15%，沉降速率按指数函数关系逐年递减结算，2010—2014 年线路地表最大下沉量为 30 mm，涉及线路段为 DK63＋900～DK65＋600，长 1 750 m。2010—2014 年及以后，线路地表残余移动变形有限。

6.3　地裂缝对高速铁路工程影响评价

大西高速铁路自北向南经过大同、忻定、太原、临汾、运城及渭河等盆地，从地质背景来看大西高速铁路经过的这一地带，是以活动断层和地裂缝而闻名的“汾渭地堑系”，活动断层和地裂缝非常发育，活动强烈。20 世纪中后期以来，在汾渭盆地许多地区先后出现地裂缝灾害。迄今为止，已有 50 余个县市、300 余处发现地裂缝，总计 400 余条。汾渭地堑已成为我国，乃至世界地裂缝最发育、成因最复杂、破坏性最强、区域性特点最典型的地区之一。根据前期勘察发现，大西高速铁路穿越太原、临汾及运城等盆地地区时，沿线具有一定规模的地裂缝达 21 条之多，其中与大西高速铁路线路交叉 36 处，地裂缝活动十分明显，地表位错最大可达 45 cm。

6.3.1　大西高速铁路沿线地裂缝分布

根据收集资料和现场调查，与大西高速铁路相交或隐伏相交的地裂缝或地裂缝群有 21 条，其中有的裂缝存在分支裂缝或次级裂缝，相交的地点有 36 处，主要分布在太原盆地、临汾盆地和运城盆地。

太原盆地有 8 条地裂缝[水秀地裂缝(TY1)、武家堡地裂缝(TY2)、东观变电站地裂缝(TY3)、瓦屋村地裂缝(TY4)、东六支地裂缝(TY5)、新胜村地裂缝(TY6)、襄垣地裂缝(TY7)和西炮地裂缝(TY8)]，与大西高速铁路线路相交或隐伏相交的地段有 14 处。

临汾盆地有7条地裂缝或地裂缝群[新庄地裂缝(LF1)、龙张地裂缝(LF2)、高堆地裂缝(LF3)、东羊地裂缝(LF4)、燕家庄地裂缝群(LF5～LF8)、景家庄地裂缝(LF9)和嘉泉地裂缝(LF10)],与大西高速铁路相交或隐伏相交的地段有12处(其中燕家庄地裂缝群含4处)。

运城盆地有6条地裂缝[张庄-西下晁地裂缝(YC1)、张董地裂缝(YC2)、寺家卓-石碑庄地裂缝(YC3)、赵棠庄地裂缝(YC4)、张金-西纽地裂缝(YC5)和陶上-下王地裂缝(YC6)],与大西高速铁路线路相交或隐伏相交的地段有10处。

上述地裂缝按不同盆地分别编号,如TY1表示太原盆地内与大西高速铁路线路相交的第一条地裂缝。

地裂缝的成因类型主要有构造型(断层蠕滑、隐伏断裂控制或影响)、湿陷型和古地貌(地形)控制型。

6.3.2 地裂缝的活动性与危险性评价

1. 地裂缝的活动性分级及易发性

由于地裂缝的分级没有相应的规范和标准,研究提出,结合工程特点,对工程的潜在危害进行地裂缝分级。

根据地裂缝的不同活动程度对大西高速铁路工程可能造成不同的影响,研究提出的地裂缝的活动性分级按表6-9划分。

地裂缝易发性评价是指按照一定的评价标准和方法,就地质体产生地裂缝的难易程度进行评价。根据地裂缝的成因机制、孕育条件、分布状况、影响因素等选取主要影响因子作为评价指标,包括地质构造、地形地貌、地层岩性、地下水及含水层、地表水和人类工程活动等,依据地区特点和评价尺度建立评价指标体系。大西高速铁路线路相交地段地裂缝的易发性主要根据场地地层异常埋深、水位异常值(水位高差)和出露段地裂缝沿延伸方向到线路的距离三个指标(或条件),在工程使用期内综合评价地裂缝的易发程度,三个指标或条件中只要有一个符合,就可判定对应的地裂缝易发程度。提出的地裂缝的易发性评价标准参照表6-10。

表6-9 大西高速铁路工程场地地裂缝活动性分级建议表

活动程度	地裂缝特征说明
强	地表破裂明显,垂直位错大于10 cm,或裂缝宽度大于100 cm
较强	地表破裂较明显,垂直位错5～10 cm,或裂缝宽度为50～100 cm
中等	地表有破裂,垂直位错1～5 cm,或裂缝宽度为10～50 cm
弱	地表破裂为张性,裂缝宽度小于10 cm,或地表破裂多年未见重新活动,或处于隐伏状态

表 6-10　大西高速铁路工程场地地裂缝的易发性评价标准表

评 价 指 标	易 发 程 度			
	大	较大	中等	小
出露段到交汇点的距离/m	＜100	100～500	500～1 000	＞1 000
地层异常位置的埋深/m	＜5	5～10	10～40	＞40
地下水位高差/m	＞5	5～2	2～0.5	＜0.5

2. 地裂缝的危险性评价与分级

地裂缝危险性是指一定地区、一定时段内地裂缝发生的概率和危险程度，主要是评价地裂缝灾害的活动程度和地裂缝破坏能力。由于大西高速铁路沿线没有可靠的地裂缝监测资料，地裂缝评价主要是在地面调查和地裂缝勘察的基础上，根据地裂缝地表变形发生时间及地表破坏程度，结合地裂缝发生的控制性和诱发因素，定性或半定量预测地裂缝的潜在活动性，通过地裂缝的潜在活动性和该地段地裂缝的易发性，评价地裂缝在工程使用期内的危险性。地裂缝的危险性分级标准参照表 6-11。

表 6-11　大西高速铁路工程场地地裂缝的危险性分级标准表

评价指标	危 险 性 分 级										
	Ⅰ	Ⅱ			Ⅲ			Ⅳ			
成因类型	构造型	构造型	构造型	构造型	构造型	构造型	非构造型	构造型	构造型	非构造型	非构造型
易发程度	大	大	大	中等～较大	中等～大	小	中等～大	中等～大	小	小～中等	小
预测活动性	强	强	较强	较强～强	中等	强	较强～强	弱	弱～较强	弱～中等	较强～强
对线路的可能影响范围	大于 100 m	小于 100 m	—	—	—	—	—	—	—	—	—

注：地裂缝对线路的可能影响范围由地裂缝的影响带宽度及地裂缝与线路的相交情况确定。

3. 地裂缝的综合评价

地裂缝的易发性和危险性评价均采用就高不就低的原则。依据该原则对沿线的地裂缝进行了综合评价，具体见表 6-12～表 6-14。

表 6-12　太原盆地大西高铁沿线地裂缝评价汇总表

序号	地裂缝名称及编号	裂缝带宽度/m	相交地段目前活动性	易发程度	相交段预测活动性	危险性分级	影响带宽度/m			影响深度/m	可能影响线路范围	未来最大活动速率及活动量		防治措施建议
							上盘	下盘	总宽度			垂直	水平	
1	水秀（TY1）	10	中等	大（地表出露）	中等	Ⅲ	20	13	33	>30	左线 DK329+089～+138	<5 mm/年 200 mm	5～10 mm/年 300 mm	简支梁桥跨越
	水秀（TY1′）	6	—	大	弱	Ⅳ	18	10	28	>30	左线 DK329+023～+070	<2 mm/年 200 mm	<5 mm/年 200 mm	
2	武家堡主缝（TY2-1）	8	—	中等	中等	Ⅲ	20	12	32	>32	左线 DK335+015～+070	5～10 mm/年 300 mm	5～10 mm/年 300 mm	
	武家堡次缝（TY2-2）	8	—	大	中等	Ⅲ	27	13	40	>32	左线 DK334+900～+980	<5 mm/年 200 mm	5～10 mm/年 300 mm	
3	东观变电站（TY3）	16	强	大（出露）	强	Ⅰ	60	55	115	>38	左线 DK337+515～+925	30～40 mm/年 800 mm	10～20 mm/年 400 mm	
	东观变电站（TY3′）	12	较强	大（出露）	较强	Ⅱ	10	10	20	>38		<5 mm/年 200 mm	10～20 mm/年 400 mm	
4	瓦屋村（TY4′）	8	—	较大	中等	Ⅲ	15	13	28	>28	左线 DK342+285～+422	<5 mm/年 200 mm	<5 mm/年 200 mm	路基加固处理
	瓦屋村（TY4）	12	—	中等	中等	Ⅲ	21	11	32	>28	左线 DK342+778～+900	5～10 mm/年 300 mm	5～10 mm/年 300 mm	简支梁桥跨越
5	东六支（TY5）	16	较强	大（出露）	强	Ⅰ	35	20	55	>50	左线 DK344+987～DK345+180	20～30 mm/年 600 mm	10～20 mm/年 400 mm	
	东六支（TY5′）	6	—	大	较强	Ⅱ	20	17	37	>50		5～10 mm/年 300 mm	10～20 mm/年 400 mm	
6	新胜（TY6）	16	—	大	较强	Ⅱ	26	10	36	>70	左线 DK365+450～+550	<5 mm/年 200 mm	5～10 mm/年 300 mm	
	新胜（TY6′）	12	—	大	较强	Ⅱ	17	15	32	>70		<5 mm/年 200 mm	5～10 mm/年 300 mm	
7	襄垣（TY7）	6	—	中等	弱	Ⅳ	17	13	30	>90	左线 DK359+640～+700	<2 mm/年 200 mm	<2 mm/年 200 mm	路基加固处理
8	西炮（TY8）	10	—	较大	中等	Ⅲ	14	10	24	>28	左线 DK340+787～+837	<5 mm/年 200 mm	<5 mm/年 200 mm	

表 6-13 临汾盆地大西高铁沿线地裂缝评价汇总表

序号	地裂缝名称及编号	裂缝带宽度/m	相交地段目前活动性	易发程度	相交段预测活动性	危险性分级	影响带宽度/m			影响深度/m	可能影响线路范围	未来最大活动速率及活动量		防治措施建议
							上盘	下盘	总宽度			垂直	水平	
1	龙张-新庄地裂缝（LF1）	8	（隐伏）	较大	弱	Ⅳ	16	12	28	>30	DK496+680～+740	<1 mm/年 200 mm	<1 mm/年 200 mm	路基加固处理
2	龙张-塾堡地裂缝（LF2）	14	弱	大	中等	Ⅳ	21	12	33	28	DK498+755～+800	<2 mm/年 200 mm	<2 mm/年 200 mm	桩尖进入28 m以下
3	高堆地裂缝（LF3）	10	强	大（地表出露）	强	Ⅱ	25	15	40	>50	DK515+445～+485	10～20 mm/年 500 mm	10～20 mm/年 500 mm	简支梁桥跨越
4	东羊地裂缝（LF4）	10	较强	大（地表出露）	强	Ⅲ	27	13	40	25	DK508+160～+200	5～10 mm/年 300 mm	5～10 mm/年 400 mm	桩尖进入25 m以下
	东羊地裂缝（LF4′）	10	较强	大（地表出露）	强	Ⅲ	25	20	45	25	DK508+275～+320	5～10 mm/年 300 mm	5～10 mm/年 400 mm	简支梁桥跨越
5	燕家庄地裂缝群（LF5）	12	强	大（地表出露）	强	Ⅲ	20	12	32	40	DK509+830～DK510+280	2～5 mm/年 300 mm	5～10 mm/年 400 mm	采用桩基，桩尖持力层进入到40 m以下相对稳定的卵石层
	燕家庄地裂缝群（LF6）	8	（隐伏）	较大	较强	Ⅲ	20	12	32	40		2～5 mm/年 300 mm	5～10 mm/年 300 mm	
	燕家庄地裂缝群（LF7、LF7′）	6	（隐伏）	较大（异常深度6 m）	较强	Ⅲ	20	12	32	40		2～5 mm/年 300 mm	5～10 mm/年 300 mm	
	燕家庄地裂缝群（LF8）	12	强	大	强	Ⅲ	20	12	32	40		2～5 mm/年 300 mm	10～20 mm/年 400 mm	
6	景家庄地裂缝（LF9）	10	（隐伏）	中等（异常深度15 m）	较强	Ⅱ	28	18	46	>60	DK510+740～+790	5～10 mm/年 300 mm	5～10 mm/年 300 mm	路基加固处理
7	嘉泉地裂缝（LF10）	6	（隐伏）	较大	弱	Ⅳ	22	18	40	>50	DK513+700～+745	<1 mm/年 200 mm	<1 mm/年 200 mm	
	嘉泉地裂缝（LF10′）	6	（隐伏）	中等（地层异常深度28 m）	弱	Ⅳ	17	13	30	>50	DK513+960～+995	<1 mm/年 200 mm	<1 mm/年 200 mm	

表 6-14 运城盆地大西高铁沿线地裂缝评价汇总表

序号	地裂缝名称及编号	裂缝带宽度/m	相交地段目前活动性	易发程度	相交段预测活动性	危险性分级	影响带宽度/m			影响深度/m	可能影响线路范围	未来最大活动速率及活动量		防治措施建议
							上盘	下盘	总宽度			垂直	水平	
1	张庄-西下晁(YC1)	6	(隐伏)	大(异常深度 5 m)	弱	Ⅳ	18	15	33	39	DK626+690～+735	<2 mm/年 200 mm	<2 mm/年 200 mm	路基加固处理
	张庄-西下晁(YC1′)	8	(隐伏)	较大	中等	Ⅲ	16	14	30	>70	DK626+490～+545	2～5 mm/年 200 mm	5～10 mm/年 300 mm	简支梁桥跨越
2	张董(YC2)	8	(隐伏)	较大(异常深度 7 m)	弱	Ⅳ	25	18	43	>110	DK631+400～+500	<2 mm/年 200 mm	<2 mm/年 200 mm	路基加固处理
	张董(YC2′)	6	(隐伏)	较大(异常深度 7 m)	弱	Ⅳ						<2 mm/年 200 mm	<2 mm/年 200 mm	
3	寺家卓-石碑庄(YC3)	6	(隐伏)	大(异常深度 4 m)	弱	Ⅳ	20	12	32	>100	DK635+340～+405	<1 mm/年 200 mm	<1 mm/年 200 mm	
4	赵棠庄(YC4)	10	(隐伏)	中等(异常深度 20 m)	较强	Ⅱ	10	12	22	>85	DK638+135～+215	5～10 mm/年 300 mm	5～10 mm/年 300 mm	采用桥梁跨越
	赵棠庄(YC4′-1)	8	(隐伏)	中等(异常深度 14 m)	弱	Ⅳ	25	11	36	>85	DK636+990～DK637+026	<2 mm/年 200 mm	<2 mm/年 200 mm	桩尖进入到 42 m 以下
	赵棠庄(YC4′-2)	6	(隐伏)	中等(异常深度 14 m)	弱	Ⅳ	22	11	33	42	DK637+075～+110	<2 mm/年 200 mm	<2 mm/年 200 mm	
5	张金-西纽(YC5)	6	(隐伏)	中等(异常深度 30 m)	弱	Ⅳ	20	18	38	>80	DK640+542～+650	<1 mm/年 200 mm	<1 mm/年 200 mm	路基加固处理
6	陶上-下王(YC6)	6	(隐伏)	较大(异常深度 7 m)	弱	Ⅳ	19	13	32	>100	DK645+560～+660	<1 mm/年 200 mm	<1 mm/年 200 mm	

6.3.3 地裂缝对高速铁路影响机制

1. 高速铁路路基小角度穿越地裂缝带的变形破坏机制

1)大型物理模型试验

(1)模型建立

大西高速铁路有多处与地裂缝小角度相交(小于 30°),工程上多采用路基通过。为了揭示小角度条件下地裂缝活动对高速铁路路基的影响,通过比例尺 1∶5 的大型物理模型试验与数值模拟计算相结合的方法对小角度穿越地裂缝带的大西高速铁路路基变形破坏机制进行了研究。

(2)模型试验成果分析

试验过程中进行了一系列分析工作,包括 CFG 桩端应力分析、桩间土应力分析、CFG 桩顶应力分析、同根桩桩顶与桩端应力分析、混凝土板应力变化分析、单点沉降计位移变化分析、水准高程变化分析。

试验完成后去掉上部混凝土底板后,可以明显地观察到,CFG 桩地基的表面比较破碎,在地裂缝处形成错台,错距最大达到 18 cm,如图 6-10 和图 6-11 所示。

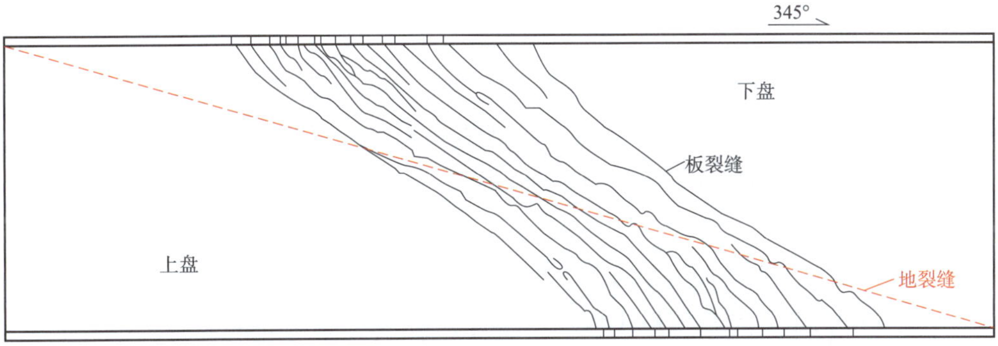

图 6-10 钢筋混凝土板裂缝分布图

图 6-11 复合地基顶部破坏情况

(3)模型试验结论

通过几何比例尺 1∶5 的物理模拟试验,研究了地裂缝活动对与地裂缝小角度相交的高速铁路路基的变形破坏影响机制,得出如下基本认识及结论:

①从土体变形特点、混凝土底板下土的压力和 CFG 桩的压力分布特点、板的裂缝分布特点综合分析来看,混凝土底板在地裂缝上盘的下降过程中产生扭转、弯曲变形,其变形破坏模式为扭转、弯曲变形引起的拉张-扭剪破坏。

②当地裂缝垂直位错量达到 10 cm 时,钢筋混凝土板上盘位置出现裂缝,沉降结束共发现贯通裂缝 9 条,局部裂缝 11 条。这些裂缝集中在板的中部,近平行分布,与地裂缝的夹角近 22°。裂缝与混凝土底板长边的夹角为 37°。裂缝带在混凝土底板下盘位置的面积略大于上盘位置的面积,下盘裂缝距地裂缝的最大距离为 2.3 m,上盘裂缝距地裂缝的最大距离为 1.7 m,下盘结构变形破坏较上盘严重。

③随地裂缝上盘沉降量增加,上盘靠近地裂缝处桩端压力减小直至为零,下盘靠近地裂缝处桩端压力则明显增大,当地裂缝垂直位错量达到 4 cm 时,地裂缝上盘钢筋混凝土板下的一侧出现了脱空区,随着沉降量增大,脱空区范围脱空距离也不断增大,当位错量为 20 cm 时,脱空区最大脱空距离达 16 cm。

④混凝土板上竖直方向上的碎石的相对位移变化不大,说明混凝土板起到较好的整体作用。

⑤垂直位错 4 cm 时,道床高程相差最大达到 20 mm,超出了高速铁路路基沉降的要求;垂直位错 20 cm 时,道床最大一处沉降达到了 73 mm,影响了列车的安全运营。说明虽然混凝土板整体性好,但整体发生了倾斜,且较大。

⑥破坏的 CFG 桩的位置全都集中在地裂缝附近且大都在下盘,CFG 桩的破坏形式为竖向劈裂和压弯破坏,破坏面为竖向劈裂面和近似水平面。

2)基于 FLAC3D 的数值模拟计算

(1)计算模型与参数选取

数值模型按照模型试验尺寸建模,如图 6-12(a)所示,坐标轴取在横断面中心,y 轴为轨道路基轴线方向,z 轴为地层埋深方向,正方与重力方向相反,模型尺寸同模型试验对应。为了考虑轨道、基床、土工格栅和 CFG 复合地基等不同材料,将模型分成 13 个块,如图 6-12(b)所示,模型共计 15 315 个单元、13 718 个节点。

(2)计算结果分析

数值模拟进行了轨道变形、混凝土板变形、整体位移场、混凝土板最大应力、CFG 桩破坏等方面的分析研究工作。

(3)数值模拟结论

通过以上计算分析可以看出,当地裂缝位错达到 20 cm 时:

①位于上盘的轨道受变形影响大,整体轨道竖向位移差值为 20 mm,倾斜率为 1.25‰。

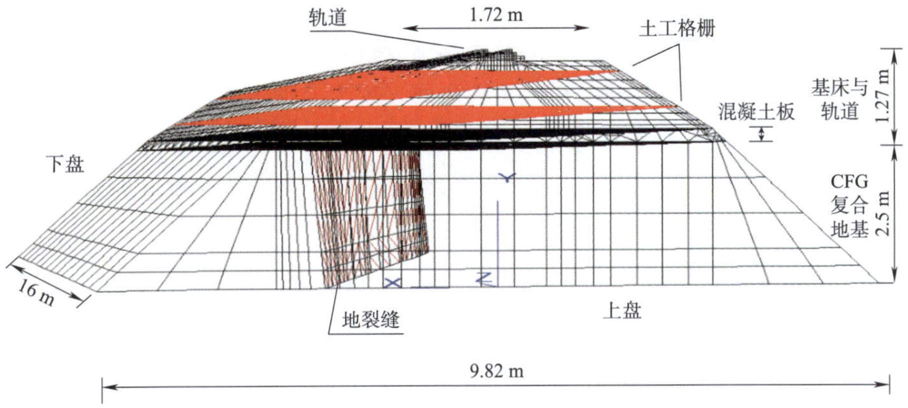

(a)模型尺寸

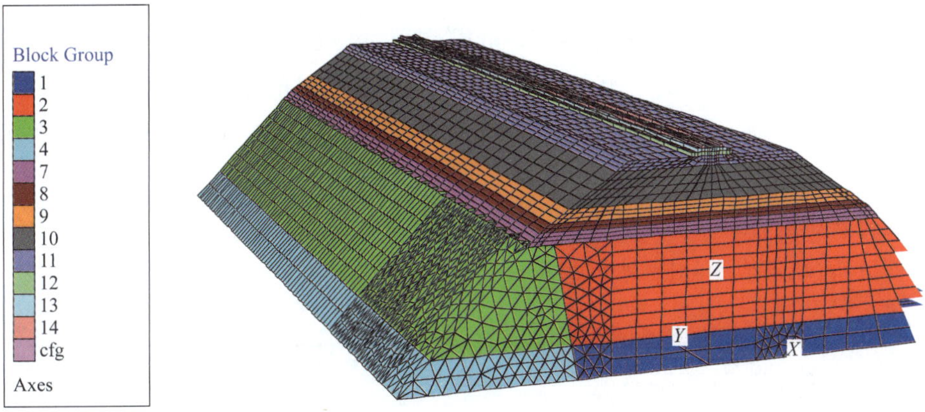

(b)材料分层图

图 6-12　模型 3D 示意图

②由于混凝土板重心位于上盘,混凝土板发生了刚体转动,其竖向变形最大部位位于上盘边角,最大值约为 15 cm。

③混凝土板最大压应力为 3.6 MPa,位于上盘距离边缘 1 m 处;最大拉应力为 4 MPa,位于上盘距离边缘 3 m 处。

④CFG 桩的破坏形式为竖向劈裂和压弯破坏,破坏面为竖向劈裂面和近似水平面。

轨道及混凝土板变形受力代表值见表 6-15。

表 6-15　轨道及混凝土板变形受力代表值

项　　目	最大竖向位移/mm	最大压应力/MPa	最大拉应力/MPa
轨　　道	20	—	—
混凝土板	150	3.6	4

3)结论

通过对物理模型试验和数值分析的结果总结分析,可初步得出如下规律性认识:

(1)随地裂缝上盘沉降量增加,桩端压力主要表现为上盘减小,靠近地裂缝处较为明显;下盘靠近地裂缝处桩端压力则明显增大,具有应力集中现象。

(2)当地裂缝垂直位错量达到 2 cm 时,地表出现开裂,位于上盘靠近裂缝处走向与裂缝基本一致。

(3)当地裂缝垂直位错量达到 3 cm 时,轨道道床板靠近地裂缝的位置开始出现裂缝,裂缝近垂直于道床板,当沉降量达到 4 cm 时裂缝贯穿道床板。

2. 高速铁路桥梁斜交地裂缝带的变形破坏机制

1)大型物理模型试验

(1)模型建立

本次模型试验以高速铁路桥梁斜交(45°)跨越活动地裂缝带为研究对象,几何相似常数取$C_l=20$,重度相似常数取 $C_\gamma=1$,地层土体、箱梁、桥墩与桩的弹性模型相似比为 1∶20,根据 π 定律导出其他物理量的相似常数。压力盒、应变片布置如图 6-13 和图 6-14 所示。

(2)模型试验成果分析

试验过程中进行了一系列分析工作,包括钢筋混凝土桩端应力分析、箱梁应变分析、道床板应变分析、轨道应变分析、水准高程变化分析等。

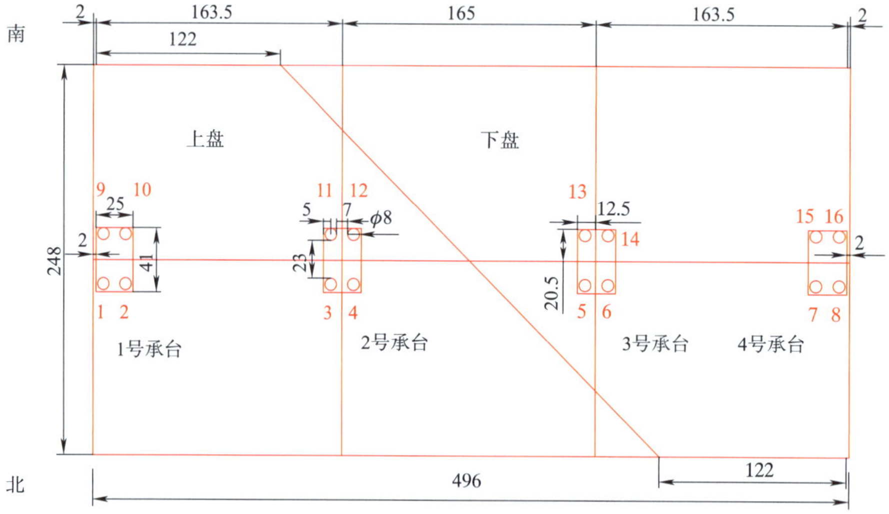

1: HNTB1-1　2: PL1-1　3: HNTB1-3　4: HNTB1-4　5: HNTB1-5
6: HNTB1-6　7: PL1-2　8: PL1-3
9: HNTB2-1　10: HNTB2-2　11: HNTB2-3　12: HNTB2-4　13: HNTB2-5
14: HNTB2-6　15: HNTB2-7　16: HNTB2-8

图 6-13　模型桩端土压力盒平面布置图(单位:m)

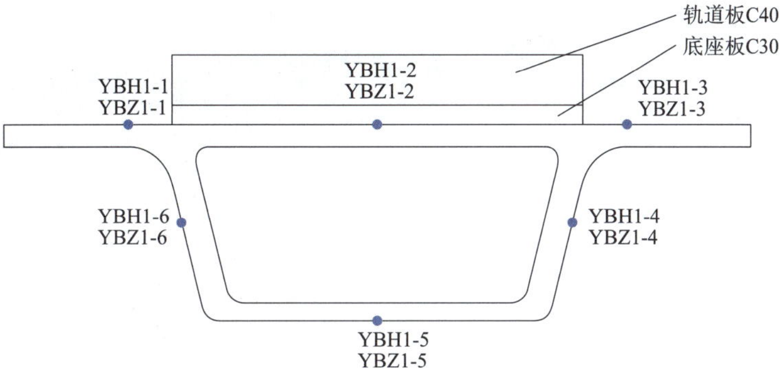

图 6-14　钢筋混凝土底板表面上应变片布置图

注：YBH 和 YBZ 分别代表应变盒(压力盒)、应变片。

(3)模型试验结论

①随地裂缝上盘沉降量增加，桩端压力主要表现为上盘减小，靠近地裂缝处较为明显；下盘靠近地裂缝处桩端压力则明显增大，具有应力集中现象。

②当地裂缝垂直位错量达到 2 cm(对应原型 40 cm)时，地表出现开裂，位于上盘靠近裂缝处走向与裂缝基本一致。

③当地裂缝垂直位错量达到 3 cm(对应原型 60 cm)时，轨道道床板靠近地裂缝的位置开始出现裂缝，裂缝近垂直于道床板，当沉降量达到 4 cm(对应原型 80 cm)时裂缝贯穿道床板。

④随着地裂缝活动，跨过地裂缝的箱梁、道床板和轨道高程变化梯度大，而未跨过地裂缝的高程变化梯度基本不变，说明地裂缝活动对跨过地裂缝的箱梁、道床板和轨道影响较大，而对未跨过的影响不大或可忽略其影响。

2)数值模拟计算

根据地裂缝与线路的关系，按照 45°斜交进行数值模拟分析。

(1)计算模型与参数选取

计算模型如图 6-15～图 6-17 所示。

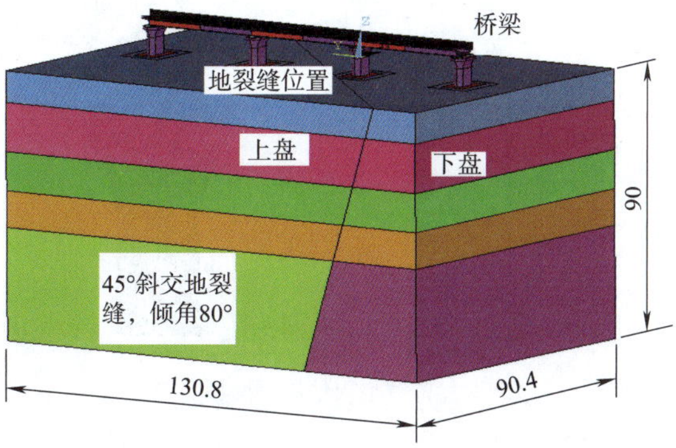

图 6-15　数值模型(单位：m)

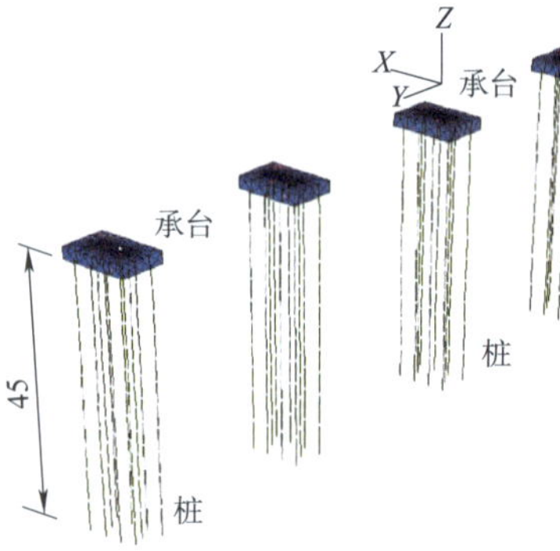

图 6-16　桥梁桩基础模型(单位:m)

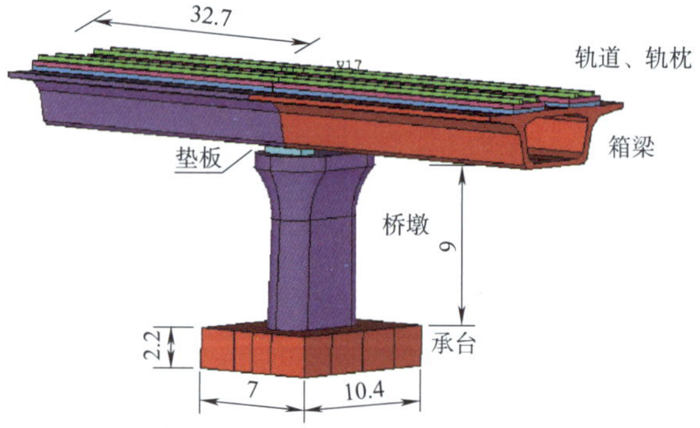

图 6-17　桥梁上部结构(单位:m)

(2)计算结果分析

桥梁变形如图 6-18 所示。

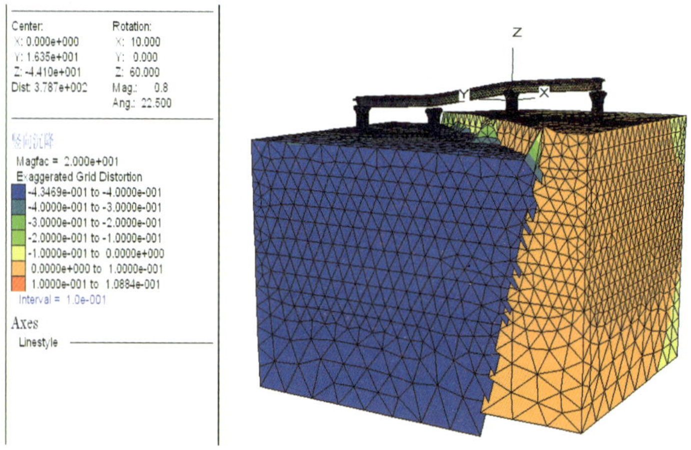

(a)整体变形云图

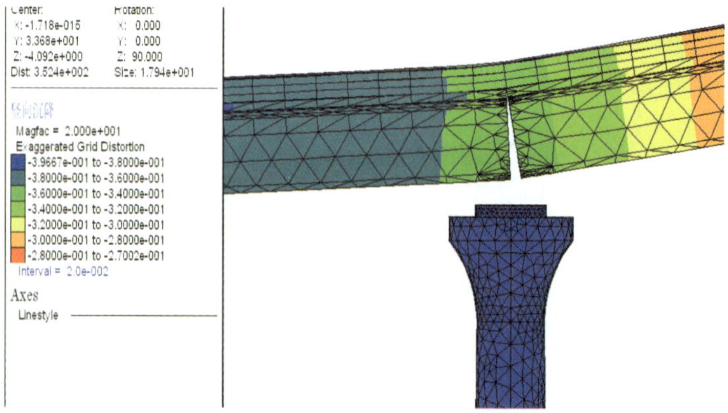

(b)上盘桥墩垫板处局部变形云图

图 6-18　上盘沉降 40 cm 时竖向变形(放大 20 倍)

桩基轴力分布情况如图 6-19 所示。

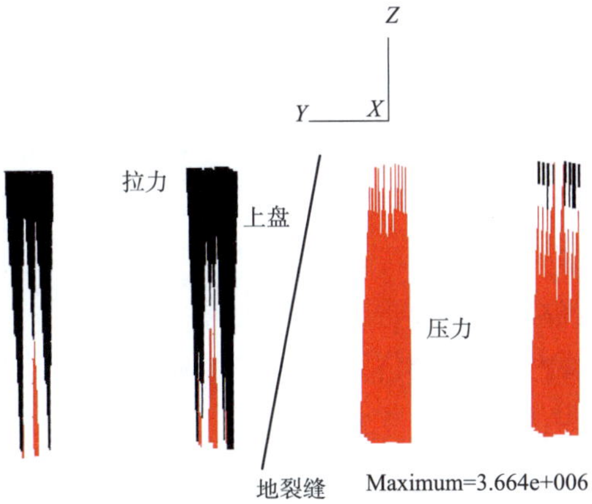

图 6-19　桩基轴力分布图

(3)数值模拟结论

通过对高速铁路桥梁 45°斜交跨越地裂缝带的数值计算，得出如下主要结论：

①地裂缝活动作用下桥梁受地层沉降影响，产生一个类似“错台”形状的变形，下盘箱梁和桥墩发生了脱空，地裂缝位错量达到 40 cm 时，斜交地裂缝的桥梁的桥墩和箱梁之间的最大脱空值为 8.7 cm；位于上盘的紧邻地裂缝的箱梁接头张开，正交和斜交最大张开量均为 2 cm 左右。

②位于上盘的桩基受拉力，下盘的桩基受压力。桩身弯矩不随地裂缝变化而变化。

6.3.4　工程对策

1. 裂缝带的纵向设防长度

考虑高速铁路为百年工程以及地裂缝活动对高速铁路线路纵向的影响效应，参考长安大学关于西安地铁地裂缝研究成果，确定大西高速铁路工程穿越地裂缝带的纵向设防长度。设防长度将随高速铁路线路方向与地裂缝带之间的夹角变化而变化，即高速铁路线路纵向设防长度 L 为地裂缝与高速铁路线路方向夹角 θ 的函数，其表达式为：$L=c\cdot f(\theta)$，其中 c 为某一常数，这里指的是地裂缝影响区宽度 D，$0\leqslant\theta\leqslant 90°$，则纵向设防长度 $L=D\cdot f(\theta)$。高速铁路线路与地裂缝斜交平面展布如图 6-20 所示。

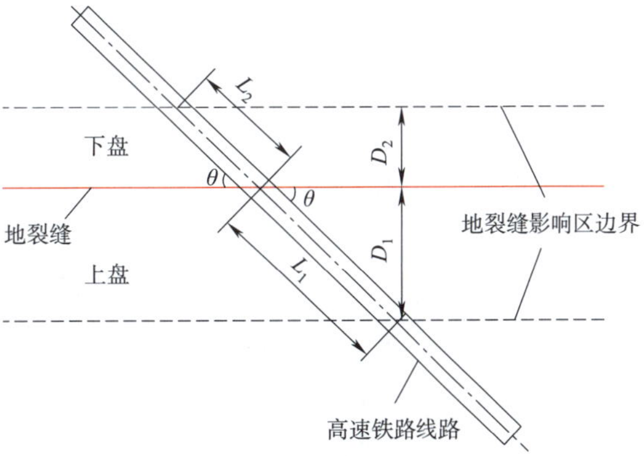

图 6-20　高速铁路线路与地裂缝斜交平面展布图

高速铁路线路纵向设防长度计算公式为

$$L=L_1+L_2=\frac{D_1}{\sin\theta}+\frac{D_2}{\sin\theta}=(D_1+D_2)/\sin\theta=D/\sin\theta \tag{6-68}$$

式中 D_1——上盘主要影响区宽度，m；

D_2——下盘主要影响区宽度，m；

D——地裂缝活动的主要影响区宽度，m；

L——线路纵向设防长度，m，其中上盘为 L_1，下盘为 L_2；

θ——高速铁路线路与地裂缝带的夹角，(°)。

根据公式，已知地裂缝影响区范围 D 和大西高速铁路线路与地裂缝带的夹角 θ，即可求得大西高速铁路线路穿越地裂缝带的设防长度 L。

2. 高速铁路工程穿越地裂缝方案选择

与大西高速铁路相交或隐伏相交的地裂缝（地裂缝群）有 21 组，其中有的裂缝存在分支裂缝或次级裂缝，大西高速铁路总计相交的地点有 36 处（2 处地裂缝等级为Ⅰ级，7 处为Ⅱ级，13 处为Ⅲ级，14 处为Ⅳ级）。依据公式（6-68）以及大西高速铁路与地裂缝相交情况，确定高速铁路工程的穿越方案，即确定地裂缝与大西高速铁路线路夹角 θ 大于何值时采用桥梁比较合适，否则需要采用路基形式。

大西高速铁路桥梁一般采用标准简支梁形式，跨距为 32 m，即 L 最大为 32 m。按照规范规定，大部分穿越地裂缝地段的桥梁为三类建筑，只要跨越主变形带即可。部分与立交结合的大跨桥梁，D 按 2 倍上盘主要影响区宽度，取 12 m，代入式（6-68）可得 θ 最大为 22°。在与大西高速铁路相交或隐伏相交的 36 处地裂缝中，只有东观和东六支两处地裂缝是与大西高速铁路相交且角度小于 22°，且其发育严重，为全线最困难地段，影响宽度较大，无法采用桥梁一次跨越地裂缝影响带。鉴于影响带内变形复杂，水平和垂直变形较大，对铁路安全有较大影响，东观和东六支两处地裂缝地段采用路基形式。其余可采用桥梁形式跨越地裂缝影响带。

桥梁工程跨越地裂缝的主变形区和微变形区时，如无墩台位于地裂缝的主变形带及微变形带且承台与地裂缝有一定的避让距离时是安全的。但是有些情况是难以掌控的，如：铁路沿线地裂缝有的与线路是隐伏相交的，其与线路的交叉点是按照现有地裂缝地表出露部分的发展趋势按照直线推测过来的，可能与将来的实际发展会有出入；此外，现有的地裂缝在发展到一定程度后会有相应的分支裂缝产生，所以为了安全起见，对位于地裂缝影响带范围内的桥梁基础适当加强处理是必要的，如适当增加桥梁桩基的刚度和抗剪强度，增大墩帽，采用可调支座和防落梁设置等。虽然根据现在掌握的资料，工程上所有措施不能完全阻止地裂缝对结构的破坏，但是能延缓地裂缝对结构的破坏速度，可以争取宝贵的时间，采取适当的处置措施，确保运营的安全。

路基方案较桥梁方案有一定的优势。因为一旦发生地裂缝破坏结构的情况后，路基结构更便于维修，且在极限情况下可以采用先变道后大修，断道时间路基较桥梁有较大优势。

由于目前的结构措施不能完全阻抗地裂缝对结构的破坏，所以应建立完善的监测系统，为安全行车提供预警服务。

6.4　地应力测试及反演技术

工程实践所涉及的地应力，一般是指自重应力和构造应力。铁路建设不断向艰险山区推进，隧道工程长度和埋深不断加大，高地应力问题越加突出，因此，有必要深入研究地应力测试及评价技术，以便采取有效的工程对策。

常用的地应力测试方法包括应力解除法、应力恢复法、水压致裂法。应力解除法、应力恢复法一般测量深度有限，故在实际工作应用中有很大的局限性。

实测地应力是最为直接的途径，但各测点的测量结果往往只能反映局部应力场，测量结果也有一定程度的离散性，因此，需要在实测地应力结果的基础上，结合现场地质构造条件，通过有效的计算分析方法，进行地应力场的反演分析，用以评价整个场地的地应力场。

6.4.1　水压致裂法

1. 测试原理

水压致裂法地应力测试是利用一对可膨胀的橡胶封隔器，在预定的测试深度封隔一段钻孔，然后泵入液体对该段钻孔施压，根据压裂过程曲线的压力特征值计算地应力。图 6-21 和图 6-22 分别为水压致裂法典型测试曲线和测试装备示意图。

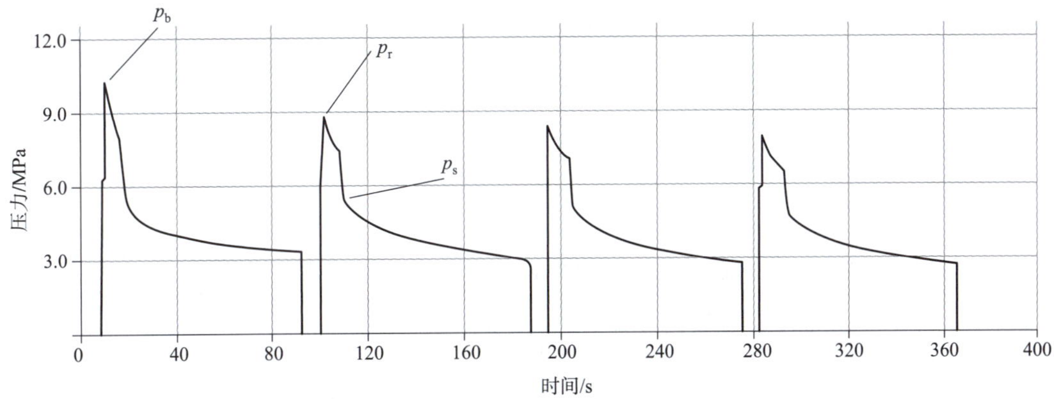

图 6-21　水压致裂法典型测试曲线图

p_b—临界压力；p_r—重张压力；p_s—瞬时关闭压力

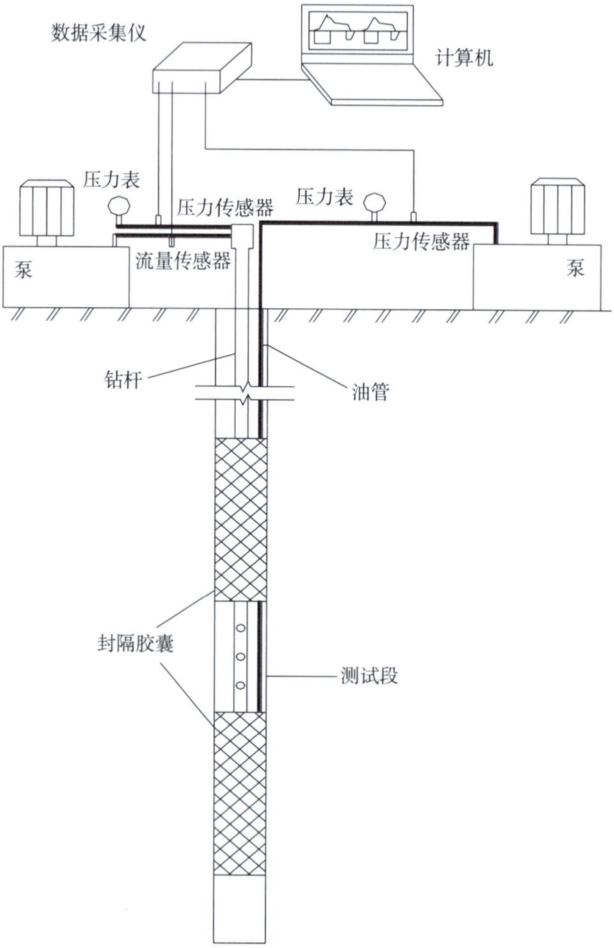

图 6-22　水压致裂测试装备示意图

2. 钻孔围岩应力状态

采用水压致裂法进行地应力测试时，对岩体作了下列假定：围岩是线性、均匀、各向同性的弹性体；围岩为多孔介质时，注入的流体按达西定律在岩体孔隙中流动。另外，假定平行孔轴线方向应力为主应力之一，则水压致裂法地应力测试的力学原理可以简化为弹性平面问题。含圆孔无限大平面应力状态如图 6-23 所示。含有圆孔的无限大平板受两向应力 σ_A 和 $\sigma_B(\sigma_A>\sigma_B)$的作用时，孔周附近的二次应力状态为

$$\begin{cases}\sigma'_\theta=\dfrac{\sigma_A+\sigma_B}{2}\left(1+\dfrac{a^2}{r^2}\right)-\dfrac{\sigma_A-\sigma_B}{2}\left(1+\dfrac{3a^4}{r^4}\right)\cos 2\theta \\ \sigma'_r=\dfrac{\sigma_A+\sigma_B}{2}\left(1-\dfrac{a^2}{r^2}\right)+\dfrac{\sigma_A-\sigma_B}{2}\left(1+\dfrac{3a^4}{r^4}-\dfrac{4a^2}{r^2}\right)\cos 2\theta \\ \tau'_{r\theta}=-\dfrac{\sigma_A-\sigma_B}{2}\left(1-\dfrac{3a^4}{r^4}+\dfrac{2a^2}{r^2}\right)\sin 2\theta\end{cases} \tag{6-69}$$

式中　a——钻孔半径；

r——径向距离；

θ——极径与轴 x 的夹角；

σ'_r，σ'_θ，$\tau'_{r\theta}$——径向应力、切向应力和剪切应力；

σ_A，σ_B——钻孔横截面上最大和最小主应力。

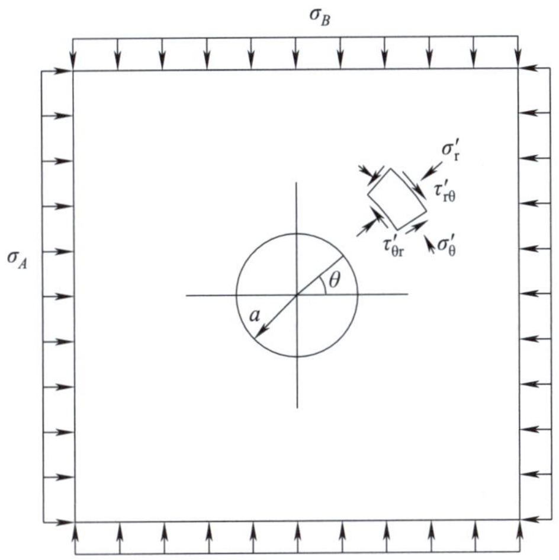

图 6-23　含圆孔无限大平面的应力状态

孔周岩壁（$r=a$）的应力状态为

$$\begin{cases}\sigma'_\theta=(\sigma_A+\sigma_B)-2(\sigma_A-\sigma_B)\cos 2\theta\\ \sigma'_r=0\\ \tau'_{r\theta}=0\end{cases}\tag{6-70}$$

水压致裂测试时，施加液压 p_w 产生的附加应力为

$$\begin{cases}\sigma''_\theta=-p_w\dfrac{a^2}{r^2}\\ \sigma''_r=p_w\dfrac{a^2}{r^2}\end{cases}\tag{6-71}$$

孔周岩壁（$r=a$）的附加应力为

$$\begin{cases}\sigma''_\theta=-p_w\\ \sigma''_r=p_w\end{cases}\tag{6-72}$$

由此，钻孔岩壁上的应力为

$$\sigma_\theta=\sigma'_\theta+\sigma''_\theta=(\sigma_A+\sigma_B)-2(\sigma_A-\sigma_B)\cos 2\theta-p_w\tag{6-73}$$

压裂缝产生在钻孔孔壁拉应力最大的部位。因此，围岩二次应力场中最小应力出现的部位最为关键。由式(6-73)可知，孔壁 $\theta=0$ 或 $\theta=\pi$ 处切向应力为最小。

$$\sigma_\theta=3\sigma_B-\sigma_A-p_w\tag{6-74}$$

3. 水压致裂法地应力测试的基本公式

深孔围岩存在着孔隙水压力 p_0，因此岩体的地应力由有效应力（岩石晶格骨架所承受的应力 σ）和孔隙水压力（岩石孔隙中的液体压力）组成，即有效应力为 $\sigma-p_0$，在压裂过程中，随着压力段的液压增大，孔壁上有效应力逐渐下降，最终变为拉应力，当切向有效应力值等于或大于岩石的抗拉强度 σ_t 时，孔壁上开始出现破裂缝，岩石破裂出现的临界压力 p_b 由海姆森给出。

$$p_b-p_0=\frac{3(\sigma_B-p_0)-(\sigma_A-p_0)+\sigma_t}{K} \tag{6-75}$$

式中 K——孔隙渗透弹性系数，可在试验室内确定，其变化范围为 $1\leqslant K\leqslant 2$。对非渗透性岩石，K 值近似等于 1，故式(6-75)简化为

$$p_b-p_0=3\sigma_B-\sigma_A+\sigma_t-2p_0 \tag{6-76}$$

测试钻孔为铅直向情况时，σ_A 和 σ_B 分别为最大和最小水平主应力 σ_H 和 σ_h，若以地应力代替式(6-76)中的有效应力，则

$$p_b=3\sigma_h-\sigma_H+\sigma_t-p_0 \tag{6-77}$$

根据破裂缝沿最小阻力路径传播的原理，关闭压力泵后，维持裂隙张开的瞬时关闭压力 p_s，等于垂直破裂面方向的压应力，即最小水平主应力为

$$\sigma_h=p_s \tag{6-78}$$

按式(6-77)确定最大水平主应力为

$$\sigma_H=3\sigma_h-p_b-p_0+\sigma_t \tag{6-79}$$

式(6-79)的抗拉强度 σ_t 采用以下方法确定：在现场对封隔段循环加压过程求出。第一次加压循环过程中，使完整的孔壁围岩破裂，出现明显的破裂压力 p_b，而在以后的加压循环过程中，因岩石已破裂，故其抗拉强度 $\sigma_t=0$，则重张压力 p_r 为

$$p_r=3\sigma_h-\sigma_H-p_0 \tag{6-80}$$

这样在求解最大水平主应力时，也可直接采用重张压力计算，即

$$\sigma_H=3\sigma_h-p_r-p_0 \tag{6-81}$$

比较式(6-77)和式(6-80)可近似得到孔壁岩石的抗拉强度为

$$\sigma_t=p_b-p_r \tag{6-82}$$

水压致裂的破裂面一般沿垂直于横截面上最小主应力方向的平面扩展（一般形成平行于钻孔轴线的裂缝），其延伸方向为钻孔横截面上的最大主应力方向。

6.4.2 地应力场有限元模拟与回归反演

在地应力测试结果的基础上，基于有限元模拟的地应力场回归反演分析。其中，利用有限元法模拟隧道所在山体岩层的自重应力场、主要断层对地应力场的影响，并将两部分模拟结果用于测试结果的回归反演。

1. 地应力场回归反演原理

根据地质力学分析，地应力场的主要组成成分为自重应力场和构造应力场。地应力场分析依据这一观点建立数学计算模型，利用有限元法分别模拟自重应力场与构造应力场，并基于多元回归分析法将两部分模拟结果用于测试结果的反演分析。

根据多元回归分析原理，将地应力回归计算值 $\hat{\sigma}_k$ 作为因变量，把有限元模拟计算获得的自重应力场和构造应力场相应于实测点的应力计算值 σ_k^i 作为自变量，则回归方程的形式为

$$\hat{\sigma}_k = \sum_{i=1}^{n} L_i \sigma_k^i \tag{6-83}$$

式中　k——观测点的序号；

$\hat{\sigma}_k$——第 k 观测点的回归计算值；

L_i——相应于自变量的多元回归系数；

σ_k^i——相应应力分量计算值的单列矩阵；

n——工况数。

假定有 m 个观测点，则最小二乘法的残差平方和为

$$S_{残} = \sum_{k=1}^{m}\sum_{j=1}^{6}\left(\sigma_{jk}^{*} - \sum_{i=1}^{n} L_i \sigma_{jk}^{i}\right)^2 \tag{6-84}$$

式中　σ_{jk}^{*}——k 观测点 j 应力分量的观测值；

σ_{jk}^{i}——i 工况下 k 观测点 j 应力分量的有限元计算值。

根据最小二乘法原理，$S_{残}$ 为最小值的法方程式为

$$\begin{pmatrix} \sum\limits_{k=1}^{m}\sum\limits_{j=1}^{6}(\sigma_{jk}^{1})^2 & \sum\limits_{k=1}^{m}\sum\limits_{j=1}^{6}(\sigma_{jk}^{1}\sigma_{jk}^{2}) & \cdots & \sum\limits_{k=1}^{m}\sum\limits_{j=1}^{6}(\sigma_{jk}^{1}\sigma_{jk}^{n}) \\ \sum\limits_{k=1}^{m}\sum\limits_{j=1}^{6}(\sigma_{jk}^{1}\sigma_{jk}^{2}) & \sum\limits_{k=1}^{m}\sum\limits_{j=1}^{6}(\sigma_{jk}^{2})^2 & \cdots & \sum\limits_{k=1}^{m}\sum\limits_{j=1}^{6}(\sigma_{jk}^{2}\sigma_{jk}^{n}) \\ \vdots & \vdots & & \vdots \\ \sum\limits_{k=1}^{m}\sum\limits_{j=1}^{6}(\sigma_{jk}^{1}\sigma_{jk}^{n}) & \sum\limits_{k=1}^{m}\sum\limits_{j=1}^{6}(\sigma_{jk}^{2}\sigma_{jk}^{n}) & \cdots & \sum\limits_{k=1}^{m}\sum\limits_{j=1}^{6}(\sigma_{jk}^{n})^2 \end{pmatrix} \begin{pmatrix} L_1 \\ L_2 \\ \vdots \\ L_n \end{pmatrix} = \begin{pmatrix} \sum\limits_{k=1}^{m}\sum\limits_{j=1}^{6}(\sigma_{jk}^{*}\sigma_{jk}^{1}) \\ \sum\limits_{k=1}^{m}\sum\limits_{j=1}^{6}(\sigma_{jk}^{*}\sigma_{jk}^{2}) \\ \vdots \\ \sum\limits_{k=1}^{m}\sum\limits_{j=1}^{6}(\sigma_{jk}^{*}\sigma_{jk}^{n}) \end{pmatrix} \tag{6-85}$$

解此法方程式，得 n 个待定回归系数 $\boldsymbol{L}=(L_1,L_2,\cdots,L_n)^{\mathrm{T}}$，则计算域内任一点 P 的回归初始应力，可由该点各工况有限元计算值迭加而得

$$\sigma_{jP} = \sum_{i=1}^{n} L_i \sigma_{jP}^{i} \tag{6-86}$$

式中，$j=1,2,\cdots,6$。

根据实测结果，将计算域内的地应力场视为自重应力场和边界施加构造应力场的线性

叠加，通过分解、模拟自重应力场及边界载荷应力场，最后组合成计算应力场。在地形起伏条件下的浅部岩体中，地形影响较大的区域水平方向构造载荷应呈逐渐增大趋势，而地形影响较小的区域水平方向构造载荷则趋于稳定。因此，在进行反演计算时选取图 6-24 所示的上部三角形、下部矩形载荷的加载方式。

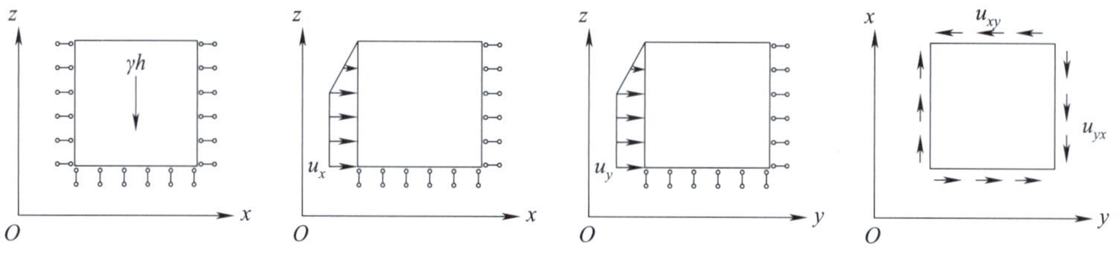

(a)自重作用　(b)南北向挤压　(c)东西向挤压　(d)水平面剪切

图 6-24　施加的载荷及边界约束条件示意图

2. 计算模型及力学参数

地质模型是计算模型的基础，工程地质条件的深入认识和概化是合理建立地质模型的重要前提。建立隧道地应力有限元分析模型时，将计算模型的基本岩层结构、主要断层进行了必要的概化。综合考虑地形地貌特点、岩层力学性能、结构组合特点以及地质构造等影响因素，并鉴于地形图的不规则性，确定整个计算范围如图 6-25 所示。

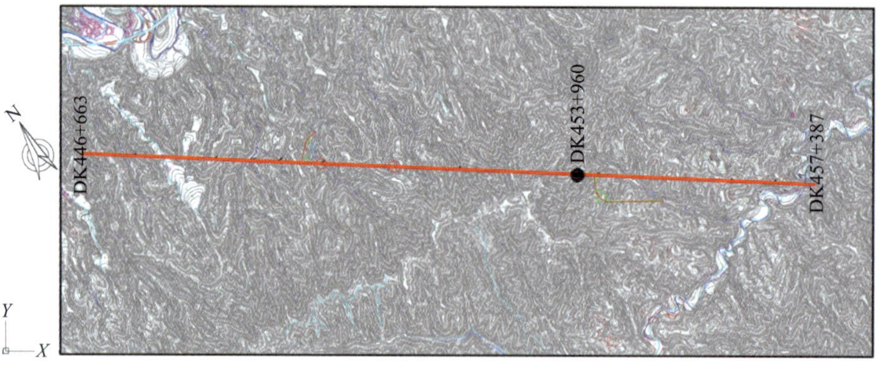

图 6-25　计算模型范围分布图

根据隧道平面图，X 轴方向取为 S60°E，Y 轴方向取为 N30°E，Z 轴方向垂直向上。基于 ANSYS 有限元分析软件，建立有限元模型，模型范围 $X \times Y = 5\,000\ \text{m} \times 12\,000\ \text{m}$，模型底面高程取 $-2\,000$ m，有限元计算模型如图 6-26 所示。模型共计 89 560 个节点、510 210 个单元，单元类型为 Solid185。根据地质资料，将整个模型概化为土层和岩层两种岩体材料来分析。土层主要为黄土、碎石土和砾石土，按同一土力学参数分析，平均厚度取为 60 m；岩层主要为砂岩和泥岩互层，亦按同一岩性来分析。

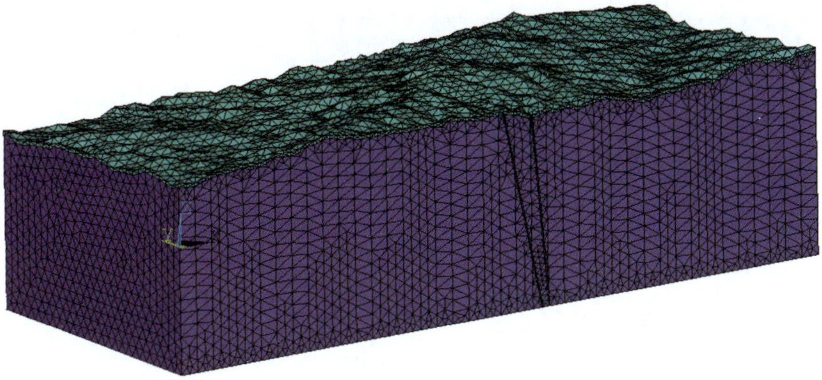

图 6-26　有限元计算模型

根据地应力场的弹性假定，采用线弹性材料本构模型，应用国际通用有限元分析程序 ANSYS 进行应力场求解。

根据地质资料，结合工程经验，按照岩性、围岩等级等因素进行适当概化，岩体物理力学参数见表 6-16。

表 6-16　岩体物理力学参数表

岩性	密度/($g \cdot cm^{-3}$)	变形模量/GPa	泊松比	备　注
土层	2.00	0.03	0.35	黄土、碎石土和砾石土概化为同一岩性
岩层	2.65	15.8	0.25	砂岩和泥岩概化为同一岩性
断层	2.46	2	0.33	考虑了断层 F_1，F_2

3. 地应力回归反演结果

基于钻孔的测试结果和三维有限元模拟地应力场结果，用最小二乘法多元回归分析，求得有限元模型的边界条件，得到 4 个自变量（分别对应自重应力、x 轴向构造应力、y 轴向构造应力和水平面内剪切应力）的回归系数 $L_1=1.02$，$L_2=0.41$，$L_3=0.38$，$L_4=-0.076$。根据回归分析求得的边界条件，通过正演计算即得到工程区岩体应力分布。测孔在实测位置的回归计算值与实测值（实测值转换为计算坐标系下的分量）的比较见表 6-17。

表 6-17　垂直孔 ZK3 实测值与回归计算值比较表

测深/m	对比项	σ_x/MPa	σ_y/MPa	σ_z/MPa	τ_{xy}/MPa
11.54	实测值	6.64	5.76	7.70	1.75
	计算值	12.14	10.72	7.81	2.73
	相对差	5.50	4.96	0.11	0.98
16.22	实测值	10.74	9.36	7.80	2.77
	计算值	12.17	10.76	7.96	2.73
	相对差	1.43	1.40	0.16	0.04

续上表

测深/m	对比项	σ_x/MPa	σ_y/MPa	σ_z/MPa	τ_{xy}/MPa
21.01	实测值	11.25	9.75	7.90	3.01
	计算值	12.20	10.81	8.10	2.73
	相对差	0.95	1.06	0.20	0.28
25.26	实测值	12.80	11.20	8.00	3.20
	计算值	12.23	10.85	8.24	2.73
	相对差	0.57	0.35	0.24	0.47
29.46	实测值	12.96	11.34	8.10	3.25
	计算值	12.26	10.90	8.37	2.73
	相对差	0.70	0.44	0.27	0.52
33.87	实测值	12.65	11.85	8.20	2.82
	计算值	12.28	10.94	8.49	2.73
	相对差	0.37	0.91	0.29	0.09
36.02	实测值	13.60	11.30	8.30	3.15
	计算值	12.30	10.96	8.55	2.73
	相对差	1.30	0.34	0.25	0.42

注：测深 11.54 m 测点受开挖卸荷影响，实测值与计算值相差较大，该点测试结果未参与回归反演。

6.4.3 工程应用

1. 实例　沿隧道走向应力特征

沿隧道走向对计算结果进行插值，插值范围为里程 DK446+663～DK457+387。

最大水平主应力 σ_H 如图 6-27 所示。

最小水平主应力 σ_h 如图 6-28 所示。

铅直向应力 σ_z 如图 6-29 所示。

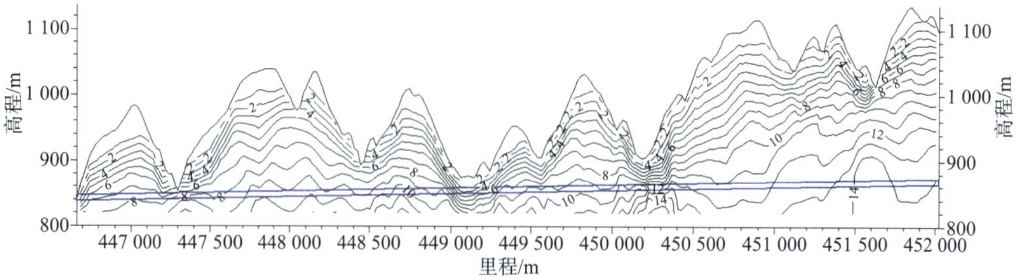

(a)

图 6-27

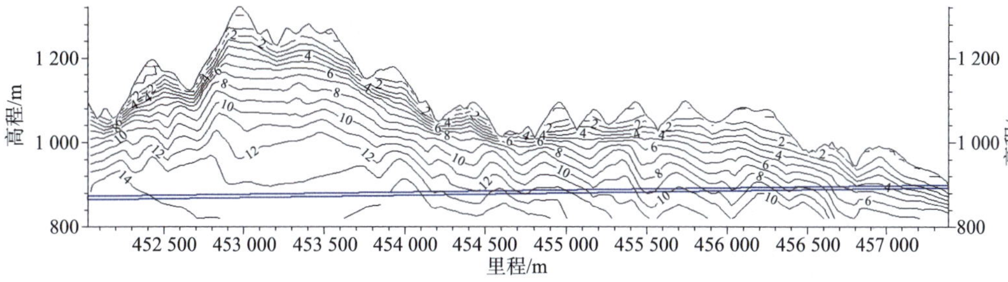

(b)

图 6-27　最大水平主应力等值线图(单位:MPa)

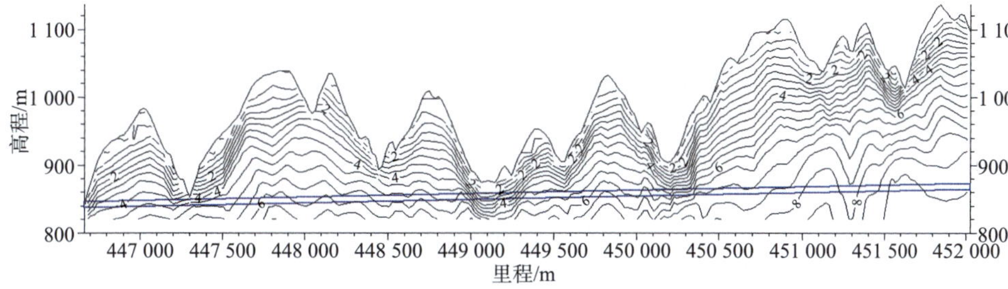

(a)

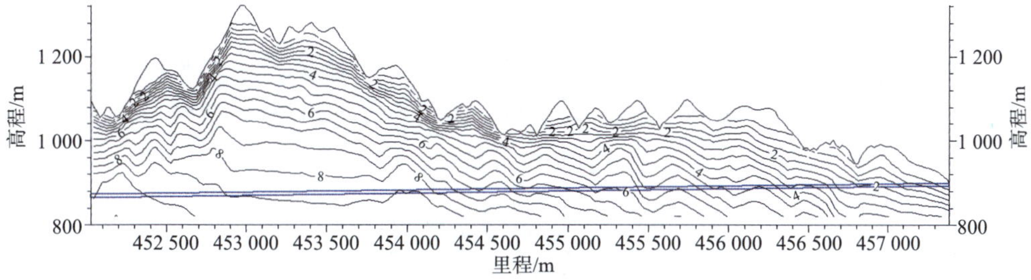

(b)

图 6-28　最小水平主应力等值线图(单位:MPa)

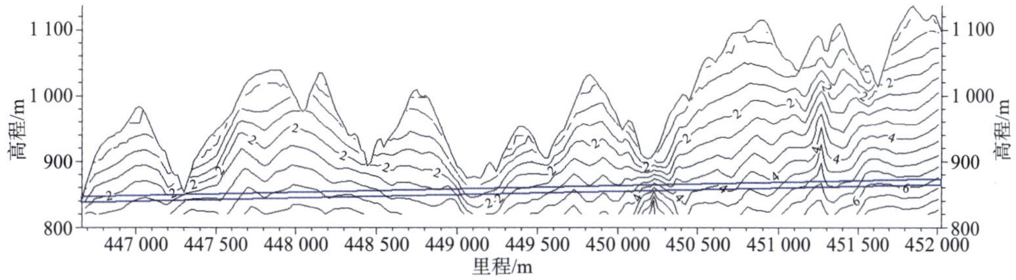

(a)

图　6-29

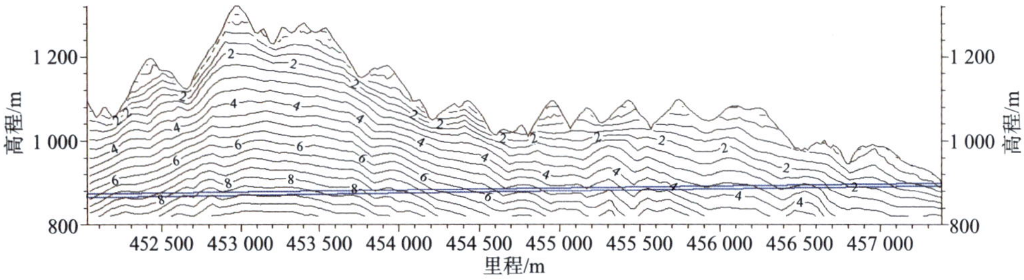

(b)

图 6-29　铅直向应力等值线图(单位:MPa)

根据应力等值线图可知:隧道沿线应力量值总体上随着埋深增加而增大,主要是由于地形的影响,上覆岩体的厚度随着埋深增加,从而引起应力量值增加;由于地形的影响,在沟谷坡脚部位出现一定的应力集中现象;应力受断层的影响较大,由于这些软弱的地质构造的物理力学性质指标较低,故这些部位应力变化剧烈,应力量值明显低于周边原岩区,应力方位亦发生一定的变化,最大水平主应力方位平行于断层走向;断层端部的应力增大和降低主要取决于断层的几何形态和断层与区域应力方向之间的关系,而应力变化的幅度与断层的规模有关。

2. 实例　隧道所处位置的应力分布特征

通过反演分析给出了整个隧道设计高程处洞轴线部分位置的应力状态。表 6-18 中,σ_z为计算得到的铅直应力分量,该值与上覆岩体自重应力分量相当;λ_H为最大水平主应力侧压系数($\lambda_H=\sigma_H/\sigma_z$),$\lambda_h$为最小水平主应力侧压系数($\lambda_h=\sigma_h/\sigma_z$)。

表 6-18　沿隧道轴线应力状态统计表

编号	桩　　号	埋深/m	σ_H/MPa	σ_h/MPa	σ_z/MPa	σ_H方位角/(°)	λ_H	λ_h
1	DK446+700	34.9	4.59	2.21	1.40	87	3.28	1.58
2	DK446+800	85.4	6.82	3.26	1.85	86	3.69	1.76
3	DK446+900	100.9	7.83	3.85	2.18	86	3.59	1.77
4	DK447+000	136.3	7.55	3.80	2.19	86	3.45	1.74
5	DK447+100	103.8	7.97	4.06	2.29	86	3.48	1.77
⋮	⋮	⋮	⋮	⋮	⋮	⋮	⋮	⋮
60	DK452+600	269.8	14.93	9.16	7.89	87	1.89	1.16
61	DK452+700	277.3	14.95	9.22	8.86	86	1.69	1.04
62	DK452+800	341.8	14.49	8.95	8.77	86	1.65	1.02
63	DK452+900	404.3	14.16	8.80	8.66	85	1.63	1.02
64	DK453+000	440.8	13.87	8.69	8.61	84	1.61	1.01
⋮	⋮	⋮	⋮	⋮	⋮	⋮	⋮	⋮

续上表

编号	桩　号	埋深/m	σ_H/MPa	σ_h/MPa	σ_z/MPa	σ_H方位角/(°)	λ_H	λ_h
104	DK457+000	92.4	4.06	1.16	1.69	67	2.40	0.69
105	DK457+100	71.9	4.08	1.11	1.64	66	2.50	0.68
106	DK457+200	44.4	3.01	0.89	1.32	66	2.28	0.67
107	DK457+300	36.0	1.81	0.63	0.90	66	2.01	0.70
108	DK457+350	18.8	1.33	0.53	0.79	66	1.70	0.67

总体上隧道沿线以水平向应力为主。根据插值结果可得出隧道沿线应力量值随埋深H变化的建议公式：

当$H<200$ m时

$$\begin{cases}\sigma_H = 3.1\sigma_z \\ \sigma_h = 1.5\sigma_z \\ \sigma_z = \gamma \cdot H\end{cases} \tag{6-87}$$

当200 m$\leqslant H<447.7$ m时

$$\begin{cases}\sigma_H = 2.1\sigma_z \\ \sigma_h = 1.2\sigma_z \\ \sigma_z = \gamma \cdot H\end{cases} \tag{6-88}$$

6.5　混合岩隧道松动圈演化特征

隧道开挖时围岩应力重分布，应力状态由三维转变为近似二维，且围岩强度随之下降，当围岩强度低于重分布应力值时将被破坏，进而逐步形成一个松弛破碎带，也称为松动圈。松动圈支护理论主要针对破裂区而言，是解决隧道支护问题和评价围岩稳定性的关键因素。虽然围岩松动圈支护理论有了一定的发展，但设计时很难确定围岩松动圈的准确厚度，而现场测试能更加准确地获得松动圈的厚度。现场测试方法多有地质雷达法、声波法、电阻率法、多点位移计法等。

6.5.1　位移监测

现场监测选取七星峰隧道三个断面进行现场监测，里程分别为DK308+905(Ⅳ级)，DK312+188(Ⅲ级)，DK317+299(Ⅴ级)。隧道开挖断面为对称截面，视隧道围岩为均质体，不考虑节理裂隙在空间上分布的不均一性，在七星峰隧道一侧拱顶(1 m，1.5 m，2.5 m，3.5 m，4.5 m)、拱腰、边墙(0.8 m，1.2 m，1.5 m，1.8 m，2.5 m)布置位移计分别测量不同位置不同深度围岩随开挖后产生位移变化，可以得到各个不同地质条件下围岩松动圈范围，在拱部至边墙均布 5 个压力传感器，同时测量结构受力情况，反映围岩压力，如图 6-30～图 6-32 所示。

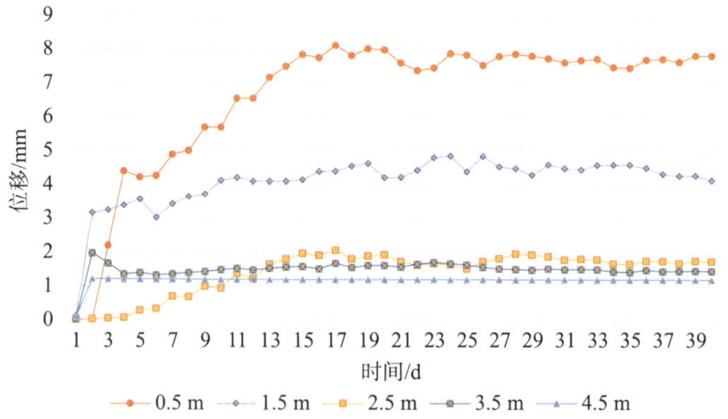

图 6-30　DK317＋299 拱顶位移-时间曲线

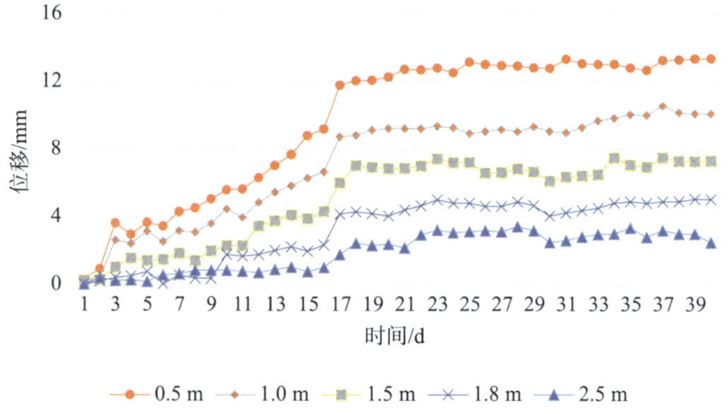

图 6-31　DK317＋299 拱腰位移-时间曲线

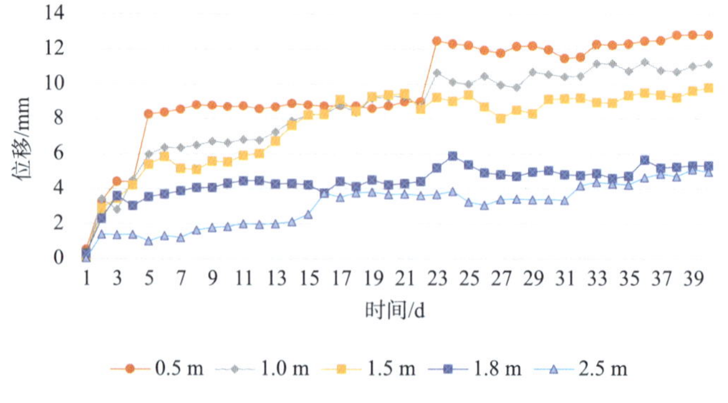

图 6-32　DK317＋299 边墙位移-时间曲线

从实测位移数据看，施工开挖前三天围岩产生明显位移变化，最大位移产生于边墙位置，拱顶 0.5 m 深围岩位移在 15 d 以后趋于稳定，开挖 15 d 后拱顶和拱腰位移趋于稳定，开挖 21 d 拱脚产生一次大幅度位移后趋于稳定。深度 0.5 m 的围岩最终位移量在 8～13 mm 之间，位移由大到小排序为边墙—拱顶—拱腰。通过综合分析可知，此围岩条件下松动圈大小约 2.5 m。其中，拱顶松动圈最小，边墙处位移最大。

6.5.2　数据分析

1. 断面不同位置的位移不同

由于隧道开挖界面并不是标准圆形，实际在不同位置的侧压力系数并不等于 1，因此在断面上围岩松动圈的分布并不是均匀分布。从实测结果反映，拱脚位置易产生应力集中，造成围岩松动圈在拱脚处最大。

2. 围岩级别越高围岩产生的位移越大，且围岩松动圈也越大

岩体的本身强度、完整性及节理裂隙的发育程度是决定松动圈大小的根本原因，在位移监测结果上体现为：三级围岩直至稳定最大位移仅 3 mm，四级围岩最大位移 3.6 mm，五级围岩最大位移可达到 13.3 mm。因此，五级围岩条件下初期支护结构强度对松动圈大小的控制及围岩变形的支撑起到关键作用。

3. 围岩的位移具有反复性

围岩的位移变形并未出现呈单向增长的趋势，局部会有径向回缩的现象。围岩近似于弹塑性体，并不是真正的弹塑性体，其力学本构较复杂，爆破开挖后由于应力及变形的滞后性，在可以自稳或者有一定稳定性的掌子面位移并不是直接产生，而是由于应力再分布后一星期左右深部围岩开始产生应力重新分布，塑性变形达到一定程度后，随着初期支护结构产生支撑力，围岩又会产生回弹，反反复复，最后与初期支护结构达到一体的稳定状态。

4. 不同地应力作用下围岩松动圈影响半径不同

在仅考虑自重应力忽略构造应力的影响，即 $p_0=\gamma h$，载荷等效高度一般按照 $h_q=0.45\times 2^{s-1}\omega$ 计算，其中 s 为隧道围岩级别，ω 为宽度影响系数，$\omega=1+i(B-5)$，B 为隧道宽度(m)，i 为 B 每增减 1 m 时的围岩压力增减率，当 $B<5$ m 时，$i=0.2$，当 $B>5$ m 时，$i=0.1$。

通过公式计算，得到 DK308＋905(Ⅳ级)、DK312＋188(Ⅲ级)、DK317＋299(Ⅴ级)对应的围岩松动圈半径结果分别为 1.96 m，1.62 m，2.73 m。

6.5.3　数值模拟

利用 MIDAS 软件对位移监测的断面进行数值模拟计算，MIDAS/GTS NX 可以根据岩土的特性，通过各种线性和非线性材料模型，对结构进行精确分析。计算分析模型以位移监测的三个断面为分析对象，涵盖Ⅲ、Ⅳ、Ⅴ级围岩，与现场实际监测结果进行相互对比，计算结果分析如下：

(1)通过数值模拟计算，得到围岩松动圈最大位移与实测最大位移相近，最大位移产生位置位于拱腰，在开挖过程中拱腰易形成应力及变形集中，故在开挖断面中部上下台阶衔接位置要做好支护，同时降低下台阶开挖对中部围岩造成的二次扰动。

(2)现场监测及数值模拟计算结果显示，围岩松动圈在开挖后 10 d 内为松动变化阶段，在该段时间内，一定要做好现场位移量测工作；对于围岩等级更低的五级围岩，松动圈变化周期在 15～20 d，在本段时间内要做好现场位移量测及安全预警。

(3)数值模拟将岩体等效为均质体，故开挖后围岩松动圈大小和位移关系呈线性，没有突变现象。而实际测量得到的结果是，在松动圈边界附近围岩位移会发生突变，松动圈内围岩产生的位移远远大于稳定岩体，稳定岩体的位移一般在 1～2 mm，几乎可以认为其未产生变化，松动圈产生的最大位移可达到 3～15 mm。因此，对围岩松动圈，即设计锚杆加固范围内的围岩一定要做好加固工作，视情况可以增加锚杆及网片数量，保证施工安全。

(4)围岩级别越差，岩体强度越低、重度越小，开挖时对岩体的扰动相对较大，因而松动圈厚度越大。

6.5.4 松动圈影响因素分析

选取 DK317+229(Ⅴ级)开挖断面进行数值模拟计算。

1. 支护结构强度对围岩松动圈大小的影响

选取 DK317+229 计算模型锚杆弹性模量 1.0×10^6，1.2×10^6，1.4×10^6，1.6×10^6，1.8×10^6 kPa 进行计算，对应的最大位移分别为 14.12，14.11，14.07，14.05，14.02 mm。由此可见，锚杆弹性模量越大，围岩位移越小，对应松动圈范围越小。通过计算得到的围岩位移-锚杆弹性模量变化曲线如图 6-33 所示，变化曲线斜率为 0.13，拟合曲线为 $y=-0.13x+14.256$。

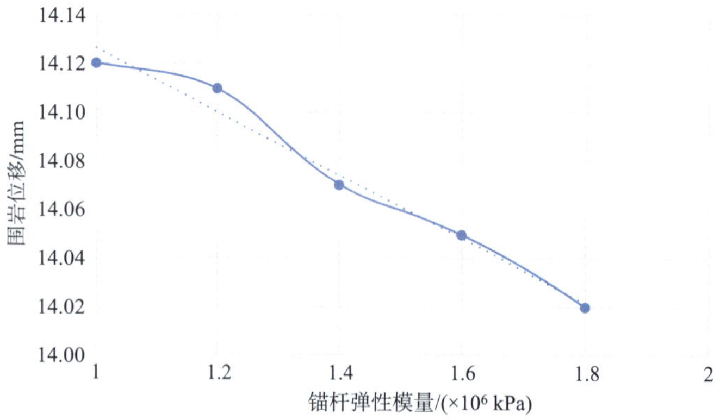

图 6-33 围岩位移-锚杆弹性模量拟合曲线

2. 岩石黏聚力与内摩擦角对围岩松动圈大小的影响

选取岩石黏聚力 100，110，120，130，140 kPa 进行计算，对应的最大围岩位移分别为

19.53,16.49,14.11,12.15,10.46 mm。由此可见,岩石黏聚力越大,围岩位移越小,对应松动圈范围越小。通过计算得到的围岩位移-岩石黏聚力变化曲线如图 6-34 所示,变化曲线斜率为 0.225,拟合曲线为 $y=-0.2248x+41.524$。

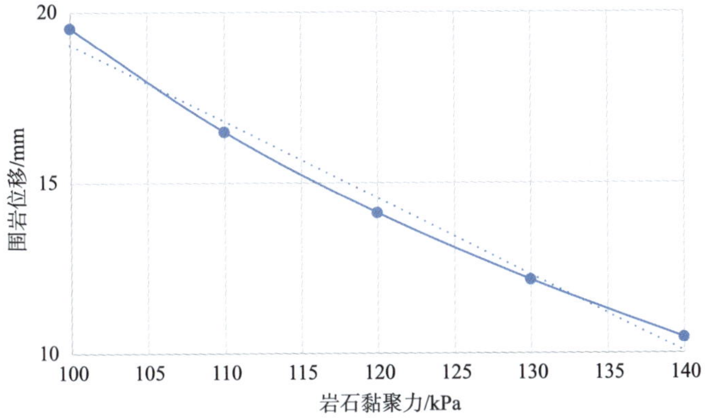

图 6-34 围岩位移-岩石黏聚力拟合曲线

选取岩石内摩擦角 22°,23°,24°,25°,26°进行计算,对应的最大围岩位移分别为 15.05,14.12,13.20,12.29,11.45 mm。由此可见,岩石内摩擦角越大,围岩位移越小,对应松动圈范围越小。通过计算得到的围岩位移-岩石内摩擦角变化曲线如图 6-35 所示,变化曲线斜率为 0.903,拟合曲线为$y=-0.903x+34.894$。

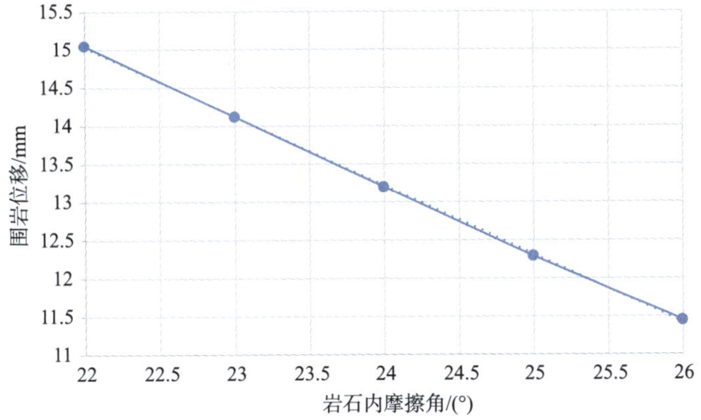

图 6-35 围岩位移-岩石内摩擦角拟合曲线

3. 岩石泊松比对围岩松动圈大小的影响

分别将混合岩泊松比设为 0.24,0.26,0.28,0.3,计算后围岩位移分别为 13.43,13.11,12.86,12.61 mm。由此可见,岩石泊松比越大,围岩位移越小,对应松动圈范围越小。通过计算得到的围岩位移-岩石泊松比变化曲线图 6-36 所示,变化曲线斜率为 13.55,拟合曲线为 $y=-13.55x+16.661$。

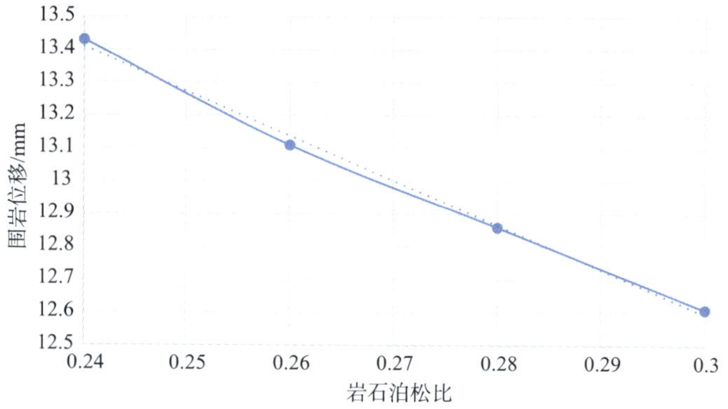

图 6-36　围岩位移-岩石泊松比拟合曲线

4. 岩石弹性模量对围岩松动圈大小的影响

分别将岩石弹性模量设为 2.2×10^6，2.4×10^6，2.6×10^6，2.8×10^6 kPa，计算后围岩位移分别为12.47，11.64，10.93，10.30 mm。由此可见，岩石弹性模量越大，围岩位移越小，对应松动圈范围越小。通过计算得到的围岩位移-岩石弹性模量变化曲线如图 6-37 所示，变化曲线斜率为 3.61，拟合曲线为 $y=-3.61x+20.36$。

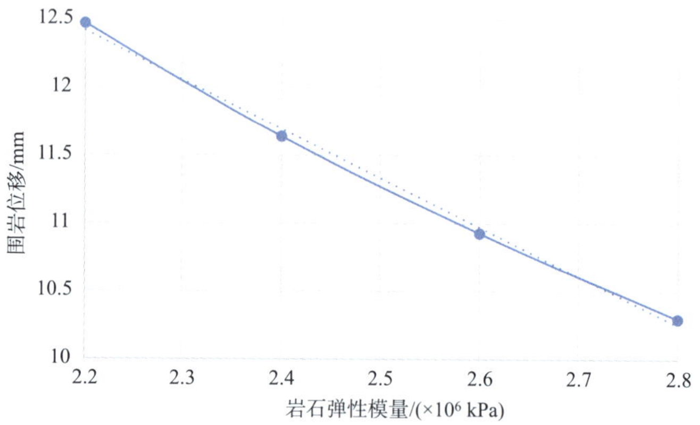

图 6-37　围岩位移-岩石弹性模量拟合曲线

6.5.5　工程应用

通过计算不同岩土参数下围岩松动圈位移，得到位移和不同影响因素的关系曲线，提出隧道支护结构强度、黏聚力、内摩擦角、泊松比、弹性模量的影响系数分别为 0.13，0.225，0.903，13.55，3.61。其中，岩石强度指标中内摩擦角对围岩松动圈影响最大，影响系数是黏聚力的 4 倍左右；岩石弹性指标中泊松比对围岩松动圈影响最大，影响系数是弹性模量的 4 倍左右。因此勘察设计中应重点关注岩石内摩擦角及泊松比参数的选取。

针对混合岩地层隧道的特点，采取“单层小导管或双层小导管超前支护＋掌子面喷射 C25 混凝土及时封闭＋三台阶临时横撑（仰拱）”的工程措施，基本控制了隧道掌子面稳定性。

结合混合岩地层开挖后风化剥落严重，掌子面拱部经常出现掉块、滑塌等情况，隧道开挖后及时初喷混凝土封闭掌子面及洞周，重视锚杆作用，同时加强初期支护刚度，确保了施工安全。

通过现场监测分析，混合岩Ⅲ级围岩松动圈为 1.5 m，Ⅳ级围岩松动圈为 1.8～2 m，Ⅴ级围岩松动圈为 2.5 m。结合实测混合岩地层松动圈范围，针对性采取了支护结构措施，有效地控制了围岩变形。

6.6　隧道涌水量预测评价

隧道工程建设中，地下水是影响施工安全、工程稳定的重要因素，处置不当容易导致涌突水、突泥等地质灾害，给运营留下隐患。尤其是近些年来，山区深埋长大隧道工程越来越多，隧道涌水量预测更加复杂，是隧道勘察设计亟待解决的难题。

由于隧址区工程地质与水文地质条件复杂程度不同、施工工艺差异及措施不同等因素，隧道涌水具有复杂性和多样性的特征，迄今为止尚无成熟理论和公认的准确方法，目前常用方法主要有随机性数学模型、地下水动力学方法（解析法）、数值法等。随机性数学模型适用于一些研究程度较低、水文地质条件尚未全面了解的隧址区，因为这种情况应用解析法、数值法等确定型模型预测隧道涌水量非常困难。

中国铁设针对山区隧道复杂的地质及水文地质条件，研究建立了基岩裂隙型突涌水等效连续各向异性数值模型，采用有限差分方法对在建隧道施工降水时不同地段涌水量及其引起的环境效应进行了定量分析。以地下水系统理论为指导，应用数值模拟和地下水动力学法，以地下水循环为主线，从地下水形成演化的含水介质、水动力场角度，对基岩裂隙型隧道涌水进行了系统分析，形成了复杂山区隧道涌水量方法。

6.6.1　地下水流的数学模型

从系统的角度分析和研究地下水问题是水文地质研究的一个重要方法和发展趋势。水文地质系统通常包括地下水含水系统和地下水流系统两大部分。地下水含水系统指不同等级、不同形态、不同成因，具有不同结构和水力学性质的水文地质综合体的空间组合，它构成了地下水的赋存空间，控制着地下水的运移，是研究地下水流系统的基础，也是水文地质模型合理概化为物理模型，进而正确建立地下水流数学模型的前提。对实际工程而言，把握工程区域的地下水流系统并进行概化，建立工程区域地下水流模型以分析地下水流对工程的影响至关重要。

岩体地下水运动模型概化，目前大多采用非均质各向异性的等效连续介质模型，这样有利于用数值法直接求解地下水运动的偏微分方程。

1. 地下水渗流的基本微分方程

假定沿坐标轴 x,y,z 的渗透系数为 k_{xx},k_{yy},k_{zz},则沿着三个坐标轴的渗流速度可表示为

$$\begin{cases} v_x=-k_{xx}\dfrac{\partial H}{\partial x} \\ v_y=-k_{yy}\dfrac{\partial H}{\partial y} \\ v_z=-k_{zz}\dfrac{\partial H}{\partial z} \end{cases} \tag{6-89}$$

式中 H——地下水位。

以质量守恒定理为基础的地下水连续性方程表示为

$$-\frac{\partial v_x}{\partial x}+\frac{\partial v_y}{\partial y}+\frac{\partial v_z}{\partial z}=0 \tag{6-90}$$

公式(6-90)是研究地下水运动最基本的微分方程。将 v_x 代入式(6-90)的第一项,则

$$\frac{\partial(\rho v_x)}{\partial x}=-\frac{\partial}{\partial x}\left(\rho k_{xx}\frac{\partial H}{\partial x}\right)=-\left[k_{xx}\frac{\partial H}{\partial x}\frac{\partial \rho}{\partial x}+\rho\frac{\partial}{\partial x}\left(k_{xx}\frac{\partial H}{\partial x}\right)\right]$$

式中 ρ——地下水密度。

通常情况下,$k_{xx}\dfrac{\partial H}{\partial x}\dfrac{\partial \rho}{\partial x}$远小于$\rho\dfrac{\partial}{\partial x}\left(k_{xx}\dfrac{\partial H}{\partial x}\right)$,因此可以忽略 $k_{xx}\dfrac{\partial H}{\partial x}\dfrac{\partial \rho}{\partial x}$这一项。据此可得 $\dfrac{\partial(\rho v_x)}{\partial x}=-\rho\dfrac{\partial}{\partial x}\left(k_{xx}\dfrac{\partial H}{\partial x}\right)$。于是式(6-90)就有如下的形式:

$$\frac{\partial}{\partial x}\left(k_{xx}\frac{\partial H}{\partial x}\right)+\frac{\partial}{\partial y}\left(k_{yy}\frac{\partial H}{\partial y}\right)+\frac{\partial}{\partial z}\left(k_{zz}\frac{\partial H}{\partial z}\right)=S_s\frac{\partial H}{\partial t} \tag{6-91}$$

式中 S_s——弹性给水度;

t——时间。

式(6-91)就是各向异性含水层中地下水三维流的基本微分方程。

2. 地下水流的定解条件

式(6-91)是地下水流的基本微分方程,基于达西定律与质量守恒原理,它是描述地下水流一般规律的,仅仅有这个基本微分方程还不足以描述特定的地下水流问题。描述特定问题还需要补充制约基本微分方程的特定条件,即所谓的定解条件——初始条件与边界条件。

(1)初始条件

地下水的渗流规律,一般用水头的分布规律来表达。通常,初始时刻($t=0$,这是一个相对的概念)渗流区域(D,二维是平面;Ω,三维是一个空间体)内的水头分布状况称为初始条件。对于三维流,有:

$$H(x,y,z,t)\big|_{t=0}=H(x,y,z,0)\quad (x,y,z\in\Omega) \tag{6-92}$$

(2)边界条件

实际问题的边界条件表述是十分复杂的。一般要对实际存在的边界条件进行相当程度的概化。总的讲通常有四类:给定水头边界条件(第一类边界条件)、给定流量边界条件(第二类边界条件)、混合边界条件(第三类边界条件)、潜水面条件。

①给定水头边界条件。这种边界条件是渗流区域 Ω 上部分边界 B_1(即 Ω 围面的一部分)上的水头是已知的,可表示为

$$H(x,y,z,t)|_{B_1}=H_1(x,y,z,t) \quad (x,y,z\in B_1;t>0) \tag{6-93}$$

稳定流水位水量等不随时间而变化。与时间无关的第一类边界条件又称"定水头边界条件",这种边界条件多见于河流、湖泊切割含水层的情形,或者是地表水与地下水联系比较紧密的情形。

②给定流量边界条件。这类边界 B_2 上有三种情形:单宽流量(q,二维情形,流入为正,流出为负)已知;渗透速度(v,三维流及剖面二维流)已知;水力坡度($-\dfrac{\partial H}{\partial n}$,$n$ 表示法线方向)已知。三维流或者剖面二维流,给定流量边界条件可表示为

$$k\frac{\partial H}{\partial n}\bigg|_{B_2}=v(x,y,z,t) \quad (x,y,z\in B_2;t>0) \tag{6-94}$$

这类边界条件有一个特殊情形就是 $v=0$ 与 $q=0$,称为隔水边界。

③混合边界条件。这种边界条件是指在 B_3(区域 Ω 围面的一部分)上给出的是水力坡度与水头函数的线性组合,即

$$\frac{\partial H(x,y,z,t)}{\partial n}+f_1H(x,y,z,t)=f_2 \quad (x,y,z\in B_3;t>0) \tag{6-95}$$

f_1 与 f_2 均为边界上的已知函数。这种边界条件多见于断层导水受断层两边水头控制的情形。f_1 与 f_2 要靠试验来确定。

④潜水面条件。如果不引入裘布依假定,那么潜水面就要作为渗流区域的一个边界来考虑。若潜水面 B_{wt} 为上界面,μ 为潜水含水层给水度,潜水面的高度用 z_{wt} 表示,那么三维流潜水面条件的方程可表示为

$$k_x\frac{\partial H}{\partial x}\frac{\partial z_{\mathrm{wt}}}{\partial x}+k_y\frac{\partial H}{\partial y}\frac{\partial z_{\mathrm{wt}}}{\partial y}-k_z\frac{\partial H}{\partial z}+W=\mu\frac{\partial z_{\mathrm{wt}}}{\partial t} \quad (z=z_{\mathrm{wt}}) \tag{6-96}$$

式中 W——潜水面上的源汇项和。

3. 地下水流数学模型

一个实际的水文地质问题是十分复杂的,必须经过去粗取精的精细分析,抓住本质问题,构建一个水文地质概念模型。这个概念模型必须是能用现有数学工具描述的。采用微分方程描述水文地质问题是描述方法中的一种。用一个微分方程或是一组微分方程及其相应的参数、初始条件和边界条件描述的一个水文地质概念模型,称为确定性模型。这种模型要满足三个条件:解必须存在(解的存在性)、解必须唯一(解的唯一性)、解必须依赖求解它

的参数、初始条件和边界条件(解的稳定性)。满足这三个条件的数学模型称为定解问题或适定性问题。一个数学模型的解是否适定,一个是靠理论分析,另一个就是要靠室内外的试验来检验。

6.6.2 涌水量预测方法

针对复杂地质条件下隧道涌水量预测精度不高的问题,提出了一种复杂地质条件下隧道涌水量预测方法,包括如下步骤:

1. 等效连续地下水渗流数值模拟模型的建立

基于高分辨率遥感影像判断隧址区附近地下水含水系统的边界,初步获得隧址区地貌类型、出露的地层岩性和地质构造分布特征。

针对隧址区分布地下水区域,通过野外调查、钻探、物探和水文地质测试等查明隧址区地质构造、地层岩性、孔隙、地下水位分布及裂隙发育情况(即富水情况)、地下水系统边界等水文地质特征,实现隧道工程从区域到局部的精细化探测。

基于上述立体综合勘察获得的数据,确定包含隧址区在内的模拟区范围,并对模拟区内各个含水岩组的边界性质、内部结构、渗透性能、水力特征及补径排等条件进行合理概化,建立水文地质概念模型和对应的数学模型。其中模拟区边界应尽量选择天然边界(如地表分水岭、河流、隔水断层段)或有详细的地下水位监测数据并考虑模拟区水位最大降深能波及到的范围,基于综合勘察数据可采用径向基函数法、反距离加权法、克里格法等插值法构建隧址区水文地质概念模型中的水文地质结构模型。

2. 等效连续地下水渗流模型水文地质参数反演

在等效连续地下水渗流数学模型、含水岩组空间离散化的基础上,先按模拟区的地貌单元、地质构造(尤指断裂、褶皱、裂隙密集带)、地层岩性对待反演水文地质参数作初步分区,并根据含水层岩性、等水头线分布、水头动态和抽水试验等资料初步确定各参数的上下限作为约束条件。

综合考虑模拟区内源汇项及地下水动态数据时间分布特征,确定模拟时段,并对其进行时间离散化,在此模拟时段内,以各水文地质参数上下限作为约束条件,通过调参使同一位置地下水动态观测数据(指实测水位、河川基流量、水均衡数据)和模拟计算数据拟合误差尽可能小,以提高水文地质参数率定的精度。为此,需要构建如下优化目标函数:

$$G(p_1,p_2,\cdots,p_n)=\sum_{i=1}^{N_g}\sum_{j=1}^{N_{ch}}\omega_h(i,j)\cdot[H(i,j)-H_g(i,j)]^2 \tag{6-97}$$

式中 $p_1, p_2,\cdots, p_n$——待求的各水文地质参数;

N_g,N_{ch}——对比用的观测孔数和对比时段数;

ω_h——观测值权因子;

$H(i,j)$——模型模拟的 i 号观测孔 j 时段的计算值;

$H_g(i,j)$——i 号观测孔 j 时段的实测值。

在各水文地质参数上下限约束条件下，求取上述目标函数 G 最小，若此时的水位或基流量拟合差未达到足够小，则进一步分析其原因，采用多因素优选法有目的地调整主要参数分区及参数值大小，再次求取目标函数最小。如此反复计算、分析，直至求得较为满意的结果。

3. 隧道突涌水量及涌水来源的定量分析

(1)涌水速率

利用率定后的等效连续地下水渗流模型模拟隧址区地下水位降至洞底后水位降深、地下水流向、流速分布情况，分析隧址区不同地段地下水流向及径流速度，对隧道区不同地段的涌水快慢进行预测。

(2)涌水大小

结合洞身地质构造、裂隙发育程度将隧道分解为多个水均衡区，统计不同均衡区内在正常降雨量和突发性大降雨两种情况下隧道施工降水后向隧道汇入的地下水量，即可得隧道不同地段的涌水量大小。

(3)涌水来源

在隧道施工降水模拟地下水流场的基础上，利用 MODPATH 地下水粒子示踪模块，可以显示粒子运移轨迹，进而分析隧道涌水来源；若隧址区周边有在建水库，也可分析水库水与隧址区地下水之间的水力联系及其对隧道涌水的贡献大小。

6.6.3　工程应用

以太焦高速铁路隧道为例，采用数值法对隧道开挖后的涌水量进行模拟预测。

1. 水文地质概念模型

根据钻探资料，太谷隧道里程 DK56＋800～DK65＋191 段位于基岩裂隙水位以下，在施工过程中局部地段易发生不同程度的突水、突泥。隧道区东边界北段为乌马河，河流内常年有水，中游建有庞庄水库，可将中游概化为第三类混合边界即河流边界(图 6-38 中淡蓝线)，其余段概化为第一类水头边界(图 6-38 中红线)；东边界南段为沟谷，排泄地下水，可视为第一类水头边界(图 6-38 中红线)。南边界为小型地表分水岭，可视为隔水边界(图 6-38 中黑线)；山区地下水在天然水力梯度作用下通过北边界补给平原地下水，可将其概化为第二类流量边界(图 6-38 中蓝线)。顶面为潜水面，在该面上发生着降水入渗、潜水蒸发等垂向水交换作用，概化为潜水面边界；下界面为隔水底板，可概化为隔水边界。

2. 地下水流数学模型及求解

在水文地质概念模型的基础上，根据质量守恒定律及能量守恒定律，地下水流数学模型为

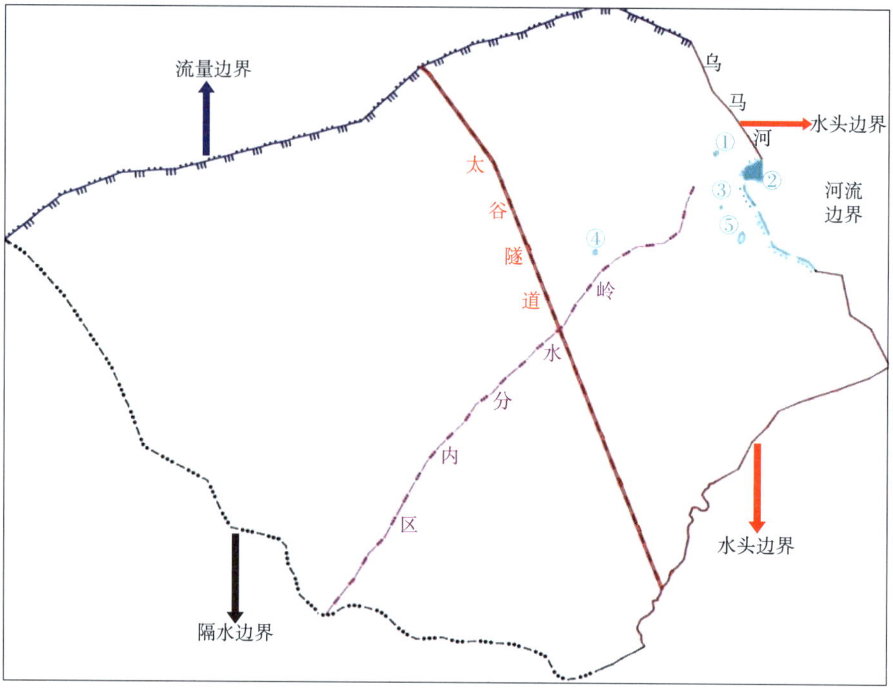

图 6-38　模拟区水文地质边界概化示意图

①—一级水域保护区；②—庞庄水库；③—一级陆域保护区；
④—二级陆域保护区；⑤—一级水域保护区

$$
\begin{cases}
\dfrac{\partial}{\partial x}\left[k_{xx}(H-B)\dfrac{\partial H}{\partial x}\right]+\dfrac{\partial}{\partial y}\left[k_{yy}(H-B)\dfrac{\partial H}{\partial y}\right]+W=\mu\dfrac{\partial H}{\partial t} & [(x,y)\in D,t>0] \\
H(x,y,t)\big|_{t=0}=H_0(x,y) & [(x,y)\in D] \\
k\dfrac{\partial H}{\partial n}\big|_{(x,y)\in \text{蓝线段}}=q(x,y,t) & (t>0) \\
k\dfrac{\partial H}{\partial n}\big|_{(x,y)\in \text{黑线段、底板}}=0 & (t>0) \\
H(x,y,t)\big|_{(x,y)\in \text{红线段}}=H_1(x,y) & (t>0) \\
\dfrac{\partial H}{\partial n}+\alpha H\big|_{(x,y)\in \text{淡蓝线段}}=\beta & (t>0)
\end{cases}
\tag{6-98}
$$

式中　D——渗流区域；

H——含水层水位高程，m；

k——含水层的渗透系数，m/d；

B——潜水含水层底板高程，m；

μ——潜水含水层在潜水面上的重力给水度；

W——垂向水量交换强度，$m^3/(d\cdot m^2)$；

$H_0(x, y)$——含水层的初始水位分布，m；

$q(x,y,t)$——研究区第二类边界上的单宽渗流量，m^2/d；

$H_1(x, y)$——研究区第一类边界已知水头函数，m；

n——边界外法线方向；

α,β——常数。

数学模型求解采用 Visual MODFLOW 软件，根据模拟区含水层的结构和地下水渗流特征，将计算域在垂向上分为一层，平面上各层按 $\Delta x = \Delta y = 100$ m 的网格剖分，剖分时抽水井和观测孔尽可能地放在格点上，据此全区共剖分成 24 120 个单元。

3. 稳定流模拟

模拟区内地下水源汇项主要有大气降水入渗补给、侧向径流量、河川基流量、蒸发量等。在模拟区地质地貌及含水层空间结构的基础上，根据地层岩性特征、地层沉积规律、含水层性质及已有研究成果资料（包括勘探试验成果资料和毛昶熙等主编的《堤防工程手册》）初步确定模拟区水文地质参数的上下限作为约束条件，然后将 15-ZD-0235、15-ZD-0234、15-ZD-0227 和 15-ZD-0226 观测孔的水位值作为拟合对象进行水文地质参数率定。

计算的稳定地下水流场如图 6-39 所示，可以看出，模拟的稳定流场正确反映了地下水的补径排特征；与观测孔实测水位对比（表 6-19），观测孔 15-ZD-0235、15-ZD-0234、15-ZD-0227、15-ZD-0226 水位拟合绝对误差分别为 2.40 m，0.70 m，0.40 m，0.10 m，误差平均值为 0.90 m，小于 1 m，总体来讲，计算水位拟合精度较高。由此优选所得的水文地质参数值见表 6-20，总体上水文地质参数值与水文地质条件基本相符，能够反映模拟区内地下水含水系统特征。

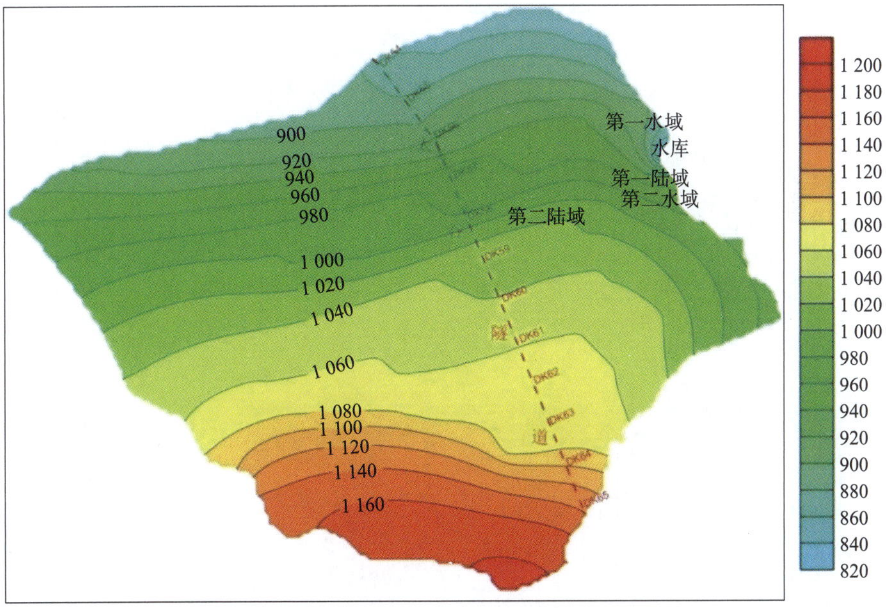

图 6-39 模拟区稳定地下水位等值线图（单位：m）

表 6-19　实测水位与计算水位对比表

单位：m

观 测 孔	观测水位	计算水位	绝对误差
15-ZD-0235	881.60	879.20	2.40
15-ZD-0234	890.00	890.70	0.70
15-ZD-0227	1 071.70	1 071.30	0.40
15-ZD-0226	1 112.30	1 112.40	0.10

表 6-20　模拟区水文地质参数值一览表

分　　区	渗透系数/(m·d^{-1})		给水度	弹性释水率/m^{-1}	有效孔隙度
	水平	垂向			
节理裂隙不发育区	0.08	0.008	0.06	0.000 036	0.09
节理裂隙较发育区	0.2	0.02	0.06	0.000 036	0.09
节理裂隙发育区	0.9	0.09	0.06	0.000 036	0.09

综上所述，从总体规律来看，所建模型与区内地质条件基本相符，具有较高的仿真度，可以对太谷隧道施工期间的涌突水量进行模拟和估算。

4. 涌水量预测

通过前面建立的地下水流模型，模拟预测太谷隧道施工条件下地下水渗流场变化情况。预测时，选取模型计算出的稳定地下水流场作为初始流场，模型的边界条件不变。

经过模拟计算，隧道施工后地下水位分布情况如图 6-40 所示，可以看出，隧道开挖以后，改变了隧址区初始地下水流场，隧道将作为集水廊道汇集地下水，模拟区地下水总体是从南向北径流的，隧道周边水位低于隧底（隧底高程范围为 873～1 099 m），此时隧道正常

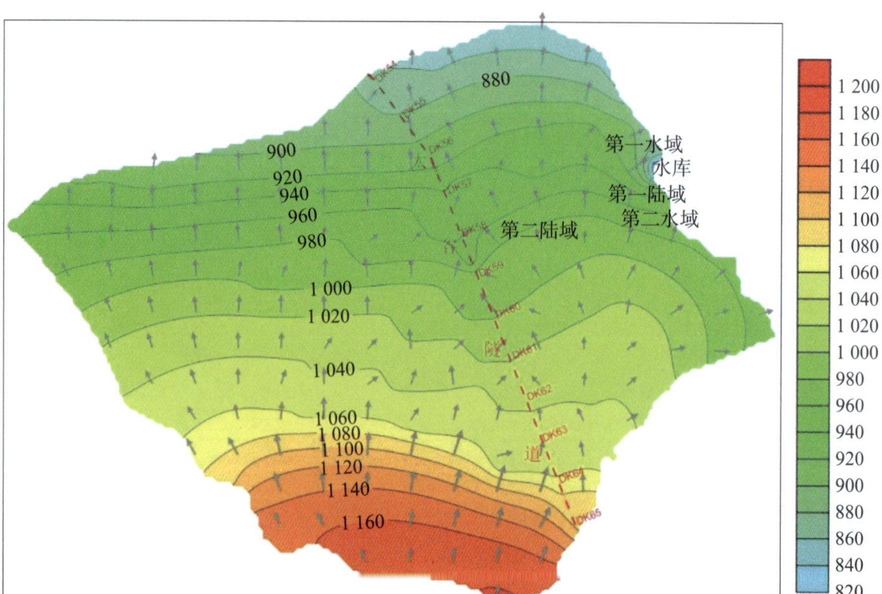

图 6-40　施工时地下水位分布及流向图（单位：m）

涌水量为 27 405 m^3/d；通过统计得到不同里程段隧道涌水量估算值(表 6-21)，结合地下水流速分布情况(图 6-41)可以看出，里程段 DK58+500～DK60+500 地下水流速最快，平均在18 cm/s 以上，对应的隧道涌水量也最大，为 14 120 m^3/d，其次是里程段 DK56+800～DK57+500 和 DK60+500～DK61+500，地下水平均流速在 12 cm/s 以上，对应的隧道涌水量分别为 2 600 m^3/d 和 3 370 m^3/d。

表 6-21　太谷隧道不同里程段涌水量估算值一览表

起　讫　里　程		正常涌水量/($m^3 \cdot d^{-1}$)
DK56+800	DK57+500	2 600
DK57+500	DK58+500	1 675
DK58+500	DK59+500	8 440
DK59+500	DK60+500	5 680
DK60+500	DK61+500	3 370
DK61+500	DK62+500	2 380
DK62+500	DK63+500	1 360
DK63+500	DK64+500	810
DK64+500	DK65+191	1 090

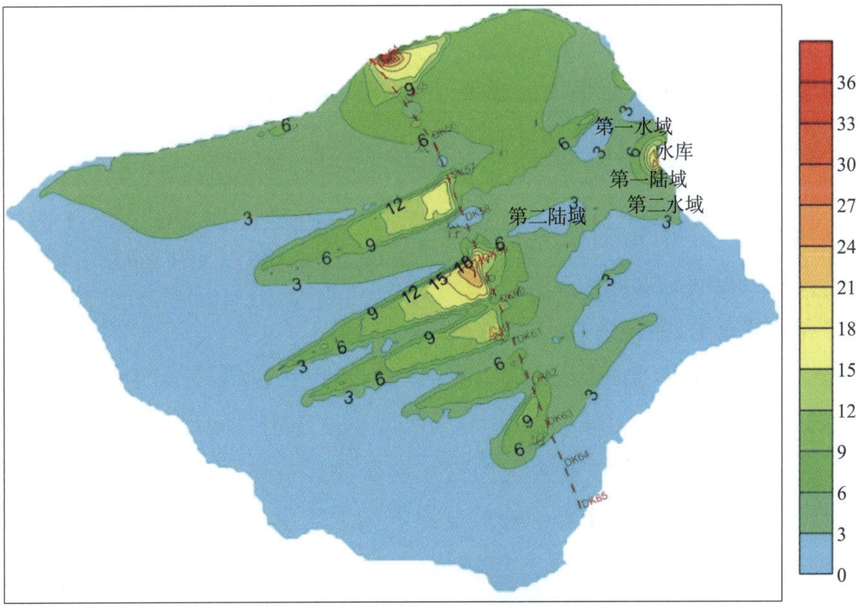

图 6-41　施工时地下水流速分布图(单位：cm/s)

上述计算结果与常规方法对比，发现数值法估算的正常涌水量虽介于不同常规方法估算值之间，但更接近于地下水动力学估算的结果。这说明构建的水文地质概念模型较客观地反映了实际的水文地质条件，预测的太谷隧道涌水量准确度较高。

6.7 集中降水对高速铁路工程影响评价

开采地下水或基坑降水使水位快速下降会引起局部的地面下沉问题，对于高速铁路而言，不均匀沉降对桥梁、路基结构及轨道平顺性会产生较大影响，甚至危及行车安全。高速铁路建设中许多项目遇到这个问题，特别是在车站地区，站前站后工程建设不同步，市政配套工程建设与高速铁路工程建设不同步，后施工的工程基坑局部降水对高速铁路影响评价至关重要。

6.7.1 沉降形成机理

地面沉降是一个由多种因素引起的地面高程缓慢下降的地质现象。抽取地下水是造成地面沉降的主要原因之一。地下水开采使得土体形变的应力场与地下水流的渗流场发生相互作用，引发了地面沉降。

太沙基定义了有效应力 p_z，如图 6-42 所示，孔隙水压力 μ 为 AB 平面处水对上覆土体载重的浮托力。土粒间有效应力 p_z 与孔隙水压力 μ 共同承担土体总压力 p，因此土体总压力 p 大于实际作用于土体砂层骨架上的有效应力。有效应力原理是研究土体固结变形的重要理论基础，土体压缩和水头变化的耦合正好符合有效应力原理。孔隙水压力 μ 和土粒间有效应力 p_z 共同平衡上覆土粒和水的重力，即土体总压力 p，见式(6-99)。

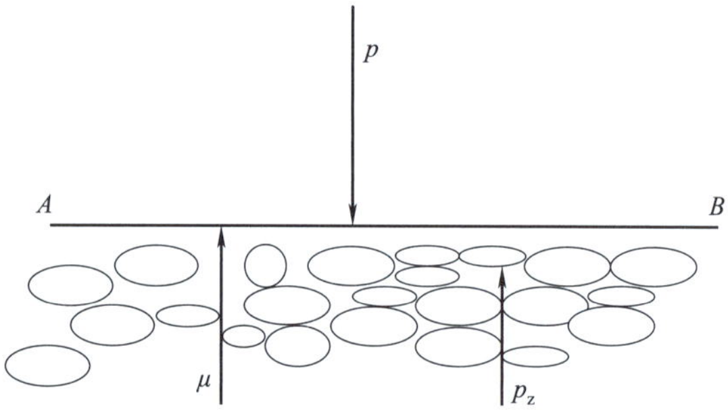

图 6-42　含水层中压力和土粒间有效应力示意图

对于集中超采后的承压含水层来说，若土体受到的总压力不变，土体内部的颗粒骨架将会因抽水所引起的孔隙水压力减小而增大，含水层也被压缩。微观上表现为土体内部颗粒与颗粒之间的孔隙度减少，宏观上表现为含水层变薄。主要原理亦归于土体总压力 p 不变，含水层孔隙水压力 μ 减小，土粒间有效应力 p_z 增大。

$$p=p_z+\mu \tag{6-99}$$

$$p_z=p-\mu \tag{6-100}$$

$$\mu=\gamma_w h \tag{6-101}$$

式中　p——承压含水层土体总压力，kPa；

p_z——承压含水层土粒间有效应力，kPa；

μ——承压含水层孔隙水压力，kPa；

γ_w——水的重度，kN/m^3；

h——AB 平面上水的测压管高度，m。

当承压含水层因集中大量抽水导致水位下降，其测压管高度仍高出饱水砂层顶板时，孔隙水压力减少 $\Delta\mu$，即原来由水承担的浮托力部分转为砂层骨架承担，可得到

$$p_z+\Delta\mu=p-(\mu-\Delta\mu) \tag{6-102}$$

6.7.2 沉降分析方法

数值模拟是目前定量研究地下水开采引起地面沉降发展趋势的重要手段。数值方法是采用离散化的方法来求解数学模型，从而得到研究区域内有限个离散点上的未知函数值。离散化的方法是将研究区域划分成为若干个较小的子区域（或称为单元），即化整为零。这些单元的集合体代表研究区域，即又积零为整。虽然所得解为数值解（即数值的集合，是数学模型的近似解），但是只要将单元大小和时段长短划分得当，即对空间步长和时间步长取值合适，计算所得的数值解便可较好地逼近实际情况而满足计算精度要求。由于数值方法可以较好地反映复杂条件下的地下水流状态，具有较高的仿真度，因此在理论和实际应用方面都得到了较快的发展。

局部集中降水引起沉降的分析步骤如下：

1. 数值模拟所需资料

模拟区应尽可能以自然边界为计算边界，最好以完整的水文地质单元作为计算区。在模拟区仅为水文地质单元一部分的情况下，应注意处理好水文地质单元内水资源分配及边界水量交换问题，能全面反映地下水系统整体与局部、局部与局部、系统与环境的对应关系。

所需资料及获取途径如下：

(1)应在查明模拟区水文地质条件的基础上，掌握主要含水层的空间分布、岩性结构特征、含水层(隔水层)的顶底板标高(厚度)、地下水类型、导水性、储水性、边界条件、与相邻含水层的水力联系、地下水现状开采量和地下水的补给、径流、排泄条件。

(2)对模拟区内地下水水位(水头)或水质的空间分布和动态变化应有足够的控制资料，关键部位应有地下水动态观测孔；地下水动态观测孔的分布配置，应保证对各参数分区和主要补给、排泄边界的控制。

(3)应掌握模拟区内地下水开采量、降水量、泉水流量以及其他源汇项的时空分布和变化规律。地下水开采量应以实测资料为主，推测资料的依据必须予以论证。对计算区内的河流应掌握历年地表水水文资料，并对其进行必要的分析。

(4)水文地质条件变化较大区段，应安排一定数量的单井非稳定流抽水试验、孔组非稳定流抽水试验、河渠渗漏试验、井灌回归试验、示踪试验等水文地质试验获取渗透系数、导水系数、给水度、弹性释水系数、蒸发系数、弱渗透层的越流系数、地表水体和含水层的水量交换参数、降水入渗系数等水文地质参数。

(5)水文地质、环境地质、开发利用资料主要应通过调查的方法获取。

(6)社会经济、自然地理、水文气象、水利工程、基础地质资料主要应通过搜集的方法获取。

2. 概化模型的建立

在分析模拟范围内水文地质条件的基础上，通过合理概化来描述地下水流-土体变形系统。水文地质概念模型是把含水岩组实际的边界性质、内部结构、渗透性能、水力特征及补径排等条件概化为便于用数学和物理表达、模拟的基本模式。

(1)边界条件的概化

①地表水体作为模拟区的边界，根据地表水与含水层之间的水力联系情况，可概化已知水头边界或已知流量边界。地表水与含水层有密切的水力联系，经动态观测证明有统一水位，地表水对含水层有无限的补给能力，降落漏斗不可能超越此边界线时，地表水体就可以确定为定水头补给边界；如果只是季节性的河流，只能在有水期间定为定水头边界；如果只有某段河水与地下水有密切水力联系，则只将这一段确定为定水头边界。地表水与地下水没有密切水力联系或河床渗透阻力较大时，仅仅是垂直入渗补给地下水，则应作为二类定流量补给边界。

②断层作为模拟区的边界，根据断层导水情况，可概化为隔水边界、流量边界或已知水头边界。如果断层本身不透水，或断层的另一盘是隔水层，则构成隔水边界。如果断裂带本身是导水的，计算区内为富含水层，区外为弱含水层时，则形成流量边界。如果断裂带本身是导水的，计算区内为导水性较弱的含水层，而区外为强导水的含水层时(这种情况，供水中少有，多出现在矿床疏干时)，则可以定为定水头补给边界。

③岩体或岩层接触边界，一般多属于隔水边界或流量边界。凡是流量边界，应测得边界处岩石的导水系数及边界内外的水头差，算出水力坡度，计算出补给量或流出量。

④地下水的天然分水岭，可以作为隔水边界，但应考虑开采后是否会导致位置的变迁。

(2)内部结构的概化

如果渗流场中，所有点都具有相同的渗透系数，则概化为均质含水层，否则概化为非均质的；自然界中绝对均质的岩层是没有的，均质与非均质是相对的，视具体的研究目标而定。含水层根据透水性能和渗流方向的关系，可以概化为各向同性和各向异性两类。如果渗流场中某一点的渗透系数不取决于方向，即不管渗流方向如何都具有相同的渗透系数，则介质是各向同性的，否则是各向异性的。

(3)地下水运动状态概化

①层流、紊流

一般情况下，松散含水层及发育较均匀的裂隙、岩溶含水层中的地下水运动，大都是层流，符合达西定律。只有极少数大溶洞和宽裂隙中的地下水流，才不符合达西定律，呈紊流。

②平面流、三维流

在开采状态下，地下水运动存在着三维流，特别是在区域降落漏斗附近及大降深的井附近，三维流更明显，故应用地下水三维流模型。若三维流场的水位资料难以取得，可将三维流问题按二维流处理，但应考虑所引起的计算误差是否能满足水文地质计算的要求。

(4)水文地质参数概化

①时间上概化

水文地质参数是慢时变的，在一定时期和外部条件下可以近似地看作恒定不变，建立概念模型时，将参数概化为随时间不变的。

②空间上概化

参数的空间分布规律，常采用离散化的参数概化方法(即参数分区或参数化)来确定。参数分区依据有：计算区单孔抽水试验资料的计算结果，包括渗透系数、储水系数、给水度及单位涌水量；含水层分布规律，即埋深、厚度和岩性组合特征；地下水天然流场、人工干扰流场、水化学场和温度场；构造条件及岩溶发育规律(限于岩溶含水层)。

(5)土体变形方向概化

任一平面的饱和土体承受的总应力包括两部分：孔隙水压力与有效应力。在固定总应力的条件下，土体内的有效应力和孔隙水压力的增减呈反比例关系，进而对土体的固结情况造成一定的影响。有效应力原理是抽水引起土层压密的基本原理，如图 6-43 所示。

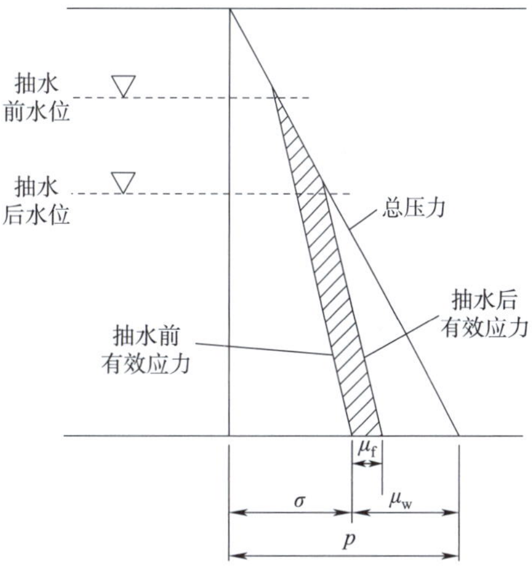

图 6-43　抽水后土层有效应力变化图

图 6-43 中 p 为土层的总应力，σ 为抽水前的有效应力，μ_w 为抽水前的孔隙水压力，抽水前上述诸压力处于平衡状态，即

$$p=\sigma+\mu_w \tag{6-103}$$

抽水后随着水压力降低，土层中孔隙水压力随之下降，颗粒间浮托力减小，但由于抽水过程中土层的总压力基本保持不变，故此下降值即转化为有效应力增值。

$$p=(\sigma+\mu_f)+(\mu_w-\mu_f) \tag{6-104}$$

大多数情况下，这种压密可认为是一维的，压密过程一般近似采用太沙基一维固结式。

在上覆载荷不变的情况下，土体骨架承受的有效应力大小完全取决于孔隙水压力的变化。孔隙水压力增大，则土体骨架承受的有效应力相对减小；孔隙水压力降低，则土体骨架承受的有效应力相对增大。随着地下水下降与回升，地层土体实际上进行着反复加压-减压的过程。由于土体为弹塑性材料体，当压力增大时，土体会产生压缩，包括弹性和塑性压缩；当压力减小时，土体会发生弹性回弹。

根据上述太沙基有效应力原理，在假定模拟区土层总应力保持不变的情况下，孔隙水压力的减少量等于骨架有效应力的增加量。严格来讲，实际的土体变形都是三维的，但如果模拟区范围相对较广，地面的水平位移十分微小，可以忽略，则可认为黏性土的压密排水过程符合太沙基一维固结理论，即土体变形概化为垂向一维。

3. 数学模型的建立

在地下水流-土体系统概化基础上，用一组数学关系式反映系统的数量关系和空间形式，把概念模型转变为数学模型。

（1）弱透水层释水的多层含水层数学模型

$$\frac{\partial}{\partial x}\left(k_{xx}m\frac{\partial h_1}{\partial x}\right)+\frac{\partial}{\partial y}\left(k_{yy}m\frac{\partial h_1}{\partial y}\right)+k_z'\frac{\partial h'}{\partial z}\bigg|_{z=0}+W_1(x,y,t)=\frac{\partial(\mu h_1)}{\partial t}\quad(x,y\in\Omega_1;t>t_0)\tag{6-105}$$

$$h_1|_{(x,y,t)}=h_1^0|_{(x,y)}\quad(x,y\in\Omega_1;t=0)\tag{6-106}$$

$$k_n(h_1-d_1)\frac{\partial h}{\partial n}\bigg|_{(x,y,t)}=-q_{1n}(x,y,t)\quad(x,y\in\Gamma_1;t>t_0)\tag{6-107}$$

$$k_z'\frac{\partial^2 h'}{\partial z^2}\bigg|_{(x,y)}=S'\frac{\partial h'}{\partial t}+\frac{\partial[S_p(h_p-h')]}{\partial t}\quad(x,y\in\Omega_1\text{ 和 }\Omega_2;0<z<m';t>t_0)\tag{6-108}$$

$$h'|_{(x,y,t)}=h'^0|_{(x,y)}\quad(x,y\in\Omega_1\text{ 和 }\Omega_2;0<z<m';t=0)\tag{6-109}$$

$$h_1|_{(x,y,t)}=h'|_{(x,y,t)}\quad(x,y\in\Omega_1\text{ 和 }\Omega_2;z=0;t>t_0)\tag{6-110}$$

$$h_2|_{(x,y,t)}=h'|_{(x,y,t)}\quad(x,y\in\Omega_1\text{ 和 }\Omega_2;z=m;t>t_0)\tag{6-111}$$

$$\frac{\partial}{\partial y}\left(T_{xx}\frac{\partial h_2}{\partial y}\right)+\frac{\partial}{\partial y}\left(T_{yy}\frac{\partial h_2}{\partial y}\right)+k_z'\frac{\partial h'}{\partial z}\bigg|_{z=m'}+W_2(x,y,t)=S\frac{\partial h_2}{\partial t}\quad(x,y\in\Omega_2;t>t_0)\tag{6-112}$$

$$h_2|_{(x,y,t)}=h_2^0|_{(x,y)}\quad(x,y\in\Omega_2;t=0)\tag{6-113}$$

$$T_n\frac{\partial h}{\partial n}\bigg|_{(x,y,t)}=-q_{2n}(x,y,t)\quad(x,y\in\Gamma_2;t>t_0)\tag{6-114}$$

式中 m——浅层含水层厚度，m；

h_1——潜水或浅层地下水水位，m；

h_2——承压水或深层地下水水头，m；

h_1^0，h_2^0——浅层、深层地下水初始水位，m；

t_0——初始时刻，d；

Ω_1，Ω_2——浅层、深层地下水分布区；

k_z'——弱透水层垂向渗透系数，m/d；

k_n——边界法向方向渗透系数，m/d；

W_1——浅层地下水开采、垂向补给及排泄强度，m/d；

W_2——深层地下水开采强度，m/d；

μ——含水层给水度；

d_1——潜水或浅层含水层底板标高，m；

n——第二类边界法向方向；

h——边界 Γ_1，Γ_2 上的地下水位，m；

q_{1n}，q_{2n}——浅层、深层地下水第二类边界流量，m^2/d；

Γ_1，Γ_2——浅层、深层地下水第二类边界；

m'——弱透水层厚度，m；

S'——弱透水层弹性释水系数；

h'——弱透水层水水头，m；

h'^0——弱透水层水初始水头，m；

S_p——压密释水系数；

h_p——弱透水层黏性土有效压力，Pa；

T_{xx}，T_{yy}——深层含水层主方向导水系数，m^2/d；

S——承压水层或深层含水层弹性给水度；

T_n——第二类边界法向方向导水系数；

z——位置判据。当 $z=0$ 时，为弱透水层顶板；当 $z=m'$ 时，为弱透水层的底板。

式(6-105)为描述浅层地下水运动的潜水平面非稳定流偏微分方程。式(6-106)、式(6-107)为式(6-105)的定解条件，其中，式(6-106)为其初始条件，式(6-107)为其边界条件。

式(6-108)为描述弱透水层水运动的承压垂向非稳定流偏微分方程。式(6-109)～式(6-111)为式(6-108)的定解条件，其中，式(6-109)为其初始条件，式(6-110)为其上边界条件，式(6-111)为其下边界条件。

式(6-112)为描述深层地下水运动的承压平面非稳定流偏微分方程。式(6-113)、式(6-114)为式(6-112)的定解条件，其中，式(6-113)为其初始条件，式(6-114)为其边界条件。

式(6-110)、式(6-111)同时也是式(6-105)、式(6-108)、式(6-112)的连接条件。通过其对浅层地下水、弱透水层水、深层地下水水流运动微分方程进行耦合。

该模型适用于深层地下水及浅层地下水开发程度较高的地区，由于含有弱透水层地下水运动的非稳定流方程，可确定区域水位单调降低时的垂向水流和黏性土释水速度，模拟越流量和土体变形量。

(2)一维水流沉降模型

式(6-108)～式(6-111)可组成描述弱透水层地下水运动的一维非稳定越流模型。该模型在解均质、各向同性、底板水平、含水层等厚、边界水位单调下降的边值问题时，其解可与太沙基一维地面沉降模型的解等同。

4. 数值模拟模型的建立

数值模拟模型的建立就是用数值法进行地下水流运动与地面沉降发生正反演计算的过

程。由于建立代数方程组的方法不同，产生了各种不同的离散化方法，即不同的数值方法。目前，地下水流计算常用的数值方法有有限差分法（FDM）、有限单元法（FEM）、边界元法（BEM）、有限分析法（FAM）等。

数值法求解地下水流-土体耦合数学模型的基本步骤如下：

（1）将研究区域按照某种规则进行剖分（离散化）。剖分的原则和剖分后形成的子区域形状取决于所采用的数值方法，按照某种规则将研究区域划分为若干个子区域单元。非稳定流问题，尚需将计算时间也进行离散化，即将计算时间离散为若干个时段。

（2）将每个小单元作为地下水的小均衡域，并定义特征点上的各种物理量。

（3）建立某一个时段内结点之间制约各种物理量的关系式，关系式一般表达为代数方程。

（4）利用初始条件和边界条件（即初边值问题），建立在某一个划分时段内边界结点与内部结点的关系式。

（5）求解上述（3）、（4）所构成的代数方程组，就可求得某一计算时刻、研究区域上各离散点的水位 H 值（地层压缩 D），其集合$\{H\}$（$\{D\}$）即是渗流区域上某一时刻地下水水位 H（地层压缩 D）的近似解，单元剖分得越小，$\{H\}$（$\{D\}$）的仿真度就越高。

5. 模型识别与验证

（1）识别与验证过程

模型识别与验证是数值模拟工作及模型建设过程最为关键的一个环节，决定了建立的模型能否再现实际水位、沉降的动态过程。要在模型识别与验证过程中，重新认识水文地质概念模型、分析水文地质条件、进一步提升对水文地质模型的认识，以指导水文地质实践和条件的再勘察。模型识别与验证的优劣，同样取决于建模过程中水文地质分析、模型概化、条件勘察等各个环节质量的优劣，不应将识别与验证工作仅仅视为是一个调参数的“数字”过程。识别和验证过程如图 6-44 所示。

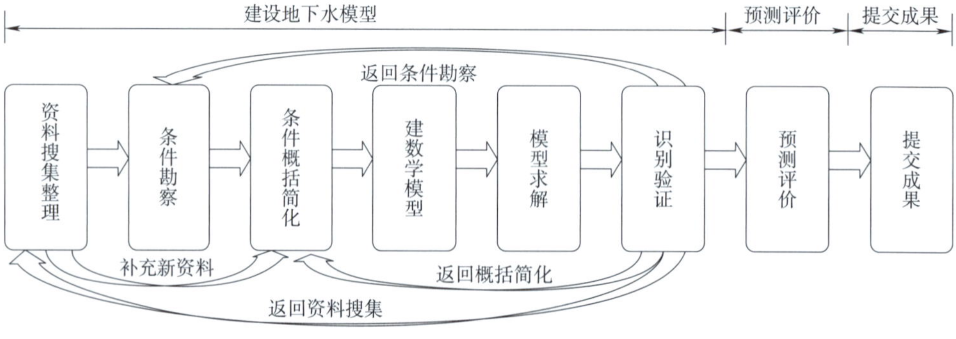

图 6-44　识别和验证过程

(2)识别与验证依据

①模拟的地下水流场(地面沉降等值线)要与实际的基本一致。

②模拟地下水(地面沉降)的动态过程要与实测的基本相似。

③从均衡的角度出发,模拟的地下水均衡变化与实际要素基本相符。

④识别的水文地质参数要符合实际水文地质条件。

⑤识别与验证方法。

利用多孔或群孔抽水试验资料或地下水动态长期观测资料反求水文地质参数,即解逆问题,有直接解法和间接解法两类。鉴于目前逆问题的直接解法在数值计算中稳定性差,一般可采用间接解法通过拟合-校正方法反求水文地质参数,识别和验证数值模型。

(3)拟合精度要求

①一般情况下,原则上观测井地下水水位的实际观测值与模拟计算值的拟合误差应小于拟合计算期间内水位变化值的 10%。水位变化值较小(小于 5 m)的情况下,水位拟合误差一般应小于 0.5 m。

②要求地下水位计算曲线与实际观测值曲线的年际、年内变化趋势一致,以水位拟合均方差小于允许误差作为解收敛的判断标准。地下水模拟流场应与实测流场形态一致,地下水流向应相同。

6.7.3　工程应用

大同至张家口高速铁路穿越天镇县地热开采区。为评估地热水开采对大张高速铁路路基沉降的影响,判断大张高速铁路是否需要绕避地热开采区,对地热开采引发的地面沉降影响进行数值模拟计算。

1. 群井开采引发的地面水平沉降模拟

通过前面建立的地下水流-地面沉降耦合模型,预测现状地热井开采条件下未来 10 年地下水和地面沉降量的变化情况。预测时选取模型计算出的稳定地下水流场作为初始流场,模型的边界条件不变,开采量按勘察统计的均匀分配至每天。为了更直观地表示现状开采条件下地面沉降未来 10 年的变化情况,将预报开始时刻的沉降量设为 0,把稳定流模型计算出的各个节点上的水位作为预报时各节点上的前期固结水位。

经过模拟计算,未来 10 年末时刻第二承压含水层的地下水位降深分布如图 6-45 所示,累计地面沉降量等值线如图 6-46 所示。

从图 6-45 和图 6-46 可以看出,随着第二承压含水层地下水的持续开采,形成了以集中开采井为中心的地下水位降落漏斗和地面沉降中心。其中,地下水位降深最大值约为 0.55 m,地面最大累计沉降量约为 20 mm,大张高速铁路 DK86＋900～DK87＋500 段位于地面累计沉降量大于 10 mm 的范围内。

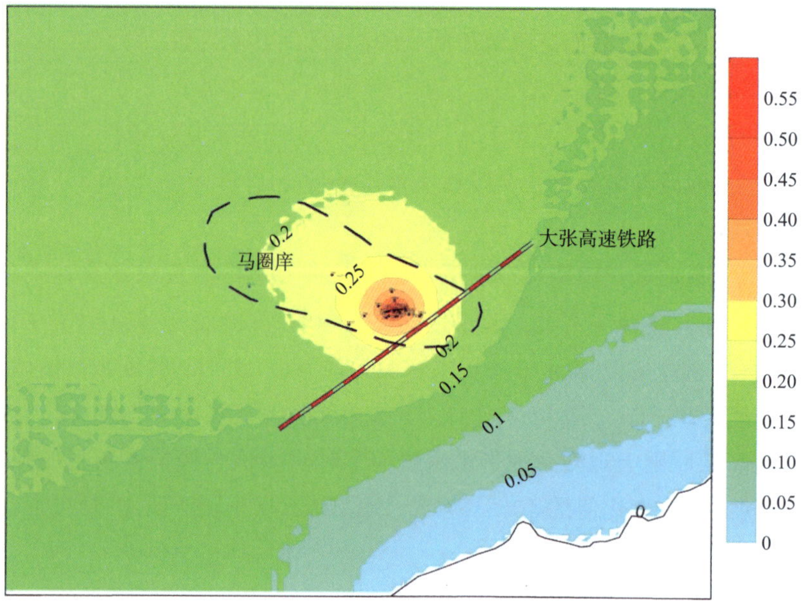

图 6-45 第二承压含水层地下水位降深分布图(单位:m)

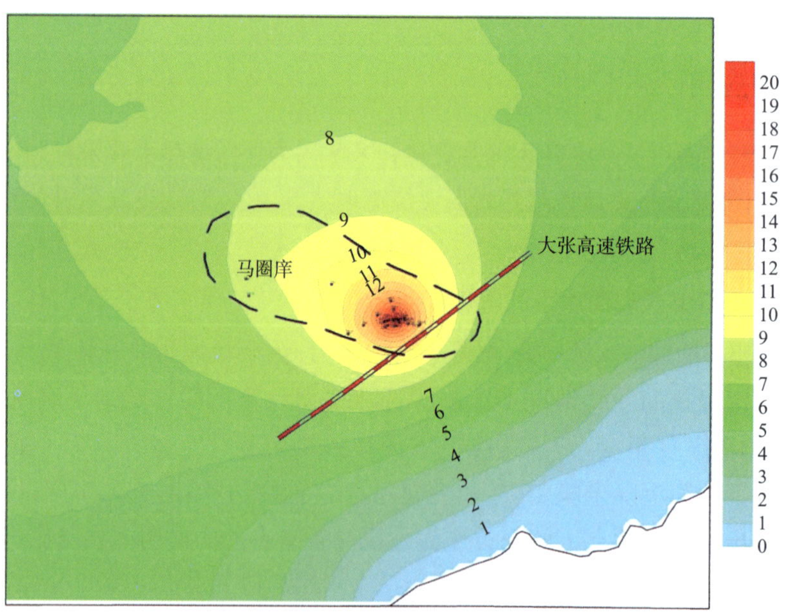

图 6-46 马圈庠地热田开采引起的地面沉降分布图(单位:mm)

2. 群井开采引发的地面垂向沉降模拟

为了更直观地反映马圈庠地热田开采对大张高速铁路的影响程度,在里程 DK86+500、DK87+000 和 DK87+500 处作了三个横断面(图 6-47)。大张高速铁路纵断面及三个典型横断面上的地面沉降和水位降深变化情况分别如图 6-48～图 6-51 所示。

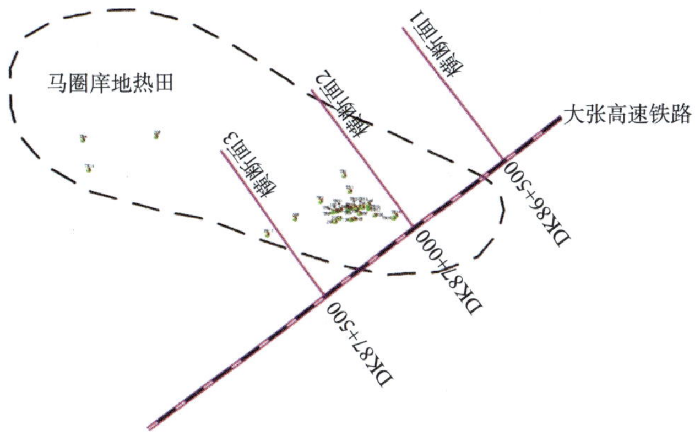

图 6-47 大张高速铁路各断面分布图

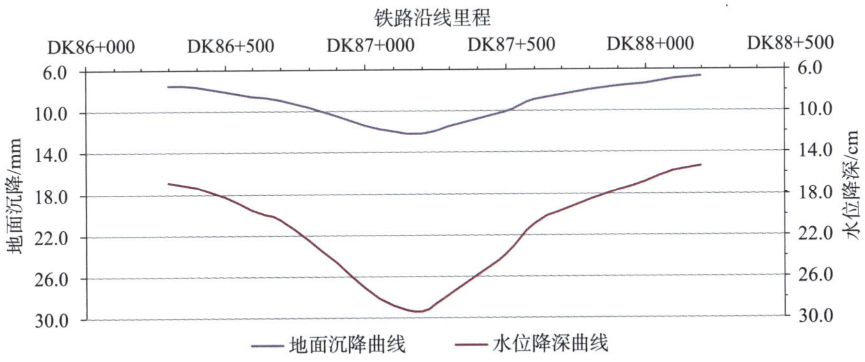

图 6-48 大张高速铁路纵断面地面沉降及水位降深曲线图

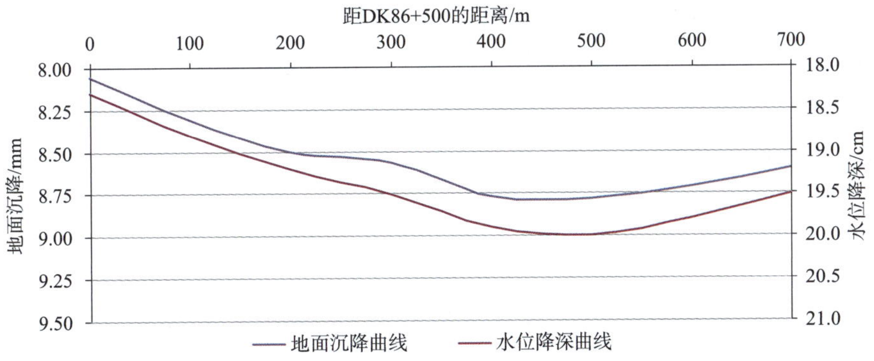

图 6-49 横断面 1 地面沉降及水位降深曲线图

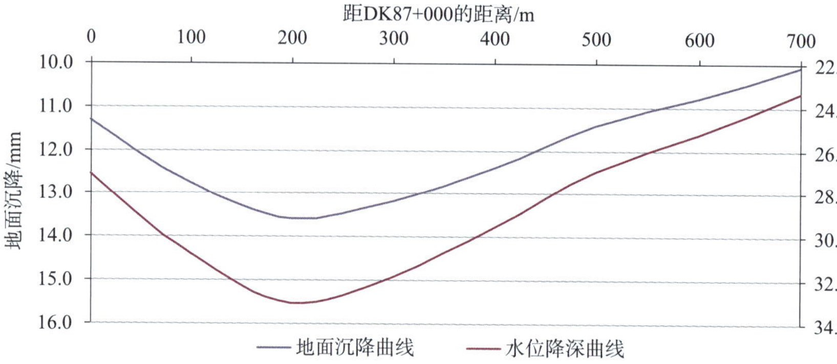

图 6-50 横断面 2 地面沉降及水位降深曲线图

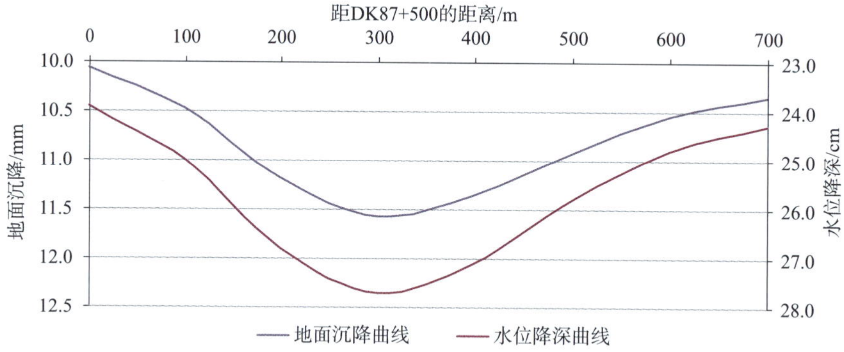

图 6-51 横断面 3 地面沉降及水位降深曲线图

从图 6-48 可以看出，沿着大张高速铁路路线，由于水位下降导致的地面沉降是不均匀的，最大沉降量位于里程 DK87＋200 附近，最大值约为 12 mm。从图 6-49～图 6-51 可以看出，在横断面 1 上，水位降落漏斗和地面沉降中心在距离高速铁路工程 500 m 左右；而在断面 2 和断面 3 上，水位降落漏斗和地面沉降中心在距离高速铁路工程 200～300 m 之间。因此，若地下水开采量增加，将对大张高速铁路工程 DK87＋000～＋500 段有影响。

综上所述，若地热田中的群井持续开采地热水，将对大张高速铁路工程 DK87＋000～＋500 段产生影响。因此，在当前高速铁路线路条件下，需要禁止高速铁路沿线新增地热水开采井。

第7章 特殊岩土工程特性研究

特殊岩土的工程特性是勘察设计关注的重点，勘察中必须对特殊岩土作出准确评价，以指导设计采取针对性措施，确保铁路工程安全和运行速度目标值实现。结合工程项目实践，我们开展了湿陷性黄土、上第三系红土、膨胀岩（土）、硅藻岩（土）、膏溶角砾岩、脆性板岩、片理化变质岩等工程特性课题研究，成果有效指导了工程建设。

7.1 湿陷性黄土

黄土地区植被稀疏，地面受水流切割作用严重，形成了千沟万壑的地形地貌，加之湿陷性黄土具大孔隙性、结构性、水敏感性，自身力学强度差，在外界因素（水、列车振动及地震等）作用下黄土的物理力学性质会发生急剧的变化，往往产生沉陷变形和边坡失稳等一系列相互关联的灾害与病害，给铁路工程带来的各种危害十分突出。

黄土湿陷性是黄土工程特性研究的主要课题。湿陷性的内因主要是土体本身的物质成分（颗粒组成、矿物成分和化学成分）及其结构，外因则是水和压力的作用。太中银铁路沿东西向跨越了山西、陕西地区，沿线黄土的湿陷性极具代表性。本节以太中银铁路沿线黄土湿陷性研究为例，分析了黄土湿陷性与黄土化学性质、物理性质、力学性质、孔隙比、天然含水率等因素之间的关系。

7.1.1 黄土化学性质与湿陷性关系分析

黄土的化学性质与黄土湿陷性有着本质上的联系，化学性质主要包括化学成分、水溶盐、酸碱特征、离子交换、有机质五部分。

1. 化学成分

湿陷性黄土的化学成分包括 SiO_2、Al_2O_3、CaO、Fe_2O_3、MgO、K_2O、Na_2O、FeO、MnO、TiO、SO_3、P_2O_5等，其化学物质主要为二氧化硅、氧化物、碳酸盐类。二氧化硅存在于由粗颗粒到胶粒的各级粒组中，主要成分钙、镁呈固态、液态存在于黄土中，为重要胶结物；三氧化二铝、三氧化二铁以镁、铝胶体形式存在，一部分能被盐酸溶解的二氧化硅以无定形硅酸盐形式存在，都属胶体物质。

2. 水溶盐

水溶盐与土的湿化、收缩、膨胀和透水性关系密切，并影响土的黏性和强度。水溶盐根据其在 20 ℃水中的溶解度分为易溶盐（氧化物、硫酸镁、碳酸钠）、中溶盐（石膏）、难溶盐（碳酸钙）三类。

（1）易溶盐：含量在 0.003%～1.74%之间，个别在 4%～8%，常见值为 0.32%，含量不大。当土中易溶盐含量＜0.5%，对黄土的性状影响甚微。易溶盐含量由西向东、由北向南逐渐减少，因为降雨量大，地下水、地表水活动强，一部分易溶盐溶解并流失。

（2）中溶盐：含量在 0.01%～1.44%之间，平均 0.3%，含量不大，偶见 3%的。研究表明，浸水压缩试验前后，土中石膏含量为 0.24%～0.67%，对湿陷性有一定影响。当石膏呈碎屑颗粒分布时，对土粒既无胶结作用，受水浸湿时也不易溶解，对黄土的湿陷性影响不大。

（3）难溶盐：碳酸钙占全部碳酸盐的 90%以上，碳酸镁占 10%以下。碳酸钙含量在 0.38%～25.5%之间，平均 10%，呈多种形态存在，有碎块状、颗粒状、膜壳状、细晶状、菌丝状、结核状等，一般碳酸钙含量大时，土的强度也高。

3. 酸碱特征

黄土的酸碱特征以水土比为 1∶5 的悬液 pH 值表示，pH 值取决于黏粒所吸附的离子类型和黄土所含的可溶盐成分。黄土的 pH 值在 6.0～9.2 之间，平均 7.8，大多数在 7.5 以下，一般干旱地区 pH 值大，湿润地区 pH 值小。pH 值高的湿陷性强。

4. 离子交换

黏土矿物和有机质是黄土中胶体颗粒的组成部分，胶体物质都有离子交换的特征，胶体表面吸附着一定量的阳离子，由于胶粒表面电荷不平衡便引起交换现象。黄土中阳离子交换量随矿物类型、含量和有机物含量不同而不同，交换量定义为介质 pH 值等于 7 时，每 100 g 土样中所吸附阳离子的当量数。黄土的阳离子交换量为 8.1～27.61 mg 当量/100 g 土，主要矿物为伊利石。

5. 有机质

黄土中有机质含量在 0.02%～2%之间，平均 0.64%，在各级粒组中的含量随粒径减小而增多。有机物持水性强，表面能大，常能与二价钙离子结合而产生凝聚现象，多凝聚在大孔壁上，也有分散于黏粒中，当呈分散分布时，则成为土中的胶结成分，受水浸湿时会吸收大量水分而崩解。

7.1.2 黄土物理性质与湿陷性关系分析

黄土由固、液、气三相组成，其三相组成间重量和体积的比例关系，可以反映一系列物理性质。以下从黄土的颗粒组成、土粒比重和天然重度、干密度和孔隙比、含水率和饱和度、稠度进行讨论。

1. 颗粒组成

颗粒组成在碎屑沉积物研究中占有非常重要的地位，它是影响松散碎屑沉积物的物理力学性质和水文地质性质的关键，对评价黄土工程特性有着重要意义。

研究区黄土的颗粒组成有两大特点：

①绝大多数颗粒均小于 0.25 mm。

②以粉土颗粒(0.075～0.005 mm)为主。湿陷性黄土的颗粒成分同样也以粉土颗粒为主，沿线黄土的颗粒组成存在很大的差异，如在山西地区黄土黏粒含量较多，而且孔隙比也较小，向西砂粒含量逐渐增大的同时，孔隙比也在不断增大(在局部地区由于含水率的关系，孔隙比呈异常)。黄土粉粒占总含量的 54%～68%；黏土颗粒成分(粒径小于 0.005 mm)占 14%～29%；砂土颗粒成分(粒径大于 0.05 mm)占 10%～30%，由东向西增大。

2. 土粒比重和天然重度

沿线黄土的土粒比重一般为 2.51～2.84，平原区为 2.62～2.76。土粒比重大小与土的颗粒组成有关，当粗粉粒和砂粒含量较多时，比重常在 2.69 以下，黏粒含量多，则在 2.72 以上。黄土的颗粒组成与其液限、塑限有一定关系，土粒比重与塑性指数关系见表 7-1。

表 7-1　土粒比重与塑性指数关系表

土粒比重 G	塑性指数 I_p
2.67	<7
2.69	7～10
2.71	10～13
2.72	13～17
2.73～2.74	>17

湿陷性黄土的天然重度一般在 13.3～18.1 kN/m^{3}之间，它不仅取决于颗粒的大小和含量的多少，还与土的含水率有关，一般工程常用干重度和孔隙比反映土的密实度。

3. 干重度和孔隙比

干重度是衡量黄土密实度的一个重要指标，与土的湿陷性有较明显的关系，一般干重度小，湿陷性强，反之，则弱，其变化范围在 11.4～16.9 kN/m^{3}之间。干重度除与本身密实度有关外，还与土中各种矿物成分的含量和含盐量有关。一般而言，干重度超过 15 kN/m^{3}以上的黄土，属于非湿陷性黄土。

湿陷性黄土孔隙比在 0.85～1.24 之间，大多数在 1.0～1.1 之间。一般以孔隙比 0.8 作为划分湿陷性和非湿陷性的界限。当然，某些砂粒含量较多的次生黄土是例外，大多数情况下，土的孔隙比随埋藏深度增加而降低。

4. 含水率和饱和度

湿陷性黄土的天然含水率在 3.3%～25.3%之间，其大小与场地地下水埋深和年平均降雨量有关。大多数情况下，黄土的天然含水率都较低。塬、梁、峁上的黄土地下水位较深，含水率在 6%～8%之间；低级阶地上的黄土含水率较高，在 11%～21%之间。不同季节取样含水率相差 2%～5%。经验表明，黄土含水率>25%时就不具有湿陷性，而压缩性则恰恰相反。湿陷性黄土的饱和度在 15%～77%之间，多数为 40%～50%，处于稍湿状态；随饱和度增加，湿陷性减弱，当饱和度接近 80%时，湿陷性基本消失。

5. 稠度指标

稠度指标包括液限、塑限、液性指数和塑性指数，它们反映了水对土的性状的影响。湿陷性黄土的液、塑限分别在 20%～35%和 14%～21%之间，塑性指数为 3.3～17.5，大多在 9～12，液性指数在零上下波动。大多数湿陷性黄土处于坚硬和硬塑状态，承载力较高，压缩性属中等或偏低；少部分(新近堆积黄土)属于可塑或软塑状态。当液限在 30%以上时，一般湿陷性较强。国外有人认为，液限是用扰动土测定的，它并不能反映与原状土强度的关系。由西向东，由北向南，含水率、重度逐渐增加，孔隙比逐渐减小，液限、塑性指数稍有增大，湿陷系数减小，湿陷性降低。

7.1.3 黄土力学性质与湿陷性关系分析

湿陷性黄土的力学性质主要包括压缩性、抗剪强度、透水性、湿陷性等。

1. 压缩性

对湿陷性黄土地基而言，压缩变形是指地基土在天然含水率条件下受外载荷作用时所产生的变形，它不包括地基土受水浸湿后的湿陷变形。一般在中更新世末期和晚更新世早期形成的湿陷性黄土压缩性多为中等偏低，少量为低压缩性；晚更新世末期和全新世的黄土压缩性多为中等偏高，有的甚至为高压缩性；新近堆积的黄土压缩性多数较高。

2. 抗剪强度

黄土的抗剪强度除与土的颗粒组成、矿物成分、黏粒和可溶盐等有关外，主要取决于土的含水率和密实程度。含水率越低，密实程度越高，抗剪强度越大。抗剪强度成为黄土湿陷性的又一个重要指标，在黄土受水浸湿、结构遭到破坏时，抗剪强度成为抗湿陷性的重要指标，黏聚力先增大后减小，而内摩擦角呈递减趋势。因此，抗剪强度可作为评价湿陷性的重要指标。

3. 透水性

透水性反映水在土中通过的速度，黄土的渗透系数变化较大，一般黄土竖向和水平方向的渗透系数分别为 $1.6\times10^{-6}\sim3\times10^{-6}$ cm/s 和 $8\times10^{-7}\sim1\times10^{-6}$ cm/s 之间。

(1)透水性随时间的变化

黄土的渗透系数不是一个常数，它随渗透溶液的性质、水力梯度、渗透时间等变化。水力梯度越大，渗透系数越大。

(2)透水性与孔隙比和原始含水率的关系

渗透系数随孔隙比减小而降低,二者之间呈对数函数关系。原始含水率越大,渗透系数越小,当原始含水率增加到某一数值时,渗透系数就不再降低。

(3)土的各向异性对渗透系数的影响

黄土竖向渗透系数总大于水平方向渗透系数,二者之比在 3～30 之间变动。当浸水湿陷后,由于土体压密,竖向渗透系数显著降低,二者之差也将大大缩小。

(4)起始水力梯度问题

试验表明,黄土中不存在起始水力梯度,当水力梯度大于零时,水就开始在土中渗透,这是由于土中存在较多大孔隙的缘故。因此,与砂土一样,水在黄土中的渗透符合达西定律。

4. 湿陷性

湿陷与一般土受水表现的压缩性现象不同。由于各个地区黄土形成时的自然条件差异较大,因此,其湿陷性也有较大差别。有的黄土受水浸湿后在土自重压力作用下就产生湿陷,称为自重湿陷性黄土。而有的黄土受水浸湿后在自重压力和附加压力共同作用下才产生湿陷,称为非自重湿陷。

压缩变形在载荷施加后立即产生,随着时间增长而逐渐趋向稳定。对于大多数湿陷性黄土地基来说(饱和黄土和新进堆积的黄土除外),压缩变形在施工期间就能完成一大部分,在工程竣工后三个月到半年即基本趋于稳定,而且总变形量不大,多为 2～5 cm。湿陷变形的特点是变形量大,常常超过正常压缩变形的几倍甚至几十倍;发生快,受水浸湿 1～3 h 就开始湿陷。就一般湿陷事故来说,往往 1～2 d 内就可能产生 20～30 cm 的变形量,这种变形大、速率快而又不均匀的变形往往使工程发生严重变形甚至破坏。

湿陷的出现完全取决于受水浸湿的概率,有的工程在施工期间即产生湿陷事故,而有的则在几年甚至几十年后才出现湿陷事故。

7.1.4　黄土孔隙比与湿陷性关系分析

土的孔隙比是反映土的疏密程度的指标,是土中孔隙与固体体积之比。黄土的一大特点是富含孔隙,正因此,黄土具备了许多其他土类所没有的工程特性,如湿陷性等。孔隙比的大小和结构上的差别对黄土本身的强度、湿陷性都有很大影响。例如,孔隙比大、大孔架空结构的黄土在外力和内力作用下容易破坏,容易产生湿陷;相反,孔隙比小、结构胶结程度好的黄土在相同力的作用下不易产生湿陷。

黄土的孔隙成因类型主要有粒间孔隙、胶结物孔隙、根孔、虫孔、鼠穴、节理和裂隙、溶蚀孔洞等。

1. 粒间孔隙

黄土孔隙的主体,占黄土孔隙量的 45%～84%,是骨架颗粒组成格架之间的空间,一般认为是在黄土原始碎屑物质堆积过程中形成的，因此为原生孔隙。按骨架颗粒的排列组合方式，粒间孔隙可分为支架孔隙和镶嵌孔隙。

支架孔隙是骨架颗粒互相支架构成的孔隙，一般较大，孔径有时大于构成孔隙的颗粒直径，孔壁主要由构成土体的碎屑颗粒组成，一般没有或有少量次生黏土物质围绕孔壁，孔壁形状多样，很不规则。支架孔隙很不牢固，当水进入土体，削弱了颗粒间的连接强度时，在一定压力下失去稳定，孔隙周围的颗粒就陷入孔内，产生湿陷现象，支架孔隙越发育，湿陷越容易发生。

镶嵌孔隙是骨架颗粒互相穿插、紧密堆积所形成的。孔隙较小，比较稳定，一般不易产生湿陷。

2. 胶结物孔隙

黄土中的粒间孔隙一旦被黏性物质充填，就可能出现胶结物孔隙。它包括存在于土体中起骨架作用的集粒内的孔隙。由于黄土中的细粒充填材料是随骨架颗粒同时堆积的（原生的）和在黄土物质堆积后风化成土作用中形成的（次生的），所以在成因上介于原生和次生之间。此类孔隙数量多，体积微小，很稳定，不产生湿陷变形。

3. 根孔

根孔指在黄土原始物质堆积之后风化成土作用过程中由植物生长形成的次生孔隙。由于植物根系的生长特点是沿着粒间缝隙或其他薄弱部位向下延伸增长，同时增大变粗，不断向四周扩张，结果使这类孔隙的孔壁密实整齐，我们所见的大孔隙主要是这类。

4. 虫孔

食泥的蠕虫动物（如蚯蚓）或其他节肢动物（如蚁类）在土体中穴居留下的孔洞，孔径一般为 0.5～5 mm。虫孔主要分布在表层黄土中，虽对湿陷性有影响，但影响深度有限。

5. 鼠穴

鼠穴呈圆筒状，直径一般大于 5 cm，主要分布在晚更新世黄土顶部，粗大，不坚固，易被破坏。

6. 节理和裂隙

节理分布普遍，与工程建设关系密切。裂隙在黏性黄土中多见，在砂质黄土中少见。它们严重威胁路基及边坡的稳定性。

7. 溶蚀孔洞

溶蚀孔洞指含有氯化物、硫酸盐及碳酸盐等矿物溶解后残留的空腔，它对工程性质的影响是微不足道的。

黄土中孔隙有如此之多的种类，但对湿陷性有显著影响的只是骨架颗粒间的孔隙。黄土湿陷性以孔隙比来评价是不够精确的，因为湿陷性不仅与孔隙的总体积有关，也与其大小和形态有关。由于目前资料及技术手段的限制，定量评价孔隙的大小与形态有很大的困难。因此，目前仍采用孔隙比来评价黄土的湿陷性。

以沿线试验数据绘制散点图(图 7-1)并利用数据挖掘方法中的相关性分析，可以得出沿线黄土湿陷性与天然孔隙比呈正相关关系，具体公式为

$$\delta_s = 0.084e_1 - 0.051 \tag{7-1}$$

其相关系数为 0.834。

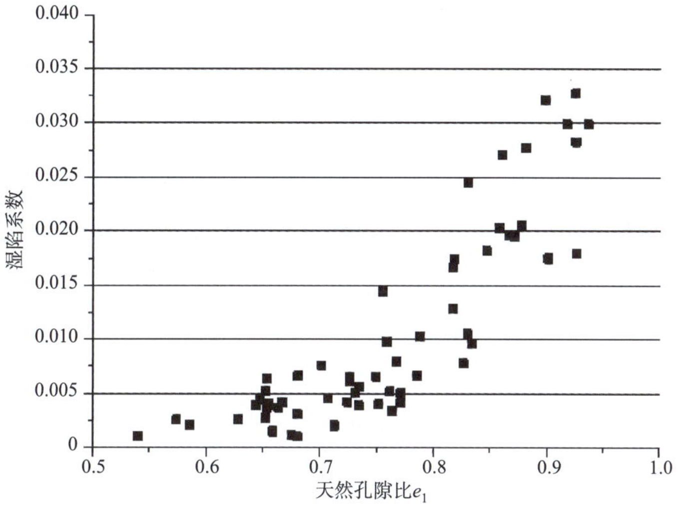

图 7-1　湿陷性系数与天然孔隙比 e_1 关系图

试验结果表明，湿陷系数与天然孔隙比有相当好的正相关，即天然孔隙比越大，湿陷系数越大。西北黄土颗粒主要以支架架空结构为主，东南地区的黄土颗粒主要以凝块、镶嵌胶结式结构为主，黄土的湿陷性由西北向东南逐渐减弱，黄土的湿陷性与其结构有密切的联系。西北黄土颗粒以点接触为主，容易形成支架结构孔隙，东南黄土颗粒以面胶结结构为主，颗粒接触紧密，孔隙体积较小。黄土湿陷产生变形，体积减小，需要一定的空间条件，支架结构孔隙具备了空间条件，而凝块、镶嵌胶结式结构中的孔隙空间条件比较微弱，因而，支架结构孔隙为黄土湿陷提供了空间条件。黄土中的孔隙可分为大孔隙、架空孔隙和粒间孔隙。大孔隙孔壁的颗粒多为碳酸钙胶结成筒壁状，结构稳定。架空孔隙是由一定数量的骨架颗粒堆积所造成的，孔径远比构成孔隙的颗粒大。粒间孔隙是指颗粒在平面上排列成犬牙交错，在空间上呈镶嵌排列所形成的粒间隙缝。

根据非饱和土粒间吸力理论，孔隙间存在着广义吸力，即结构吸力和湿吸力，结构吸力和湿吸力随着土中含水状态变化而变化，并且在饱和状态广义吸力几乎为零。在未受水入侵时，土中粒间孔隙可变结构吸力和湿吸力均很大；而大孔隙及架空孔隙中，由于缺少水分，既不存在结构吸力也没有湿吸力，土体具有较高的强度及较小的压缩性，黄土结构比较稳定。当水浸入后，土体中的粒间孔隙首先趋于饱和状态，架空孔隙随之达到饱和状态，其中

的可溶盐类大部分溶解于水中，广义吸力迅速降低，削弱了连接强度；大孔隙在含水率增长的起始到中期阶段，广义吸力在增长，这就造成了广义吸力随含水率变化在土体中的分布不均匀，从而在黄土浸水的过程中受上覆土压力或与外载荷共同作用下，土颗粒产生滑动并落入大孔隙之中，孔隙体积减小，达到一定程度时，整个土体的结构发生破坏，产生塌陷。随着孔隙体积减小和含水率增加，土体中的孔隙达到了饱和状态，大孔隙中的广义吸力在减小并逐渐接近于架空孔隙和粒间孔隙中的广义吸力，从而使得土体中的广义吸力达到平衡，土颗粒不再滑动，并逐步建立起比较稳定的结构，土体不再变形湿陷。因此，孔隙比作为孔隙特征指标用来评价黄土的湿陷性仍具有重要意义。

7.1.5 黄土天然含水率与湿陷性关系分析

实践证明，天然含水率对湿陷性黄土的工程性能影响显著，主要表现在以下几个方面：

(1)当含水率增加到一定程度时，黄土结构变化，产生湿陷变形，湿陷前后工程性能截然不同。

(2)湿陷性黄土被水浸湿饱和之后，在失去原来湿陷特性的同时，其水理和力学性质均发生了变化，变成了另外一种土。

引起这些变化主要是由于固化黏聚力变化的原因，固化黏聚力决定于存在颗粒之间的胶结物质的胶结作用。土粒间通过黏土矿物、游离氧化物、碳酸盐和有机质等胶体而联结在一起，这种胶结作用是在有水的情况下进行的。当土中的含水率非常低时，这种胶结作用不能完全发挥作用，导致固化黏聚力降低；当含水率不断增大时，胶结物质也在不断发挥作用，使黏聚力不断增加；当含水率继续增大时，这些胶结物质就会逐步溶解在水中，使其胶结作用又在逐渐消失，导致黏聚力不断降低。

(3)湿陷性黄土随着含水程度变化，在压缩性和湿陷性相互转化上各有侧重。当含水率大的时候，压缩性大，湿陷性小；反之则湿陷性大，压缩性小。究其原因可以认为含水率的增加削弱了黄土的结构强度，从而反映为压缩性增大。

(4)低含水率的湿陷性黄土有较高的稳定性和承载力，然而一旦浸水，强度将急剧减小，往往容易发生工程事故。因为黄土浸水饱和后，如遇动载荷，则在动应力和水的共同作用下，孔隙水压力就可能上升，有效应力降低，抗剪强度减小，甚至还会发生液化。但黄土湿陷并不是达到浸水饱和时才发生的，而是当浸水到一定程度便开始湿陷。因此，土样的天然含水率对湿陷值有显著的影响。一般地，含水率越高，黄土湿陷性越低，当含水率达到 25% 时，基本没有湿陷性，它们之间呈反比例关系，这已被国内外许多资料证实。研究区自东向西天然含水率由于地下水埋深及降雨量影响呈减小趋势，导致湿陷系数由东向西有增大的趋势。

通过沿线试验数据绘制散点图(图 7-2)，并运用数据挖掘分析中的相关分析方法，可以得出铁路沿线黄土湿陷系数与天然含水率具有一定的负相关关系，具体公式为

$$\delta_s = -0.00172w + 0.0321 \tag{7-2}$$

其相关系数为0.89。

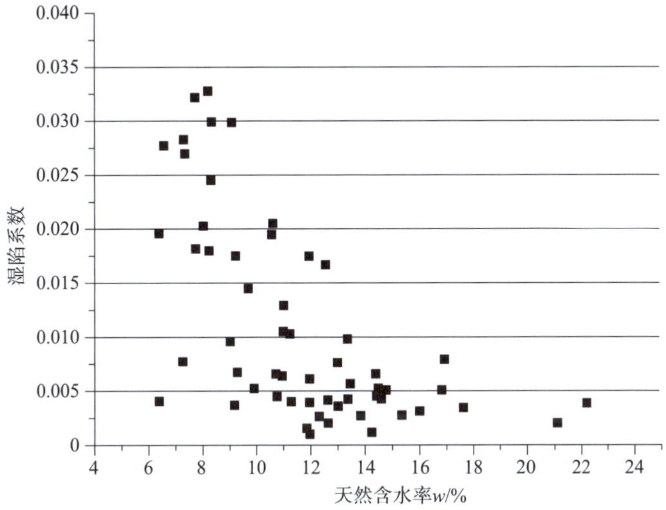

图7-2　湿陷系数与天然含水率关系

综上所述，天然含水率与湿陷系数之间具有良好的关联性，此关联性表现在：随含水率增加，湿陷系数逐渐降低，且当含水率较低(小于塑限)时，含水率的变化对湿陷系数的影响较大。土体湿陷系数随含水率增加而迅速减小，当含水率＞12％时，含水率的增加对湿陷系数的影响作用变小。

7.2　上第三系红土

我国山西、陕西、宁夏、青海、甘肃东部、内蒙古西部及东北等地区，广泛分布着上第三系地层，厚度从数米到上百米不等。该地层遇水软化明显，工程性质发生强烈衰减，易引起隧道围岩变形侵限、突水突泥流沙甚至坍塌，斜坡变形、滑塌，路基变形破坏等，对铁路工程施工及后期安全运营造成威胁。

晋中南运煤通道百店隧道、大西高速铁路上白隧道和干庆隧道在施工期间，发生突水突泥流沙现象，围岩分级由Ⅴ级变更成Ⅵ级，单位长度投资急剧增长，施工进度缓慢。纵观国内铁路工程，对上第三系地层基本物理水理性质、不均一性研究寥寥无几，且岩土定名也存在争议，因此，有必要研究上第三系地层的工程特性及隧道路基工程防治技术措施，为区域性工程的设计与施工提供指导和依据。

7.2.1 上第三系红土物理性质分析

1. 物质成分

土的物质成分包括粒度成分、矿物成分及化学成分三类，它们是组成土的物质基础，决定了土的工程地质特性，因此，必须对上第三系红土的物质成分进行详细研究。

上第三系红土以黏粒和粉粒（粒径小于 50 μm）为主，约占总含量的 95%以上，且以粉粒（粒径为 5～50 μm）占优势，黏粒（粒径小于 5 μm）含量在 37%～43%之间，比例很高。

以石楼隧道四个断面的测试结果为例，上第三系红土平均中值粒径为 8.047 μm，分选系数为 1.63，分选良好。整体上第三系红土粒度细，黏粒含量很高，决定了其物理、水理性质的特殊性。

土的矿物组成是土体物理力学特性的物质基础。通过对石楼隧道研究区第三系红土的矿物成分分析，得出以下结论：研究区第三系红黏土主要矿物成分为黏土矿物。其中，伊利石含量最高，一般在 51%～68%之间，平均含量为 61%；绿泥石含量的变化范围在 11%～22%之间，平均含量为 15%；蒙脱石含量变化范围在 7%～18%之间，平均含量为 12%；高岭石含量变化范围在 7%～14%之间，平均含量为 11%，含有少量的混层矿物。土的化学成分是指组成土的固相、液相和气相中的化学元素、化合物种类及其相对含量。利用 X-Ray 能谱仪对石楼隧道上第三系红土样品的化学成分进行了试验分析，如图 7-3 所示，化学成分详见表 7-2。

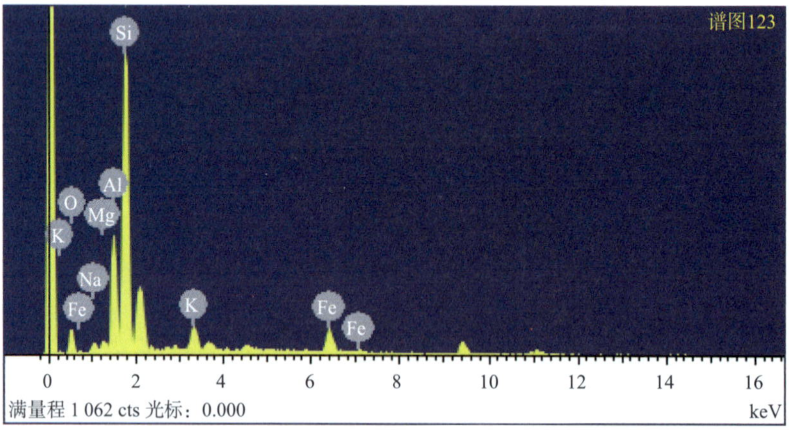

图 7-3 上第三系红土 X 射线能谱分析图

表 7-2 上第三系红土化学成分表

元素种类	质量/%	原子/%	化合物/%	化学式
Na	1.26	1.17	1.70	Na_2O
Mg	0.94	0.83	1.57	MgO

续上表

元素种类	质量/%	原子/%	化合物/%	化学式
Al	9.76	7.74	18.45	Al_2O_3
Si	29.98	22.83	64.13	SiO_2
K	3.13	1.71	3.77	K_2O
Fe	8.08	3.10	10.40	Fe_2O_3
O	46.85	62.63	—	—

结果表明，上第三系红土的主要化学成分中 SiO_2 含量最高，超过 60%，其次是 Al_2O_3、Fe_2O_3，含量约占 30%，MgO、K_2O、Na_2O 最少，含量小于 10%。SiO_2 和 Fe_2O_3 含量较高的原因是：一方面与上第三系红土中含有大量的石英、长石、云母及硅酸盐有关；另一方面与上第三系红土形成时气候比较湿热，氧化和淋滤作用较强有关。

2. 结构特征

上第三系红土地层中富含碳酸钙质结核或结核层，多者达数十层。碳酸钙质结核大小不等、形状各异，由于结核出露于地层表面，风化后呈多孔状，因此称为海绵结构。此外，上第三系红土中裂隙较多，裂隙面常分布有黑褐色的铁质胶膜和斑点。铁质胶膜和碳酸钙质结核的出现，说明上第三系红土主要是在半干旱和湿润气候中形成的。

上第三系红土多为块状结构，裂隙面多为凹凸不平的曲面，裂隙发育较为密集，切割形成的土块厚度为 5～30 cm 不等。上第三系红土中的裂隙延伸性较差，大都小于 2 m，且分布无明显规律。

上第三系红土微结构的分析研究，对于清晰并深化认识其力学性质特征及其在不同条件下的变化提供了有效途径。所用试样经自然风干后，沿竖直方向和水平方向削成 1 cm^3 的小方块(其中待观察面用手掰开，保证待观察面不受扰动)。置于载物台上镀金膜，将镀好金膜的样品置于 FEI Quanta 400 FEG 环境扫描电子显微系统下进行微结构分析。先在低倍率环境下对土样进行整体观察，选取有代表性的区域，然后对该区域放大观察。放大倍数越大，观察越清晰，视野范围越小；反之，放大倍数越小，视野范围越大，图片的分辨力越低。每个样品一般观察 2 个视域，在每个视域放大到合适的倍数下，选取典型点，进行能谱分析，对特殊现象进行更大倍数的放大。最后，对观察结果进行统计分析，得出样品的微结构特征，如图 7-4 所示。

本研究分别选取石楼隧道出口、四号斜井及一号斜井四组原状变异前的试样和 1 个浸水变异后的上第三系红土土样分别进行电镜扫描试验，每组试样分别拍摄 800、3 000 倍的 SEM 照片(图 7-4)，通过对比，研究变异前后上第三系红土的骨架特征、孔隙特征及胶结特征。微结构特征是土体颗粒排列的直观反映。对上第三系红土变异前后 SEM 照片进行定量分析，各断面的微结构图像处理结果见表 7-3。

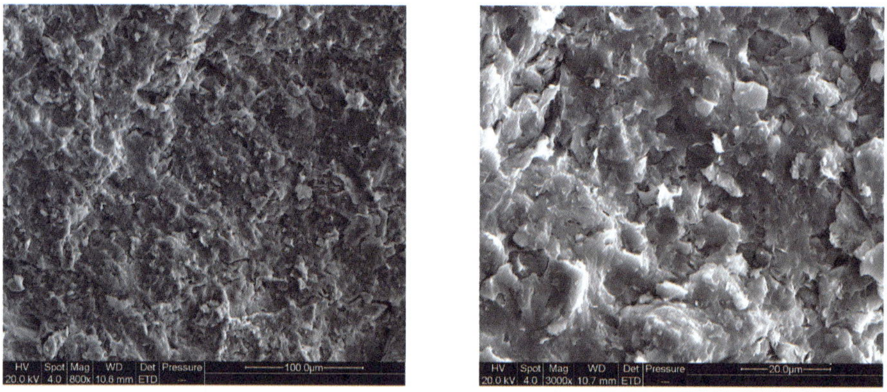

(a)800 倍　　(b)3 000 倍

图 7-4　浸水变异后不同倍数下上第三系红土的微观结构

表 7-3　微结构图像处理结果表

断面编号	土样类型	不同直径孔隙百分含量/%				平均颗粒个数	孔隙平均直径/μm	孔隙平均周长/μm	$S_{孔隙}/S_{总}$ /%
		≤2 μm	2~8 μm	8~32 μm	≤32 μm				
1 号	变异前	52.94	34.17	12.89	0	1.025	0.588	2.717	10.81
2 号	变异前	58.33	29.51	12.16	0	0.876	0.492	2.024	8.97
3 号	变异前	60.18	26.47	13.35	0	0.927	0.526	2.236	9.12
4 号	变异前	51.50	35.00	13.50	0	0.942	0.547	2.451	9.73
5 号	变异后	74.30	19.27	6.43	0	0.731	0.381	1.608	6.72

注：$S_{孔隙}$—孔隙面积；$S_{总}$—测量截面总面积。

上第三系红土的显微结构特征表明，上第三系红土结构相对致密，具有较高的力学强度，但同时存在许多微小裂隙。在地下水的长期侵蚀作用下，上第三系红土发生变异，其骨架颗粒接触方式改变，空隙类型和数量也发生变化，微裂隙更加发育，易溶的黏土矿物被水溶解带走，导致其强度急剧降低。

3. 基本物理力学指标研究

晋陕黄土高原、汾渭断陷盆地区域的上第三系地层，与下伏的侏罗系、三叠系砂岩和泥岩呈不整合接触，且与第三系沉积时的地形地貌密切相关；晋东南区域新构造活动相对较强，上第三系地层与下伏三叠系、下第三系砂岩和泥岩起伏变化大，另外由于吕梁山、太岳山山岭的阻隔，气旋作用导致西北向风力相对减弱，该地区上第三系地层黏粒含量较高，其物理力学性质也略有差异。

通过统计、对比分析各区域的既有上第三系地层的地质勘察成果可知，各区域上第三系红土的主要物理力学指标类似，详见表 7-4。

表 7-4　各区域上第三系红土主要物理力学指标统计

区　域	地层岩性	天然孔隙比 e_1	土粒比重 G_s	塑性指数 I_p	内摩擦角 φ (q 快剪)/(°)	黏聚力(快剪) c_q/kPa
黄土高原(延安)	粉质黏土	0.591	2.72	10.8	15.9	54.9
	含砾粉质黏土	0.638	2.73	14.6	16.7	55.6
黄土高原(晋中南)	粉质黏土	0.65	2.72	12.6	32	35
汾渭断陷盆地(大西)	粉质黏土	0.637	2.72	12.9	20.8	52.9
晋东南(太焦)	粉质黏土	0.659	2.72	13.2	19.2	48.3
	黏土	0.511	2.74	22.7	17.9	66.8
太行山南坡(太焦)	黏土	0.62	2.72	20.8	21.5	61.8
中条山(蒙华)	黏土	0.627	2.72	22.6	26.3	53.6

综合各区域气象特征、地形地貌、地质构造及基本物理指标对比分析可知，上第三系红土的沉积经历了早期风动力的搬运、沉积，后期由于其基底地貌、气候等因素的影响，部分层段经历了后期流水的改造，在低洼地带重新聚集。成因模式可以分别用缓坡沟谷型、高地型、山前型表示其沉积成因过程。野外特征、磁化率、石英颗粒的微形态等方面分析表明，上第三系地层堆积显示出相似或者相同的特征，大都为典型的风成沉积。

7.2.2　上第三系红土力学特性试验

1. 压缩性

试验结果表明，上第三系红土的压缩性很小，天然状态下压缩系数 $a_{1\sim2}=0.031\sim0.054\ \text{MPa}^{-1}$，属于低压缩性土。图 7-5 表明，压缩系数与含水率呈正相关，即随含水率增大而增大，随含水率减小而逐渐趋于稳定。图 7-6 表明，压缩系数与孔隙比也呈正相关，即孔隙比越大，土的压缩性越高，压缩系数随孔隙比减小而逐渐趋于稳定。综合对比可以看出，相同含水率与相同孔隙比条件下，DM1 压缩性明显低于 DM2、DM3，其原因在于 DM1 中结核发育，结核彼此镶嵌在土体中，起到了“锚固”土体的作用。

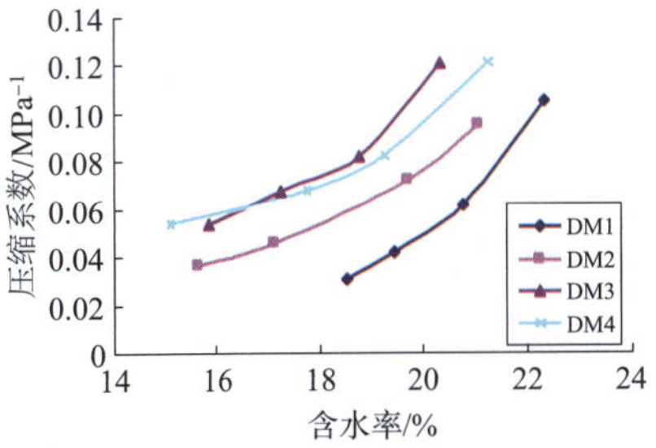

图 7-5　压缩系数随含水率的变化

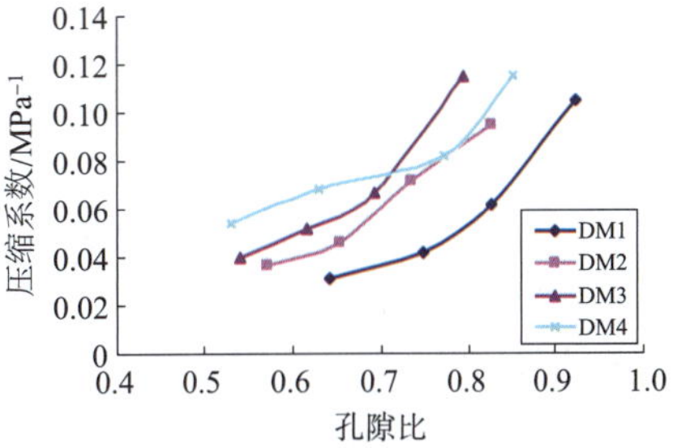

图 7-6　压缩系数随孔隙比的变化

2. 三轴压缩试验

为了研究上第三系红土的静三轴压缩特性以及水作用下上第三系红土的静力学特性，对石楼隧道四个断面的土样进行了不同含水率下的静三轴不固结不排水试验。试验所选用的含水率为：天然含水率、塑限含水率、塑限含水率+2%含水率、饱和含水率。通过试验所得到的强度指标见表 7-5。

表 7-5　土样静力 Mohr-Coulomb 强度指标表

编　号	w=天然		w=塑限		w=塑限+2%		w=饱和	
	c/kPa	φ/(°)	c/kPa	φ/(°)	c/kPa	φ/(°)	c/kPa	φ/(°)
1 号断面	272.5	14.0	257.6	13.4	235.1	12.2	219.2	10.9
2 号断面	360.0	21.7	330.7	20.9	295.6	18.2	250.1	17.4
3 号断面	320.9	20.9	291.0	19.4	259.3	17.2	209.7	16.2
4 号断面	252.8	26.9	237.1	24.0	211.7	20.6	186.7	16.4

图 7-7 和图 7-8 表明，上第三系红土强度很高，不同含水率下黏聚力范围为 186.7～360 kPa，内摩擦角为 10.9°～26.9°。上第三系红土的黏聚力 c 和内摩擦角 φ 均随着含水率的增大而减小，当含水率超过塑限时，强度指标 c、φ 出现突变，减小幅值增大，当含水率达到塑限+2%(20.2%～21.3%)以后，减小幅值出现回落；1 号断面在含水率达到塑限时其强度指标没有出现突变，其原因在于 1 号断面上第三系红土中含有大量的钙质结核，形状各异的结核镶嵌在土体中，起到了锚固的作用，从而提高了土体的强度。强度指标 c、φ 的下降和突变表明，水是影响上第三系红土强度的一个重要因素。

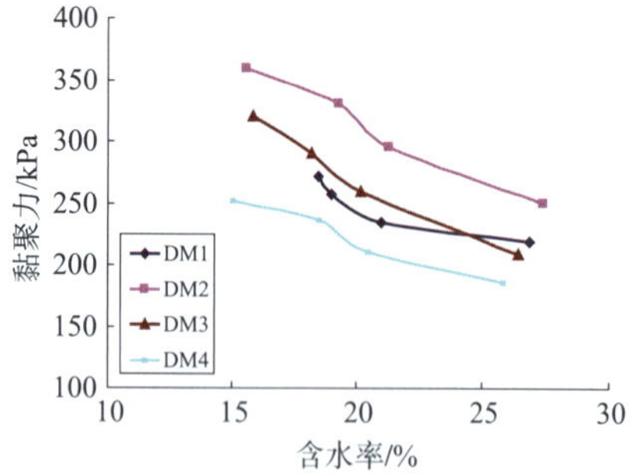

图 7-7　黏聚力与含水率关系曲线图

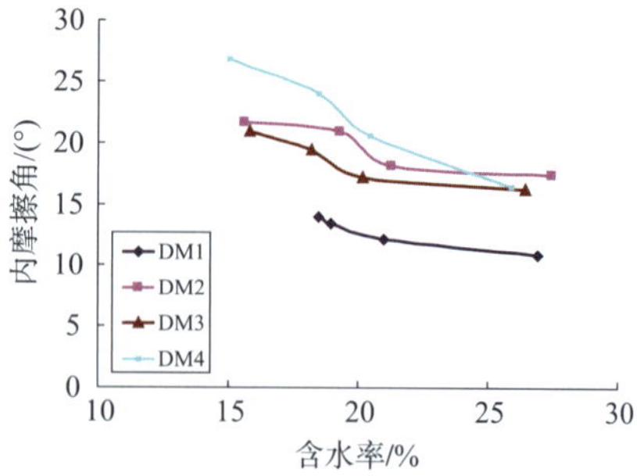

图 7-8　内摩擦角与含水率关系曲线图

3. 剪切试验

静三轴试验结果表明，上第三系红土在天然含水率和饱和含水率下的强度都较高。上第三系红土的裂隙非常发育，类似于岩体中的结构面；而动三轴、静三轴试样尺寸很小，其结果只能反映土块的强度，忽视了裂隙对土体强度产生影响。为研究各种微小结构面对上第三系红土强度的影响，对天然含水率下原状上第三系红土进行了大型直剪试验，轴向压力分别为 200、400、600 kPa，试验所得数据见表 7-6。

表 7-6　上第三系红土大型直剪试验强度指标

试验点号	σ_{z1}/kPa	τ_{max1}/kPa	σ_{z2}/kPa	τ_{max2}/kPa	σ_{z3}/kPa	τ_{max3}/kPa	c/kPa	φ/(°)
DM1	200	159.7	400	273.0	600	365.3	60.5	27.2
DM2	200	222.6	400	335.0	600	440.3	114.9	28.6
DM3	200	202.8	400	310.4	600	415.3	96.9	28.4
DM4	200	217.7	400	325.2	600	425.5	111.7	27.2

4. 蠕变试验

试验采用未扰动土样，制备方法和三轴试验一致，成形后置于饱和器中，采用真空饱和方法使试样饱和，根据饱和度来检验试样饱和程度，当饱和度大于 95%时，即认为试样完全饱和。所得蠕变曲线如图 7-9～图 7-11 所示。

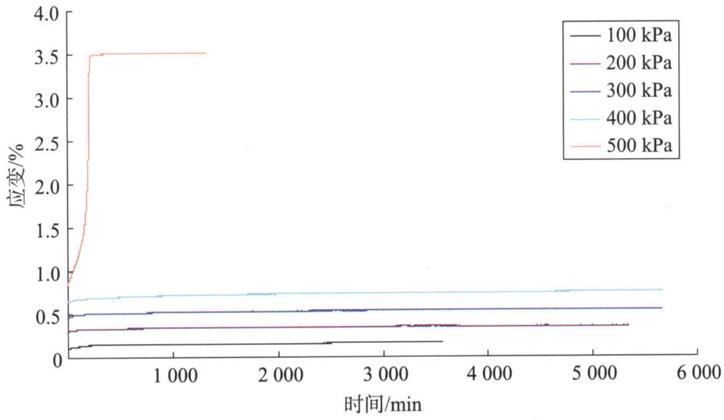

图 7-9　100 kPa 围压轴向应变-时间关系曲线

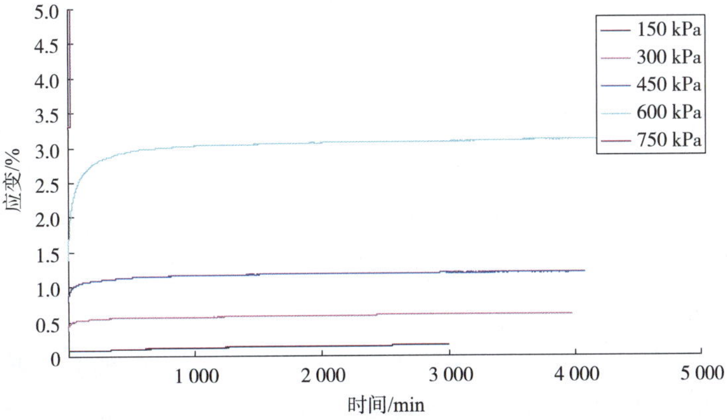

图 7-10　200 kPa 围压轴向应变-时间关系曲线

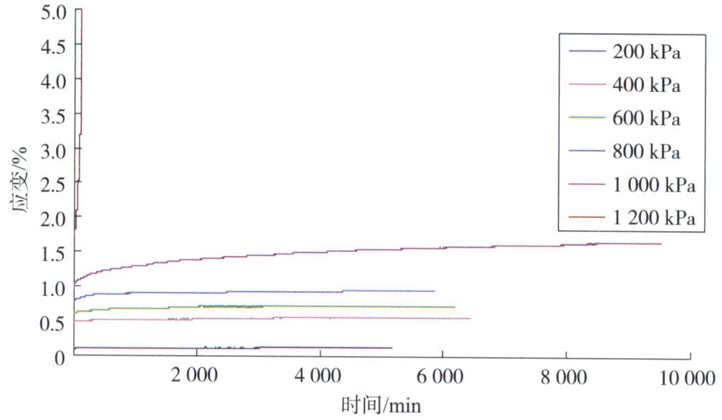

图 7-11　400 kPa 围压轴向应变-时间关系曲线

从不同围压下轴向应变-时间关系曲线可知：

(1)随着围压增大，上第三系红土蠕变强度具有明显的提高，极限蠕变变形也相应增大。在同一应力水平下，围压越大，土样沿轴向的蠕变变形量越小，在轴向上越不容易发生流变。

(2)试件产生的蠕变，随时间增长，先增加较快，以后逐渐变小，直至不变，说明产生的蠕变具有稳定的性质。

(3)在应力水平较低的情况下，出现衰减蠕变，蠕变随时间增长最后趋向于某一个定值；在应力水平较高时，会发生非衰减蠕变，出现瞬时变形、非稳定变形、稳定变形三个阶段。这说明土样蠕变量与其受到的应力水平有关，应力水平越高，蠕变变形越明显。

(4)低应力水平作用下的蠕变变形很小，几乎可以忽略不计；在中等应力水平作用下非稳定变形值较大，但稳定变形过程中的变形值仍很小；在较高应力水平作用下，很快达到急剧流动阶段，土样迅速被破坏。这说明蠕变变形性状在一定应力水平下才能表现出来，当应力水平较低时，蠕变变形量可以忽略不计。

7.2.3　上第三系红土隧道稳定性影响因素分析

1. 地下水

地下水是影响土质围岩稳定性的重要因素。水的作用主要表现为溶蚀土体和结构面中易溶胶结物、潜蚀充填物中的细小颗粒，使土体软化，充填物泥化，强度降低，同时增加动、静水压力等。这些作用对围岩稳定性的影响可采用修正法、降级法、限制法等进行反映。隧道开挖后因渗流路径增加、水力坡度改变将影响围岩的含水状态，并直接导致围岩力学性质弱化，稳定性大大降低，围岩级别降低 1～2 级。

现场开挖后，掌子面上第三系红土一般经历了由潮湿至湿润、偶有渗水，并逐渐开始出现滴水、线状渗水的过程，这一过程短则间隔半小时、长则达 8 h 或更长，仅有隧道进出口段落未出现渗滴水现象。现场监测成果也显示，同一断面的不同部位，围岩土体含水率不同，下台阶含水率大于上台阶含水率；同一断面的同一部位，随着距开挖时间越长含水率越高。隧道开挖具有明显的“聚水”作用，这种作用受控于时间、裂隙、重力以及地下水赋存情况的影响。

2. 围岩裂隙

据现场开挖揭示，上第三系红土围岩的裂隙主要为：延伸较差的节理、层面、次生裂隙，长度为几厘米至数十厘米；规模更小的隐节理、微层面、微裂隙等，其连续性一般较差。现场监测对掌子面的围岩裂隙进行了详细描述和统计评价，统计的要素有产状、连续性、密度、张开度、形态、充填、胶结特性及裂隙的空间组合关系。上第三系红土节理、微裂隙发育，其形态平直且较为密集，但几乎没有张开度，同时随机方向的小型裂隙也是密集发育但不连续。在隧道开挖掌子面，围岩裂隙数目多，形态各异，将土体切割成各种形态。

现场施工中，裂隙发育～很发育的段落在隧道开挖过程中频繁剧烈地掉块、坍塌，加上地下水耦合作用，上第三系红土围岩稳定性加速恶化，调整为Ⅴ级（黏土）围岩进行初期支护，有效提高了围岩的稳定性。

3. 砂土层作用

上第三系红土地层并不是均质的，隧道开挖揭示，在该套地层中发育大段落的细砂、细圆砾土薄层、透镜体，均未胶结，并且多具水平层理、粒序层理，反映了冲积成因环境。

当掌子面发育两种不同岩性的地层时，围岩稳定性受控于其组合及其最薄弱环节，如粉质黏土与砂土地层组合，砂土层的分布和含水情况控制围岩分级。砂土层黏聚力低、易坍塌，当位于拱部、拱腰边墙时，其厚度超过 0.5 m 就会对围岩稳定性产生显著影响，围岩级别至少降低一级；此外，砂土层相对富水，掌子面揭露砂土层时往往加速了渗滴水过程且加大了渗水量值，影响围岩稳定性。

现场施工揭露砂土层主要包括两种状态：一种为砂质较纯且单层厚度较大，最大达 1.5 m，含水率高，易坍塌；另一种为与粉质黏土呈互层状态产出，单层厚度为 0.1～0.5 m，砂土黏粒含量较高，呈潮湿状态，具有一定的自稳能力。对于第一种状态的砂土层来说，分布位置对围岩稳定性影响最大。当其位于拱部时，设计施工按照Ⅴ级（黏土）加强支护，效果良好；当其位于中台阶边墙及下台阶时，按照Ⅴ级（黏土）围岩支护，效果良好。第二种状态的砂层对围岩稳定性的影响较之前者较小，仅当其位于拱部时围岩级别需调整为Ⅴ级，位于中下台阶时在潮湿状态下围岩级别下降尚不足一级。

4. 土石分界面作用

土石分界是一种典型的地质界面，地质条件往往发生变异。土石分界处上台阶为均匀的上第三系红土，中下台阶为基岩，起主导作用的为上第三系红土，若土石界面处出现夹层（砂土或细圆砾土），渗水量加大，起主导作用的因素就增加了砂土夹层及水对围岩的贡献程度。石楼隧道土石分界段落统计见表 7-7。

表 7-7 石楼隧道土石分界段落统计表

隧道起止里程	长度/m	土石分界工程地质特征			
		地层岩性	裂隙发育程度	含水情况	岩土体状态
DK223+920～+980	60	上部粉质黏土夹细砂，下部泥岩	土体裂隙发育，岩体裂隙很发育	土体含水率大，土石界线线状出水	土体软化，局部剥落；岩体呈土状及碎块状
DK224+130～+658	528				
DK224+823～DK225+070	247				
DK223+980～DK224+130	150	上部粉质黏土夹细砂，下部泥岩	土体裂隙较发育，岩体裂隙很发育	土体含水率大，砂层有水流出，土石界线线状、股状出水	土体软化，强度降低；岩体呈土状及碎块状
DK224+658～+823	165				
DK225+070～+390	320	上部粉质黏土，下部泥岩	土体裂隙较发育，岩体裂隙很发育	土体硬塑，土石分界局部渗水	土体呈大块状，岩体呈碎块状、块状

从区域上看，石楼隧道古地形为一中部基岩隆起的穹隆状构造，第三系裂隙、孔隙潜水位与古地形呈现高度相关性，亦呈中间高四周低的特征，表明区域地下水渗流场受古地形影响，土石分界处隧道位于渗流水力梯度较大部位，隧道开挖后地下水丰富，围岩稳定性差。

现场施工揭露土石分界处掌子面上部粉质黏土夹细砂薄层，下部基岩裂隙发育，以泥质岩为主，渗透性较低，开挖揭示地下水发育，施工按照Ⅴ级围岩支护，并采取合理施工开挖工艺，效果良好。

5. 地应力

地应力主要表现为对岩质围岩稳定性的影响。由于土质隧道埋深较浅且处于新构造运动环境中，目前对于地应力对土质围岩稳定的影响研究甚少，或认为基本无影响。

石楼隧道最大埋深 245 m，地应力主要为上覆土层自重应力、构造应力，土体具有超固结特性。隧道洞室开挖后洞周土体卸荷回弹变形，围岩应力重分布，再与围岩土体的工程地质性质、水文地质条件共同作用，最终导致洞室变形、掉块及坍塌。结合现场开挖揭示，发现上覆土层自重应力及开挖卸载后围岩土体的回弹应力尚不足以引起频繁剧烈的变形和坍塌。

6. 多因素叠加作用

实践表明，上第三系红土隧道围岩稳定性并非单因素控制，而是由多因素叠加作用控制。上第三系红土沉积于新近系以前基岩地层之上，处于新构造运动环境中，一般具超固结性，土体原生裂隙较发育。在隧道开挖后重分布应力作用下，围岩应力释放回弹，节理裂隙张开，地下水渗流加速，各种因素耦合作用，加速和加大了围岩强度降低的程度，围岩稳定性恶化、围岩级别降低；加之土体发育砂土薄层、透镜体，增强了土体的不均匀性和富水性，围岩质量进一步降低。

多因素叠加作用总体致使围岩质量降低 1～2 个级别，且局部必须针对性采取加强支护结构措施。鉴于多因素叠加的复杂性,隧道围岩级别的划分和评定必须考虑开挖后隧道围岩所处的工程地质和水文地质环境,进行动态设计、信息化管理。

7.3 辽西膨胀岩(土)

京沈高速铁路经过的辽西地区分布着一套侏罗系地层,岩性主要为凝灰岩、砂岩、砾岩、凝灰质砂岩、砂砾岩、凝灰质砂砾岩、安山岩等,经历多期火山喷发,夹多种火山杂岩。受火山喷发物质影响,上述基岩胶结物及细颗粒成分富含蒙脱石等膨胀性黏土矿物。路堑、隧道开挖弃方大多为多种岩石风化层的混合物,形成了粗粒土、细粒土混杂的混合土。试验结果显示,辽西地区基岩风化层及其混合土中的细颗粒土成分,其蒙脱石含量与阳离子交换量较高,自由膨胀率较低。按照现行铁路相关规范进行取样、试验和评价,上述基岩风化层及混合土中的细颗粒成分多具有膨胀性,能否用于路基填料对投资影响较大。

岩土体产生膨胀的原因很复杂,针对岩土体的膨胀性判定,国内外不同的规范有不同的判定方法和判断指标。《铁路工程特殊岩土勘察规程》(TB 10038—2022)规定,膨胀土、易崩解的膨胀岩根据蒙脱石含量、阳离子交换量及自由膨胀率三个指标来判定其膨胀性。对于基岩风化层及其混合土,没有规定试验及评价标准,实际工程中一般是筛取其中的细颗粒成分按照膨胀土的判断标准进行试验和评价。国内外对于岩土的膨胀性判定,自由膨胀率是很重要的一个指标;多数岩土体蒙脱石含量、阳离子交换量较高的同时,自由膨胀率也较高。但辽西地区风化岩蒙脱石含量与阳离子交换量较高,自由膨胀率较低,国内外对于此类岩土体的膨胀性研究很少。为了解其对无砟轨道的影响,指导路基填料设计,控制工程投资,我们立项开展了辽西地区膨胀岩风化层及其混合土的膨胀特性及工程对策研究。

7.3.1 辽西膨胀岩(土)物理力学特性

1. 矿物成分及微观分析

风化层的矿物成分和微观结构对其基本物理力学性质具有决定性影响。为研究岩土物理力学特性,对辽西地区泥质砂岩和安山岩两种岩石的风化层进行了矿物成分分析,并且进行了电镜扫描试验。泥质砂岩和安山岩基本化学成分见表7-8。不同放大倍率下电镜扫描照片如图7-12所示。

由图7-12所示可知,泥质砂岩中存在大量的细土颗粒,其土颗粒尺寸整体上非常小,其中的较大颗粒则是由较小的片状土颗粒层叠而成。安山岩中细土颗粒主要为片状或圆粒结构,其含量相对较小,还存在一些较大的完整土颗粒结构。两种风化层中大颗粒周围均吸附有大量的较小颗粒。这说明两种风化层能够吸附水化阳离子,从而导致其土体具有膨胀潜势。

表 7-8　泥质砂岩与安山岩基本化学成分表

土　　样	蒙脱石含量/%	阳离子交换量 /(mmol·kg^{-1})	自由膨胀率/%
安山岩	20.57	266.7	23.5
泥质砂岩	33.61	437.8	51.0

(a)

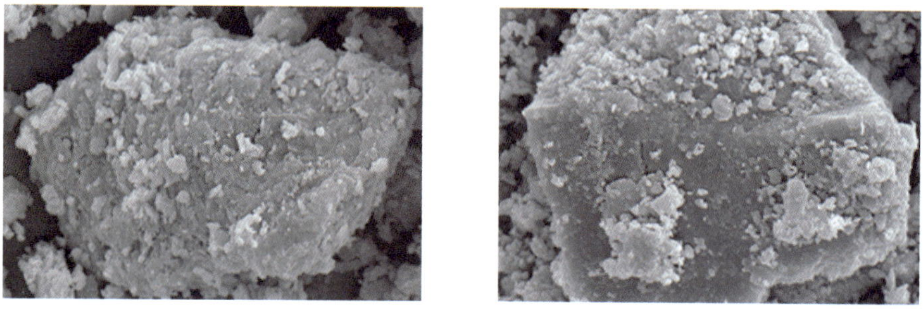

(b)

图 7-12　泥质砂岩(左)和安山岩(右)不同倍率电镜扫描照片

由表 7-8 可知,根据铁路规范现有的评价指标可初步判断,泥质砂岩具有强膨胀性,而安山岩具有中膨胀性。需要注意的是,两种风化层均具有阳离子交换量和蒙脱石含量较高、自由膨胀率较小的特点。XRD 测试结果表明,泥质砂岩与安山岩中均有较高含量的蒙脱石,且泥质砂岩中蒙脱石的含量更高,石英也占有一定比例,此外,还存在少量的云母、伊利石、长石等。

2. 混合土渗透试验

土由固、液、气三相组成,土中含水率多少以及水在土中的运动迁移对土的各方面性能都有着影响,其中土的渗透性能作为一项重要的指标决定着土的渗水能力。试验规程中测试土样的渗透性能有常水头试验和变水头试验两种方法,两种方法有各自的适应条件。通过颗粒级配及击实试样,初步设计安山岩混合土采用常水头试验,泥质砂岩混合土采用变水头试验。

(1)安山岩

安山岩混合土的粒径偏大,且破碎程度不高,从安山岩击实前后筛分结果可知,土样中存在很明显的孔隙,所以采用常水头试验。试验前先按最优含水率配制土料,闷料12 h 后再按步骤完成渗透试验,并记录数据(表 7-9)。

表 7-9 安山岩渗透试验结果

渗透水量 Q/cm^3	试样面积 A/cm^2	平均水位差 H/cm	时间 t/s	渗透系数 k_t	渗透系数 k_{20}	平均渗透系数 k_{20}
100	29.981	11.5	57	0.050 9	0.057 7	0.055 0
100	29.981	11.5	60	0.048 3	0.054 8	
100	29.981	11.5	61	0.047 5	0.053 9	
100	29.981	11.5	59	0.049 2	0.055 7	
100	29.981	11.5	60	0.048 3	0.054 8	
100	29.981	11.5	62	0.046 8	0.053 0	

安山岩渗透系数的试验试样采用反算压实度,根据击入渗透仪内的试样质量和渗透筒体积反算压实度为 84.1%。

(2)泥质砂岩

泥质砂岩混合土的细颗粒含量极高,且颗粒破碎程度较高,土样的孔隙被细颗粒填满,相对密实,故采用变水头试验。先按最优含水率配制土料,闷料 12 h后按要求击实,将土料放入渗透环刀内,并通过饱和器抽气饱和 10 h,然后按步骤完成渗透试验,读取并记录数据。试验结果表明,泥质砂岩的渗透系数很小,详见表 7-10 和表 7-11。

表 7-10 泥质砂岩 90%压实度变水头渗透试验结果

组别	试样横断面积 A/cm^2	变水头管的断面积 a/cm^2	试样高度 L/cm	t_2-t_1 /s	H_1 /cm	H_2 /cm	$\lg(H_1/H_2)$	渗透系数 $k_t/(\times10^{-7})$	平均渗透系数 $k_t/(\times10^{-7})$
第一组	29.981	1	4	234 000	63.5	43.6	0.163 287	2.141 5(舍)	3.76
第二组	29.981	1	4	46 800	43.6	38.2	0.057 423	3.765 1	
第三组	29.981	1	4	63 000	38.2	32.0	0.076 913	3.746 1	

表 7-11 泥质砂岩 95%压实度变水头渗透试验结果

组别	试样横断面积 A/cm^2	变水头管的断面积 a/cm^2	试样高度 L/cm	t_2-t_1 /s	H_1 /cm	H_2 /cm	$\lg(H_1/H_2)$	渗透系数 $k_t/(\times10^{-7})$	平均渗透系数 $k_t/(\times10^{-7})$
第一组	29.981	1	4	234 000	61.0	52.4	0.065 999	0.865 5(舍)	1.34
第二组	29.981	1	4	46 800	52.4	49.8	0.022 102	1.449 2	
第三组	29.981	1	4	63 000	49.8	47.0	0.025 131	1.224 1	

3. 膨胀性试验

(1)自由膨胀率试验

由表 7-12 可知,安山岩和泥质砂岩的自由膨胀率分别为 23.5%和 51.0%。从自由膨胀率角度来看,安山岩的膨胀性不强,而泥质砂岩膨胀性较强。

表 7-12 安山岩和泥质砂岩自由膨胀率试验结果

土 样	初始值/mL	稳定值/mL	均值/mL	自由膨胀率/%
安山岩	10.0	12.2	12.57	23.5
		12.5		
		13.0		
泥质砂岩	10.0	15.8	15.33	51.0
		15.2		
		15.0		

(2)无荷膨胀率试验

无荷膨胀率试验结果如图 7-13 和图 7-14 所示,安山岩和泥质砂岩均具有一定的膨胀性。过 2 mm 筛 95%压实度时安山岩膨胀率为 2.84%,90%压实度的膨胀率为 2.38%。过 2 mm 筛 95%压实度时泥质砂岩膨胀率为 32.71%,90%压实度的膨胀率为 24.31%。

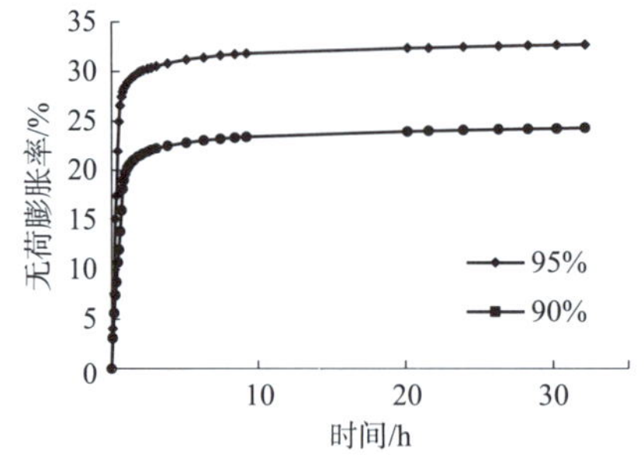

图 7-13 过 2 mm 筛泥质砂岩膨胀率曲线

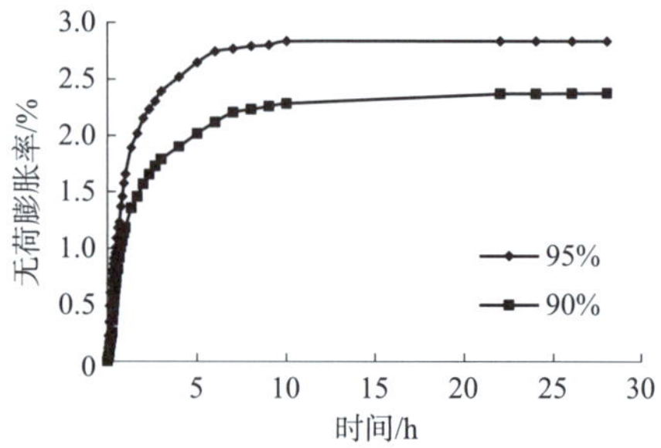

图 7-14 过 2 mm 筛安山岩膨胀率曲线

(3)膨胀力试验

泥质砂岩两种压实度的膨胀力试验结果见表 7-13,压实度不同其膨胀力有一定的差异,95%压实度的膨胀力为 125 kPa,90%压实度的膨胀力为 106 kPa。

表 7-13 泥质砂岩膨胀力试验结果

压实度/%	盘中砝码/kg	杠杆比	载荷块/kg	反力/N	膨胀力/kPa
90	19.458	10	1.65	1 923.054	106.031
95	22.97	10	1.65	2 267.230	125.008

安山岩膨胀力试验结果见表 7-14。

表 7-14　安山岩膨胀力试验结果

压实度/%	盘中砝码/kg	杠杆比	反力/N	膨胀力/kPa
90	0.47	12	54.771	18.257
95	0.69	12	80.881	26.960

(4)有荷膨胀试验

原状泥质砂岩(最大粒径 20 mm)的有荷膨胀试验结果见表 7-15 和图 7-15。由此可知，随着上覆载荷增大，对应的膨胀量依次减小。

表 7-15　泥质砂岩(最大粒径 20 mm)**有荷膨胀试验结果**

压实度/%	25 kPa		50 kPa		75 kPa	
	膨胀量	膨胀率	膨胀量	膨胀率	膨胀量	膨胀率
95	2.12	2.00	1.27	1.20	0.74	0.70
90	1.15	1.08	0.68	0.64	0.32	0.30

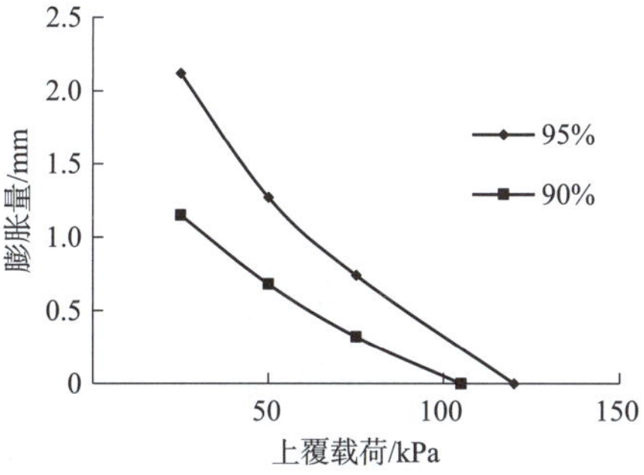

图 7-15　不同上覆载荷时泥质砂岩的有荷膨胀量

(5)收缩试验

膨胀土的胀缩率是膨胀土性质的基本指标之一，为此，对安山岩和泥质砂岩进行了收缩试验，用环刀取试样，分别采用两种压实度(95%和 90%)。收缩试验读数每两小时一次，最终百分表读数稳定时终止读数，以含水率为横轴，线收缩率为纵轴，绘制收缩曲线如图 7-16 和图 7-17 所示。

由图 7-16 和图 7-17 可知，安山岩 95%压实度线收缩率为 0.019 3%，90%压实度的线收缩率为 0.008 5%；泥质砂岩 95%压实度线收缩率为 0.039 1%，90%压实度的线收缩率为 0.026 3%。

4. 膨胀机理及过程

1) 膨胀微观机理

泥质砂岩与安山岩所表现出来的膨胀性是因为其主要成分为蒙脱石，蒙脱石为强亲水

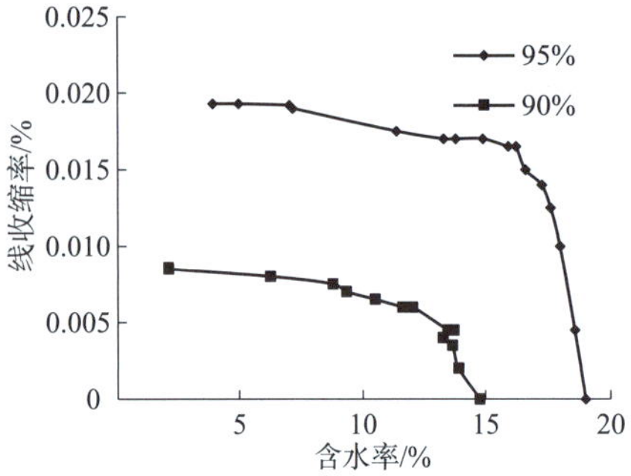

图 7-16　安山岩收缩曲线

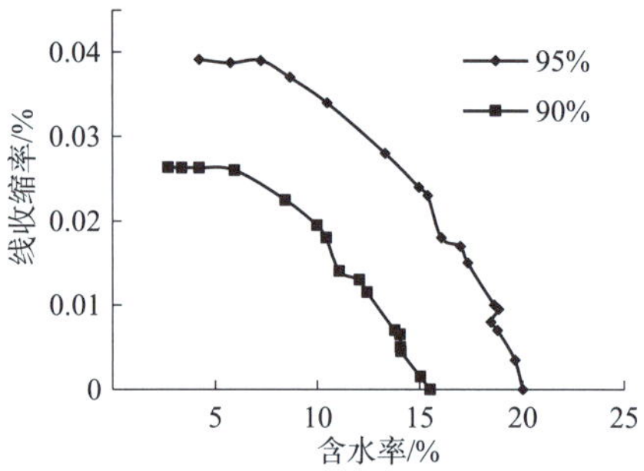

图 7-17　泥质砂岩收缩曲线

矿物，具有强胀缩、多裂隙和强度衰减的高塑性黏土。当含水率增加，水分进入到蒙脱石内部，使水膜增厚，粒间空隙增大，在宏观上表现为体积增大即膨胀，当膨胀受到外界约束时将会产生膨胀力，当外界压力不足以抵御土体内部膨胀应力时则产生膨胀变形。所以膨胀的机理源头是亲水性的黏土矿物，黏土矿物由于其分散性、比表面积大、表面自由能强，加之晶格间的置换作用导致电荷不平衡，而表面带大量负电荷的土颗粒在电荷间引力作用下，吸附周围的阳离子及水分而产生水化作用。

2）膨胀过程

膨胀过程从吸水膨胀过程以及膨胀过程力学机制两个方面阐述。

（1）土体宏观吸水膨胀

土样在初始状态时保持较低的含水率，土颗粒间的孔隙相互联通，水路的通道较为顺畅。当土样浸泡于水中后，首先由于水力梯度差加之水路通道畅通，所以在此阶段吸水速度猛烈。但随着不断吸水，土样渐渐达到饱和，水力梯度减小，水路通道由于土体吸水膨胀而堵塞导致吸水速率减小，膨胀变形增长速率减小。

（2）土体膨胀力学机制分析

土颗粒间距增大是引起宏观上土体膨胀的主要因素，从力学的角度上看，粒间间距的变化与粒间基质吸力及斥力相关。当含水率较低时，颗粒间的弯液面曲率半径较小。基质吸力的拉普拉斯公式为

$$u_a - u_w = T_s\left(\frac{1}{R_1} + \frac{1}{R_2}\right) = \frac{2T_s}{R_s} \tag{7-3}$$

式中　u_a，u_w——孔隙气压、孔隙水压，kPa；

T_s——土颗粒表面张力，N；

R_1，R_2——在正交平面上薄膜翘曲处的曲率半径，mm；

R_s——薄膜曲率半径，mm。

由式（7-3）可知，从土体的初始含水率状态到浸水的过程，颗粒间的孔隙通道逐步被水分填满，在此过程土体原有的土水平衡状态被打破，从微观上看，其颗粒间弯液面的曲率半

径增大，但表面张力几乎没变化，从而使得基质吸力减小。为了达到新的静力平衡状态，土颗粒间的斥力也逐渐减小，最终使得土体积增大。

此外，膨胀土在实际服役过程中的膨胀过程是反复的，即膨胀与收缩的过程是并存的，所以，当土体膨胀时的含水率起点可能是含水率极低的状态，此时可以通过 Fredlund 的“吸力理论”来描述该膨胀过程。

7.3.2 混合土膨胀性影响因素及改良

通过膨胀机理及过程研究、细颗粒对土膨胀性影响分析、压实度对风化岩膨胀性的影响分析、上覆载荷对膨胀性的影响分析、干湿循环对膨胀性影响分析、化学改良试验研究等，得到如下主要结论：

(1)泥质砂岩中粒径小于 0.075 mm 的细颗粒占比达到 80%以上，细颗粒间存在显著的黏聚作用，湿筛时会破坏其黏聚结构，而干筛无法分离出足够的泥质砂岩细颗粒，可以采用掺入粗颗粒土的方式，形成合格的混合土填料。

(2)压实度越大，泥质砂岩浸水膨胀的增长速率越慢，但其最终的膨胀率更大。上覆载荷对泥质砂岩的膨胀有显著的抑制作用。

(3)随着安山岩细颗粒掺入量增加，其混合土的无荷膨胀率逐渐增加，但增长速率逐渐减缓。随着泥质砂岩细颗粒掺入量增加，混合土的最大干密度减小，而最优含水率增加，无荷膨胀率也明显增加但增长逐渐放缓。具体来说，当泥质砂岩细颗粒含量由 8.54%增加至 56.23%时，其混合土的无荷膨胀率由 1.36%增加到 9.24%。不论是何种细颗粒掺入方式，细颗粒掺量与混合土的无荷膨胀性之间均表现为对数关系。细颗粒的膨胀性大小对混合土的无荷膨胀性具有明显影响。

(4)随着上覆载荷增大，混合土的膨胀率逐渐减小，且呈现先快后慢的衰减特征。随着细颗粒掺量增加，其混合土的膨胀性增加，但增长变化规律与上覆载荷大小有关。

(5)随着泥质砂岩细颗粒的掺入量增加，混合土的黏聚力有增长趋势，而内摩擦角与 CBR 有减小趋势。

(6)上覆载荷、压实度、初始含水率越高，混合土的膨胀率越低。首次干湿循环下，混合土的胀缩衰减显著；但在第 8 次干湿循环后，其胀缩率已经很小。

(7)随着水泥或生石灰掺入，改良泥质砂岩的膨胀性减弱。具体来说，未掺入水泥土样的无荷膨胀率约为 25%，改良土的无荷膨胀率降低至 0.8%以下，生石灰改良剂的加入可以大幅度降低泥质砂岩的膨胀性，从 16%到 1%；但是过多地掺入生石灰，其膨胀性反而增加。推荐的生石灰的最佳掺量为 2%，水泥的最佳掺量为 6%。

(8)随着水泥或生石灰掺量增加，其改良土的抗剪强度也随之增加。水泥及生石灰的掺入有利于提高其 CBR。

7.4 硅藻岩(土)

硅藻岩(土)是一种生物化学成因的硅质岩(土),是由硅藻遗体堆积后经初步成岩作用而成的土状岩石。我国硅藻岩(土)主要分布在华东及东北地区的吉林等地。

杭绍台高速铁路途经嵊州市、新昌县境内,玄武岩台地区第三系多期喷发的玄武岩与多期河湖相沉积层中,赋存大量硅藻岩(土),主要分为白色硅藻岩(土)、蓝色硅藻岩(土)和黑色硅藻岩(土),层厚 4～90 m 不等。选线时因受新建嵊州新昌站位置控制,无法全部绕避硅藻岩(土)层,仍有约 7 km 线路长度受硅藻岩(土)影响,影响工点类型包括路基、桥梁、隧道。

硅藻岩(土)属于特殊岩土,在干湿循环、工程扰动等情况下原生结构破坏而丧失结构强度,容易发生滑坡、地基沉降、变形破坏等地质灾害。相关工程实例极少,也没有相关的标准。为全面了解其工程特性,指导路基、桥梁、隧道工程采取针对性工程措施,中国铁设开展了专题研究,现场完成了大量实体工程试验,有效指导了硅藻土段工程建设,并形成了标准。

7.4.1 硅藻岩(土)结构特征

1. 宏观结构

硅藻岩(土)在野外存在竖向节理、斜节理和水平层理,风化越严重,工程性质越差。野外硅藻岩(土)如图 7-18 所示。块体越小,越易崩解;块体越大,越接近原状,稳定性越好。按颜色分,蓝色硅藻岩(土)的性质最好,黑色硅藻岩(土)次之,白色硅藻岩(土)最差。

图 7-18 野外硅藻岩(土)

2. 微观结构

扫描电子显微镜观察表明，试样有较完整的硅藻残骸，且存在多种形态，以圆筒状为主，同时也有少量的圆盘状、肋骨状等形态，如图 7-19 所示。最小的硅藻碎屑直径可小至 2～3 μm。所有硅藻残骸壁面均密集分布极为细小的圆孔（孔径＜0.2 μm），加之硅藻残骸的混杂堆积，形成了硅藻岩（土）极高孔隙性、极低密度的结构特征。同时，非晶质游离 SiO_2（蛋白石，$SiO_2 \cdot nH_2O$）的硅质胶结作用使天然硅藻岩（土）具有较高的结构强度。

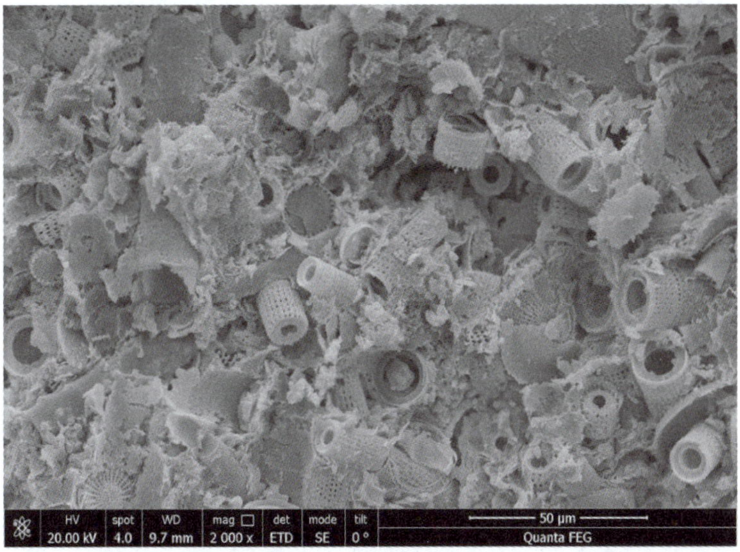

图 7-19　白色硅藻岩（土）2 000 倍扫描电镜照片

通过扫描电镜对不同颜色的硅藻岩（土）进行观测，可以发现三种颜色的硅藻岩（土）所含硅藻种类及大小很接近，只是基质成分和硅藻的含量有所不同。白色硅藻岩（土）的基质相比蓝色硅藻岩（土）具有更多的黏土矿物和更少的硅藻含量，而黑色硅藻岩（土）的基质相比白色硅藻岩（土）更为致密，其有机质含量也更高。

7.4.2　硅藻岩（土）成分

采用 XRD 粉晶衍射和颗粒分析作为主要手段，分别对硅藻岩（土）的化学成分、矿物成分和颗粒组成进行分析。测试试样中主要矿物为 SiO_2，含量为 64.23%～88.64%，其次为 $CaCO_3$，含量为 4.37%～16.45%，另外还有少量的 Al_2O_3、Fe_2O_3、CaO、MgO 及少量有机质；测试试样中均含有伊利石/蒙脱石混层矿物，以及伊利石、高岭石。

白色硅藻岩（土）的黏粒（粒径小于 0.005 mm）平均含量约为 50.3%，属于黏土大类。而蓝色硅藻岩（土）的粉粒含量较大（约 72%），黏粒含量小于 30%，略低于黏土的定义范围，属于粉质黏土范围。黑色硅藻岩（土）的黏粒含量平均约为 39%，属于黏土大类。颗粒组成不仅对硅藻岩(土)液、塑限等物理指标作用明显,而且对入渗、抗冲、抗剪等力学特性有显著影响。一般来讲,黏粒含量越高,土的工程性质越差,具体体现在土的软硬程度降低,承载力和抗剪能力下降。同时,大量黏粒会吸附大量的黏土矿物,导致不同颜色硅藻岩(土)的膨胀性产生差异,而且膨胀作用也会对土体的结构造成破坏,导致工程性质变差。

7.4.3 硅藻岩(土)基本特性

1. 密度

硅藻岩(土)的密度非常低,天然密度集中在 1.5～1.7 g/cm^3 之间,干密度更是与水接近。白色硅藻岩(土)的干密度最大,且超过 1.0 g/cm^3;蓝、黑硅藻岩(土)的密度差异不大,一般都小于 1.0 g/cm^3。

2. 天然含水率

硅藻岩(土)的含水率非常高,天然含水率集中在 46%～76%之间。白色硅藻岩(土)的含水率为三者中最小,蓝色硅藻岩(土)的含水率为最大。三种硅藻岩(土)的含水率的大小都随深度变大而增加,其中,白色硅藻岩(土)含水率随深度增加斜率最大,蓝色硅藻岩(土)最小。

3. 天然孔隙比

硅藻岩(土)的孔隙比非常大,天然平均孔隙比在 1.21～1.95 之间。白色硅藻岩(土)的孔隙比在三者中最小,蓝色硅藻岩(土)的孔隙比为三者中最大。三种硅藻岩(土)的孔隙比的大小都随深度变大而增加(三者斜率都很小,小于 0.02),其中,白色硅藻岩(土)孔隙比随深度增加斜率最大,蓝色硅藻岩(土)最小。通过扫描电镜,可以观察到硅藻岩(土)具有两级孔隙,孔隙主要在硅藻岩(土)和胶结物之间、硅藻岩(土)的空腔以及硅藻岩(土)主体中的微孔隙。

4. 液限、塑限

硅藻岩(土)的液限平均值集中在 62%～93%,塑限平均值集中在 33.1%～63.4%之间。液限方面,白色硅藻岩(土)值最小,蓝色硅藻岩(土)值最大,不同颜色的硅藻岩(土)液限随深度增加也呈增大趋势,白色硅藻岩(土)增加的斜率最大,蓝色硅藻岩(土)的斜率最小;塑限方面,白色硅藻岩(土)值最小,黑色硅藻岩(土)值最大,且不同颜色硅藻岩(土)塑限随深度增加也呈变大趋势。

5. 结论

固结试验数据表明,白色、蓝色、黑色硅藻岩(土)的压缩系数无明显差异,平均值主要集中在中压缩性土范围内,白色硅藻岩(土)的压缩模量普遍较大,黑色硅藻岩(土)的压缩模量最小。总体呈现从浅到深逐渐变小的趋势。

7.4.4　硅藻岩(土)力学性质

硅藻岩(土)的抗压能力较一般黏性土更强。抗压抗拉试验结果表明,天然状态下,白色硅藻岩(土)的抗压能力最差,蓝色硅藻岩(土)的抗压能力最好。在干燥状态下,三种硅藻岩(土)显示出同样的抗压特征。

静载荷试验数据显示,不同颜色的硅藻岩(土)有较大差异,白色硅藻岩(土)的极限承载力在240～360 kPa之间,而蓝色硅藻岩(土)的极限承载力在1 300～2 000 kPa之间。

剪切试验结果表明,白、黑色硅藻岩(土)的黏聚力和内摩擦角相近,白色硅藻岩(土)较黑色硅藻岩(土)稍高,蓝色硅藻岩(土)的两项指标为三种颜色硅藻岩(土)中最高。

综合测井的波速代表岩土的物性特征与完整性。数据显示,白、蓝两色硅藻岩(土)未显示明显差别(集中在800～950 m/s区间),与黑色硅藻岩(土)差别较大,黑色硅藻岩(土)集中在1 350～1 700 m/s。由此说明,在物性特征与完整性上,白色和蓝色硅藻岩(土)更相似。

7.4.5　硅藻岩(土)水理性质

在三种黏土矿物中,蒙脱石的亲水性最好,高岭石的亲水性最差。白色硅藻岩(土)具有最高的蒙脱石含量,可为解释蓝色硅藻岩(土)的膨胀性较差,白色硅藻岩(土)的膨胀性最强,而且白色硅藻岩(土)结构更加松散、孔隙比最低提供合理依据。

崩解试验结果显示,蓝色硅藻岩(土)平均耐崩解指数为6.16%,白色硅藻岩(土)平均耐崩解指数为9.32%。相比之下,试件越小,崩解越彻底;蓝色硅藻岩(土)较白色硅藻岩(土)崩解更彻底,白色硅藻岩(土)都较蓝色硅藻岩(土)具有更高的崩解速率,如图7-20所示。室内试验中蓝色硅藻岩(土)较高的崩解比例可能与取样场地频繁干湿交替有关。

图7-20　白色硅藻岩(土)遇水崩解

试验数据(表6-16)显示,白色硅藻岩(土)的岩块饱和吸水率在三种颜色硅藻岩(土)中最低,平均值为48.8%,蓝色硅藻岩(土)最高,为67.5%,略高于黑色硅藻岩(土)的

65.1%；而岩粉饱和吸水率特点相反，白色硅藻岩(土)最高，为 83.5%，蓝、黑色硅藻岩(土)相近，分别为 81.2%和 81.1%，相较于白色硅藻岩(土)吸水性更强，更容易受水影响。

表 7-16　硅藻岩(土)岩块饱和吸水率及岩粉饱和吸水率结果

种　类	试验项目	最大值/%	最小值/%	平均值/%
白色硅藻岩(土)	岩块饱和吸水率	52.1	43.3	48.8
	岩粉饱和吸水率	98.7	70.2	83.5
蓝色硅藻岩(土)	岩块饱和吸水率	89.4	19.0	67.5
	岩粉饱和吸水率	96.3	50.4	81.2
黑色硅藻岩(土)	岩块饱和吸水率	81.5	52.2	65.1
	岩粉饱和吸水率	95.8	69.6	81.1

膨胀力试验表明，三种颜色硅藻岩(土)的膨胀力都属于较低的范围(25.08～112.64 kPa)，其中，白色硅藻岩(土)的膨胀力最小，蓝色硅藻岩(土)的膨胀力最大，很可能与硅藻岩(土)的自身结构有关。所有试样的膨胀力都不是特别的大，超过100 kPa 的较少，饱和吸水率远远大于 10%，都具有膨胀岩性质。按照膨胀土区分，白色硅藻岩(土)自由膨胀率更高，属于中等膨胀土；蓝、黑色硅藻岩(土)自由膨胀率相对低得多，蒙脱石含量超过 17%，属于弱膨胀土。硅藻岩(土)膨胀力与土体的黏土含量种类及数量有关，伊利石/蒙脱石混层的矿物成分含量较高时，土体的膨胀力较高，高岭石和伊利石含量较高的土体膨胀力不高。

浸水膨胀前，土体试样中能观察到较完整的硅藻残骸，圆筒、圆盘等多种立体结构具有较完整的形态结构，圆筒上的细小圆孔清晰可见；筒状、圆盘状硅藻残骸呈杂乱无章的分布排列，没有明显的各向异性。而浸水后的试样则基本看不出硅藻土残骸的形态结构，只能从一些槽状痕迹和极少的筒状残留推断浸水前可能存在的原始硅藻土残骸结构；土体由于吸水饱和破坏了原来的结构，分散成了黏土的片状、羽状结构，并且有一定的定向排列。硅藻岩(土)膨胀试验前后 SEM 对比如图 7-21 所示。硅藻土由于本身黏性土吸水所产生的膨胀量，被土体由“杂乱无章”转变为“定向密实”抵消了一部分，从而导致宏观表现出来的膨胀量并不是很大。

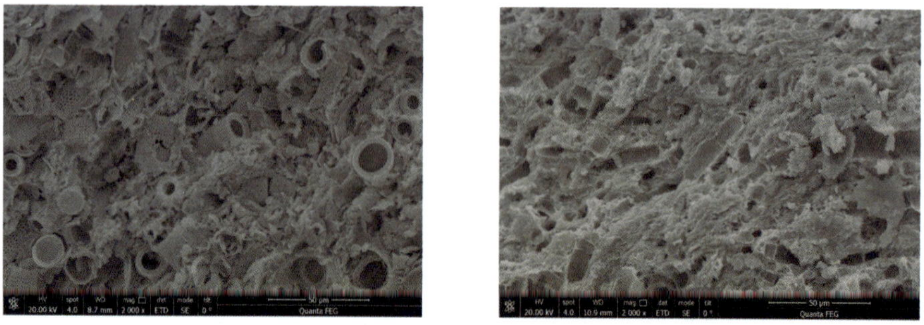

(a)膨胀试验前　　(b)膨胀试验后

图 7-21　硅藻岩(土)膨胀试验前后 SEM 对比图

7.4.6 硅藻岩(土)成因差异及特征

从成分和物理力学性能来说，白、蓝色硅藻岩(土)可以明确区分为两类岩土。白色硅藻岩(土)具有较蓝色硅藻岩(土)更高膨胀性、更小膨胀力、更小孔隙比、更小的含水率、更低承载力、更高比例黏粒含量、更小饱和吸水率和更高岩粉饱和吸水率、更差耐剪强度和抗压强度。

为什么现在看到的白色硅藻岩(土)的孔隙比、含水率、膨胀力、承载力最小？在后期的演化中，白色硅藻岩(土)因为处在最上面的层位，与大气交互作用最频繁，在干湿作用的交替下，结构损坏，孔隙比变小，不容易赋存更多的水，使得含水率与孔隙比都更低，而这种变得不稳定的非原生结构自然导致其承载力低于更接近原状的蓝色硅藻岩(土)。

根据颜色，硅藻岩(土)可以大致分为白色硅藻岩(土)、蓝色硅藻岩(土)和黑色硅藻岩(土)三类。通过试验数据可以看出，硅藻岩(土)具有不同颜色种类之间物理力学性质差异大、细颗粒含量高、孔隙小而多、渗透性差、膨胀性等特征，具体如下：

(1)硅藻岩(土)膨胀性、含水率、塑性指数与黏土类似，但前者承载力特征值更高。硅藻岩(土)的液性指数为 0.4～0.54，孔隙比为 1.21～1.95，承载力特征值范围为 150～500 kPa。具有同样液性指数和孔隙比的黏性土的承载力特征值低于 135 kPa。且当标准贯入击数大于 32 时，黏性土一般评价为坚硬状态，液性指数≤0；而硅藻岩(土)的液性指数主要集中在 0～0.5 之间，处于硬塑状态区间。数据表明，硅藻岩(土)的室内和室外原位力学性质具有较大差别和不确定性，因此，使用常规黏性土的评价标准对于硅藻岩(土)进行状态判定并不可靠。

(2)与软土相比，硅藻岩(土)同样具有高含水率、富含黏土矿物、黏粒含量高、透水性差等特征，但两者沉积环境和时间大不相同。软土以软塑、流塑状态为主，而硅藻岩(土)多为硬塑、可塑状态。白色硅藻岩(土)强度低，压缩性为中～中高，蓝、黑硅藻岩(土)多为中压缩性。软土含水率为 50%～60%时，其基本承载力仅有 60～70 kPa；硅藻岩(土)含水率为 50%～64%时，基本承载力最高可达到 500 kPa。

(3)硅藻岩(土)与黏土岩相比，两者基本承载力接近。黏土岩通常质地较为均匀；而硅藻岩(土)多为层状结构，不同颜色硅藻岩(土)的承载力有一定差异。硅藻岩(土)的纵波速度与强风化软质岩指标(0.7～2 km/s)相当，其中，黑色硅藻岩(土)的纵波速度可达 2 km/s，与强风化硬质岩的指标(1～2 km/s)相当，白、蓝色硅藻岩(土)的纵波速度则与强风化软质岩指标(0.7～1.5 km/s)相当。

7.5 膏溶角砾岩

石太高速铁路太行山隧道有 4 410 m 长的膏溶角砾岩地层，主要表现为物质成分上的不均一性、结构上的松散性、构造上的不均一性、低强度性、极强的水理性、弱至中等程度的膨胀性和腐蚀性以及可溶性。通过深入研究了膏溶角砾岩特性及工程对策，科学指导了隧道设计施工及风险控制。

7.5.1 膏溶角砾岩的特征

膏溶角砾岩有别于软岩的特征主要是成层性差、结构不均、强度差异很大。

1. 物质成分上的不均一性

组成膏溶角砾岩角砾成分的来源复杂，主要有白云岩质类、石灰岩质类及泥灰岩质类。

2. 结构、构造上的不均一性

膏溶角砾岩的粒径大小不一，具有极大的分散性，从粒径大于 2.0 m 至粒径小于 0.075 mm 均有；并且构成其胶结物基质成分复杂，主要为钙质、泥质及混合式的胶着物，构成了膏溶角砾岩无胶结、弱胶结、较强胶结。这些特征从宏观上构成了膏溶角砾岩构造上有极大的不均一性和力学性质的差异性。

3. 低强度性

按力学强度指标判定，膏溶角砾岩属于极软岩。其饱和单轴抗压强度 $q_u=0.14\sim0.4$ MPa，均值为 0.27；单轴抗压强度也相对较小，$q_u=3.0\sim7.9$ MPa，均值为 5.6 MPa。

4. 极强的水理性

膏溶角砾岩的水理性特征显著，具体体现在干燥岩块、岩粉具有极强的饱和吸水率，以及极快的崩解率，崩解之后的物质主要呈泥状物、砂状物及岩石碎屑。膏溶角砾岩的软化系数位于 0.06～0.09 之间。

5. 微弱至中等程度的膨胀性

块石状膏溶角砾岩颗粒粒径大，没有膨胀性。从均质的含砾和硬土状膏溶角砾岩的蒙脱石含量、阴阳离子交换量、自由膨胀率以及全黏土矿物分析中发现，膏溶角砾岩的膨胀性以弱为主，只是少量的数据显示了膏溶角砾岩具有中等程度的膨胀性。泥包石状的膏溶角砾岩难以取样和室内试验，它的膨胀性比起均质膏溶角砾岩要小一些，随着角砾含量增加，膨胀性将随之减小。

6. 可溶性

膏溶角砾岩具有可溶性，这种可溶性在勘察中以及太行山的开挖过程中均有不同程度的发现，在 Z5 标隧道开挖至 DK90＋22 处时，右侧拱部出现一个高 2.5 m、长 7.5 m 的溶洞；同时，在试验中通过观察发现，膏溶角砾岩原岩(石灰岩、白云岩、泥灰岩等灰质岩类)溶蚀改造程度呈现由弱到强的特征：晶孔、溶孔灰质岩类；溶孔遍布的灰质岩类；具其他物质充填溶孔的灰质岩类；具大角砾和基质组成的灰质岩类；具小碎屑角砾，以基质和角砾蚀变物质为主，原角砾边界清晰；无碎屑角砾，以基质和蚀变物质为主。

7. 对混凝土的腐蚀性

水中的 SO_4^{2-} 离子含量过大时，会对混凝土结构产生硫酸盐侵蚀。其破坏机理是：当水渗入混凝土中后，水中的硫酸盐与水泥中的铝酸三钙就会化合成硫化铝酸钙。它的结晶体所占的体积比原来的大，致使混凝土膨胀而破坏。

7.5.2　膏溶角砾岩的崩解性

崩解性是大多数软岩所共有的不良工程特性，在地下开挖中，特别是干湿交替条件下的崩解性可造成喷射混凝土质量低下。膏溶角砾岩软弱破碎的特点决定了具有很强的崩解特性。崩解性与岩石强度、矿物成分和黏粒多少有关，胶结系数大、黏粒含量少时，崩解速度慢。根据浸水后崩解状态判断，胶结系数小于 1.5(微胶结)时，岩块全部崩解或散开；大于 1.5(弱胶结)时，岩块有少量碎块存在；大于 3.0(较强胶结)时，主体不崩解、部分脱落；大于 4.0(强胶结)时表现为不破坏。如含砾硬质膏溶角砾岩，所含角砾成分多为灰岩和白云岩，胶结度稍高，崩解量小。

7.5.3　膏溶角砾岩的膨胀性

在石太高速铁路对膏溶角砾岩取了 9 组试样，由于试验尺寸限制，试验采用重塑样，将膏溶角砾岩粉碎过 2 mm 筛，压制成样，密度接近原膏溶角砾岩天然密度，含水率分别为 5%、10%左右，分别进行了自由膨胀率、膨胀率及膨胀力试验，结果见表 7-17。

表 7-17　膏溶角砾岩膨胀性试验结果

取样地点	制样含水率/%	膨胀力试验前密度/(g·cm^{-3})	膨胀力试验后密度/(g·cm^{-3})	膨胀力试验后含水率/%	膨胀率试验后含水率/%	膨胀力/kPa	膨胀率/%	自由膨胀率/%	膨胀性判定
DK39+900(1)小坡山隧道	9.2	2.27	2.32	11.0	15.0	4.4	8.65	10	非
	4.2	2.19	2.35	12.2	18.5	11.98	15.05		
DK39+900(2)小坡山隧道	8.9	2.32	2.51	9.7	14.6	8.58	6.93	30	弱
	4.2	2.24	2.38	11.0	19.1	27.04	14.25		
DK39+980小坡山隧道	8.7	2.30	3.31	9.3	9.5	5.23	0.70	30	弱
	5.4	2.10	2.36	9.6	12.4	14.60	8.65		
DK85+993(1)太行山隧道	9.2	2.34	2.35	10.7	13.4	9.22	5.15	30	弱
	4.2	2.22	2.36	11.2	15.8	29.89	7.35		
DK85+993(2)太行山隧道	9.6	2.10	2.21	18.1	45.3	742.45	49.15	80	强
	4.4	1.95	2.23	18.0	45.6	441.59	51.15		

续上表

取样地点	制样含水率/%	膨胀力试验前密度/(g·cm⁻³)	膨胀力试验后密度/(g·cm⁻³)	膨胀力试验后含水率/%	膨胀率试验后含水率/%	膨胀力/kPa	膨胀率/%	自由膨胀率/%	膨胀性判定
DK87+050 太行山隧道	8.5	2.33	2.40	12.9	15.9	10.36	5.25	0	非
	4.0	2.22	2.42	13.1	16.9	11.23	7.40		
DK90+387 太行山隧道	8.5	2.29	2.35	11.7	13.0	10.25	6.30	10	非
	4.0	2.20	2.37	11.8	14.3	11.45	6.15		
DK105+700 边坡	8.4	2.30	2.32	9.4	10.5	1.66	1.00	28	弱
	5.4	2.25	2.35	9.9	14.2	30.20	12.60		
DK113+500 南小坪隧道	9.4	2.32	2.39	9.8	11.1	7.00	3.40	20	弱
	8.8	2.30	2.36	10.0	13.3	12.72	4.85		
	4.5	2.20	2.38	12.0	17.4	20.89	13.50		

按上述的分级标准，在表7-17所列的9组试样中，经综合初步判定，试样DK39+900(1)、DK87+050、DK90+387不具有膨胀性；试样DK39+900(2)、DK39+980、DK85+993(1)、DK105+700、DK113+500具有弱膨胀性；试样DK85+993(2)具有强膨胀性。含水率为5%左右的试样与含水率10%的试样相比，其膨胀率、膨胀力和自由膨胀率都大，说明试样的膨胀性随着初始含水率增大而减小。

7.5.4 膏溶角砾岩的腐蚀性

从太行山隧道开挖的岩石看，没有发现石膏晶体或石膏矿脉。大量的环境土体试验数据显示，膏溶角砾岩中石膏含量小于1%，硫酸根含量为30～550 mg/kg，一般不会对混凝土产生化学腐蚀和盐类结晶破坏，只有极个别的试验数据显示了膏溶角砾岩具有弱硫酸盐腐蚀性。尽管如此，考虑隧道长期受地下水渗透作用，可能携带一些硫酸根离子对混凝土结构造成侵蚀，因此需要采取适当的措施来提高隧道抗腐蚀能力。

7.5.5 膏溶角砾岩的流变性

为了分析膏溶角砾岩的蠕变特性及长期强度，进行了单轴压缩蠕变试验，试验分分级加载蠕变试验和逐级加载蠕变试验。由于膏溶角砾岩的制样存在很大困难，故本试验采用重塑样。将太行山隧道DK85+993段膏溶角砾岩打碎后过5 mm筛的粉碎土制成标准样，通过试验揭示Ⅲ-2类膏溶角砾岩的流变特性。

1. 单轴压缩分级加载蠕变

单轴压缩流变试验采用改装的高压固结仪进行，杠杆比为8.53，用百分表量测轴向变形，保湿措施是用不透水橡皮膜将试样包好，再用橡皮筋将两端封闭，然后用湿毛巾在外面再包一层，通过每天定时定量洒水来保持含水率。试件尺寸为 61.8 mm×123.6 mm。试样通过分层击实(6层)来制作，各个试样的密度差值均小于 0.02 g/cm^3，试样用土为膏溶角砾岩经粉碎后过 5 mm 筛所得的粉碎土，密度约为 2.36 g/cm^3，试样的实际含水率为 9.3%。首先按常规抗压试验求得 6 个试样的单轴抗压强度的平均值为 313.7 kPa，再按最大载荷的 90%，85%，80%，75%，70%，65%，55%七个等级加载，试样采用一次性加载完毕，加载的实际情况见表 7-18。

表 7-18　单轴压缩试验分级加载

含水率/%	9.3			单轴强度/kPa		313.7	
				最大加载力/kg		10.54	
设计加载等级/%	90	85	80	75	70	65	55
设计加载力/kg	9.49	8.96	8.43	7.91	7.38	6.85	5.80
实际加载力/kg	9.5	9	8.5	8	7.5	6.75	5.75

从图 7-22 可知，当载荷在峰值强度的 55%，65%，70%，75%，80%，85%的情况下，试样经过初始蠕变、稳定蠕变，没有被破坏；当载荷达到峰值强的 90%时，试样经初始蠕变阶段(Ⅰ)、稳定阶段(Ⅱ)、加速蠕变阶段(Ⅲ)，试样被破坏了。

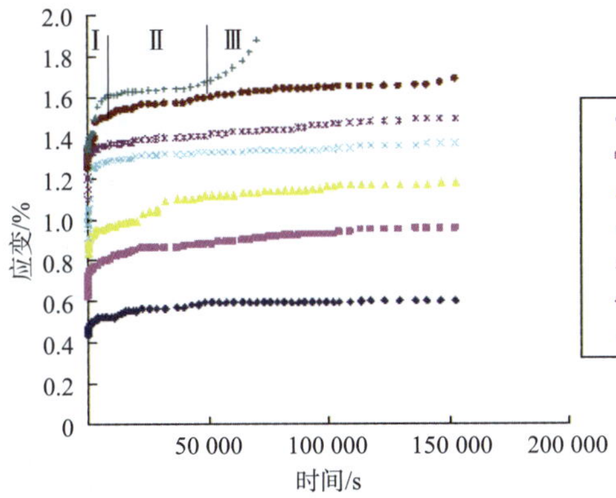

图 7-22　膏溶角砾岩各级加载条件下蠕变曲线

不考虑材料的流变机理，从工程应用出发，应变量根据试验得到的数据可采用式(7-4)拟合。

$$\varepsilon(t)=A+B\ln t \tag{7-4}$$

式中　$\varepsilon(t)$——稳定载荷作用下 t 时刻的应变量；

A，B——流变试验参数，见表 7-19；

t——变形持续时间。

表 7-19　拟合参数 *A*、*B* 值

加载力/kg	*A*	*B*
9.49	0.373	0.053
8.96	0.528	0.047
8.44	0.686	0.029
7.91	0.839	0.045
7.38	1.113	0.038
6.85	1.086	0.034
5.80	1.106	0.019

2. 单轴压缩逐级加载蠕变

逐级加载流变试验采用改装的高压固结仪进行，杠杆比为 8.53，用百分表量测轴向变形。试件尺寸为 61.8 mm×123.6 mm。试样通过分层击实(6 层)来制作，各个试样的密度差值均小于 0.02 g/cm^3，试样用土为膏溶角砾岩经粉碎后过 5 mm 筛所得的粉碎土，密度约为 2.36 g/cm^3，试样的实际含水率为 9.3%。该试验采用单试件法，其应力分为六级，在每一级达到稳定状态(实际观察试件在 1 d 内变形量小于 0.01 mm，或以恒定的变形速率发展)时，加载下一级应力，加载的实际情况见表 7-20。

表 7-20　单轴压缩试验逐级加载

<table>
<tr><th rowspan="2">含水率/%</th><td rowspan="2" colspan="3">9.3</td><th colspan="2">单轴强度/kPa</th><td>313.7</td></tr>
<tr><th colspan="2">最大加载力/kg</th><td>10.54</td></tr>
<tr><th>设计加载等级/%</th><td>90</td><td>85</td><td>75</td><td>70</td><td>65</td><td>55</td></tr>
<tr><th>设计加载力/kg</th><td>9.49</td><td>8.96</td><td>7.91</td><td>7.38</td><td>6.85</td><td>5.80</td></tr>
<tr><th>实际加载力/kg</th><td>9.5</td><td>8.75</td><td>8</td><td>7.25</td><td>6.5</td><td>5.75</td></tr>
</table>

从图 7-23 中可以看出，膏溶角砾岩在各级载荷加载条件下，都出现了瞬时的弹性变形，紧接着进入减速蠕变变形阶段和稳定阶段，大概需要 3 d 时间。当加载应力大于岩块长期强度时，试件进入加速蠕变阶段，并最终产生剪切破坏。

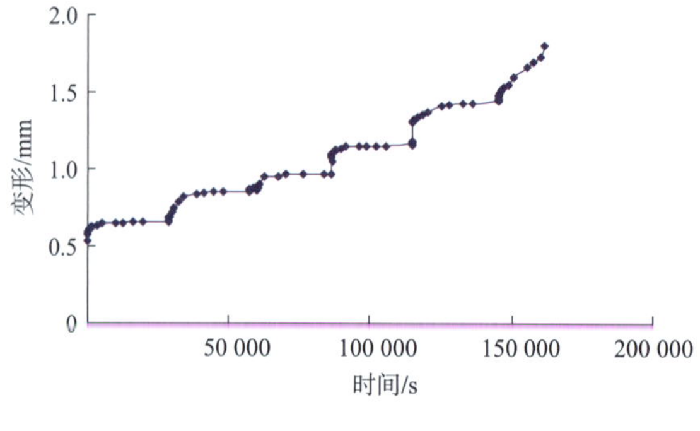

图 7-23　膏溶角砾岩逐级加载条件下蠕变曲线

7.5.6 膏溶角砾岩围岩分级

膏溶角砾岩的围岩分级划分标准以现行标准《铁路工程地质勘察规范》(TB 10012)为主，参考现有地下洞室对岩体质量等级的分类原则，并结合膏溶角砾岩的特殊性质来研究判定围岩分级。

膏溶角砾岩类似“软岩硬土”，全部参照岩石或土的划分标准进行划分是不合理的，都按照极软岩、软岩的类型判断为Ⅴ级围岩(富水时Ⅵ级)，对于块石状和含砾硬质膏溶角砾岩(实际Ⅳ和Ⅴ级)就比较保守；比照具有压密或成岩作用的黏性土给Ⅳ级，硬土状(实际Ⅴ级)就会产生塌方变形和安全隐患。因此，膏溶角砾岩围岩分级，应首先区分块石状、泥包石状、含砾和硬土状等几种状态，然后按坚硬程度和岩体完整程度进行划分。对于含砾、硬土状膏溶角砾岩，其完整程度差异较小，可着重从胶结程度、含水特征和膨胀性方面进行区分。例如，胶结系数大于3.0时，定为含砾硬质膏溶角砾岩；胶结系数为1.5～3.0时，定为含砾软质膏溶角砾岩。膏溶角砾岩的围岩分级标准见表7-21。

表 7-21 膏溶角砾岩的围岩分级标准

名称	膏溶角砾岩分级指标				
	胶结系数	岩体完整程度	天然含水率/%	膨胀性	围岩分级
块石状膏溶角砾岩	—	较完整 较破碎	—	无	Ⅳ Ⅴ
泥包石状膏溶角砾岩	弱胶结	破碎、极破碎	—	微	Ⅴ
含砾硬质膏溶角砾岩	＞3.0(较强胶结)	—	＜5	微	Ⅳ
			5～11	弱	Ⅴ
含砾软质膏溶角砾岩	1.5～3.0(弱胶结)	—	＜11	弱	Ⅴ
硬土状膏溶角砾岩	≤3.0弱胶结	—	＜11	弱	Ⅴ
	＜1.5微胶结	—	＞15	强	Ⅵ

表7-21中，Ⅵ级为考虑饱和硬土状膏溶角砾岩而设置的围岩分级，仅在屋子坪、西小坪隧道有个别样品的天然含水率超过15%，只有在断层带富水区可能存在。建议在断层带富水区、微胶结、变形显著的硬土状膏溶角砾岩围岩分级采用Ⅵ级。

7.6 脆性板岩

长昆高速铁路湖南段广泛分布脆性板岩地层，隧道施工中易发塌方险情，如图7-24所示。鉴于此类脆性板状岩石隧道围岩变形破坏问题的特殊性和复杂性，为保证隧道施工、运营安全,深入研究了脆性板状岩石特性及对隧道工程的影响。

(a)塌方现场

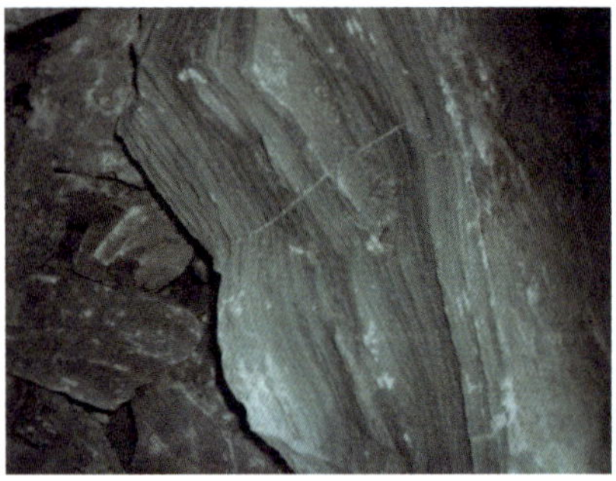

(b)塌方处砂质板岩

图 7-24 隧道塌方

7.6.1 脆性板岩强度试验

试验对象是两类脆性板岩,即碳质板岩(黑色)和砂质板岩(灰色),每组试验 3 个试件。通过试验获取岩块在单轴应力作用下的变形、破坏过程全应力-应变曲线。表 7-22 为岩石单轴试验计算表,从中可以看出,两种板岩的单轴抗压强度基本接近,均为坚硬岩。其中砂质板岩测试结果相对稳定,而碳质板岩的抗压强度受试件(编号为 1-12 的试样)内部片理分布呈显著各向异性。此外,弹性模量和泊松比方面,砂质板岩明显高于碳质板岩。

表 7-22 岩石单轴试验计算表

试样编号	岩石种类	直 径 /cm	高 度 /cm	单轴抗压强度 /MPa	弹性模量 /GPa	泊松比
1-11	碳质板岩	48.42	102.84	47.10	8.60	0.058
1-12		48.24	97.30	11.25*	11.81	0.056
1-13		48.98	101.44	73.30	15.90	0.094
平均		—	—	60.2	12.10	0.069
2-11	砂质板岩	48.04	101.88	78.08	22.66	0.056
2-12		47.46	102.62	50.74	16.59	0.144
2-13		47.34	101.82	59.65	21.47	0.154
平均		—	—	62.82	20.24	0.118

* 为试验结果异常,不参与计算。

图 7-25 是两组板岩单轴压缩试验应力-应变关系曲线图,从中可以看出,两组板岩的峰值抗压强度虽然比较接近,但砂质板岩的残余强度远高于碳质板岩。另外,碳质板岩达到峰值强度时的应变小于砂质板岩。图 7-26 和图 7-27 分别是碳质板岩和砂质板岩试件在单轴

压缩试验前后的照片。

试验结果显示，长昆高速铁路湖南段砂质板岩平均弹性模量约为 30 GPa；而碳质板岩弹性模量测试值比较离散，平均值约为 16 GPa，明显小于砂质板岩。碳质板岩破坏前应变能积聚较大，破坏具有弹脆性能量释放迅速特征。

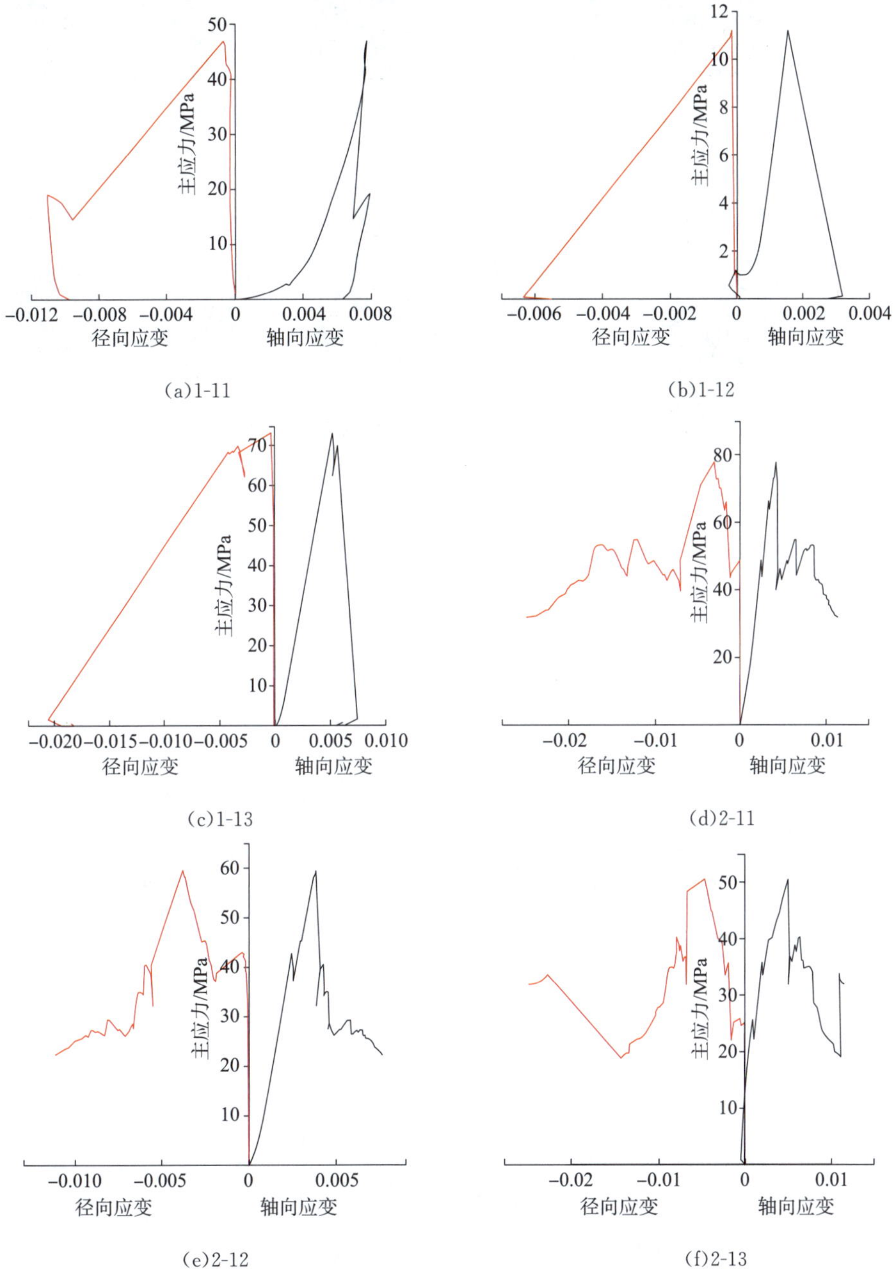

(a)1-11　(b)1-12　(c)1-13　(d)2-11　(e)2-12　(f)2-13

图 7-25　单轴压缩试验应力-应变关系曲线图

(a)1-11　　(b)1-12　　(c)1-13

图 7-26　碳质板岩单轴压缩试验前后对比

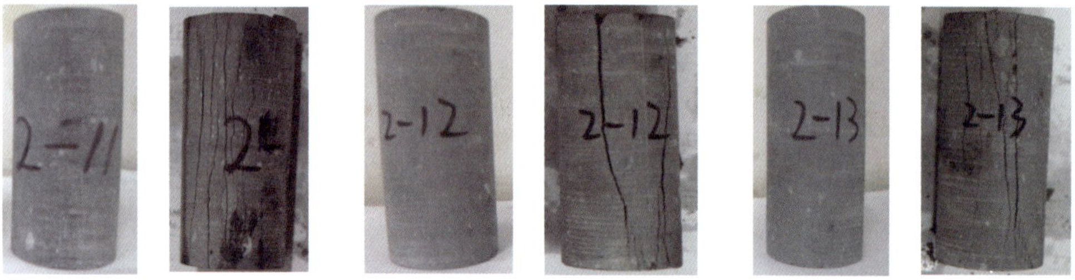

(a)2-11　　(b)2-12　　(c)2-13

图 7-27　砂质板岩单轴压缩试验前后对比

7.6.2　脆性岩石的变形特征分析

1. 岩石脆性的描述

所谓脆性破裂，是指岩石破裂之前未出现任何明显永久变形的破裂形态。实际上，宏观破裂之前的岩石形态绝不是纯弹性的，故脆性破裂概念指的是那种在很小(与弹性应变相比)的非弹性应变之后发生的破坏。在一些情况下，继发生百分之几的非弹性应变之后发生的破裂，仍被视为脆性破裂。例如，赫德(Heard)把破裂前应变不超过 3%的破裂视为脆性破裂。此外，辛格(Singh)认为岩石的脆性破坏是岩爆发生的必不可少的先决条件之一，岩爆倾向性指数在很大程度上取决于岩石的脆性，并提出可由两个不同公式确定岩石脆性，即

$$\begin{cases} B_1=\dfrac{\sigma_c-\sigma_t}{\sigma_c+\sigma_t} \\ B_2=\sin\varphi \end{cases} \tag{7-5}$$

式中　B_1,B_2——脆性指标；

σ_c,σ_t——岩石的单轴抗压强度和抗拉强度，MPa；

φ——岩石的内摩擦角，(°)。

根据 Mohr-Coulomb 条件，

$$\sigma_1=\sigma_c+\frac{1+\sin\varphi}{1-\sin\varphi}\cdot\sigma_3 \tag{7-6}$$

B_1和B_2并不相对独立。同时，脆性越大的岩石往往抗压强度与抗拉强度的差别也越大。此外，岩石的脆性还表现在单轴压缩条件下岩石强度峰值前、后区应变的差别上，岩石的脆性越明显，岩石强度峰值后区的变形越小，也就是岩石强度峰值前、后应变的比值越大。因此，可用岩石强度峰值前后的应变之比来描述岩石的脆性，称之为脆性比，即

$$B_\varepsilon=\frac{\varepsilon_f}{\varepsilon_b} \tag{7-7}$$

式中　B_ε——脆性比；

ε_f，ε_b——岩石强度峰值前、后应变值。

2. 脆性板岩抗拉强度试验

岩石抗拉强度试验采用劈裂法，加载设备采用 TAW-2000 微机控制电液伺服岩石三轴试验机，以每秒 0.3～0.5 MPa 的速度加载直至破坏。

由表 7-23 可知，碳质板岩抗拉强度远远小于砂质板岩，后者测试平均值为 21.28 MPa，而前者仅有 8.98 MPa，因此，拉张应力条件下，碳质板岩更容易发生破坏。

表 7-23　岩石抗拉强度试验计算表

种　类	编　号	直　径/mm	高　度/mm	质　量/g	密　度/(g·cm^{-3})	压　力/kN	抗拉强度/MPa
砂质板岩	s-1	48.11	50.41	249.10	2.72	113.04	29.67
	s-2	47.94	50.52	251.10	2.75	93.36	24.54
	s-3	47.86	50.45	248.00	2.73	70.35	18.55
	s-4	48.22	50.33	250.60	2.73	49.00	12.85
	s-5	47.79	50.13	244.80	2.72	63.76	16.94
	s-6	48.02	50.23	249.80	2.75	95.24	25.14
	平均值	—	—	—	2.73	80.79	21.28
碳质板岩	c-1	48.59	50.47	244.60	2.61	28.00	7.27
	c-2	48.64	50.76	245.40	2.60	34.10	8.79
	c-3	48.55	49.08	238.80	2.63	67.48	18.03
	c-4	48.61	50.89	246.70	2.61	25.60	6.59
	c-5	48.69	50.26	245.20	2.62	34.25	8.91
	c-6	48.63	50.15	244.80	2.63	16.36	4.27
	平均值	—	—	—	2.62	34.30	8.98

从样品受拉破坏形式（图 7-28）看，砂质板岩接近碎裂，即横、竖两个方向均有裂纹产生；而碳质板岩则是板裂形式，即破坏集中在某个方向，且碎胀程度明显小于砂质板岩。

(a)砂质板岩(s-1)

(b)碳质板岩(c-3)

图 7-28 试验后试样的照片

3. 脆性板岩变形特征分析

脆性板岩在变形过程中,由于细观裂纹的产生与发展,岩石原有结构的完整性下降,且其承载能力也在逐渐降低。细观裂纹的形成和发展具有明显的时间相关性,并直接影响到岩石的时效变形。岩石在受到外界载荷作用时其内部各种矿物颗粒由于化学成分不同和微裂纹的存在呈现出不同的应力和应变状态。对外界载荷的响应,岩石内部一些刚度大的矿物颗粒起着主要受力作用,组成了岩石的“受力结构”。由于岩石内部不同矿物颗粒分布的随机性,组成“受力结构”的矿物颗粒中也掺杂着某些软弱矿物颗粒,且不同矿物颗粒之间存在着微裂纹,造成了“受力结构”各处的应力及强度也存在着差异。在一定的外界载荷作用下,组成“受力结构”的单元会随着时间发展相继破裂。随着蠕变时间延长,在岩石的“受力结构”中强度最低的单元首先发生破裂,岩石内部的应力将发生重新分布,其结果会使某些未破裂单元的应力集中程度增高,内部微裂纹尖端附近的应力也更加集中,于是又导致次一级强度相对较低的单元发生破裂,这种连锁式的反应将不断进行下去。在岩石的变形破坏过程中,岩石的“受力结构”依次被调整和弱化,应力也在随之不断地重新分布,致使岩石的强度和有效弹性模量逐渐降低。

7.6.3 脆性板状围岩变形失稳模式分析

板岩为层状岩体,隧道开挖后造成层状岩体解体或者剪断,层状岩体会发生塑性流动,顺层向发生滑移并伴随弯曲,过大弯曲时在弯曲部位内部会出现层间拉裂。水平岩层中隧道底部岩层的弯曲变形常引起底鼓,竖向岩层中隧道边墙岩层的弯曲变形常引起边墙的鼓出。板岩中常含有软弱夹层,隧道开挖后,在切向应力作用下,软弱夹层会向临空面方向产生挤出变形。

经过搜集以往研究资料及对在建高速铁路隧道层状围岩的现场调研,层状结构围岩掌子面的变形归纳为层面弯曲折断、沿结构面的剪切滑移、软硬互层状岩石中的挤出变形等。其中,层面弯折或溃曲变形主要体现在薄层状围岩上,而中厚层状或厚层状围岩则主要出现层间滑移、错动等变形，挤出变形则主要出现在软硬相间的互层结构围岩中。

层状围岩层面的弯折变形和滑移是由隧道开挖产生的临空面引起的，因而这些变形模式与岩层产状及其与洞轴走向之间的空间配置关系密切相关。此外，即使在岩层产状与隧道洞轴走向空间配置关系相同的情况下，由于开挖时产生的隧道临空面正方向不同（本节定义临空面上指向隧道内的法线方向为正方向），隧道围岩岩层倾向与隧道临空面正方向之间的关系也各不相同，主要包括岩层倾向与隧道临空面正方向近平行、岩层倾向与隧道临空面正方向近垂直、岩层倾向与隧道临空面正方向斜交。将上述三种关系与隧道拱顶、拱肩、侧壁、掌子面、隧道底面等不同部位相结合，便可以预测隧道不同部位潜在的变形或失稳模式。

1. 水平岩层或缓倾岩层（倾角 0°～20°）

拱顶和底面的岩层倾向与各自所在部位的临空面正方向垂直或大角度相交，易发生拱顶下沉、底鼓等向着隧道临空面正方向弯折变形，而隧道两侧壁部位岩层倾向与侧壁临空面正方向平行或小角度相交，在非高地应力地区一般具有较好的自稳性，若在高地应力地区或有软弱夹层的情况下两侧壁岩层可能向隧道内滑移变形，如图 7-29 所示。

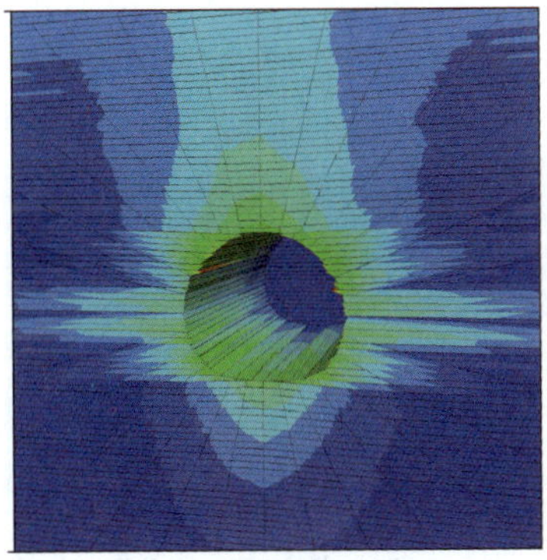

（a）离散元法数值模拟图

（b）相似材料物理模拟图（据何满朝等）

图 7-29　水平或缓倾层状围岩变形图

2. 倾斜岩层（倾角 20°～70°）

以倾斜岩层（岩层走向 270°、倾角 45°，洞轴向与岩层走向平行）为例，拱顶、右拱肩及右侧壁部位的围岩向着隧道临空面内为顺倾岩层，因而易向洞内顺层滑移；左侧壁处的围岩向隧道临空面正方向则表现为反倾岩层，相对较稳定；左拱肩部位的围岩表现为与临空面正方向近垂直或大角度相交，在岩性较软时易发生塑性弯折变形。其变形特征如图 7-30 所示。

(a)离散元法数值模拟图

(b)相似材料物理模拟图(据何满朝等)

图 7-30　倾斜层状围岩弯折与滑移变形图

3. 直立岩层或陡倾岩层(倾角 70°～90°)

拱顶、底部及左右两个拱肩部位岩层倾向与临空面正方向平行或小角度相交,因而拱顶及左右拱肩部位易发生顺倾滑移变形;两个侧壁岩层倾向与隧道临空面正方向垂直或大角度相交,此时开挖后易发生岩层向洞内弯折、溃曲变形。其变形特征如图 7-31 所示。

(a)离散元法数值模拟图

(b)相似材料物理模拟图(据何满朝等)

图 7-31　直立或陡倾层状围岩弯折与滑移变形图

综上所述,层状围岩各部位变形失稳模式大致可以归纳如下:

(1)拱顶部位:无论洞轴向与岩层产状关系如何,岩层倾向与隧道临空面正方向之间的关系都可以归纳为两种,即向隧道临空面正方向顺倾、与隧道临空面正向近垂直(近水平岩层),因而,前者易发生向下顺层滑移变形,后者易发生拱顶弯折下沉。

(2)隧道底部:倾斜岩层一般较稳定,个别隧道出现不均匀变形;而近水平岩层则易出现底部岩层弯折隆起变形。

(3)两侧壁部位:根据岩层倾向与临空面正方向的关系,主要变形失稳模式有一侧顺层滑移或两侧向洞内弯折、溃曲变形等。

(4)两拱肩部位:近水平岩层较稳定,倾斜岩层易出现一侧弯折、一侧滑移,而近垂直岩层则易出现顺层滑移变形。

7.6.4　脆性岩石隧道极限位移管理

变形控制基准值的设定是一个非常关键的问题,目前国际上对容许极限位移量的确定尚无统一标准。法国于 1974 年曾提出的评价基准值是根据中等断面(50～100 m^2)坑道的施工经验给出的,不仅考虑了围岩类别,更重要的是考虑到了埋深对坑道的影响,也就是考虑了初始应力场的影响。法国路易斯(Louis)提出最大容许位移随埋深而异,约为埋深的1‰。奥地利的阿尔贝格隧道,净空变化的允许值为隧道半径的 10%或锚杆长度的 10%。苏联学者通过大量观测数据的整理,得出了用于计算洞室周边容许最大变形值的近似公式:

拱顶:　$$\delta_1 = 12 \times b_0 / f^{1.5}$$

边墙:　$$\delta_2 = 4.5 \times H^{1.5} / f^2$$

式中　f——普氏系数;

b_0——洞室跨度,m;

δ_1——一般指隧道顶部中心位置测定的下沉变形,mm;

δ_2——一般从拱脚(1/3～1/2)H 段内测定的水平收敛变形,mm;

H——边墙自拱脚至底板的高度,m。

日本在新奥法设计施工指南(1996)中指出:变形控制基准值应该在充分考虑围岩条件、周边环境、断面大小以及支护结构的特性基础上来设定。采用相对应变判断围岩的挤出程度并划分等级。

在目前施工规范规定的施工监测项目中,位移监测是最直接反映围岩及结构稳定性的监测项目。不管隧道受载荷时的作用机理如何复杂,其经受各种作用后的反应均可以用周边位移体现出来。因此,为了建立隧道变形控制基准,首先必须获得隧道临界破坏状态下的位移量,即隧道所处围岩和支护结构不能满足某项设计功能的具体位移值,换句话说,就是从隧道出现的各种极限状态入手,找出在某种极限状态下各控制点的位移,即本书讨论的以极限位移作为稳定性判据。

从碳质板岩隧道开挖后围岩变形特点来看,不同围岩级别条件下的变形量相差很大,同一围岩级别条件下水平收敛明显大于拱顶下沉。因而,很有必要对不同围岩条件和隧道不同部位提出相应的位移控制标准。

建立以位移为基准的隧道稳定性判别准则,可在施工实测位移 U 与室内分析极限位移 U_0 之间建立联系,此联系便是所要找的判别准则,即:$U<U_0$ 时,可认为隧道稳定;$U \geqslant U_0$ 时,判定隧道不稳定。除此之外,还必须结合现场实际观测结果和位移变化趋势,进一步作出判断。

根据施工现场实际位移监测数据,通过判别准则即可判定围岩-支护系统的稳定性,进而可以制定更加合理可行的控制基准。隧道失稳破坏的先兆主要包括:围岩局部坍塌或劈裂,喷层大量开裂;累积位移量已达到极限值的 4/5,且仍未出现收敛减缓的迹象;单日位移量超过极限位移的 10%;洞室变形有异常加速迹象,即在无施工干扰时,变形速率加大。围岩和初期支护基本稳定的条件主要有位移速率有明显减缓的趋势、已产生的位移量占总位移量的 80%以上。

结合已确定的隧道极限位移和已有的工程经验,并考虑实际施工中主要针对初期支护后的位移进行实时监测,因而提出初期支护后碳质板岩隧道的位移控制基准,见表 7-24。当然,这里给出的位移控制基准仅是针对隧道开挖后及时施作初期支护的情况。由于实际施工中不容许产生过大变形,无支护的情况在实际施工中不会出现,因此只给出相应条件下的极限位移而不列出相应位移控制基准。

表 7-24　碳质板岩隧道位移控制基准　　单位:mm

围岩级别	管理等级	管理位移		应采取的措施
		拱顶下沉	水平收敛	
Ⅲ级	3	$U<30$	$W<50$	可正常施工
	2	$30\leqslant U<50$	$50\leqslant W<80$	应加强支护或施作二次支护
	1	$U\geqslant 50$	$W\geqslant 80$	停工,并及时采取加固措施
Ⅵ级	3	$U<60$	$W<120$	可正常施工
	2	$60\leqslant U<100$	$120\leqslant W<180$	应加强支护或施作二次支护
	1	$U\geqslant 100$	$W\geqslant 180$	停工,并及时采取加固措施
Ⅵ级富水	3	$U<100$	$W<180$	可正常施工
	2	$100\leqslant U<150$	$180\leqslant W<240$	应加强支护或施作二次支护
	1	$U\geqslant 150$	$W\geqslant 240$	停工,并及时采取加固措施
Ⅴ级	3	$U<150$	$W<220$	可正常施工
	2	$150\leqslant U<200$	$220\leqslant W<280$	应加强支护或施作二次支护
	1	$U\geqslant 200$	$W\geqslant 280$	停工,并及时采取加固措施
Ⅴ级富水	3	$U<180$	$W<270$	可正常施工
	2	$180\leqslant U<220$	$270\leqslant W<340$	应加强支护或施作二次支护
	1	$U\geqslant 220$	$W\geqslant 340$	停工,并及时采取加固措施

从表 7-24 可以看出,同一围岩条件下隧道位移控制基准分三级管理:3 级表示隧道变形在合理范围内,此时可正常施工,但需加强量测,随时注意变形的发展;2 级表示隧道变形达到一定的警戒范围,此时应采取加强支护措施,如Ⅴ级和Ⅴ级围岩富水地段,可考虑开始二次支护的施作;1 级表示隧道变形已达到极限值的某一临界比例,此处取为极限值的 80%,此时应立即停工,并采取加固措施。

各围岩条件下的隧道位移控制基准不同,随着围岩级别增加,围岩条件越弱,容许位移量也愈大。以拱顶下沉控制标准为例，如Ⅲ级围岩条件，若变形量超过 5 cm，可认为其变形量过大，围岩变形异常；若为Ⅴ级围岩条件，则变形量超过 20 cm 时才认为其变形异常。这也是由于坚硬岩体和软弱岩体变形特性的差异造成评价标准不同。

不同围岩情况下隧道周边收敛值统计见表 7-25。

表 7-25　不同围岩情况下隧道周边收敛值统计表

序号	隧道名称	断面里程	围岩级别	累计收敛/mm
1	大乘隧道	DK187+140	Ⅳ级	8.33
2		DK187+150	Ⅳ级	7.89
3	半山隧道	DK219+050	Ⅳ级富水	11.23
4		DK219+055	Ⅳ级富水	12.04
5		DK219+020	Ⅴ级	13.57
6		DK219+030	Ⅴ级	13.83
7	雪峰山 2 号隧道	DK255+420	Ⅴ级富水	20.37
8		DK255+500	Ⅴ级富水	21.64

从不同围岩情况下隧道周边收敛值统计表可以得出以下结论：

不同围岩级别隧道周边收敛发展趋势是一致的，即隧道开挖后及初期支护施作初期变形发展较快，约 15 d 达到基本稳定状态，并趋于稳定状态。整体而言，围岩级别越高，即围岩条件越差，累计收敛值越大。Ⅳ级围岩累计收敛值为 8～15 mm，Ⅴ级围岩为 10～20 mm。

相同围岩级别条件下，富水段落位移值明显大于一般地段，表明，碳质板岩地层中，地下水对隧道围岩较响很大，可适当采取注浆或加强排水等措施对围岩条件进行改良。

不同围岩情况下隧道拱顶下沉值统计见表 7-26。

表 7-26　不同围岩情况下隧道拱顶下沉值统计表

序号	隧道名称	断面里程	围岩级别	累计下沉/mm
1	大乘隧道	DK187+140	Ⅳ级	10.49
2		DK187+150	Ⅳ级	10.85
3	半山隧道	DK219+050	Ⅳ级富水	12.10
4		DK219+055	Ⅳ级富水	12.98
5		DK219+020	Ⅴ级	16.89
6		DK219+030	Ⅴ级	15.27
7	雪峰山 2 号隧道	DK255+420	Ⅴ级富水	20.03
8		DK255+500	Ⅴ级富水	22.75

从不同围岩情况下隧道拱顶下沉值统计表可以得出以下结论：

不同围岩级别拱顶下沉变形发展趋势是一致的，即隧道开挖后及初期支护施作初期变形发展较快，约 15 d 达到基本稳定状态，并趋于稳定状态。整体而言，围岩级别越高，即围岩条件越差，累计沉降量越大。Ⅳ级围岩累计沉降量为 10～15 mm，Ⅴ级围岩为 15～20 mm。

相同围岩级别条件下，富水段落沉降量明显大于一般地段，表明碳质板岩地层中，地下水对隧道围岩较响很大，可适当采取注浆或加强排水等措施对围岩条件进行改良。

7.7 片理化变质岩

劈理、片理和片麻理等次生面理通常是由构造变形与一定程度变质联合作用形成的。这类相对密集的破裂面可以把岩石劈成片状或板状结构，称之为片理化带。我国华北中北部变质岩区、秦岭-大别山造山带古老变质岩带、藏东变质岩带和新疆天山地区均有片理化带地层广泛分布。随着铁路建设重点西移以及中西部公路网大力完善，穿越片理化带地层的大型隧道工程不断涌现，如兰新铁路乌鞘岭隧道、张集铁路旧堡隧道、北同蒲铁路取直线雁门关隧道、广渝高速公路华蓥山隧道、国道 317 线鹧鸪山隧道等。受片理化带岩体特殊工程地质条件影响，上述隧道在修建过程中都不同程度地遭遇了挤压大变形、顺层滑移等问题，对施工安全造成了极大威胁，对施工进度产生很大影响。

为此，以旧堡隧道和雁门关隧道两个工程实例为依托，从地质成因、岩体结构特征、岩性、地应力和水文地质条件等方面，对片理化带这类特殊工程地质体开展研究。重点分析片理化带的形成机制、层间剪切作用、地下水对蚀变岩等劣质岩的软化效应等与工程密切相关的问题。与此同时，就复杂岩体力学参数的获取和评估方法、围岩稳定性（尤其是受各向异性层状或似层状岩体结构控制的围岩）分析方法、围岩变形时空效应以及针对复杂地质条件的隧道工法等方面进行研究。相关研究成果不仅对解决实际工程建设中面临的问题具有指导作用，而且对完善和丰富相关基础理论研究具有重要意义。

7.7.1 片理化岩体工程特性

1. 片理化岩体结构特征

片理化带是以发育有密集的近于平行的劈开面（或者潜在劈开面），并在面上有矿物定向排列的一种面状构造。通常把片理面之间的薄层岩石叫片石，片理面由于在微观上并不是一个简单的裂面，而是矿物组成的三维空间实体，所以称之为片理域。受劈理、片理和片麻理等次生面理的切割作用，片理化岩体一般呈层状结构。

以旧堡隧道为例，如图 7-32（a）所示，在 2 号斜井洞口附近，岩体主要受 280°～

300°∠30°～45°和40°～65°∠70°～82°两组节理面控制，岩体被切割为层状碎裂结构。产状为280°～300°∠30°～45°的结构面，将岩体切割为厚度5～20 cm不等的片石，片理域厚度为1～3 mm，结合程度一般。产状为40°～65°∠70°～82°的结构面，间距为20～30 cm，局部可达1～2 m，其延展规模大，且结合性差，内有中弱膨胀性的暗绿色断层泥或泥质夹层充填，结构面上擦痕及摩擦镜面极为发育，表现出明显的挤压错动痕迹。该结构面是旧堡隧道控制性结构面之一。

雁门关隧道位于恒山山脉西段太古界变质岩地区，区内同样广泛出露片理化岩体，如图7-32(b)所示。该区的片理面主要沿片麻理发育，产状为145°～189°∠35°～54°，将岩体切割成厚度10～30 cm的片石，片理域由定向排列的弱结合矿物组成，厚度为0.5～2 mm。场区内地层岩性条件复杂，不管是片麻岩、变粒岩、角闪岩，还是花岗片麻岩，均含有大量条带状或薄层状云母、绿泥石等，片理构造发育，构成了影响岩体稳定性的软弱夹层。部分富含片状或柱状矿物的岩体，如绿泥石片岩、黑云母片岩、角闪片岩、石英片岩等在构造错动和研磨作用下，形成了黏土化不彻底的泥化夹层、多鳞片状的劈理结构，强度低，遇水易软化，还会有一定膨胀性。

(a)旧堡隧道2号斜井洞口岩体(镜向NW)

(b)雁门关隧道西侧岩体(镜向E)

图7-32 研究区内出露的片理化岩体

2. 片理化结构的形成

一般认为，地下深处的岩石在较高的应力作用下，发生柔性变形，并且有再结晶现象，在这种充分结晶的岩石中，结晶矿物按一定方向呈平行排列，便形成片理。因此，片理是变质岩所特有的构造，构造片理化是研究区最具特色的构造现象之一。

雁门关隧道区内出露岩体主要是片状变质岩，如图7-33所示。这类岩体大多为片状构造，内有大量片状、柱状或板柱状的云母、角闪石、斜长石等，呈定向排列。图7-34所示为黑云角闪片岩和斜长角闪岩的光学薄片显微照片。图7-34(a)所示黑云角闪片岩为片状构造，片柱状变晶结构，由黑云母和角闪石组成。黑云母为黄褐色，具多色性吸收性，粒度0.36～1.8 mm不等，定向排列；角闪石黄绿色具多色吸收性，长柱状，粒度大小不等，一般1～

2 mm，定向排列。图 7-34(b)所示斜长角闪岩为弱条带状构造，粒柱状变晶结构，主要由角闪石和斜长石组成。角闪石为褐绿色，多色性明显，粒度为 0.36～1 mm，部分长柱状显弱定向排列；斜长石粒度为 0.35～0.54 mm，常见钠长聚片双晶，个别见有磷灰石细云柱状和锆石细短柱状包体。

(a)中厚层状

(b)互层状

图 7-33 雁门关隧道场区内的片状变质岩(208 国道西侧 3 号斜井附近)

(a)黑云角闪片岩

(b)斜长角闪岩

图 7-34 雁门关隧道部分岩石光学薄片显微照片

雁门关地区太古界变质岩地层，经过多期构造运动，尤其是受燕山运动影响，形成十分复杂的 NE 走向的褶曲-断裂系统，断裂构造叠加作用在原岩片麻理之上，形成了现今该区内大范围分布的片理化构造。

旧堡隧道区内地层主要是来自下地壳的麻粒岩，均经受过 NE 向强烈的韧性剪切。区内岩层中广泛分布的似层状结构面，实际为韧性剪切作用所形成的，因为由中酸性浅层岩变质而成的麻粒岩本质上是不存在层理的。现场采集的麻粒岩和黑云母斜长片麻岩如图 7-35 所示。

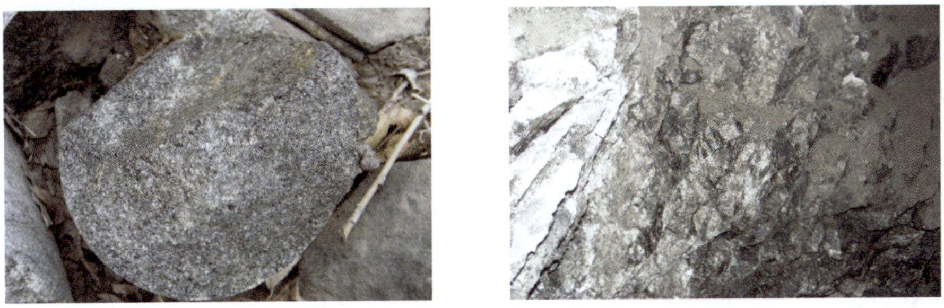

(a)麻粒岩　　(b)黑云母斜长片麻岩

图 7-35　旧堡隧道主要出露的两类变质岩

黑云斜长片麻岩呈弱片麻状构造，如图 7-36(a)所示。斜长石粒度大小较均匀，多具细密钠长聚片双晶；石英为他形粒状，粒度为 0.5～1.2 mm；透辉石为浅蓝灰色，粒度为 0.5 mm 左右；角闪石为绿色，具多色性，粒度为 0.2～0.5 mm；紫苏辉石为褐色，具明显多色性，沿边部和裂隙次闪石化，形成紫苏辉石残留在次闪石网眼中。麻粒岩由长石、角闪石和黑云母组成，如图 7-36(b)所示。斜长石为粒状变晶结构，粒度为 0.54～1 mm；透闪石为浅绿色，多呈纤维状集合体；黑云母为褐红色，具多色吸收性，分布不均匀，具有弱定向趋势，个别斜长石保留半自形宽板状结构。

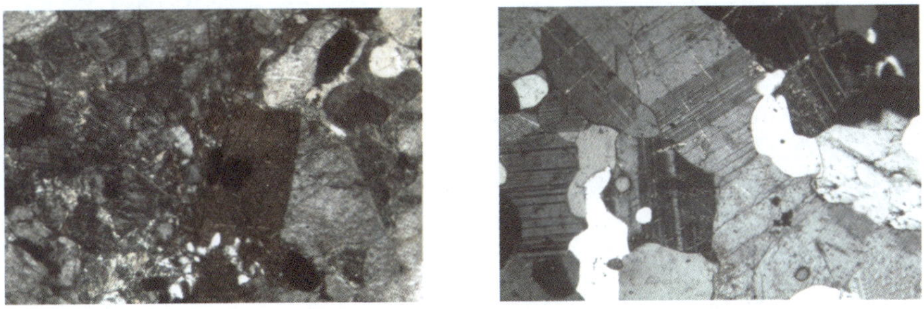

(a)黑云斜长片麻岩　　(b)麻粒岩

图 7-36　旧堡隧道部分岩石光学薄片显微照片

综上所述，研究区大范围的片理化发育并不是单纯矿物定向排列导致的片理发育那么简单。例如，旧堡隧道区域燕山期侵入的钾长花岗岩脉，与周围的变质岩一样存在片理发育现象，且产状一致；雁门关隧道场区部分侵入的岩脉也有片理化破碎特征。此外，旧堡隧道场区出露的变质岩主要为岩性均一的暗色麻粒岩；而雁门关隧道主要为条带状片麻岩，且片理大都沿片麻理方向发育。因此，初步认为研究区内构造片理化带的形成不仅取决于岩性，还与其历经构造运动密切相关。

3. 片理化岩体工程特性

岩体与一般物体的重大差别在于，它是受结构面纵横切割、具有一定结构的多裂隙体。岩体内的结构面及其控制下形成的岩体结构控制着岩体的变形、破坏机制及力学准则。对于呈散体和碎裂状结构的岩体来说，结构面由于过于密集，各向异性不明显，结构面只起到了弱化岩体刚度和强度的作用，变形和破坏模式基本按均质连续介质理论处理；还有一类岩体表现为仅有一组密集分布的结构面，或者虽然有多组结构面，但其中一组较为发育，这样岩体就被切割成层状或者似层状。后期由于构造运动和水岩化学作用，这类结构面常演变成泥化夹层或层间剪切带，成为控制岩体变形、破坏的关键环节。普遍具有层状和似层状岩体结构特征的片理化岩体，尽管多数情况下依然可以简化为连续介质处理，但在分析过程中必须考虑材料的各向异性。软硬相间层状岩体变形各向异性分析模型如图 7-37 所示。

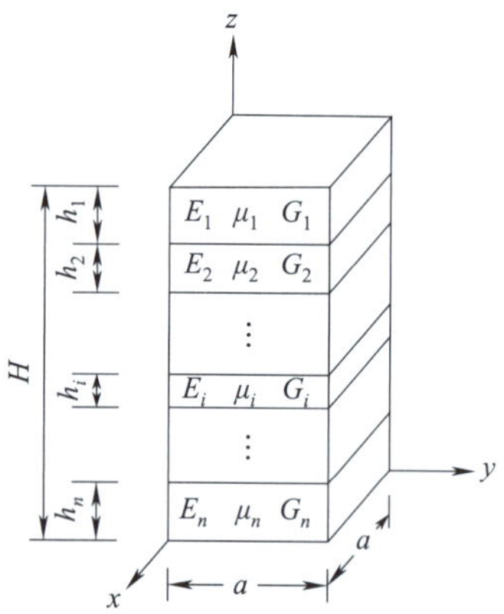

图 7-37 软硬相间层状岩体变形各向异性分析模型

(1)在平行层面方向，软硬相间层状岩体的综合变形模量 E_y、综合泊松比 μ_{yz} 和综合剪切模量 G_{xy} 的计算式为

$$\begin{cases} E_y = E_1\dfrac{h_1}{H} + E_2\dfrac{h_2}{H} + \cdots + E_i\dfrac{h_i}{H} + \cdots + E_n\dfrac{h_n}{H} = \sum\limits_{i=1}^{n} E_i\dfrac{h_i}{H} \\ \mu_{yz} = \mu_1\dfrac{h_1}{H} + \mu_2\dfrac{h_2}{H} + \cdots + \mu_i\dfrac{h_i}{H} + \cdots + \mu_n\dfrac{h_n}{H} = \sum\limits_{i=1}^{n} \mu_i\dfrac{h_i}{H} \\ G_{xy} = G_1\dfrac{h_1}{H} + G_2\dfrac{h_2}{H} + \cdots + G_i\dfrac{h_i}{H} + \cdots + G_n\dfrac{h_n}{H} = \sum\limits_{i=1}^{n} G_i\dfrac{h_i}{H} \end{cases} \tag{7-8}$$

(2)在垂直层面方向，软硬相间层状岩体的综合变形模量 E_z、综合泊松比 μ_{zx} 和综合剪切模量 G_{yz} 的计算式为

$$\begin{cases} \dfrac{1}{E_z} = \dfrac{h_1}{E_1 H} + \dfrac{h_2}{E_2 H} + \cdots + \dfrac{h_i}{E_i H} + \cdots + \dfrac{h_n}{E_n H} = \sum\limits_{i=1}^{n} \dfrac{h_i}{E_i H} \\ \mu_{zx} = \mu_{zy} = \dfrac{E_z}{E_y}\mu_{yz} \\ \dfrac{1}{G_{yz}} = \dfrac{h_1}{G_1 H} + \dfrac{h_2}{G_2 H} + \cdots + \dfrac{h_i}{G_i H} + \cdots + \dfrac{h_n}{G_n H} = \sum\limits_{i=1}^{n} \dfrac{h_i}{G_i H} \end{cases} \tag{7-9}$$

(3)在与层面夹角 α 方向，软硬相间层状岩体的综合变形模量 $\overline{E}_y$ 的计算式为

$$\overline{E}_y = \frac{E_y}{\cos^4\alpha + \dfrac{E_y}{E_z}\sin^4\alpha + \left(\dfrac{E_y}{G_{yz}} - 2\mu_{yz}\right)\sin^2\alpha\cos^2\alpha} \tag{7-10}$$

由式(7-10)可知，当应力与层面的交角为 α 时，即岩体层面的倾角为 $90°-\alpha$ 时，层状岩

体的综合变形模量是层状岩体水平方向综合变形模量 E_y、垂直方向综合变形模量 E_z、垂直层面综合剪切模量 G_{yz}、垂直层面综合泊松比 μ_{zx} 和角度 α 的一个关系式。

不少学者还进行了大量原位和室内测试。结果表明，完整均质的横观各向同性岩体弹性模量，在平行于层面方向最大，在垂直于层面方向最小，并且随层面倾角的增大而减小。

片理化岩体的本构方程及强度准则应该是各向异性的。由于强度具有各向异性，所以剪切破坏的方向不仅取决于变化的 c,φ 值，而且同应力状态、层面与外载荷的相对方位有关。一般来说，层状岩体的抗剪强度 S 沿着层面方向具有最小值 S_{min}，而在垂直层面方向上具有最大值 S_{max}，随着与层面夹角 β 方向改变而按某种规律变化，即

$$S=f(S_{min},S_{max},\beta) \tag{7-11}$$

耶格(Jaeger)给出的 S 表达式为

$$S=S_1-S_2\cos 2(\alpha-\beta) \tag{7-12}$$

式中　S_1,S_2——常数；

α,β——破坏面和层面与最大主应力 σ_1 的夹角，如图 7-38 所示。

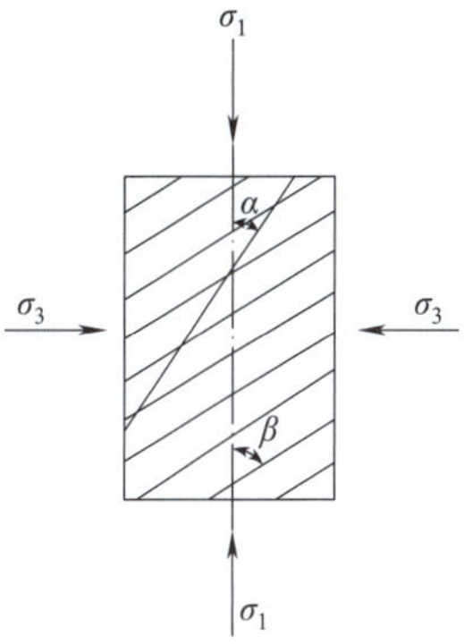

图 7-38　破坏面和层面与最大主应力 σ_1 的夹角

片理化岩体不同于普通层状岩体，这是其层间广泛发育的软弱夹层所决定的。这类软弱夹层，甚至是泥质薄膜或泥化夹层，对片理化岩体的变形、强度特性具有重要影响。因此，在研究片理化岩体工程特性时，必须专门针对软弱夹层这类特殊介质进行分析。

7.7.2　片理化带隧道围岩失稳机制

1. 岩层溃曲

岩层溃曲一般发生在岩质较软、弹性模量较低的薄层-极薄层状结构岩体中，如图 7-39 所示。岩层溃曲的主要变形机制可以表述为：隧道开挖后应力重分布使得层状结构岩体出现结构性力学失衡，指向临空面正方向的应变能释放超过岩层层面间的内聚能时，层面分离，然后单层岩层在平行于层面的压力作用下产生弯折或溃曲。其力学本质是：应变能释放产生的指向隧道内的拉张应力超过岩层层面间的胶结力，由于岩石材料刚度与岩层层面刚度存在差异，岩层弯折变形逐步增大，进而演化成岩层层面的断裂、分离，当弯折变形量超过单层岩层的最大变形挠度时，便发生岩层折断、溃曲。

孙广忠将片理化带岩体归结为板裂结构介质，并将板裂结构岩体溃曲失稳模式总结为顶板弯折、底板鼓起、斜顶弯折和边墙弯曲-溃曲，如图 7-40 所示。

片理化带岩层溃曲变形是由隧道开挖产生的临空面引起，其变形模式与岩层产状及其与洞轴走向之间的空间配置关系密切相关，主要发生在层面走向与隧道走向近似一致时。

图 7-39　雁门关隧道 DK118+718 左侧拱腰处岩层溃曲

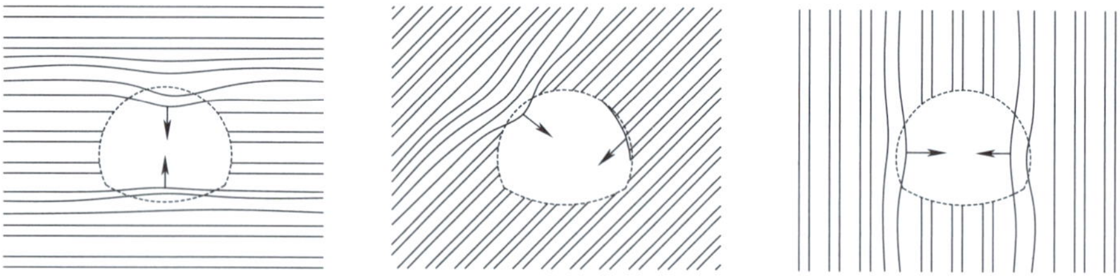

(a)顶板弯折和底板鼓起　(b)斜顶弯折　(c)边墙弯曲-溃曲

图 7-40　岩层溃曲的形式

2. 顺层滑移

顺层滑移一般发生在岩质较硬、弹性模量较大的中厚层-厚层状结构岩体中，其变形机制为：隧道开挖后，岩层在隧道某些部位的临空面上表现为指向临空面正方向(隧道内)的顺倾模式，在隧道三维应力场的综合作用下产生层面剪切应力集中，当层面剪切应力超过岩层层面的抗剪强度时，便发生指向隧道内的顺层滑移变形。

顺层滑移受岩层产状、隧道走向及开挖临空面正方向之间关系影响。以雁门关隧道为例，隧道走向近 SN，对区内围岩起控制性作用的是一组产状为 144°～183°∠43°～54°的节理。向大同方向(N)掘进时，掌子面出露的层状碎裂结构斜长片麻岩呈顺层展布，岩体同时被另外 34°∠43°，303°∠88°和 40°∠67°三组节理切割。岩层开挖卸荷后发生回弹松动，层间结合变弱，岩层产生沿结构面向开挖临空面运动的趋势。此时，若主控结构面有一定厚度软弱夹层时，将加速顺层滑移的发生，并诱发掌子面滑塌，尤其是在有地下水出露的地段，如图 7-41 所示。

图 7-41　雁门关隧道 DK117+306 上导掌子面处发生顺层滑移

除上述岩层倾向与隧道走向平行反向情况下发生的掌子面顺层滑塌外，在实践中更常见的是岩层倾向与隧道走向斜交的情况。即使以岩层溃曲变形破坏为主的情况下，在岩层层面与开挖临空面正方向近平行或小角度相交部位，也会出现顺层滑移。由此可见，不管是岩层溃曲，还是顺层滑移，本质上均受片理化围岩层状或似层状结构所控制，是结构变形、强度各向异性在特定施工载荷作用下的具体表现。

7.7.3　片理化变质岩隧道工程对策

1. 岩层溃曲防治对策

在片理化岩层中锚杆支护机理可用组合梁作用解释。这种原理是把薄层状岩体看成一种梁，在没有锚固前，它们只是简单地叠合在一起。由于层间抗剪力不足，在载荷作用下，单个梁均产生各自的弯曲变形，上下缘分别处于受压和受拉状态，如图 7-42(a)所示。锚杆支护后，相当于用螺栓将它们紧固成组合梁，各层板便相互挤压，层间摩擦阻力大为增加，内应力和挠度大为减少，于是增加了组合梁的抗弯强度，如图 7-42(b)所示。

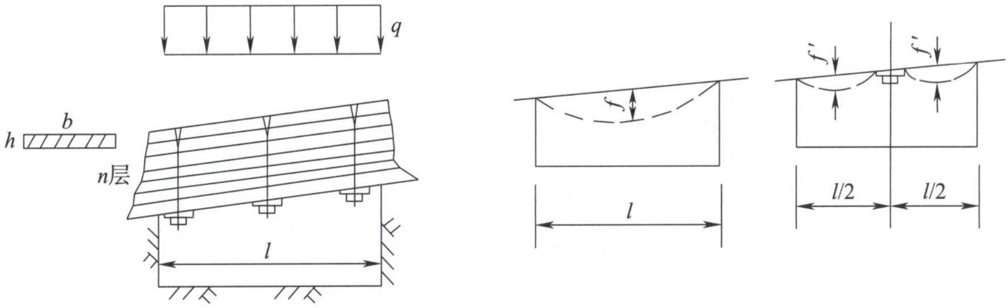

(a)组合梁作用　　　　(b)减跨作用

图 7-42　组合梁力学作用

把锚杆打入岩土体一定深度，相当于将简单叠合数层梁变成组合梁，从而提高了岩土体的承载能力。锚杆提供的锚固力越大，各岩体层面的摩擦阻力就越大，组合梁整体化程度越高，其强度也越大。

局部锚杆是针对目前铁路隧道工程中普遍采用的系统锚杆所言。众所周知，系统锚杆是在隧道周边上按一定间距径向布置的锚杆群，如图 7-43 所示。局部锚杆则是选择在隧道周边局部布置一定长度的数根锚杆，比如钢架接头处的锁脚锚杆。与系统锚杆相比，局部锚杆更具针对性。

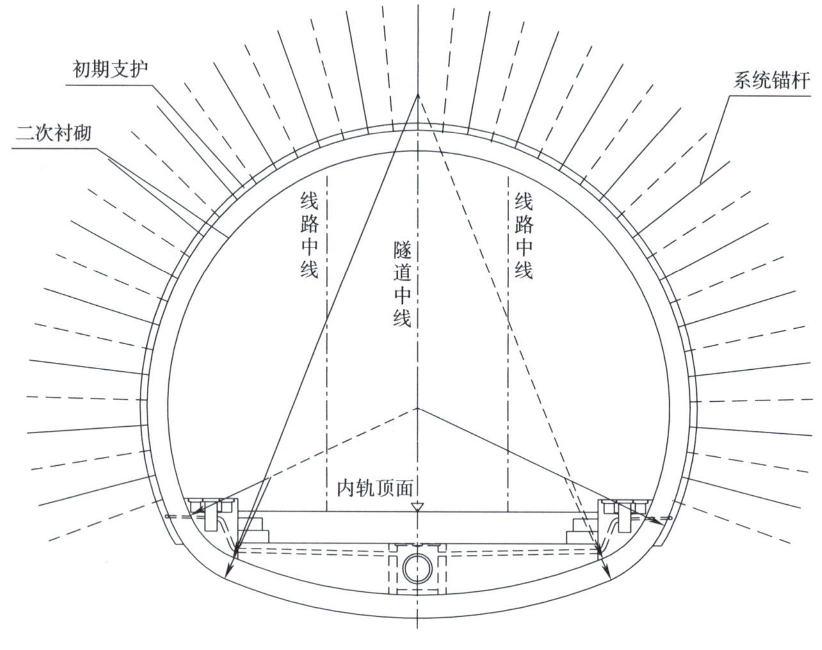

图 7-43　双线铁路隧道支护结构简图

对于层状结构的片理化围岩来说，岩层溃曲变形的过程是：隧道开挖使周边临空面岩体失去支撑产生向隧道内的位移，由于层间节理黏结力弱，层间节理逐渐张开，并产生破裂，从而使各层之间处于离层状态。各层岩体均相当于一个独立的处于受弯剪状态的梁，其抗弯及抗剪强度都很低。节理之间的层状岩层在重分布应力作用下受到围岩压力的剪切作用而发生断裂，整个岩体沿原生和新生破裂面产生滑移、错动、溃曲，向开挖空间挤进而造成失稳。

岩层溃曲多数发生在层面走向与隧道走向近似平行或者小角度相交时。为防止岩层溃曲的发生，可以将锚杆尽可能垂直层面地打入岩体，以充分发挥其组合梁作用。如图 7-44 所示，水平岩层重点对拱顶进行锚杆支护，直立岩层对两侧边墙进行锚杆支护，倾斜岩层只对岩层倾向一侧拱腰部位进行锚杆支护，这即是所谓局部锚杆支护。此处局部锚杆方案是对图 7-43 所示系统锚杆支护的优化，主要是根据岩层产状，取消了与岩层平行或小角度相交的部分锚杆。考虑到片理化带锚杆与围岩的黏结力较弱以及锚固长度不足等问题，实际施工时可适当延长锚杆，并采用中空锚杆注浆加固围岩。

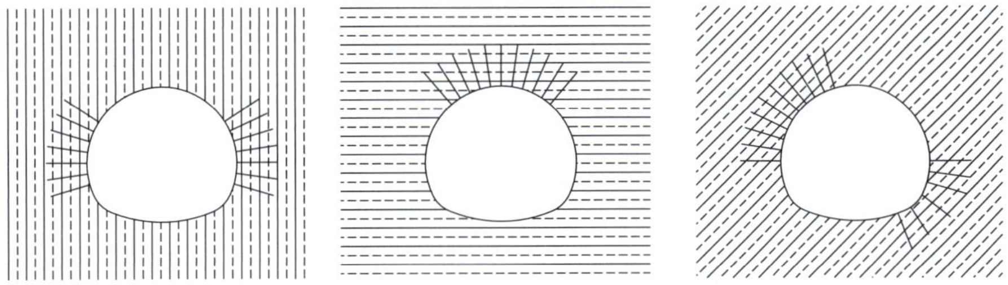

(a)直立岩层 (b)水平岩层 (c)倾斜岩层

图 7-44 针对岩层溃曲问题的局部锚杆支护示意图

2. 顺层滑移防治对策

片理化岩体普遍含有层间错动和软弱夹层，顺层滑移即是岩体沿层间软弱夹层发生一种破坏形式。如图 7-45 所示，岩体 *ABC* 沿软弱夹层 *AB* 发生顺层滑移破坏。这种破坏的机理是开挖前软弱夹层所能提供的抗滑力不足以抵抗岩体 *ABC* 产生的下滑力，*AC* 面一旦临空，岩体 *ABC* 即发生顺层滑移破坏，或者开挖后软弱夹层的抗剪强度发生变化，导致其抗滑力小于岩体 *ABC* 产生的下滑力。

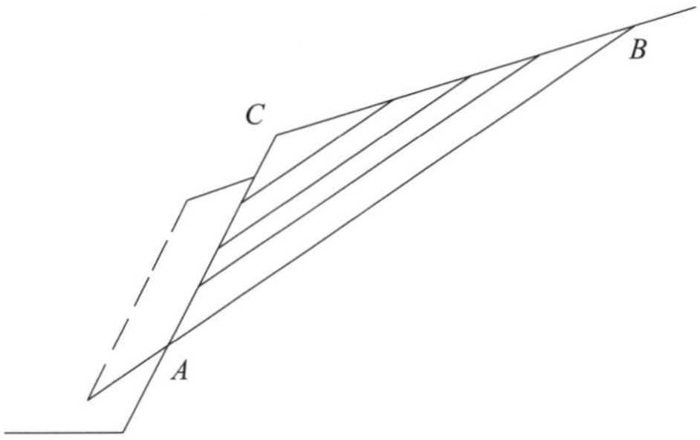

图 7-45 顺层滑移破坏过程示意图

以雁门关隧道为例，隧道走向近 SN，对区内围岩起控制性作用的是一组产状为 144°～183°∠43°～54°的节理。向大同方向(N)掘进时，掌子面出露的层状碎裂结构斜长片麻岩呈顺层展布。隧道开挖后，掌子面附近岩体形成沿片理面向开挖临空面运动的趋势。若主控结构面较弱，比如层间软弱夹层较厚、有地下水出露的地段，而施工措施又不到位，则很容易出现顺层滑移破坏情况。

防治顺层滑移应从其滑移破坏机制入手。由上述分析可知，控制顺层滑移的两个关键因素分别是顺倾层面和开挖临空面，其中，顺倾层面是客观存在的，而开挖临空面则是施工阶段才形成。因此，防治措施也可以分为两个方面：一是采用预加固措施，比如超前注浆小导管，强化岩层的层间黏合强度，增强其抗滑移能力；二是通过改变开挖方式来控制开挖临空面的空间形态，利用围岩的自重稳定前方有潜在滑移趋势的岩体。

雁门关隧道往大同方向掘进过程中，在层间结合较弱的单斜层状斜长片麻岩地层中，采用三台阶预留核心土工法防止掌子面岩体发生顺层滑移破坏，如图 7-46 所示。该工法以机械开挖为主，辅以弱爆破。首先，在拱部采用 3.5 m 长的超前小导管进行预支护，对上部弧形导坑进行环向开挖，并留核心土，核心土长度为 3～5 m。开挖循环进尺 0.6～0.8 m，开挖后立即初喷 3～5 cm 混凝土。开挖后及时进行喷、锚、网系统支护，架设钢架，在钢架拱脚以上 30 cm 高度处，紧贴钢架两侧边沿按小倾角 30°打设锁脚锚杆，锁脚锚杆与钢架牢固焊接，复喷混凝土至设计厚度。

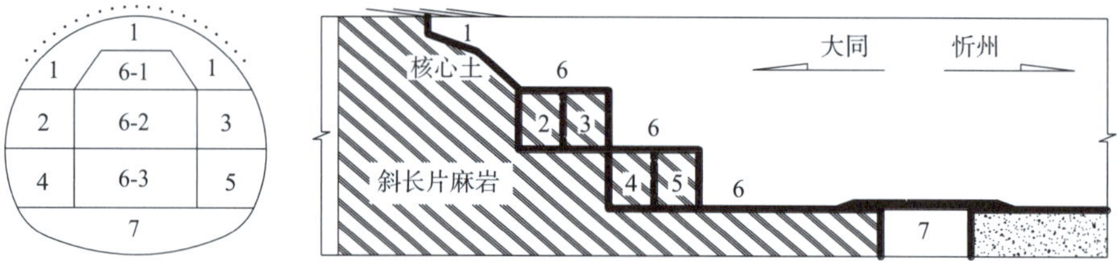

图 7-46 顺层滑移段三台阶预留核心土工法

参考文献

[1] 国家铁路局.铁路工程地质勘察规范:TB 10012—2019[S].北京:中国铁道出版社有限公司,2019.

[2] 国家铁路局.铁路工程特殊岩土勘察规程:TB 10038—2022[S].北京:中国铁道出版社有限公司,2022.

[3] 国家铁路局.铁路工程不良地质勘察规程:TB 10027—2022[S].北京:中国铁道出版社有限公司,2022.

[4] 国家铁路局.铁路工程地质原位测试规程:TB 10018—2018[S].北京:中国铁道出版社有限公司,2018.

[5] 中华人民共和国铁道部.铁路工程物理勘探规范:TB 10013—2010[S].北京:中国铁道出版社,2010.

[6] 国家铁路局.铁路工程地质遥感技术规程:TB 10041—2018[S].北京:中国铁道出版社,2018.

[7] 国家铁路局.高速铁路设计规范:TB 10621—2014[S].北京:中国铁道出版社,2014.

[8] 中国铁路设计集团有限公司.艰险复杂山区铁路空天地一体化勘察新技术应用指南:Q/CR_TST 008—2022[S]. 2022.

[9] 李鹏.基于旋转触探技术的土体压缩模量确定方法[J].铁道工程学报,2016(8):34-39,65.

[10] 陈新军,高敬. 旋转触探确定钻孔灌注桩极限承载力研究[J].铁道工程学报,2014(12):28-32.

[11] 陈则连.水文地质试验技术应用研究[J].铁道勘察,2009,35(1):40-45.

[12] 刘桂卫,李国和,陈则连,等.多源遥感技术在艰险山区铁路地质勘察中应用[J].铁道工程学报,2019(8):4-8.

[13] 陈则连,黄大中.基于GIS的铁路工程地质多源数据管理平台技术研究[C]//第二届中国铁路发展论坛论文集,2021:50-56.

[14] 张吉振,王银,唐海敏,等.测氡法在小煤窑采空区勘察中的应用研究[J].铁道工程学报,2014(10):21-25.

[15] 祁晓雨,许广春,李志华. 天然源大地电磁法在构造勘察中的应用研究[J].铁道工程学报,2011(12):11-14.

[16] 许广春.广域电磁法在深埋隧道勘察中的应用研究[J].铁道工程学报,2020(2):1-5,16.

[17] 牛永效. CMPCC面波技术在铁路工程地质勘察中的应用研究[J].铁道工程学报,2020(12):1-5.

[18] WANG G C, ALKHALIFAH T, WANG S X. Enhancing low-wavenumber information in reflection waveform inversion by the energy norm born scattering[J]. IEEE Geoscience and Remote Sensing Letters, 2022, 19:1-5.

[19] 铁道第三勘察设计院集团有限公司.静止侧压力系数测试方法研究[R].2010.

[20] 铁道第三勘察设计院集团有限公司.膏溶角砾岩工程特性及隧道结构与施工安全对策研究[R].2010.

[21] 铁道第三勘察设计院集团有限公司.井间岩溶探测综合物探技术研究[R]. 2011.

[22] 铁道第三勘察设计院集团有限公司.京沪高速铁路深厚软土、松软土地段复合地基关键技术试验研究[R]. 2012.

[23] 铁道第三勘察设计院集团有限公司.铁路采空区勘察、评价、治理及工程设计综合技术研究

[R]. 2012.
[24] 铁道第三勘察设计院集团有限公司. 铁路勘察新技术及应用研究[R]. 2012.
[25] 铁道第三勘察设计院集团有限公司. 大西客专地裂缝和地面沉降的特征及对工程影响与对策研究[R]. 2013.
[26] 铁道第三勘察设计院集团有限公司. 以触探为主的综合勘察技术及其成果应用研究[R]. 2013.
[27] 铁道第三勘察设计院集团有限公司. 瞬变电磁法等探测(隐患)地下水、洞穴等综合物探技术研究[R]. 2013.
[28] 铁道第三勘察设计院集团有限公司. 工程地质遥感判释关键技术研究与应用[R]. 2014.
[29] 铁道第三勘察设计院集团有限公司. 铁路工程地质多源空间数据管理系统[R]. 2014.
[30] 铁道第三勘察设计院集团有限公司. 触探多参数数据采集系统的研制[R]. 2014.
[31] 铁道第三勘察设计院集团有限公司. 预钻式旁压试验在勘察中的应用研究[R]. 2014.
[32] 铁道第三勘察设计院集团有限公司. 铁路综合物探新技术及应用研究[R]. 2015.
[33] 铁道第三勘察设计院集团有限公司. 艰险山区高速铁路勘测新方法与评价技术深化研究[R]. 2015.
[34] 铁道第三勘察设计院集团有限公司. 基于高分辨率三维遥感信息的铁路工程地质判释、预测评价技术研究[R]. 2016.
[35] 铁道第三勘察设计院集团有限公司. 微动技术及其在铁路勘察中的应用研究[R]. 2016.
[36] 铁道第三勘察设计院集团有限公司. 遥感图像处理技术及地质遥感判释软件平台构建研究[R]. 2016.
[37] 铁道第三勘察设计院集团有限公司. 地震多波综合勘察技术研究[R]. 2016.
[38] 中国铁路设计集团有限公司. 铁路工程三维电磁勘探技术及应用研究[R]. 2017.
[39] 中国铁路设计集团有限公司. 无缆触探测斜探头的研制[R]. 2018.
[40] 中国铁路设计集团有限公司. 深层载荷试验方法及设备研究[R]. 2018.
[41] 中国铁路设计集团有限公司. 隧道超前地质预报物探新方法应用研究[R]. 2018.
[42] 中国铁路设计集团有限公司. 应用大地电磁测深技术隧道围岩分级研究[R]. 2018.
[43] 中国铁路设计集团有限公司. 铁路工程地质遥感判释标准[R]. 2018.
[44] 中国铁路设计集团有限公司. 空间遥感在铁路中应用关键技术研究[R]. 2019.
[45] 中国铁路设计集团有限公司. 深层静力触探判别土类标准研究[R]. 2020.
[46] 中国铁路设计集团有限公司. 工程地震反射数据叠前偏移成像研究与应用[R]. 2020.
[47] 中国铁路设计集团有限公司. 定量遥感技术及其在铁路水文地质勘察中的应用研究[R]. 2020.
[48] 中国铁路设计集团有限公司. 艰险复杂山区大深度隧道地井电震联合勘察技术[R]. 2020.
[49] 中国铁路设计集团有限公司. 井间地震成像技术研究与工程应用[R]. 2021.
[50] 中国铁路设计集团有限公司. 航空物探技术在铁路工程勘察中的可行性研究[R]. 2021.
[51] 中国铁路设计集团有限公司. 艰险复杂山区铁路空天地立体勘察新技术及数据平台应用技术研究[R]. 2021.
[52] 中国铁路设计集团有限公司. 杭绍台铁路硅藻岩土工程特性及对策研究[R]. 2022.
[53] 中国铁路设计集团有限公司. 基于高分遥感的危岩落石快速勘察、评价关键技术研究[R]. 2022.
[54] 中国铁路设计集团有限公司. 地应力场测试与三维反演技术研究[R]. 2022.

[55] 铁道部第一勘测设计院. 铁路工程地质手册(修订版)[M]. 北京:中国铁道出版社,1999.
[56] 铁道部第二勘测设计院. 铁路工程设计技术手册·隧道[M]. 北京:中国铁道出版社,1995.
[57] 陈则连,吕菲,许再良. 黄土地区铁路勘察设计研究与实践[M]. 北京:中国铁道出版社有限公司,2019.
[58] 陈则连,许再良,陈新军,等. 深层触探技术及其应用研究[M]. 成都:西南交通大学出版社,2021.

高速铁路基础研究与技术创新丛书

第一期(16 册)

(一)基础理论与基础技术系列

高速铁路散体道床宏细观力学行为 赵春发 翟婉明 张 徐 著

ISBN 978-7-113-28857-0

高速铁路线路系统动力学 龙许友 时 瑾 王英杰 编著

ISBN 978-7-113-28997-3

高速铁路弓网关系研究 韩通新 著

ISBN 978-7-113-28941-6

(二)动车组系列

高速列车轻量化设计 李 明 伊召锋 米莉艳 等编著

ISBN 978-7-113-28972-0

(三)供电系列

高速铁路受电弓 韩通新 编著

ISBN 978-7-113-28975-1

高速铁路接触网检测技术 韩通新 著

ISBN 978-7-113-28961-4

(四)工程设计系列

高速铁路桥梁抗震设计 陈兴冲 张永亮 编著

ISBN 978-7-113-28964-5

高速铁路轨道工程 BIM 正向设计软件开发及实践 姚 力 刘大园 董凤翔 等编著

ISBN 978-7-113-28934-8

(五)工程施工与组织系列

高速铁路桥梁 BIM 技术研究与实践 盛黎明 苏 伟 刘延宏 宋树峰 编著

ISBN 978-7-113-28938-6

高速铁路岩溶路基边坡变形与稳定 白明洲 师 海 田 岗 等编著

ISBN 978-7-113-28880-8

高速铁路工程地质灾害超前预报图形判别和解译　　李　忠　郝娜娜　等编著

ISBN 978-7-113-28935-5

(六)通信与列控系列

高速铁路宽带无线信道测量与建模技术　　周　涛　何睿斯　艾　渤　编著

ISBN 978-7-113-28930-0

(七)测量与检测系列

(八)高铁运营与经济系列

高速铁路社会效益研究——基于时空经济分析　　李红昌　夏璇璇　著

ISBN 978-7-113-28942-3

(九)现代信息技术系列

高速铁路物联网技术　　史天运　孙　鹏　张惟皎　陈瑞凤　编著

ISBN 978-7-113-29029-0

(十)安全·健康·维护系列

高速铁路道砟飞溅机理及防治　　高　亮　石顺伟　殷　浩　著

ISBN 978-7-113-28906-5

高速列车多目标均衡综合节能技术　　张　雷　李　明　司志强　等编著

ISBN 978-7-113-28976-8

第二期(23 册)

(一)基础理论与基础技术系列

高速列车空气动力学数值模拟——基于 STAR-CCM+软件

李　明　李　田　戴志远　等编著

ISBN 978-7-113-30059-3

高速铁路沿线地面沉降研究与防治　　李国和　黄大中　尚海敏　王少林　编著

ISBN 978-7-113-30176-7

高速铁路路基智能填筑技术　　王同军　闫宏业　杨　斌　尧俊凯　等著

ISBN 978-7-113-30047-0

季冻区高速铁路路基服役性能与孕灾风险研究

叶阳升　蔡德钩　毕宗琦　李善珍　等著

ISBN 978-7-113-29934-7

高速铁路隧道内附属设施气动效应及安全性研究

彭立敏　杨伟超　施成华　雷明锋　著

ISBN 978-7-113-30104-0

高速铁路钢轨打磨理论与技术　王文健　郭　俊　周　坤　著

ISBN 978-7-113-30061-6

高速列车动态性能正向设计　周劲松　宫　岛　孙文静　著

ISBN 978-7-113-30050-0

高速列车自动驾驶控制理论　宿　帅　李开成　唐　涛　袁　磊　等编著

ISBN 978-7-113-30147-7

高速铁路行车调度与控制一体化　唐　涛　宿　帅　孟令云　阴佳腾　编著

ISBN 978-7-113-30112-5

高速铁路无砟轨道结构水泥基材料理论与技术

龙广成　曾晓辉　马昆林　谢友均　著

ISBN 978-7-113-30056-2

(二)动车组系列

高速列车空气动力学设计技术　丁叁叁　著

ISBN 978-7-113-30055-5

(三)供电系列

高速铁路电力牵引供电工程智能建造技术

胡志华　陈建明　奚金柱　吴命利　等编著

ISBN 978-7-113-30205-4

(四)工程设计系列

现代铁路枢纽规划设计　许佑顶　高丰农　吴学全　李传勇　等编著

ISBN 978-7-113-27468-9

高速铁路隧道底部结构动力响应特性及设计方法

彭立敏　施成华　黄　娟　丁祖德　著

ISBN 978-7-113-30133-0

(五)工程施工与组织系列

高速铁路工程勘察技术创新与实践　陈则连　著

ISBN 978-7-113-30189-7

高速铁路工程质量系统管理(第 2 版)　　卢春房　等著
ISBN 978-7-113-30108-8

高速铁路路基沉降分析与控制技术　　宋绪国　郭帅杰　编著
ISBN 978-7-113-30154-5

深埋高速铁路地下车站施工关键技术　　杨新安　马明杰　李路恒　罗　驰　编著
ISBN 978-7-113-30001-2

高速铁路施工组织创新与实践　　魏　强　编著
ISBN 978-7-113-30136-1

高速铁路路基沥青混凝土防水封闭结构　　蔡德钩　闫宏业　楼梁伟　石越峰　等著
ISBN 978-7-113-30033-3

(六)通信与列控系列

高速铁路信号系统雷电防护技术研究　　向念文　徐宗奇　阳　晋　编著
ISBN 978-7-113-30135-4

(七)测量与检测系列

(八)高铁运营与经济系列

(九)现代信息技术系列

智能高速铁路图像大数据分析技术及应用　　李　平　李　瑞　赵　冰　编著
ISBN 978-7-113-30134-7

(十)安全·健康·维护系列

高速列车横风效应及气动安全控制动力学　　毛　军　柳润东　郗艳红　著
ISBN 978-7-113-30028-9